U0062802

1992 年諾貝爾經濟學獎得主

人文思想・人道主義・經濟思想家

Gary S. Becker

家庭論

A TREATISE ON THE FAMILY

貝克 (Becker) 的革命性經濟創見

王文娟・李華夏・吳惠林・鄒繼礎◎合譯

李華夏・吳惠林◎校訂

英文增版序言

　　我在本書裡發展出一套經濟的或理性選擇方法 (rational choice approach) 來分析家庭。但是，本書標題並未直接指明這是一本討論家庭經濟層面的書，因為絕大多數的非經濟學者和許多經濟學者皆認為，真正的「經濟的」是指探討家庭生活的物質層面，以及所得和支出的型態。我卻有更大的企圖心：我用原是分析物質行為的分析工具與架構，來探討婚姻、生育、離婚、家庭分工、名譽和其他非物質的行為。也就是說，本書包含了一個分析家庭的經濟學方法，其內容並非強調家庭生活的物質層面，而是用一個選擇理論的架構來分析家庭生活的許多層面。

　　在過去兩百年，理性選擇方法已獲得相當不錯的進展。此方法假設個人根據基本的偏好 (preferences) 來追求效用滿足的極大，而這些偏好不會隨時間做快速的改變，透過具體的和隱藏的市場，個人與個人的行為會彼此互相協調。在稍早的一篇文章裡，我曾主張經濟方法並不侷限於物質財貨與需求，也不限於有貨幣交易的市場；在觀念上此方法並不區

分主要的或次要的決定，也不需要區分「情緒的」和其他的決定。

本書採用極大化行為、穩定的偏好，以及隱藏的或具體的市場均衡等三項假設，提供一個有系統的家庭分析。根據我過去二十年來的研究，分析如何將時間分配於小孩與市場工作、在一夫一妻與多妻制社會裡的結婚與離婚、家庭中的自私和利他、跨代移動、以及家庭的諸多其他層面。雖然沒有討論到所有的各個層面，但是對於其中重要的層面已做了相當有系統和一致的分析，這或許足夠讓本書採用一個舊式的標題《家庭論》(*A Treatise on the Family*)。

我這一本書並非為一般大眾撰寫的，但是對於非經濟學者只要熟悉基本的經濟原理便可以了解書中大部份的內容。第五、十、和十一章，包括第十一章的附篇，所用的專業方法與術語最少；而其他章節中大部份的內容，只要對經濟分析有些微的接觸就應該能理解。我希望他們不會因專有名詞及方法而卻步，因為有了他們的參與，家庭分析的理性選擇方法才能得到更完全的發展與評估。我如此說是因為許多經濟學者對於此方法的應用抱持否定的態度，然而愈來愈多的社會學者、人類學者、律師、生物學者、心理學者、和歷史學者開始採用理性選擇方法或相關的方法來分析家庭。《家庭論》的對象是跨領域的讀者，不論他們是懷疑者或是贊成此方法的人。

撰寫此書給我帶來極大的喜悅，因為這個主題非常重要

，也因為家庭組織和行為的許多層面所帶來的學術上的挑戰。如果我不表明，我相信在面對與解決這些挑戰的過程裡，使本書獲得相當有益的改進，那麼我就不夠誠實了。同時，在此過程中，我也注意到嚴重的疏失和不夠周延，並為此感到困擾；為了補足和改進其中部份的論述，我曾幾次延後出版本書的第一版。最後我決定不再拖延本書的出版了，因為其他人，包括非經濟學者以及經濟學者，可以更好地來接續這樣的工作，進一步了解家庭，它在歷史上是人類社會中的一個主要的機構。

在過去幾十年，世界各國的家庭結構與行為曾發生巨大的變化，這也是本書第一版如此受人注意的重要原因，儘管第一版的撰述使用了許多專業分析技術。本書曾廣受經濟學者、社會學者、人口學家、還有少數的生物學者和心理學者們的評論，也曾被翻譯為好幾種語言。由於我持續不斷地研究家庭，我很樂意地答應出版商要我準備本書增版的建議。

本書的完成要感謝許多人。首先感謝芝加哥大學的同事和學生，他們創造了一個極具啟發性的學術環境。在芝大，經濟學是被認真地對待，思想是以坦率的、追根究柢的態度來探討與分析，完全沒有學術上的惰性或者是對權威的過度尊敬，也不會太顧慮到領域之間的界限。下列學生撰寫有關家庭的博士論文，他們參與經濟學之應用研討會曾使我獲益良多：James Adams, Wallace Blackhurst, Michael Brien, Dennis De Tray. Alan Freiden, Miguel Gomez, Daniel Gros,

Amyra Grossbard, Nadeem Haque, Boyan Jovanovic, Michael Keeley, Lawrence Kenny, Ayal Kimhi, Edy Kogut, Sui Fai Leung, Daniel Levy, Luis Locay, Thomas MaCurdy, Indra Makhija, Gabriel Martinez, Haim Ofek, Elizabeth Peters, Seth Sanders, James Smith, Jeffrey Smith, Robert Tamura, Nigel Tomes, Grace Tsiang, Jenny Bourne Wahl, Walter Wessels, Louis Wilde, Richard Wong, and Martin Zelder.等人。

　　我為本書的增版寫了一章新的緒論，並且加上了1981年版以後出版的四篇文章，這四篇文章僅做了小幅的修正。其中一篇與巴羅 (Robert J. Barro) 合寫，另外一篇是與墨非 (Kevin M. Murphy) 合寫，而第三篇是與湯姆斯 (Nigel Tomes)合寫。

　　我也感謝 Robert Michael, Richard Posner, Sherwin Rosen, T. W. Schultz，和George Stigler，他們對本書全部各章都提出了極為詳盡、有益的建議。Stuart Altmann, Michael Aronson, Edward Banfield, Reuven Brenner, Arthur Diamond, Ted Frech, David Friedman, Milton Friedman, Victor Fuchs, David Galenson, Matthew Goldberg, Arthur Goldberger, Zvi Griliches, Reuben Gronau, Amyra Grossbard, Sanford Grossman, James Heckman, David Hirshleifer, Jack Hirshleifer, Arcadius Kahan, Lawrence Kenny, Elisabeth Landes, Richard Layard, H. Gregg Lewis, Robert Lucas, Jacob Mincer, John Muellbauer, Kevin M. Murphy, Sam Peltzman, Edward Prescott, Sam Preston, Margaret Reid, Paul Romer, Nasser Saidi, José Scheinkman, James Smith, Stephen Stigler, Larry Summers, Robert Tamura, Nigel Tomes, Yoram Weiss, Robert Willis, Edward Wilson, and Kenneth Wolpin.等人提供了珍貴的評論。 Vivian Wheeler 提供了極佳的編輯上的協助，Dan Greenway 很精巧地繪製了全部的圖形。 Michael Aronson是一位非常好合作、不斷給予鼓勵的編輯。

我對家庭的研究曾接受芝加哥大學的經濟與政府研究中心、Lilly基金會、國家人力發展與兒童健康研究所、國科會、Lynde與Harry Bradley基金會，以及Sloan基金會的慷慨資助，這些基金會也贊助我們的家庭研討會。國家經濟研究局，尤其是社會制度與人類行為經濟分析中心，曾在好幾年的期間裡提供資金、鼓勵，與自由的空間，讓我追求任何看來不錯的研究方向。本書的觀點都是我自己的，並不必然代表這些提供資助的單位。

最後，讓我對 Gale Mosteller 致最深的謝意，他曾為本書第一版工作，提供了非常周延、仔細、極為優秀的研究協助；Michael Gibbs在本書附篇的撰寫過程提供了珍貴的研究協助；David Meltzer在準備索引與書目，以及本書增版的出版準備過程，給予我極佳的幫助；Myrna Hieke 對許多不太容易閱讀的手稿和本書前後兩版的出版事務，提供了極出色的打字服務和祕書工作；還有我的妻子Guity Nashat，感謝

8

她和我的許多討論——尤其是有關回教社會裡的家庭——也為本感謝言中提到的其他理由感謝她。

蓋瑞・貝克

〈譯者序〉

神秘、重要的「家庭」

　　1987年，當我由美國芝加哥大學當一年訪問學人甫返台之際，即找到台灣銀行經研室主任推銷譯介貝克（G. S. Becker）教授的數本經典名著，這本《家庭論》就是其一，且是最重要的一本。當時找到馬凱教授共同促成此事。在得到台銀主管首肯之後，我與馬凱即分工進行，其間還出現台大經濟系教授張清溪因以本書當研究所勞動經濟學教本，也著手翻譯情事，此也可印證本書的價值。遺憾的是，我們有心，卻感覺無力，囿於時間，翻譯工作只能斷斷續續，到後來更因他事煩忙及專利權使台銀廢止所有譯書事務而完全中斷。

　　雖然翻譯的工作實際上已中斷，但心中的期盼卻未曾消失，在因緣際會中，偶然與立緒出版公司的鍾惠民女士提到譯介《家庭論》一事，沒想到她立即答應出版並即刻辦理翻譯版權事宜。另一方面，我也趕緊尋找有興趣、有能力的合適譯者，馬凱已全然抽不出空，只將其完成的第八章前一部

分轉送給我，而張清溪教授也將其完成的第五章正文翻譯初稿無條件送我；好友鄒繼礎教授（他是貝克的學生）和李華夏教授答應分攤部分章節，再因本人實在抽不出時間專心翻譯，乃又找到在國立澳洲大學剛取得博士學位的王文娟小姐拔刀相助，完成第七章和八章註解及校正工作。就在這麼多朋友的分工合作下勉力完成這本譯作。

正如貝克在一九九二年獲頒諾貝爾經濟學獎受獎詞〈看待人生的經濟方法〉中第五段所言，撰寫《家庭論》是他所做過最難持續的智力工作，因為家庭被認為是最基本和最古老的組織，其起源可溯自四萬年前。這本《家庭論》不僅試著分析現代的西方家庭，也分析其他文化背景的家庭，以及在過去幾世紀中結構的改變。貝克以六年以上時間維持著某一定程度的心理熱誠，度過許多焚膏繼晷的日子，才終於完成這本概括如此廣大課題的巨著，無怪乎貝克表示該工作讓他感到心力交瘁，完成此書後大約過了兩年才恢復對研究工作的強烈興趣。也因這本書的難度和重要性，其乃成為貝克榮獲諾貝爾獎的成果中之一要項。

用通俗話語說，這本書是以經濟分析角度解析家庭。過去，家庭分析一直被歸於社會學領域，其實若由經濟學進行了解，不但對出生率，甚至於結婚與離婚、丈夫、妻子、父母、小孩之間的關係都有出人意表的收穫。簡單地說，貝克對家庭研究的出發點是假設當男人與女人決定結婚、或生育小孩、或離婚時，係試圖由成本和利益的比較來增加其福利

。當預期結婚比單身好時，他就會結婚；若預期離婚會增加福利時，就會離婚，貝克認為這是一般人的本能反應，也是一種很自然的選擇行為，但可怪的是，知識分子卻對此種方法議論紛紛。貝克藉著此種「行為的本能假設」作為系統分析起點，接二連三引伸出許多有趣的研究。舉例來說，家庭成員之間的關係，不只是由窄義的「自利」誘導，更可能是由愛、義務、罪惡與責任感所誘導，這也就是「利他心」或利他情懷的理念，貝克以「不肖子定理」，進一步討論利他行為，說明自私者的行為如何受到利他行為的影響。在某些條件下，即使是自私者，也會被誘導而對他們的施主表現出彷彿他們也是利他者，因為如此可提高本身的福利。類似此種有趣及另闢蹊徑分析與家庭有關的事務，就是本書的主要內容。

憑貝克這麼天才的人，寫作此書都已耗費如此難以言狀的心力，甚至達心力交瘁地步，將之譯介的工程也自然相當艱鉅和困難。我們四位儘管也分工且通力合作想將事情做得完美，卻也只能盡心而為，不過，應該不會將貝克的旨意誤解、扭曲才對。雖然經過全盤校正過，但四個人的慣用語氣多少還會有些差異，這應無損讀者對本書的閱讀和了解。寫和譯既然都如此不易了，讀者閱讀也不可能太輕鬆，尤其貝克使用不少數學與圖形。但，讀者也不必被嚇到，縱使對數學一竅不通，將之跳過不看，也不會減損書中的任何內容，畢竟家庭的有關問題的確是太重要了，任何人都需要進一步

了解。因此，深盼各界人士都能提起勇氣來翻讀本書，讓台灣社會更美好、讓每個人的福祉都更增進。

我們是根據原書新版翻譯的，鄒繼礎教授負責結論和第一、二、六章，我和王文娟負責第四、五、七、八章（其中第五章全部和第八章前半一部分得到張清溪和馬凱兩位教授的分別協助）；李華夏則負責第三、九、十、十一章。最後並由王文娟看過全部譯文，再由我和李華夏作最後總校訂，而陳綉里小姐也幫忙作修補工作。個人對這些朋友的辛苦參與致上無限敬意，並對立緒公司鍾惠民和郝碧蓮兩位女士敢於出版這本看似市場狹小的鉅著，深表敬佩，也謝謝該公司吳燕惠小姐的辛苦編輯。當然，本書疏露難免，還盼海內外方家多多指正。

吳惠林

寫於1997年4月1日　台北市

〈校訂譯者補充說明〉

1. 本書在很多章節提到有關男女都 identical 的假設，如依字面的意思當然就成了「男女都是相同的」。但考慮到初讀者的敏感反抗心理，若一開始就出現這個在現實顯然不存在的假設，以致沒興趣翻閱下去，竟無由領略貝克的推理之妙，實殊可惜。故以「同質」來替代（其實，這個詞在統計學上有另一層意義），指的是涵蓋一般人對某特定人之評比已將各種客觀衡量的因素都考慮進去之謂。當然，我們也曾想過用「同級」更能兼顧到外觀的問題，因我們在挑選水果時也是如此比喻的。不過由於貝克在緒論曾以 intrinsically identical 來敘述丈夫與妻子的共同性，故捨之。

2. Rotten Kid 的直譯當然就是「不堪造就的小孩」等等，可是，依這個詞義對中文的讀者來說，很難將之與該定理的推論合攏。故想到我們傳統有自稱「不肖子」的習慣，雖為貶詞，但却有激勵之意，正合該定理之所陳。

3. merit goods 常見的譯名是「優等財」，但總覺得與內容文氣不順，在縱觀貝克的敘述後覺得以股市中表現良好的所謂「績優股」頗能表現書中的重點，故以「績優財」稱之，請方家指正。

李華夏　吳惠林

家庭論

[目錄]

15

緒論
Introduction

過去三十多年的演變，西方國家的家庭已經徹底地改變，有人甚至認為西方家庭結構已解體了。離婚率的快速上升導致婦女為戶長的家庭，以及成長在單親家庭的兒童都大幅增加。已婚婦女，包括有年幼子女的母親，他們的勞動參與率大幅上升，減少了母親與小孩之間的相處；婦女就業的增加也導致了就業市場中兩性的衝突，婚姻關係因之也受到衝擊。此外，出生率快速下降使家庭規模變小，這也或多或少造成了離婚率的上升及已婚婦女勞動參與率的增加。相反地，離婚與勞動參與率的增加又使得人們不願擁有大家庭。再則，兩代間的衝突已較從前更為擴大，今日的父母已不像從前那麼有信心，認為能引導子女的行為。

在此舉一些統計數據來描述家庭結構演變的實況。1950年代初期，第一次結婚的美國婦女中，離婚者不到15％，然而，到了1980年代初期，大約有60％的第一次婚姻會以離婚收場 (Preston, 1975; Martin 和 Bumpass, 1989)。在十九世紀末葉以前的三百多年，英格蘭與威爾斯的家庭規模一直相當地穩定，但其後，家庭規模縮減了三分之一 (Laslett, 1972, 表 4.4)。由於離婚率的增加以及婦女壽命的延長，美國的女性單親家庭在1950年與1987年間增加了31％(U. S. Bureau of the Census, 1977b, 頁 41；1989, 頁 46)。在瑞典，75歲以下已婚婦女的勞動參與率從1960年的39％增加到1984年的70％（Sweden National Central Bureau of Statistics, 1980, 1986），在美國，即使家中有未滿六歲小孩的已婚婦女，其勞動參與

率亦從1950年的12％快速增長到1988年的57％ (U. S. Bureau of the Census, 1977b, 頁392; 1989, 頁386)。最後，1989年美國人口的生殖率 (reproduction rate) 已低於人口的重置 (replacement)，因為自1958年以來，出生率下降了40％以上 (U. S. Bureau of the Census, 1989)，在日本，從1950年到1987年，出生率更下跌了50％以上 (Japan Bureau of statistics, 1989, 頁53)。

正由於這些驚人的變化，家庭開始受到社會大眾與學者專家們前所未有的關注，有關家庭的興衰與未來走向也成了1990年代報章雜誌的熱門話題。另一個完全不同的討論為，人口統計學家與史學家對數百年前鄉村家庭的組成與行為做了極為辛苦與動人的研究 (Henry, 1965; Laslett, 1972; Le Roy Ladurie, 1978)。人類學者 (Goody 等，1976)、生物學者 (Trivers, 1974; Wilson, 1975)、以及心理學者 (Keniston 等，1977)也將他們的研究興趣拓展至家庭的領域。

除了馬爾薩斯 (Malthus) 的人口變遷理論，在1950年代以前，經濟學者幾乎未曾注意到家庭，1950年代他們開始認識到配偶、小孩、以及家庭中的成員。Jacob Mincer （1962；以及 Long, 1958） 曾提出有力的論證指出，已婚婦女的勞動參與率不僅決定於自己的賺錢能力，也取決於丈夫的所得、小孩人數、以及其他家庭特性。現代生育經濟分析的一支已開始取代馬爾薩斯理論，「對小孩的需求」 (the demand for children) 已被證明是由家庭所得、父母時間的價值 （尤

其是母親的）、小孩的「品質」、與其他家庭變數 (Becker, 1960, 1965; Easterlin, 1968) 來決定的。此外，人力資本投資之研究亦將私人教育支出視為父母對子女生產力的投資（Schultz, 1963; Becker, 1964）。

我的《家庭論》(*A Treatise on the Family*) 一書便是根據這些論述以及其他研究，提出一套分析家庭的經濟學方法。雖然我採用了自己從前的文章，但本書大部份的篇幅仍屬原創性的分析。第二章分析男人與女人的家庭分工，以及本質上完全相同的人彼此之間的分工；第三章探討一夫多妻制與「對小孩的需求」、男人之間的差異，以及其他變數之間的關連性；第九章分析其他動物的交配與子嗣數量的關係；第十一章討論兩代小家庭、大家庭與親戚在傳統、現代、與當今社會中的角色。

我曾在從前的著作裡（有些與他人合著）建構了其他章節的基本分析，經過重寫後併入本書。在本書中才首次討論的包括一夫多妻制、沒有彈性的婚姻「價格」、以及偏好對「最適配對」的影響（第四章）；子女的品質與數量的互動性，此種互動關係對生育變遷以及對不同群體間生育率的影響（第五章）；對兄弟數目以及家庭背景中其他層面的影響（第六章）；比較家庭內的利他及忌妒行為與市場上的自私自利行為（第八章）；以及，伴隨著離婚而產生的「烙印」（第十章）。

雖然本書主要著重於建立理論分析的架構，但大多數章

節亦包含了實證資料：近期的統計資料；某一鄉鎮、城市、
與國家的歷史研究；回教、非洲、與東方社會的資料；以及
人類學對原始社會的考證記錄。雖然本書的實證資料遠不如
理論分析來得有系統，但是資料的廣度也凸顯了我的目的，
即發展出一套一以貫之的分析方法；此方法至少可以部份地
適用於剖析過去及現在的家庭、原始與現代社會的家庭、以
及東方和西方文化下的家庭。

　　本書的增版蒐錄了四篇新的附篇，在緒論中也將此四篇
附篇與其他章節的討論相連結。同時也答覆幾項批評，並評
論幾個有關家庭的一般性問題。

　　第二章所發展的模型顯示，即使丈夫與妻子為兩個本質
上相同的人，他們仍可經由市場與家庭活動的分工獲益，其
中一人以從事市場工作為主，而另一人主要從事家庭工作。
獲益的來源為，針對特定部門進行人力資本的投資具有報酬
遞增性，此投資主要在提升市場或非市場部門的生產力。因
此，縱使男人與女人只有很小的差異──可假設此差異與婦
女在生兒育女方面的能力有關──也將導致兩性間的分工：
妻子較專業於家庭工作，丈夫則較專業於其他工作。假使其
中一部門，也許是家庭工作，被認為是較枯燥乏味且較沒有
價值，或者離婚非常普遍，那麼婚姻中專業化的程度就會偏
低。

　　第二章很容易給人一個印象（例如 Boserup, 1987），認
為我將家庭及其他工作的分工現象完全歸諸於生物上的差異

，也就是女人比男人在先天上就更具有生兒育女的生產力，這絕不是我的想法，因為我依然承認婦女在工作上是受到歧視。儘管我相信，生理的差異可解釋，為何傳統上婦女肩負了大部分養育子女的工作，但是，從我的有效分工之分析所導出來的重要含意為，傳統上男人與女人的分工並非源自生理的或歧視因素。

反而是，正如我在1985年〈人力資本、精力、與性別的分工〉（該文蒐錄在本書第二章附篇）一文中所強調的，即使婦女在市場上受到很小的歧視，或者男人與女人有些微的生理差異，也能造成丈夫與妻子在分工行為上的極大差異。因此，並不需要很大的市場歧視或很強的生理差異來解釋，為何傳統上所得的性別差距會如此巨大。當婦女專注於家庭工作，未曾大量投資於「市場人力資本」，而且她們又將大部分的精力投注於家庭，可觀的所得差距是可以預期的。

該附篇也認為，一個「有效的分工」與世襲制度下婦女受到丈夫及父母的剝削，其實完全不相矛盾，該制度削減了婦女的福利以及婦女對自己人生的掌控。的確，當資源的配置，包括男人與女人的分工，變得更有效率並且提高了商品勞務的產量時，男人從剝削中所得到的利益也會增加。許多討論剝削婦女的作者，皆未了解到剝削與兩性分工的效率，其實是完全不同的問題，Boserup也是其中之一。

經由家庭的決定、環境、與遺傳因素，家庭將文化、能力、教育、所得，以及其他資產從老一代傳遞給年輕的後代

。第七章根據 Becker 與 Tomes (1979) 的論述，建構父母傳遞稟賦與資產給子女之模型，並據以分析不均等性與跨代流動 (intergenerational mobility) 之決定因素。不過，該模型有很嚴重的侷限性，特別是父母可以同時留給子女負債與財富之假定，以及將人力與非人力資產合併為一同質的資產。

我與 Tomes 在論述家庭的興衰（該文為1984年會議論文，1986年出版）一文做了較實際的假設，亦即父母無法留下債務給子女。此外，該文亦將人力資本與資產做了區分，我們假設資產的報酬率是由資產市場決定，而子女人力資本投資的報酬率與子女天賦的「能力」呈正向關係，並隨投資量的增加，投資報酬率終將遞減。

這些假設導出了比第七章更豐富及更妥切的含意，我已將1986年一文增為第七章之附篇，如此也與第六章之分析較連貫。第六章將人力資本與資產做了區分，也假設人力資本投資之報酬率隨投資量的增加而遞減。

Arthur Goldberger (1985) 認為，早期的不均等性與跨代流動之模型並未假設效用極大與理性選擇，與這些模型相比，第七章之分析並未提出新的結果。在家庭的興衰一文（現為第七章附篇），我指出模型中極大化與其他假設，的確導出了其他模型所沒有的含意。在其他地方，我有系統地答覆了他修定過的批評（參閱 Goldberger, 1989，與 Becker, 1989）。

第八章與第七章附篇假設父母是「利他的」：亦即子女

的利益增加時，父母的效用會提升。利他的父母願意做子女的人力資本投資，但是他們的花費亦受限於下述的認知，花費在子女身上愈多，能花費在自己身上的就愈少。因此，即使是利他的父母，也可能對子女「投資不足」，也就是子女人力資本的「均衡邊際報酬率」大於父母所擁有的資產的報酬率。

當父母對子女投資不足時，假使子女能向父母借貸以從事使財富極大化之人力資本投資，等到父母年老、子女已成年時再償還債務，那麼，父母與子女雙方皆可因此受益。較貧困的家庭從此種借貸安排所獲得的利益最大，因為他們比富裕的家庭更可能投資不足。

我與 Kevin M. Murphy 合撰之〈家庭與政府〉，重印為第十一章之附篇，分析當父母無法約束子女償債時會產生那些結果。除了對子女的投資會太少外，也包括：較貧窮的家庭對老年準備的儲蓄不足，以及「最適人口」這一老舊又困難的問題中較不尋常的（有人會說是怪異的）層面。很顯然地，未出生的嬰兒無法做補償父母的承諾，並誘使父母去生下額外的孩子（參閱 Parfit, 1984，該書從哲學的角度討論未出生嬰兒的利益所應賦予的考慮）。因此，即使額外的孩子能使父母與子女皆獲益，父母也可能選擇不再多生。

不過，上述父母與額外的子女的福利皆獲改善之情況，唯有在不留遺贈給子女的（較貧窮）家庭中才成立。可以留下遺產的家庭不需要任何子女的補償，包括額外的子女，因

　為只要他們願意，他們可以選擇留下較少的遺產。

　　第十一章附篇亦指出，政府廣泛地介入家庭，包括對教育的補貼、社會保障政策、子女寬減額、結婚與離婚的相關法律、以及其他許多制度措施等，常有助於克服父母子女做「有約束的承諾」之困難。例如，結合教育補貼與社會保障支付，可以將子女投資提高到更有效率的水準，同時也補償年老的人，他們付稅支助了教育投資。

　　第七章與第十一章附篇，也在跨代的架構下探討父母「利他」行為所產生的後果。列入第五章附篇的「重新構建生育的經濟理論」（與 Robert J. Barro 合寫），將「對小孩的需求」納入模型裡，在此模型中，父母選擇子女的數目以及對每一孩子的投資與遺贈。該方法將一個單一家族（或者在開放經濟體系）不同世代間的生育行為與小孩的成本、所得、利率、利他的程度、與其他變數相結合。

　　這種動態生育分析的含意之一為，健康知識的進步使得小孩死亡率降低，也必然在長期間降低了出生率（如果利率不上升）。但是，出生率最後的下跌將大於最初的下降，也有可能上升一段時期。

　　假使每人消費額的長期成長率固定不變，生育會隨長期利率的上升而增加。相反地，在利率決定的生物模型中，上述的因果關係就顛倒過來 (Samuelson, 1958)。在該模型內，利率攸關生育以及決定人口成長率的其他變數，雖然我們的分析好像是第一個將生育與利率連起來的模型，但在小說裡

曾認識到這樣的關連性。小說家在 *The Forsyte Saga* 裡曾說
：

　　唸過統計學的人一定已經注意到出生率會隨著你的貨幣
利率的變動而變動，在十九世紀初，祖父「Superior Dosset
」Forsyte 獲利百分之十，也因此有十個小孩。這十個小孩
，扣掉四個未曾結婚的，及Juley，她的丈夫Septimus Small
婚後不久就死了，平均得到百分之四到五，也照此生育。（
Galsworthy, 1949,頁365）（註1）

　　在我們的分析裡，對每個小孩的利他程度決定了小孩及
未來數代的消費的貼現率；若從小孩得到的邊際效用是遞減
的，則給每個小孩的利他也將隨小孩數目的增加而下跌。於
是生育增加會提高未來的貼現率，因此削減將來的消費，所
以長期利率的上升不一定會提高每人長期消費的平均成長率
，因為較高的貼現率會抵銷較高的利率所產生的效果。

　　從第五章到第七章，包括第五章附篇在內的分析，係根
據子女數目與子女品質的互動，在此，品質是由一些福利的
替代指標來衡量。較早的一篇文章（Becker與Lewis, 1973；
以及Willis, 1973）指出子女數量與品質之間的互動，一部份
原因是品質與數量經由對子女的總支出，以相乘的效果進入
父母的預算限制內。這樣的互動表示，子女數量與品質和父
母的決定是密切相關的，即使他們並不與父母的效用函數密
切相關。

　　這些變數之間的關連也可能與變數如何進入父母效用函

數的方式有關。由於對每個小孩的利他程度以及對將來所賦予的權數，會隨著小孩數目的增加而遞減，生育對未來貼現率的影響，也是造成數量與品質互動的另一個來源。

許多社會學者、人口統計學者，以及經濟學者，現在都將子女的數量與品質之間的互動納入他們的生育分析體系內〔例如Blake,(1981)的討論，他之前(1968)曾批評生育的經濟分析〕。然而，有些人仍然很懷疑子女品質的分析，他們尤其抱怨我太仰賴生物上的考慮來解釋對品質的需求。（註2）不過，我的確認為生物上的論點是不恰當的（參閱第五章前面部份以及第九章的結論）。

經濟學者幾乎從不討論為什麼消費者喜歡香蕉或者其他的商品，但是要了解父母親為什麼對子女是利他的也並不難。Barro和Becker (1989) 指出，在資源相等的情形下，利他父母的家庭比自私父母的家庭大，而且對每個小孩的支出也比較多。他們的討論回答了我在第八章所提的問題，也就是利他的父母是否有較多的子女以及對每個小孩的花費是否也較多。假使小孩「承繼」了文化的或是生物上的與自己父母相似的傾向，利他性較大的家庭相對上將擁有較多的後代子孫。這樣的一個選擇機能已經運行了數千年，也使得父母對子女的利他行為在現代社會裡成為普遍的現象。

然而，許多經濟學者卻否認利他性在家庭內是重要的，雖然這些經濟學者同樣的常常為他們的子女積蓄、饋贈與留下遺產。再者，父母的愛，特別是母愛，早在聖經時代就已

經被承認了。例如，在 1580 年，法國作家 Michel de Montaigne 曾說：「如果真有一個自然法則，…所有的動物在顧及自己的生存之時，避開可能的危險之後的下一件事，就是對幼獸的愛護了」(1958,頁138)。

　　雖然利他行為在多數家庭內是很重要的，但確實有一些父母親會虐待他們的子女，也有父母親想要掌控子女或從子女得到財務上的幫助。但無可否認的，家庭成員之間的互動，與其他彼此無關的人之間的互動相比較，其中最主要的區別在於，家庭內是有愛以及關心。

　　利他行為改變了人與人互動的本質，根據貝克 (1974b) 的分析，第八章指出，假使父母是利他的，而且給子女饋贈，那麼父母與子女間小幅度的所得重分配並不會影響雙方的消費或效用。Barro (1974) 在考慮公債、社會保障以及其他兩代間的政府移轉性支付對消費和儲蓄的影響後，也導出了「中性」(neutrality)的結論。在過去二十年間，他的分析在財政理論上最具重要性也是最具爭議性。

　　這些「中性」的結果，僅僅應用了利他性對預算限制的影響（參閱圖形8.1）。利他性也會影響誘因與策略，有一個重要的例子是「不肖子定理」(Rotten Kid Theorem)，該定理指出在某些條件下，縱然小孩是自私的，利他的父母和他們的小孩還是會求同一效用函數的極大化。其中最主要的假設為：所有的財貨皆可以被買賣（休閒就是一個不能被買賣的財貨）；模型裡只假設單個時期；父母饋贈給小孩；以

及父母隨著小孩在一種兩階段的「遊戲」中做選擇。

第八章對此理論的評論指出，在前述假設條件之外，將該理論一般化是不恰當的（參閱特別是有關偷懶、在床上閱讀、以及態度的討論）。當某些財貨不能被購買或消費延伸到單個期間以上的情況，該理論就不成立（參閱第十一章的附篇；Bruce和Waldman，1986；Lindbeck和Weibull, 1988；以及Bergstrom, 1989）。

然而在我的討論裡最不滿意的部份，並不是不肖子理論的錯誤應用——不論這些誤用是多荒謬——而是無法將「績優財」（merit goods）與利他行為結合起來。所謂「績優財」我指的是父母對子女所關心的特定的行為或特性，例如：他們是否偷懶、在學校用功學習、常常探望父母、過度飲酒、婚姻美滿、或者是對兄弟姊妹不友好。

當利他的父母也對小孩要求「績優財」時，父母與小孩的互動就不僅限於子女可以增加或降低本身以及父母的效用，即不肖子定理所考慮到的效果而已；還包括小孩績優財的消費減少後，會降低對小孩的利他程度，也因此直接減少對子女的饋贈。例如，一個在大學裡很少唸書的孩子，可能會從父母那兒得到較少的獎賞，因為他的不用功激怒了父母親。理性的孩子，會考慮到父母親對他有多努力（或者父母親所相信的用功程度）所做的反應。

為了能在不假設父母與子女間的直接談判或父母親可以事前承諾饋贈給子女的情況下分析此一互動關係，可以假設

子女首先選擇他們的績優財，然後父母再選擇饋贈和自己的消費，最後子女選擇自己的其他財貨；不肖子理論假設了類似的順序。假設子女的效用函數為 $U = U\ (x_1,\ x_2)$ ，父母的效用函數為 $V = V\ (x_3,\ x_2,\ U)$ ，其中 x_2 為子女的財貨，也是父母親的績優財。子女選擇 x_1 與 x_2，而父母無法直接影響這些選擇，但是他們可以藉由所給予的饋贈(g)間接地影響選擇。在完全訊息的均衡下，子女極大化 U 並受制於他們的資源，也就是 $I_c + g$，其中 I_c 是他們的所得。在所得 I_p 限制以及子女選擇 x_2 的情形下，父母親選擇 x_3 和 g 求效用的極大化。父母親的一階條件為：

$$\frac{\partial V}{\partial x_3} = V_3 = \lambda_p p_3 \tag{I.1}$$

且
$$\lambda_p = V_u \frac{dU}{dg} = V_u \lambda_c = \frac{V_u U_1}{p_1}, \tag{I.2}$$

其中 λ_p 與 λ_c 分別為父母和子女的所得邊際效用，而 P_3 為 x_3 的價格。式 (I.2) 的左邊前兩項為 g 的一階條件。左邊第三項係指出 dU / dg 等於子女的所得邊際效用，最後一項係從 $\lambda c = U_1 / P_1$ 而來，是子女的一階條件。

　　子女明白 x_2 的變化可能會影響到贈與，因為 x_2 也在父母的效用函數內。子女選擇 x_2 的一階條件為：

$$U_2 = \lambda_c \left[p_2 - \frac{dg}{dx_2} \right] = \lambda_c \Pi_2. \tag{I.3}$$

上式中 dg / dx_2 顯示績優財 x_2 增加可能會改變贈與。如果 x_2 與父母的利他是「互補財」(complements) —— 例如，當 $V_{u2} > 0$

與 $V_{32}=0$ —— 則 x_2 會使父母更為利他而增加饋贈。如果 g 隨 x_2 增加而增加（假設 $dg／dx_2>0$），那麼 x_2 的淨價格或影子價格就會低於它的市場價格（$\Pi_2<P_2$）。比較低的價格通常會增加小孩對 x_2 的需求，這樣會使他的父母比較快樂。就像不肖子理論所言，父母對子女所選擇 x_2 的自動反應（沒有談判、承諾、或者威脅）會誘使子女依父母親所期待的方向來行動。上述的機制不是單純的利他行為的效果，而是績優財對利他程度的影響。

父母的自然反應會誘使子女去提升 x_2，但是 x_2 通常會低於父母能直接控制小孩行為時所選擇的水準。換句話說，上述小孩與父母的一階條件並不等於父母控制 x_1，x_3，x_2，與總所得之下，求效用極大化的一階條件。例如，如果 U 僅輕微地影響到 V，而且 x_1 和 x_2 以固定的比例進入 U，那麼小孩會選擇以此比例來消費 x_1 和 x_2，但是當父母選擇時，相對 x_2 而言小孩會得到很少的 x_1。

在一篇傑出的分析中，Bergstrom（1989）證明：如果存在著「可移轉」的效用，事實上子女會和父母做同樣的選擇，但是可移轉性卻隱含了對效用函數的極度限制。在其他情況下，他們也會選擇相同的結果，但是，目前還沒有人能夠將不肖子理論所能應用的各種情況，做全面性的詮釋。但是，縱使子女完全依照父母的期望而行，父母利他行為與績優財的互動會誘導子女按照父母所期望的方向來增加子女對這些財貨的消費。

　　績優財與利他還有另一層次的重要關係，也就是績優財有助於抵銷利他行為對小孩誘因所產生的負面效果。在Bruce 與 Waldman（1986）、Becker 與 Murphy（1988a）、Lindbeck與Weilbull（1988）、以及Bergstrom（1989）等人的文章中，有討論浪子回頭的例子。假使父母事前未做承諾，有利他父母的小孩會很快地揮霍掉大部份的財富，也不會努力工作，因為每當他的所得很低時，他總能依賴父母的利他行為來渡過難關。但是，假使父母的利他會因子女揮霍無度或者懶惰而減少時，即使是放蕩不羈的浪子也可能會努力地工作、生活節儉以便得到父母更多的饋贈和遺產。所以在本質上，放蕩不拘的行為對父母利他所產生的負面效果會約束小孩的行為。

　　此分析隱含了較富裕的父母比貧窮的父母對小孩子的行為多了一些控制能力，因為富裕的父母可以留下遺產（參閱我在第八章的評論）。維吉尼亞州在1776年的一項法案廢止了限制財產繼承的規定，就是以此種控制力量為立論根據，因為該法案說明限制繼承「會使得小孩可以不理會、不服從他們的父母，因而傷害到青年人的道德」（Herning, 1809-1823；感謝Milton Friedman提供此參考資料）。由於父母都喜歡子女的探訪，一個合理的解釋為什麼有錢的老人通常會比貧窮的老人得到更頻繁的子女探望，是因為父母對遺產的控制誘使小孩來取悅較富裕的父母。同樣的論點也可解釋為什麼離婚的父親通常延遲支付小孩的贍養費，因為一旦與小

孩的相處減少了，父親的利他也隨時間而下降。（Weiss 與
Willis, 1989，對此有不同的解釋。）

　　子女行為會影響父母的利他，此點有助於解釋為什麼利
他的父母不一定會用較多的遺產來補償不太成功的子女。（
Menchik, 1989，提出給子女遺產是否平等的證據）假使父母
懷疑子女是因懶惰或浪費而造成較低的成就，那麼她們留給
成就較低的小孩的遺產也會減少。

　　假使父母的餽贈已在事前做了承諾，而且與子女的所得
或財富無關，那麼父母親就不需要用續優財來控制浪子的行
為。不過事前承諾也有它的問題；因為父母親將無法對影響
子女的外生事件（exogenous events）做彈性的反應。例如，
假使餽贈在事前已完全承諾，當子女發生嚴重的意外事件或
者罹患了長期慢性病時，父母就無法幫助子女。正因為續優
財可以區別外生事件與小孩的選擇，所以續優財比事前承諾
更具效力。雖然我還沒有關於給殘障小孩餽贈的實際資料，
但基於以上理由，小孩有生理上或精神上的障礙，得到的遺
產和餽贈就很可能比兄弟姊妹多。

　　續優財與利他之間的關係能夠將策略性的因素帶入小孩
的行為中，因為小孩可以藉犧牲兄弟姊妹享有的餽贈以增加
自己獲得的餽贈與遺產，也就是「以鄰（手足）為壑」的政
策。結果可能造成子女彼此的勾結，或者是由於子女們競相
取悅父母而過度地生產了積續財。

　　婚姻市場會使不同核心家庭的利他行為相互關連，因為

配偶的父母和其他親戚可以對小孩或孫子們的共同消費有所
貢獻。並且藉由親戚之間的通婚使得相當大比例的家庭可以
在幾代間維繫著關係（參閱Bernheim與Bagwell, 1988）。但
是，由於搭便車，也就是坐享別人饋贈的現象，不同家庭之
間利他的互動程度可能受到很大的限制。例如，一個父親可
能會擔心如果他多給了女兒，他的親家就會減少對他們兒子
的饋贈（參閱我在第八章的評論，與 Nerlove, 1987，等人的
詳盡討論。）

　　將一定的總所得從子女移轉給父母並不會改變雙方的消
費或效用，即便是 (1) 積優財很重要，(2) 不肖子理論不成立
，(3) 親戚之間的利他會互相影響，以及 (4) 小孩子有策略性
的行為。此一命題的證明說明了父母親如果願意，他們可以
減少對子女的饋贈來達成此一重分配。因為父母親選擇不減
少饋贈，那麼他們必然偏好原來的效用情況，而非任何其他
所得重分配的狀況。

　　第三與第四章分析不同的所得、能力、教育、年齡、家
庭背景以及具有其他特性的男人與女人之間尋找婚姻伴侶的
競爭。文中並解釋在多夫或多妻婚姻制度下男人與女人的特
性，並且評估誰能得到更具吸引力的配偶。該分析並未假設
丈夫與妻子在婚姻中必然地分享相等的報酬，也探討競爭力
如何決定婚姻產出在夫妻之間的分配。

　　有些作者認為我太過強調婚姻市場中的競爭，忽略了「
權力」以及婚姻中的談判行為（參閱McElroy與Horney, 1981

，以及 Boserup, 1987，文中的例子）。（註3）然而，我的
確曾考慮到談判行為，例如談判是否離婚；離婚法律要求雙
方同意的規定是否與允許單方面決定的離婚法規有不同的效
果，單方面即可決定離婚的法規通常將決定權交給丈夫（參
閱第十章）；以及在婚姻中談判與權力的其他例子。

我所要強調的是，縱然在法律與習俗對丈夫有利的情況
下，婚姻市場的競爭仍將保留婚姻內的談判行為。例如，假
使只有男人可以提出離婚——就像傳統回教法律——在婚前
，新娘以及她的家人會要求男方家庭同意一個合理的協定，
此協定適用於萬一她被休掉的情況；否則，她將會尋找別人
作她的丈夫。回教國家的確有婚姻契約詳細列出被離婚的妻
子將獲得多少賠償。由於在羅馬共和的後期離婚非常的普遍
，父親很少願意給女兒豐厚的嫁妝，因為「很高的離婚機率
大幅降低了給予豐厚的陪嫁的誘因，因為當婚姻破裂時，丈
夫可以保留一部份的陪嫁」（參閱 Saller）。當離婚是不被
允許，或必須夫妻雙方都同意才能離婚時（1970年以前美國
多數地方都如此規定），婦女因害怕丈夫的虐待而延後結婚
，直到她們對男友的愛與品格有了相當程度的信心以後才會
結婚。

假使婚姻由具約束力的契約載明了將來各種可能情況下
的資源分配，那麼即使丈夫與妻子間的權力分配非常的不平
等，也可以被婚姻市場上的競爭完全抵銷。當婚姻契約不具
法律效力或契約僅允許諸多可能情況中的一部份，那麼競爭

力量的效果就比較小。婚姻契約如何保護妻子不受精神或身體上的虐待，這些虐待常不留痕跡而且是暗地裡發生的！

我在第十章的結論認為，法律將雙方同意才可離婚修改為單方決定即可，並不會提高離婚率，該結論假設結婚的人很清楚地知道自己與配偶從離婚所獲得的利益，Peters (1986) 指出，如果個人對自己的離婚利益知道的比較多，那麼將法律修改為單方決定即可離婚的規定，就會提高離婚率。該文做了一些實證分析，Peters 有更為詳盡的實證研究，不過都未發現對離婚率有明顯的影響，倒是其後的幾個研究發現，片面離婚之修法提升了離婚率 （參閱 Weiss 與 Willis, 1989 ，以及 Zelder, 1989 ） 。但是，即使在這些研究中法律的改變，也只解釋了1970年以後離婚大幅增加的原因中的一小部分，1970年各州開始引進片面離婚之法規。因此，不論是否接受上述這些研究的結果，第十章的離婚率上升主要是由於經濟與社會條件改變的結論，仍然是正確的。

第十一章引用所謂的新制度學派 (new institutionalism) 說法，雖然該章從未使用該詞。此研究方法假設理性的個人對條件改變之反應決定了制度演變的方向。該章認為在二十世紀，家庭的緊密程度以及功能都遠比前面數世紀要減弱得多，主要是因為市場與政府已逐漸演變成為訓練與教育年輕人、保護老年時困境、疾病、意外死亡、長期失業以及其照顧其他經濟災害的主要機制。這些新制度減少了依賴家庭的價值，根據此論點，家庭在過去幾十年裡變化的速度最快，

主要是因為婦女的所得與就業機會大幅的改善，以及福利國家快速成長所致。

　　由於我強調福利國家，認為在美國對未婚媽媽的福利支付打擊了婚姻並且鼓勵貧窮婦女生育，為此我曾受到批評。批評者認為，1970年代與1980年代領取福利支出的人數增加，以及未婚婦女出生率的上升並不是福利制度造成的，因為在此期間，平均每個家庭的福利支出，就實質所得而言，是減少了。他們亦指出（參閱 Vining, 1993）各州對福利支出的差異與各州未婚母親出生率的差異也並未有密切的關聯。

　　然而，我在婚姻市場的分析中指出，決定單身的誘因取決於單身所得相對於結婚的預期所得。（註4）高中輟學的年輕男性以及高中畢業生裡最差的四分之一，他們的實質工資在過去十五年內下降了35%（參閱Juhn等，1989），同時由於其他原因，這些年輕人很可能成為較不具吸引力的婚姻伴侶（參閱 Wilson, 1987）。因此，福利制度很可能增強了貧窮婦女在懷孕生子時仍選擇單身的傾向，儘管政府對每一家庭的實質福利支出下跌了（參閱Bernstam與Swan, 1986）。

　　第九章認為研究人類家庭的最適化方法，也可以用來瞭解其他生物的家庭型態，雖然人類的行為決定於文化與生物的因素，在學習以及其他層面的行為不同於生物世界。該章分析其他生物配對的制度以及子孫的數量與品質間的替代，在生物文獻中稱為K策略以及r策略。

同樣的，最適化模型亦有助於了解生物文獻中所討論的其他問題，例如，Hamilton (1964) 在一篇頗具影響力的文章中指出，在非人類生物中，對近親的利他行為遠比對遠親要來得明顯，因為近親中基因相同的比例很大。雖然，四位祖父母或者八位曾祖父母與孫子女或者曾孫子女有完全相同的基因，正如同兩位父母親與他們的子女有相同的基因一樣。假使祖父母為孫子女們花費的時間及其他資源方面完全合作，他們加起來會比僅僅雙親有更強的誘因來幫助小孩。所以血緣選擇模型必須做修正以考慮合作的可能性。

當然，隨著合作人數的增加，搭便車的程度也會增加。但是我們也不能完全不顧父母親與其他親戚之間的合作，正如一般的血緣選擇模型所說的一樣；合作的傾向可能是一個具有生存價值的特色。

本書並未討論家庭的各個層面，即便再多幾冊也無法充分地討論。反之，本書試圖根據理性的行為分析，提供一個有用的分析架構，以洞察在不同的法規、環境條件以及文化下的家庭結構與組織。有些學者接受這樣的前提，認為在現代世俗社會裡的行為常傾向於理性的，但是他們質疑在未開發與宗教國家裡，家庭的決定是否仍然是理性的。我無法證明絕大多數的地方存在理性，但是讓我們看以下幾個例子，包括宗教的、貧窮的或者古代的社會。

「愛爾蘭家庭模式」在社會科學文獻中幾乎是下列現象的同義詞：男人與女人都晚婚；已婚婦女在家中照顧許多幼

小的孩子，因為他們的宗教禁止生育控制。然而這些所謂的愛爾蘭模式卻不再存在於愛爾蘭了！在愛爾蘭共和國，男人與女人的結婚年齡比過去下降了許多；生育率也大幅降低了。雖然天主教會仍然反對節育措施，夫妻使用保險套以及其他控制生育的方法早已非常普遍（參閱Kennedy, 1988）。

愛爾蘭在宗教上仍然是一個很虔誠的國家，愛爾蘭的憲法甚至有條款保障已婚婦女待在家中照顧家人的權利。但是，理性的家庭對強有力的經濟、社會變動的反應，超越了教會的教條與憲法規定。訓練有素的工作人員在經濟體系中越來越重要，這種現象已使父母們以較少的子女數，但卻受更好教育來代替傳統的大家庭。已婚婦女的所得提升與就業機會的擴大，提高了婦女的勞動參與率，降低生育率，也助長了婚姻的破裂。愛爾蘭家庭的行為與其他西方世界的家庭非常相似；許多虔誠的父母對此現象很不安，但最後也不顧教會裡避孕的教條，也逐漸地不再遵守禁止離婚的規定，有人甚至遺棄配偶。

非洲的Bukina Faso（從前為Upper Volta）是世界上最貧窮的國家之一，在那兒，農耕技術與生活型態幾乎與現代化絕緣。然而Singh（1988）對該國農村做了深入的調查，發現婚姻與生育皆對當地的原始型態做了理性的反應。擁有大農場的男人——這些農場仍然小於十公頃——能娶好幾位妻子（Bukina Faso為多妻制），因為女人擔負了絕大部份的農耕工作，而且女人生育小孩，子女也可幫助農耕工作。小

孩能從事照顧牲口的工作，因此 Singh 發現牲口數目比較多
的家庭，小孩的數目也比較多。

羅馬的法律很詳細地規定了家庭關係與權力繼承，但是
婚姻契約與遺囑可以推翻法律的規定。在羅馬共和與帝制晚
期，雖然丈夫在名義上擁有主宰的地位，婚姻契約與婦女的
離婚權常賦與有錢的已婚婦女相當大的權力。因為能透過遺
囑提高或減少留給子女的遺產，此權利使有錢的父母對子女
有相當的控制力，這是貧窮的父母所沒有的。窮人必須依賴
子女的孝心和社會對子女的壓力來獲得老年時的供養 （Sal-
ler對羅馬家庭的有趣討論）。

很高興地，本書的分析產生了一個原先未預期到的副產
品，我瞭解到家庭的決定會對其他問題造成重大的影響。讓
我簡短的討論經濟成長與所得不平均來說明此點。

馬爾薩斯經濟成長模型的涵義為：當所得提高時，人們
會較早結婚也會有較多的子女，不過，此理論完全不符合西
方以及其他國家在過去一五〇年的發展經驗。新古典經濟學
對此現象的反應是完全忽略家庭，通常假設生育以及其他決
定人口成長的因素與經濟變數無關。

但是，馬爾薩斯在建構家庭行為模型所發生的錯誤並不
表示婚姻、生育是與經濟體系無關的。結合我與 Barro （
1989） 所撰的生育行為重建模型 （第五章附篇） 與新古典成
長模型，我們指出在封閉經濟體系內，除非更快的技術進步
能大幅提高利率，較高的技術進步率會降低生育以及人口成

長率。新古典理論有關租稅負擔的說法為，對資本課稅，在長期間，會完全移轉到其他生產因素，我們亦證明，當生育被內生化到模型中時，該結論便不成立。當生育與平均每人所得呈正相關時，資本稅僅有一部份會被轉嫁，而當生育與所得是負相關時，資本稅被移轉的幅度會超過100%。

馬爾薩斯相信，對小孩的總支出會隨父母所得的上升而增加，此點是正確的。不過他卻錯誤地假設，總支出的上升是因為家庭有更多的小孩；當所得上升時，家庭的小孩數目通常會減少。在經濟成長過程中，小孩支出增加的主因是小孩的教育以及人力資本增加。Becker等人(1990)結合了Barro-Becker的重建生育模型與成長模型，強調人力資本對平均每人所得成長的效果。該文延伸了第六章的討論，指出小孩在數量與品質間的替代，有助於解釋為什麼在一個國家開始「起飛」成長時，生育率通常會大幅下降，而人力資本會上升。我們亦證明了馬爾薩斯模型可以應用到經濟變動不大的貧窮國家。

家庭行為是造成不均等的一個重要因素，美國在1960年代後期以來，婦女單親家庭的增加造成了低於貧窮線的家庭比例上升，即為明證。隨著離婚率急遽上升，以及非婚生子女的快速增加，這類家庭變得更為重要。 Fuchs (1983) 與 Levy (1987) 對家庭結構與不均等之間的關係，提供了非常有價值的論述。

本書的分析有助於了解家庭間不均等的程度。不均等很

明顯的與下列因素有關：生育與家庭所得之間的關係；窮人家庭對小孩人力資本投資不足的程度；教育、家庭背景及其他特徵在婚配中的影響；離婚率與給付給離婚婦女的小孩贍養費；以及家庭內子女分配遺產的不均等。不均等也與政府的教育補貼、社會保障支出和其他措施所造成的所得重分配有關，不過這些政策對不均等的淨效果如何，完全視家庭如何反應而定。例如，領取福利救濟的婦女提高了生育力並減少花費在小孩身上的時間與精力，那麼福利政策就可能擴大而非縮小不均等。

　　本書《家庭論》的增版，試圖進一步證明用理性選擇來解釋家庭的行為，不僅對經濟學者提供豐富的含意，而且對研究家庭的其他領域的學者亦有很大的助益。家庭之所以值得學者專家及社會大眾的重視，是因為儘管隨著時代變遷家庭有了重大的變化、儘管不同社會與經濟環境中的家庭有極大的差異，家庭卻仍然是最具影響力的組織。

附註：

〔註1〕 Galsworthy 繼續他的經濟分析：「也有其他的理由可以說明較低的生育。除了能確保溫飽，對自己的賺錢能力不具信心，以及知道父親尚未過世，就不得不小心。如果一個人有孩子，但沒有太多錢，他的品味與生活舒適程度必然下降；支持兩個人的，無法支持四個人的生活，以此類推──最好能等等看天父如何安排。

此外，最好能在渡假時不受干擾。不過，比起擁有孩子，他們寧願擁有自己，符合了潮流——也稱為世代的結束fin de siecle」（頁366）。

〔註2〕 Brain Arthur, 1982 年評論本書時，對於小孩品質所做的分析是否有價值，抱持了極大的懷疑。將小孩品質與父母對每個小孩支出相連，Arthur問到，「支出怎麼會有價格？」（頁396）。若將對每個小孩的支出，當作是小孩品質的替代指標，的確有影子價格，它與小孩數目成正相關，並且像其他價格一樣進入父母效用極大化的一階條件。Arthur 認為我過份依賴生物基礎來強調小孩品質。

在本章裡，我盡量減少對第一版評論的回答；但是我特別提到 Arthur 的評論，因為有些人口學者（例如 McNicholl, 1988）相信該評論對本書造成傷害。我在幾年前曾準備了一篇很長的答辯，可供索取，該答辯文指出 Arthur 的評論對本書的分析充滿了誤解。

〔註3〕 儘管我假設婚姻市場中的競爭決定了婚姻產出在夫妻之間的分配，Boserup 認為「Becker 假設婚姻伴侶有和諧的利益關係，夫妻會平等地分配消費與休閒」(1987, 頁 826)。但是在本書中，我很明白地否認了此種假設：「花費在丈夫與妻子的衣服或休閒時間，與性別、工資、教育水準、以及其他決定分配婚姻產出的因素有關」（英文第一版，頁42；英文第二版，頁84；本書頁115）。

〔註4〕 我指出「福利的擴張，**以及結婚利益的普遍下跌**，解釋了非婚生子女相對於婚生子女比例大幅提高的現象」（英文本版，頁 357，黑體字部份係此處所附加）。

單人家庭

Single-Person Households

　　經濟學者所發展出來的消費者與家庭行為的傳統理論，忽視了家庭成員間的合作與衝突關係，基本上，他們假設每個家庭只有一個人，此種理論專注於貨幣所得與貨幣價格之變動對如何將所得分配於不同市場財貨的影響。此種單人家庭理論在過去二十年間已經被大幅度地擴充了，從一個非常有限的分析擴展成為一個有力的理論工具，可以應用到許多層面。新的分析包含了時間分配以及貨幣所得的分配，也引進了家庭生產的技能、健康、自尊以及數種其他「商品」。

　　本章列出傳統理論的綱要與最近的擴展，以為本書其他章節討論家庭之準備。目前，已經有相當可觀的研究文獻，有興趣的讀者可從Michael與Becker（1973）的文章得到更詳盡的討論。

傳統理論

　　最簡化的傳統理論，個人花費他（或她）的所得在市場上購買商品與勞務，以極大化他的效用函數 U，也就是極大化下列函數：

$$U = U(x_1, \ldots, x_n),\qquad\qquad(1.1)$$

並受預算限制式 $\Sigma p_i x_i = I$ 之約束，其中 p_i 為第 i 種商品 x_i 的價格，I 是他的貨幣所得，廣為人知的均衡條件為，每一商品的邊際效用 MU 與價格成比例關係：

$$\frac{\partial U}{\partial x_i} = MU_i = \lambda p_i, \qquad i = 1, \ldots, n,\qquad\qquad(1.2)$$

其中 λ 為所得的邊際效用。

這些均衡條件的主要含意為，任何一種商品的需求量與其價格呈負向變動關係：也就是「需求曲線斜率為負的法則」。雖然此法則有很大一部份是根源於資源的有限性，而非從效用極大化導出的 (Becker, 1962)，此法則在實際應用上極為重要，也是社會科學中最重要與最普遍的法則之一。

所得增長將使大多數商品的需求增加，因為額外的所得必須被花用掉，此處「花用」(spent) 包括了增加的現金餘額與其他資產。總支出等於總所得隱含了下列等式：

$$\sum s_i \eta_i = 1, \tag{1.3}$$

其中 $\eta_i = \left[(dx_i) / (dI)\right] (I / x_i)$ 為第 i 種財貨的需求所得彈性，而 s_i 為花費於該財貨的所得比例。由於所得彈性的平均值為 1，所以「奢侈品」($\eta_i > 1$) 與「必需財」($\eta_i < 1$) 必取得平衡。

此理論較為複雜，也更為實際的說法係承認，每一個人會將時間與貨幣所得分配於不同的活動，將時間用在市場上而賺取所得。同時，將時間用在吃飯、睡覺、看電視、園藝、參與許多其他活動以獲得效用滿足。於是式 (1.1) 可擴展為：

$$U = U(x_1, \ldots, x_n, t_{h_1}, \ldots, t_{h_r}), \tag{1.4}$$

其中 t_{h_j} 為花用於第 j 種活動的時間。時間預算限制式加上貨幣所得限制式便成為：

$$\sum_{j=1}^{r} t_{h_j} + t_w = t, \tag{1.5}$$

其中 t 為一定期間內可用的總時間，例如一天24小時或一週168小時。t_w 為用於有酬勞之工作時間。（註1）

　　此一擴展的重要含意為貨幣所得不再是固定的，而是由時間的分配來決定，因為所得取決於分配於工作的時間長短。因此，商品與時間預算限制式並非彼此獨立，可以合併為一個整體的限制式：

$$\sum p_i x_i = I = w t_w + v = w(t - \sum t_{h_j}) + v, \qquad (1.6)$$

或

$$\sum p_i x_i + w \sum t_{h_j} = wt + v = S, \qquad (1.7)$$

其中 w 為每小時工作之所得，v 為財產所得，S 為「完全」或潛在所得（或當全部時間皆用於市場工作時的貨幣所得）。方程式左邊項目表示，全部所得的一部份會直接用於購買市場財貨，另一部份則間接地使用於時間，這些時間是用來生產效用而非賺取所得。（註2）

　　極大化效用函數式（1.4）而受制於完全所得限制式（1.7）之均衡條件包括：

$$MU_{t_{h_k}}/MU_{t_{h_j}} = 1, \quad 及 \quad MU_{t_{h_j}}/MU_{x_i} = w/p_i. \qquad (1.8)$$

在均衡時，所有各種用途之時間所產生的邊際效用皆相等，因為它們面對相同的價格 (w)；時間與每一種財貨之間的邊際替代率(marginal rate of substitution)等於「實質」工資率，其價格平減指數為該財貨之價格。（註3）

　　以上均衡條件的主要含意為，我們從一個比較簡單的模型導出了更為普遍化的負斜率的需求曲線。任何一種財貨價

格的補償性上升──表示價格的上升將被財產所得的上升抵銷，以維持實質所得不變──將使該財貨的需求減少，並使大多數的其他財貨需求增加。它也會降低工作時間，增加非市場行為（家庭）所用的時間，因為一種財貨的價格上升會降低以該財貨衡量的實質工資。同樣地，補償性的工資上升會增加工作時間以及財貨的需求，並減少分配於各類家庭活動的時間。例如，補償性工資上升，會減少照顧小孩、排隊、或逛街購物的時間，並使得托兒所的需求增加，也提高了家庭內存貨及維護較省的耐久性消費財的需求。最後，總所得的成長，在實質工資不變的情況下，會減少工作時間，增加大多數財貨與家庭時間的需求（參閱Becker, 1965）。

　　如果全部時間都花在家庭部門，那麼時間的價值將無法用工資來衡量，只能用影子價格（shadow price）來衡量，影子價格將等於時間在家庭部門的邊際生產力。式（1.8）中第二條方程式的均衡條件將被替換成：

$$MU_{t_{h_j}}/MU_{x_i} = \mu/p_i, \qquad (1.8')$$

其中，μ 為時間的影子價格，等於財貨與已換算成貨幣單位之時間的邊際替代率。財產所得上升將增加財貨的消費，並因此提高家庭時間的邊際產量與影子價格。如果時間是用在市場工作，則工資必須等於家庭時間的影子價格：

$$\mu = w, \qquad t_w > 0; \qquad (1.9)$$

否則，工作時間的邊際價值將小於家庭時間的邊際價值。

家庭生產函數

我曾假設時間與財貨直接提供效用，但是一個更直接、更有用的假設為，時間與財貨皆為生產「商品」（commodity）的生產要素，而「商品」才能直接提供效用。這些商品無法在市場上購買，必須由家庭自己生產與消費，家庭使用市場上購買的生產要素、自己的時間、以及多種環境因素來生產一些商品，包括：小孩、名譽與尊重、健康、利他心、羨慕、以及感官的快樂等，（註4）這些商品的數目遠比所消費的財貨數目來得少。

效用函數可寫成：

$$U = U(Z_1, \ldots, Z_m), \tag{1.10}$$

其中$Z_1, \ldots, Z_m$為所消費的各種商品。每一種商品的生產都根據下式：

$$Z_i = f_i(x_i, t_{h_i}; E_i), \quad i = 1, \ldots, m, \tag{1.11}$$

其中x_i與t_{h_i}代表用來生產第i種商品的諸多財貨與各類型的時間，E_i代表家庭能力、人力資本、社會與實質的傾向、以及其他環境變數。這些商品沒有市場價格，因為他們不是購買來的，但是它們卻有等於生產成本的影子價格：

$$\pi_i = p_i \frac{x_i}{Z_i} + w \frac{t_{h_i}}{Z_i}, \tag{1.12}$$

式中，π_i為每一單位Z_i所使用的財貨與時間的平均成本。式（1.7）的總所得限制式可用影子商品價格簡單表示為：

$$\sum p_i x_i + w \sum t_{h_i} \equiv \sum_{i=1}^{m} \pi_i Z_i = S. \tag{1.13}$$

如果商品的效用函數在總所得限制式下達到極大，其均衡條件將為不同商品的邊際效用比例等於其影子價格之比例（註5）：

$$\frac{\partial U/\partial Z_i}{\partial U/\partial Z_k} = \frac{MU_i}{MU_k} = \frac{\pi_i}{\pi_k}, \quad \text{對所有的 } i \text{ 和 } k. \tag{1.14}$$

Z_k 的相對價格上升將降低對 Z_k 的需求，也降低了用來生產此商品的時間與財貨的需求。

將消費之「商品」和購買來的財貨與勞務加以區分，不僅是做得到，並且在解釋行為上極具價值。如式（1.4）的一般效用函數，是無法洞悉不同財貨與時間之間的特殊替代與互補關係。我們甚至不能排除工資的補償性上升，卻反使家庭活動時間增加的情況。另一方面，採用家庭生產的分析方法，可以探討生產同一種商品的財貨與時間之間的特殊關係。魚和肉是生產健康與美味的兩種生產要素；或者在撫育小孩上，父母親的時間與托兒所是替代的生產要素。

技術性的說，式（1.10）的效用函數裡，生產同一種商品的財貨與時間是可以分開的：

$$\frac{\partial U/\partial x_i}{\partial U/\partial t_{h_i}} \equiv \frac{(\partial U/\partial Z_i) \cdot (\partial Z_i/\partial x_i)}{(\partial U/\partial Z_i) \cdot (\partial Z_i/\partial t_{h_i})} = \frac{\partial Z_i/\partial x_i}{\partial Z_i/\partial t_{h_i}} = MP_{x_i}/MP_{t_{h_i}}$$
$$= \phi(x_i, t_{h_i}), \quad i = 1, \ldots, m. \tag{1.15}$$

此種可分開的特性隱含著，例如：工資上升必然降低每一種

商品之時間相對於財貨之比例。同時，相對於財貨密集商品
(*good-intensive commodities*)、時間密集商品 (*time-intensive commodities*)之產量也會降低。

人力資本投資

由於人對提前或延後消費的偏好並非一致，所以式
(1.10) 的效用函數需要被一般化，以便能區別不同年齡的
消費。因此，假設：

$$U = U(Z_{11}, \ldots, Z_{1n}, \ldots, Z_{m1}, \ldots, Z_{mn}), \qquad (1.16)$$

其中Z_{ij}為j歲時所消費的第i種商品；人生所餘下歲月 (n) 假
設為已知，但也可以內生的方式來處理 (Grossman, 1972)。
在不嚴重影響一般性的情形下，以下的討論將某一年齡之所
有商品簡化合併為一個總合商品(aggregate commodity)，因
此效用函數可簡化為：

$$U = U(Z_1, \ldots, Z_n), \qquad (1.16')$$

其中Z_j為j歲時的總合消費。

工資會隨年齡增長而改變，因為投注的時間以及其他資
源的投資累積了人力資本。人力資本的累積乃依據下列的關
係：

$$H_j = H_{j-1}(1 - \delta) + Q_{j-1}, \qquad (1.17)$$

其中H_j為j歲時之存量，δ為固定之折舊率，Q_{j-1}為j-1歲時之
毛投資，依據下式生產：

$$Q_{j-1} = Q(x_{q_{j-1}}, t_{q_{j-1}}; H_{j-1}), \qquad (1.18)$$

其中 x_q 與 t_g 為用於投資之財貨與時間。在競爭勞動市場中，工資決定於：

$$w_j = a_j H_j, \qquad (1.19)$$

其中 a_j 為 j 歲時每單位人力資本之每小時所得。

在任何年齡，可分配於家庭、市場、或投資部門的總時間為：

$$t_{h_j} + t_{w_j} + t_{q_j} = t, \qquad j = 1, \ldots, n. \qquad (1.20)$$

在健全的資本市場上，財貨支出之折現值將等於勞動與其他所得的折現值：

$$\sum_{j=1}^{n} \frac{p_j x_j + p_{q_j} x_{q_j}}{(1 + r)^j} = \sum_{j=1}^{n} \frac{w_j t_{w_j}}{(1 + r)^j} + A, \qquad (1.21)$$

式中 r 為利率，A 為第0期時之非人力資本。將時間限制式代入財貨限制式，我們導出「全部 (full)」財富之方程式，W：

$$\sum_{j=1}^{n} \frac{\pi_j Z_j + \pi_{q_j} Q_j}{(1 + r)^j} = \sum_{j=1}^{n} \frac{p_j x_j + p_{q_j} x_{q_j} + w_j(t_{h_j} + t_{q_j})}{(1 + r)^j}$$

$$= \sum \frac{w_j t}{(1 + r)^j} + A = W. \qquad (1.22)$$

式 (1.16′) 之效用函數的極大化，受制於此全部財富限制式，商品與投資的生產函數，以及人力資本與工資之演變。根據下列方程式，任一期間的最適投資量由邊際投資成本與邊際收益決定（參見數學附錄，註A）：

$$MC_{q_j} = R_j = \sum_{k=j+1}^{n} \frac{\{[\pi_k(\partial Z_k)/(\partial H_k)] + a_k t_{w_k}\}(\partial H_k)/(\partial Q_j)}{(1 + r)^{k-j}}. \quad (1.23)$$

最左邊一項為 j 歲時之投資邊際成本，R_j 等於第 j 歲以後的市場及家庭報酬的折現值。

式 (1.23) 顯示投資通常隨年齡增長而下跌，因為能收取報酬的剩餘歲月縮短了；再者，年紀較輕時投資成本也比較低，這是因為所放棄的投資時間之價值較低。人力資本之最適存量將以遞減的速度增加，達到高峰後，開始朝向生命尾端下降，此時折舊超過了毛投資。假使生命能永遠持續下去，資本存量將在「投資期間」上升至頂峰，並永遠維持在該水準。

如果人力資本僅以擴大有效的家庭時間方式來直接提升商品的產量，

$$t'_h = t_h \, \psi(H), \quad \text{且} \quad \frac{\partial Z}{\partial H} = \frac{\partial Z}{\partial t'_h} \, t_h \psi', \quad\quad (1.24)$$

其中 $d\psi/dH = \psi' > 0$，那麼投資報酬可以簡單地寫成（參見數學附錄，註B）：

$$R_j = \sum_{k=j+1}^{n} \frac{w_k \left(\frac{\psi'}{\psi} \, t_{h_k} + \bar{w}_k t_{w_k} \right)}{(1 + r)^{k-j}} \frac{\partial H_k}{\partial Q_j}, \quad\quad (1.25)$$

其中 $\bar{w}_k = (d \log w_k) / dH_k$

唯有當人力資本對家庭與市場時間之生產力有不同的影響時（假使 $\psi' / \psi \neq \bar{w}$），投資報酬才會取決於市場與家庭

部門的時間分配。正如式 (1.25) 所顯示的，家庭部門使用的時間愈多，主要在提高家庭生產力之投資誘因也就愈大；如果用於市場工作的時間愈多，那麼能提高市場生產力之投資誘因就愈強。有些投資，如在職訓練(on-the-job training)，會提高市場時間的生產力；其他投資，例如育兒、烹飪、或藝術史等課程，主要在提高家庭時間的生產力。使用在一項工作或消費的時間，可以衡量該活動的規模，或該活動的資本密集使用程度，而且會影響到該活動的專業化資本的投資報酬率。

在下列兩種情況下，市場與家庭部門的時間分配不會影響投資報酬，其一為，工資與有效的家庭時間以同比例上升，其二為，當財貨的有效數量與時間等量地增加，但工資卻完全不上升。如果

$$x' = x\, y(H), \quad \text{和} \quad \frac{y'}{y} = \frac{\psi'}{\psi} = s(H), \tag{1.26}$$

其中 $dy/dH = y' > 0$，則

$$Z[x_k y(H_k), t_{h_k}\psi(H_k)] = y(H_k)^n Z(x_k, t_{h_k}\ell), \tag{1.27}$$

其中 $l = \psi(H_k)/y(H_k)$ 與 H_k 無關，並假設 Z 為 x' 與 t'_n 的 g 次齊次函數。因此（參見數學附錄A，註C）：

$$R_j = \sum_{k=j+1}^{n} \frac{\pi_k \dfrac{\partial Z_k}{\partial H_k}}{(1+r)^{k-j}} = \sum_{k=j+1}^{n} \frac{g\, s(H_k)\pi_k Z_k}{(1+r)^{k-j}}. \tag{1.28}$$

投資報酬的確與商品產出之價值有關，但却與市場及家庭部門之時間分配無任何關連。

數學附錄

A.如果拉格朗其函數(Lagrangean)

$$L = U - \lambda \left[\sum \frac{p_j x_j + w_j t_{h_j} + p_{q_j} x_{q_j} + w_j t_{q_j} - w_j t}{(1 + r)^j} \right] - A$$

對 x_j，x_{q_j}，t_{h_j} 與 t_{q_j} 求極大化，又如果 H_j 對 Q_j 產品的影響極微，那麼 x_{q_j} $(j=1，\cdots\cdots，n)$ 的均衡條件為：

$$\sum_{k=j+1}^{n} \frac{\partial U}{\partial Z_k} \frac{\partial Z_k}{\partial H_k} \frac{\partial H_k}{\partial Q_j} \frac{\partial Q_j}{\partial x_{q_j}} + \lambda \sum_{k=j+1}^{n} \frac{a_k t_{w_k} (\partial H_k / \partial Q_j)(\partial Q_j / \partial x_{q_j})}{(1 + r)^k} = \lambda \frac{p_{q_j}}{(1 + r)^j}.$$

由於效用極大也隱含了

$$\frac{\partial U}{\partial Z_k} = \lambda \frac{\pi_k}{(1 + r)^k} \quad \text{和} \quad MC_{q_j} = p_{q_j} \Big/ \frac{\partial Q_j}{\partial x_{q_j}},$$

一階條件可寫成

$$\sum_{k=j+1}^{n} \left(\frac{[\pi_k (\partial Z_k / \partial H_k)] + a_k t_{w_k}}{(1 + r)^{k-j}} \right) \frac{\partial H_k}{\partial Q_j} = MC_{q_j}.$$

B.由於

$$\frac{\partial Z_k}{\partial t_{h_k}} = \frac{\partial Z_k}{\partial t'_{h_k}} \psi,$$

而均衡條件要求（如果 $t_{w_k} > 0$）

$$w_k = \mu_k \equiv \frac{\partial Z_k}{\partial t_{h_k}} \frac{p_k}{(\partial Z_k / \partial x_k)} = \frac{\partial Z_k}{\partial t_{h_k}} \pi_k,$$

則

$$\pi_k \frac{\partial Z_k}{\partial H_k} = \pi_k \frac{\partial Z_k}{\partial t'_{h_k}} t_{h_k} \psi' = t_{h_k} w_k \frac{\psi'}{\psi}.$$

因此

$$\pi_k \frac{\partial Z_k}{\partial H_k} + a_k t_{w_k} = w_k \left(\frac{\psi'}{\psi} t_{h_k} + \frac{a_k}{w_k} t_{w_k} \right).$$

C.

$$\frac{\partial Z_k}{\partial H_k} = \frac{\partial Z_k}{\partial x'_k} x_k y' + \frac{\partial Z_k}{\partial t'_{h_k}} t_{h_k} \psi'$$

$$= \frac{\partial Z_k}{\partial x'_k} (x_k y) \frac{y'}{y} + \frac{\partial Z_k}{\partial t'_{h_k}} (t_{h_k} \psi) \frac{\psi'}{\psi}$$

$$= s(H_k) \left(\frac{\partial Z_k}{\partial x'_k} x'_k + \frac{\partial Z_k}{\partial t'_{h_k}} t'_{h_k} \right)$$

$$= s(H_k) g Z_k$$

如果 Z 是 x' 與 t'_h 的 g 次齊次函數。

附註:

〔註1〕 為了簡單起見,我假設工作時間未包含在效用函數內。

〔註2〕 除以 w 之後,式 (1.7) 成為

$$\sum \left(\frac{p_i}{w} \right) x_i + \sum t_j = t + \frac{v}{w} = \frac{S}{w}.$$

該式右邊項目包括總時間加上以時間單位衡量的財產所得價值,
左邊各項表示一部份時間用於直接生產效用,一部份間接用於購
買財貨,其中 p_i / w 為花費於一單位第 i 種財貨的時間。

〔註3〕 在貝克（Becker, 1965）文中，不同用途的時間，其時間成本也可以不同，因為有「生產性消費」。

〔註4〕 Bentham（1963，第五章）列出大約十五種「快樂與痛苦」的基本來源。

〔註5〕 相對影子價格決定於邊際生產成本，而非平均成本。但是，如果所有的生產函數都是一階齊次函數，又如果每一單位的財貨或時間僅用來生產一種商品（沒有共同生產），則邊際與平均成本相等，式（1.12）中的平均價格將是適當的。Grossman（1971）以及Pollak和Wachter（1975）則曾考慮過共同生產的商品。

家庭內的分工

Division of Labor in Households and Families

本章開始探討家庭內部的分工行為，以了解家庭存在的目的及效果。最普遍的家庭分工便是，結了婚的女人傳統上將她們絕大部份的時間用於養育子女和做家事，而結了婚的男人則外出打獵、保衛家園、農耕以及從事其他的「市場」活動。一部份原因是生理上的差異，另外也由於不同的經驗與人力資本投資的差異，決定了家庭成員間的分工。在一個有效率的家庭內，縱然家庭成員在生理上是完全相同的，時間分配與人力資本累積上的專業化分工仍然很普遍；的確，本章認為生理上的差異很可能減弱了分工的程度。

由於已婚婦女專業於生育子女與家庭事務，於是要求與丈夫訂立長期的「契約」以保護自己免於被遺棄或其他的不幸遭遇。幾乎所有的社會都曾發展出對已婚婦女的長期保護制度；我們甚至可以說「婚姻」是被定義為男人與女人之間的長期約定。本章亦將簡短地介紹此約定。

家庭內高度的分工與專業化會使得不盡責任、偷竊以及欺騙比較容易發生；此種家庭成員間的利益衝突可藉由監督他人的行為而降低，也包括侵犯其他成員的隱私，或將某人驅逐出家庭或施以其他懲罰，也可藉由利他行為來降低利益衝突。這些方法將在本章內簡要地討論，並在第八與十一章內做較詳盡的討論。

家庭內的專業化

我們將考慮兩種人力資本 H^1 與 H^2 的最適投資問題，藉

由選擇 H^1 與 H^2 的最適方式，以及在市場與家庭兩部門做人生各階段最適的時間分配，每一個人將因此使利他的效用極大化。如果一個人能長生不老並面對一個靜態的環境，那麼前述的討論將顯示 H^1 與 H^2 的累積將在原始投資期間內達成，其後，H^1 與 H^2 的均衡存量將無限期地維持下去。

假使消費在投資期間以後是靜態的，單身家庭將支用固定比例的時間來維持其資本存量，並將剩餘的時間分配在市場與家庭部門以極大化其消費。假使 H^1 只提升市場工資而 H^2 僅提升家庭的有效時間，那麼每一年的總消費 Z 將為：

$$Z = Z(x, t'_h) = Z\left[\frac{a\hat{H}^1 t_w}{p_x}, \ t_h \psi(\hat{H}^2)\right], \tag{2.1}$$

其中，H^1 與 H^2 為最適資本存量，$a\hat{H}^1$ 為工資率，$t_h\psi(\hat{H}^2)$ 為有效的家庭時間，以及 p_x 為市場財貨的價格。時間分配受制於：

$$t_w + t_h = t', \tag{2.2}$$

其中 t_w 與 t_h 分別為分配於市場與家庭部門的時間，t' 為扣除與維護資本所需的時間之後，每一年的時間總量。當工作時間的邊際產量等於家庭時間的邊際產量時，時間的分配將達最適程度：

$$\frac{\partial Z}{\partial t_w} \equiv \frac{\partial Z}{\partial x}\frac{a\hat{H}^1}{p_x} = \frac{\partial Z}{\partial t_h} \equiv \frac{\partial Z}{\partial t'_h}\psi(\hat{H}^2). \tag{2.3}$$

在多人家庭內，最適決定就必須考慮到不同家庭成員間的技能與彼此誘因的衝突。比較利益理論指出，家庭成員（

或者任何其他組織）資源的運用必須按照個人的比較利益或相對的效率來分配。本節的主要假設為，在開始時，每一個人都是完全相同的；效率的差異並不由生理上或其他本質上的差異來決定。個人技能上的差異完全因經驗與人力資本投資的差異所造成。即便在這樣極端的假設下，有效率的多人家庭，在時間分配以及專業化資本的累積上，也會呈現高度的分工。

我也假設家庭成員間彼此不需要被監督，因為他們願意花費時間及其他資源以使家庭的商品產出極大化。由於所有的人本質上完全相同，每個家庭成員將收到同比例的家庭產出（假設家庭成員的市場是完全競爭的）。結果，每一成員皆可因家庭產出的增加而獲益。然而，此現象仍然無法強烈支持家庭成員不需受監督的假設；因為縱使家庭產出會減少，有些成員可能藉偷懶、或其他不當行為而獲益。

由於假設所有的人在本質上都完全相同，他們提供給家庭與市場部門的時間基本上是同種的。因此，不同成員間的有效時間為「完全替代品」，縱然他們累積的家庭資本量（H^2）是不同的。同樣地，不同成員間所供給的財貨亦將為完全替代的，雖然他們累積的市場資本（H^1）是不相等的。結果，在沒有監督成本，也沒有部門間時間分配的固定成本情況下，多人家庭的產出將完全由財貨與有效時間的總投入量決定。假使在投資期間第 i 個家庭成員的最適資本累積為 $\hat{H}_i^1$ 與 $\hat{H}_i^2$，一個有 n 位成員的家庭在投資期間以後的靜態產出將

為：

$$Z = Z\left(\sum_{i=1}^{n} x_i, \sum_{i=1}^{n} t_{h_i}'\right) = Z\left(\sum_{i=1}^{n} \frac{a\hat{H}_i^1 t_{w_i}}{p_x}, \sum_{i=1}^{n} \psi(\hat{H}_i^2)\, t_{h_i}\right). \quad (2.4)$$

很明顯的，假設每一成員累積的資本相等，Z 將取決於提供給各個部門的總時數 Σt_{w_i} 與 Σt_{h_i}，而與各成員之間的時間分配無關。但是，假若各成員的資本是不相等的，那麼 Z 將與時間的分配有關聯，因為某些成員的家庭（或市場）時間將比其他成員的更具生產力。

當家庭成員分配時間於家庭與市場兩部門時，唯有在家庭部門的邊際產量等於市場部門的邊際產量，家庭產出才會是極大的。也就是，唯有當

$$\frac{\partial Z}{\partial t_{w_j}} = \frac{\partial Z}{\partial x_j}\frac{a\hat{H}_j^1}{p_x} = \frac{\partial Z}{\partial t_{h_j}} = \frac{\partial Z}{\partial t_{h_j}'}\psi(\hat{H}_j^2) \qquad 當 \quad t_{w_j}, t_{h_j} > 0. \quad (2.5)$$

當家庭成員提供全部的時間給家庭部門時，家庭部門的邊際產量必須大於市場部門的邊際產量，而對那些供給全部時間給市場的家庭成員而言，情況則剛好相反。

一個家庭成員的比較利益可定義為，他在市場與家庭部門的邊際產量的比例與其他成員該項比例的關係。由於 a，p_x，$\partial Z / \partial x_j$，與 $\partial Z / \partial t_{h_i}'$ 在全部成員間皆相等，比較利益僅與 $\psi (H^2)$ 及 H^1 相關。例如，相對於 j 而言，i 在市場上具有比較利益，唯有在

$$\frac{(\partial Z)/(\partial t_{w_i})}{(\partial Z)/(\partial t_{w_j})} = \frac{\hat{H}_i^1}{\hat{H}_j^1} > \frac{(\partial Z)/(\partial t_{h_i})}{(\partial Z)/(\partial t_{h_j})} = \frac{\psi(\hat{H}_i^2)}{\psi(\hat{H}_j^2)}. \quad (2.6)$$

我們可以立即證明下列的定理：

定理2.1：假設一個有效率的家庭，全體成員皆有不同的比較利益，那麼最多只有一位成員會將時間同時分配給市場以及家庭兩部門。與該成員相比，凡更具有市場比較利益的成員將專業於市場活動；而更具有家庭比較利益者將完全專業化於家庭部門。

因為一個人會同時分配時間於市場與家庭兩部門，他在這兩部門必定有相同的邊際產量，凡是家庭成員在市場部門有較高的比較利益，他在該部門亦有較大的邊際產量。相反地，凡是在家庭部門具有較高的比較利益，他在該部門亦具有較大的邊際產量。因此，前者將專業化於市場部門而後者將專業化於家庭部門，由此證明了該定理。

由於專業化資本投資的報酬取決於資本在該部門的使用時間（參閱第一章），完全專業化於市場部門的家庭成員會有強烈的誘因去投資於市場資本（H^1），沒有誘因去投資於家庭資本（H^2）。相同地，專業化於家庭部門的成員有很強的誘因來投資於 H^2，而無誘因投資於 H^1。因此，定理2.1所指的時間分配上的分工，隱含了在投資方面也有極高的分工。此涵義可作為另一個定理：

定理2.2：如果全體家庭成員的比較利益都不相同，那麼會

同時投資於市場與家庭資本的成員不會超過一個。專業化於市場部門的家庭成員將僅投資於市場資本,而專業化於家庭部門的成員亦將僅投資於家庭資本。

此定理解釋了亞當・史密斯的一個常被引用、但也常被誤解的一個定理:分工會受到市場範圍的限制。能提高特定活動的生產力的人力資本,其市場規模是由使用在這些活動的時間來衡量。定理2.2可以被解讀為,當時間分配的差異愈大,也就是市場規模的差異愈大時,分工在專業化資本的累積上也將愈高。

定理2.1與2.2假設全體成員的比較利益皆不相同,但是否可能其中幾位家庭成員的比較利益是相同的,他們同時投資於家庭與市場資本並且將時間分配於兩個部門?此問題的答案很清楚地為否定的,也可陳述為下一個定理。

定理2.3:在一個有效率的家庭內,最多只有一個成員會同時投資於市場與家庭資本,並且將時間分配於兩個部門。

一個簡單並頗有啟發性的證明是,先假設相反的情況,也就是兩個成員都分配時間給兩個部門,他們具有相同的投資與比較利益。如果他們花費了 $\hat{t}_w$ 小時在市場部門(例如 $\hat{t}_w < t'/2$),假使其中一個人在市場使用了 $2\hat{t}_w$ 小時,而另一位完全專業化於家庭,那麼產出將不會改變。然而,假使專

業化於家庭的成員不投資於市場資本，而增加家庭資本的投資，那麼每一位家庭成員都將因此而獲益。假使現在提供 $2\hat{t}_w$ 小時給市場部門的成員增加市場資本的投資，而減少家庭資本的投資，他們的情況也將獲得改善。結果，我們推翻了兩人皆分配時間於兩部門並投資於兩種資本的假設，因此本定理得以證明。

　　以上有關分工與投資的諸定理並未對商品生產函數的規模報酬、或者如何將個人分配到不同家庭做任何假設。假使規模報酬不變或是遞增，又假使沒有效率的家庭無法生存下去，專業化將更為提高，可由下列定理說明：

定理2.4：假使商品的生產函數為規模不變或遞增，效率化家庭的全部成員將完全專業化於市場或家庭部門，也僅選擇市場或家庭資本其中之一進行投資。

　　要證明此定理，先假設 n 人家庭的成員之一分配時間於兩個部門（用較少的時間在市場部門），他同時投資於市場及家庭資本。如果兩個 n 人家庭形成一個單一的 $2n$ 人家庭，那麼只要一個人就可以供給全部的時間到市場部門，而此時間等於原先他自己及另外一個家庭的成員所提供的市場時間的總和。假使他們繼續做同樣的投資，同時商品生產函數的規模報酬不變或遞增，那麼兩個家庭合併後的產出將不會小於兩個家庭合併前產出的總和。然而，此合併的家庭甚至可

以做得更好；成員之一可以取消市場資本的投資，而另一位
則可增加市場資本投資，並減少家庭資本的投資，因為他花
更多的時間在市場部門。因此，在部份成員並未完全專業化
的情況下，小家庭的效率將比大家庭差。

假使每一種商品皆投入專業化資本且各自獨立生產（沒
有共同生產），則這些理論可以一般化到家庭部門中的許多
商品。

**定理2·5：當家庭成員人數比獨立商品數要多時，其成員將
完全專業化他們的投資與時間到市場部門或者專業化於某一
特別的商品。更有甚者，在規模報酬不變或遞增時，有效率
家庭的全部成員必然會完全專業化。**

本定理的證明可以根據定理2.1至2.4所使用的推理方式
，此定理隱含了當獨立生產的商品數目增加時，也會同時提
升有效率家庭的規模，因為專業化的提高會變得更有利益。

我曾假設每一類型的人力資本僅提升一種活動的效率，
但是我們不需要保留這樣的限制。例如，當 H^1 與 H^2 同時提
升市場與家庭部門的效率時，定理2.1至2.4仍然成立，只要
H^1 是更市場密集的資本，也就是每一塊錢投資在 H^1 比每一
塊錢投資在 H^2 所提升的工資要多，但所提昇的家庭效率要
少。如果兩個成員同時投資於 H^1 與 H^2，這個家庭將是無效
率的，因為成員之一可以提供等於兩人加起來的時間到市場

上，而另外一人可以完全專業化於家庭部門並取消 H^1 的投資。定理2.3可以同樣的方式來推演。

當人力資本的投資報酬與效率化家庭時間以相同的百分比提升工資率或者有效財貨，那麼人力資本投資的報酬將與市場及家庭部門間的時間分配無關（參閱第一章）。效率化家庭的全體成員可能投資於各類型的人力資本，不論是更專業化的人力資本投資，也不論他們的時間分配為何。

以上分析，不僅與家庭有關連，它也與國家、國際貿易上的比較利益有關係。現代貿易理論以國際間在勞動、人力與實質資本、以及自然資源等秉賦上的差異來解釋貿易的利益。然而我卻認為，秉賦的差異通常只是貿易獲益的一個替代的說法；貿易能獲得利益的根本來源，正如同家庭一樣，是由專業化的投資與分工所帶來的利益。

即使是本質上完全相同的國家，也可藉由專業化於某些類型的人力與實質資本的投資，以及專業化於生產使用這些資本最密集的產品，以提高他們的投資報酬。這些產品將用來交換其他國家最密集使用的專業化資本所生產的產品。貿易獲益的傳統說法是，根據不同類型資本的秉賦差異，也就是傳統理論中的比較利益。但是，專業化所產生的利益才是貿易獲益的最根本原因。

雖然本質差異的重要性並不容否認，但是資本的國際專業化所帶來的利益解決了傳統方法中所無法解開的難題。這些難題之一為，有些國家很明顯的具有相同的資源秉賦，例

如英國與德國，他們的貿易量常比有些本質上具有不同秉賦
的國家，如印度與日本，還要多。（註1）另一個例子為，
在長期間雖然生產要素的秉賦變得愈來愈相似，但是國際貿
易並未因此減少。

家庭內的性別分工

　　所有的社會在市場與家庭部門中都存在著涇渭分明的性
別分工，雖然一部份是源自專業化投資所獲得的利益，但是
性別間本質上的差異也是原因之一。當男人的精子與女人的
卵子結合後，男人便完成了生育小孩的生物上的貢獻，其後
女人便掌握了全部的生育過程：在生理上，她孕育了胎兒，
生下了嬰孩，並用自己的母乳來餵養嬰孩。循此序列的生育
過程，絕不僅止於脊椎動物：除了哺乳類，魚類、爬蟲類、
鳥類以及兩棲類動物的再生過程也是依此模式（Ghiselin,
1974，第三與四章；Wilson, 1975, 頁315）。

　　婦女不僅在生育子女方面具有強烈的生物上的負擔，在
養育小孩方面她們也以其他較複雜的方式，在生理上有較大
的負擔。（註2）再者，女人願意花費大多數的時間與精力
來照顧小孩，因為這使得她們在生育子女的生理上投資成為
有價值的投資。此外，母親在餵養看顧較大的孩子的同時，
生育另一個小孩要比從事其他活動來得容易。此一生育與養
育子女的互補性是非常重要的，因為直到上一個世紀，幾乎
所有的婦女皆花費了她們主要的成年歲月來生育小孩。的確

，在美國，直到1880年，婦女平均仍生育5.4個小孩（參閱 U.S. Bureau of the Census, 1910 年的普查， 1975c, 頁53） 。 男人向來在生理上承擔較少的照顧子女的工作，他們的時間 與精力主要花費在耕種、食物、衣服、保護以及其他市場活 動。

從生理差異所導出來的正常結論為，家庭成員的性別是 區分成員在生育與照顧小孩的一個很重要的特徵，也許在其 他家庭商品與市場部門，性別也是同樣地重要。就分析上言 ，這些差異可以由下列假設來區分，亦即當他們從事同樣的 人力資本投資時，婦女一小時的家庭或市場時間與男人一小 時的時間並非是完全替代品。這些男人與女人的差異解釋了 家庭組成與家庭內分工的部份層面，這些層面無法用人力資 本的專業化投資的利益來解釋。

假使婦女比男人在家庭部門更具比較利益，當他（她） 們在人力資本上做相同的投資時，一個效率化的家庭會將婦 女的時間分配於家庭部門，並將男人的時間分配於市場。的 確，假使男人與女人的時間為完全替代，但替代率不等於一 ，那麼男人或女人將完全專業於這些部門之一。 （註3）只 有男性或只有女性的家庭將比較沒有效率，因為他們無法從 性別差異的比較利益中獲利。

結果，性別間生理上差異的比較利益不但解釋了為什麼 一般家庭具有雙性別，也解釋了為什麼通常是女人花費時間 生育子女、從事其他家庭活動，而男人則花費時間在市場活

動上。此種性別上的分工幾乎存在於所有的人類社會中,而其他絕大多數生物種類,凡由女性體內孕育卵子的生物亦存在著同樣的分工現象(Barash, 頁188-201)。

前面分析過的專業化投資意味著,婦女將投資於能提升家庭效率的人力資本,特別是生育子女的人力資本,因為婦女花費絕大部份的時間從事這些活動。同樣的,男人主要投資於能提升市場效率的資本,因為他們花費大部份的工作時間於市場。此一專業化投資的性別差異強化了因生理因素而造成的市場與家庭部門的性別分工,也因此增添了要區別男人與女人在分工上的生理與環境因素的困難度。

由於男人和女人的生理本質不同,男人與女人的時間替代率不等於一的完全替代品的反設也是不切實際的。事實上,他們的時間在性享樂、生育子女以及其他在家中生產的家庭商品上都是互補的。互補性也隱含了存在兩性的家庭比單性的家庭更有效率,不過,因為生產某些商品必須要男女兩性的參與,互補性會減少時間分配與投資的性別分工。

互補性改變了比較利益的含意。當男人與女人存在著互補性時,唯有當男人與女人在家庭部門都提供同樣的時間,同時兩者都投資相同的人力資本時,婦女在家庭的邊際產量與市場工資之比例大於男人的該項比例,這才表示女人在家庭部門具有比較利益。當女人具有此種比較利益時,在家庭她會比男人提供更多的時間,但較少的時間在市場;當兩性的時間互補性愈低、替代性愈大時,時間分配的差異也愈大

。由於專業化投資有賴於時間的分配，當比較利益的差異愈大以及互補性愈弱時，男人與女人的投資愈會強化他們生理上的差異。

很顯然地，比較利益以及投資的差異向來比互補性更重要，因為傳統上婦女遠比男人分配了更多的時間在家庭上。但是互補性也並非不重要，尤其是在現代社會；婦女比較不那麼專業化於家庭活動，而男人也花費較多的時間在家庭事務上。

因為投資差異強化了生理上的差異，因此生理上的比較利益就不太容易和專業化投資區隔。還有一個原因也造成了區別兩者的困難度，由於專業化的投資始於男孩與女孩都還年幼的時候（年紀愈輕，人力資本投資報酬率愈高；參閱第一章），這些投資在小孩生理的性向尚未完全發展以前就已投資下去，這些生理傾向必須到青少年，甚至更晚期才會顯現出來。假設只有一小部份的女孩她們生理上傾向於市場而非家庭活動，並且假設只有一小部份的男孩在生理上傾向於家庭活動，那麼在沒有早期的訊息來發現與此相反的情況時，最適策略即為對所有的女孩投資家庭資本，而對所有的男孩主要投資市場資本，直到有任何偏離此一規範的傾向被發現為止。

在此情況下，投資於「正常」傾向的小孩強化了他們生理上的差異，他們也因此專業於一般的性別分工。但在另一方面，投資於「偏離正常的」小孩，與他們的生理傾向相衝

突，投資的淨效果則不能確定。有些人，他們生理上的傾向可能非常顯著，因此他們將尋求一個異常的性別分工，男人在家中而女人在市場上。（註4）但是，也有些人，投資的效果超過了生理的傾向，那麼他們會比較傾向於傳統的性別分工，雖然不像正常人那麼強烈。很可能地，投資與生理傾向的不一致性是衝突的來源，也為生理上偏離正常傾向的人帶來痛苦。

值得注意的是，在此分析裏，父母及社會並非不理性的，他們也不是故意歧視這些偏離者。相反地，他們的反應是理性的、沒有歧視的，因為小孩子生理特質的訊息並不完全，而且小孩具有正常體質的機會要大得多。如果生理偏離正常的情況很普遍，或者偏離的傾向能在年幼時就被顯現出來，偏離性的投資也會比較普遍。

專業化投資、時間分配以及生理差異形成的比較利益隱含了，已婚男人專業化於市場部門，而已婚婦女則專業化於家庭部門。因此，已婚男人的市場工資率高於已婚婦女的，部份原因便是婦女花較多的時間在家庭，也投資較多的家庭人力資本。表2.1顯示，在美國，已婚男性平均每小時報酬比已婚婦女高60%，而已婚男人花大部份的時間在工作，而用較少的時間在照顧子女與做家事。

由於單身者預期將來要結婚以及婚後會有性別的分工，單身工作的男人很可能比單身工作的婦女更專業化於市場部門。但是，單身者由於沒有伴侶所以較不容易享用性別分工

表 2.1 美國之市場工作週數.時數.與所得(按性別及婚姻狀況).

	男性	女性
平均每小時薪資,1970 年		
單身(未曾結婚)	3.53	3.07
已婚(現有配偶)	4.79	2.98
平均每小時工作時數a,1977年		
單身(未曾結婚)	35.6	32.5
已婚(現有配偶)	43.5	34.2
平均工作週數b,1977年		
單身(未曾結婚)	27.2	24.2
已婚(現有配偶)	41.0	22.5

資料來源:每小時薪資數字係從 Polachek(1978.p.119);工作時數來源為美國勞工統計局(1978, 表 A-35).工作週數係從美國勞工統計局(1979,表 A-6 與表 A-9)與該局提供的額外資料計算出.

a.僅指非農業從業人口.
b.包含不計入勞動力的人口.

的好處，表2.1指出，在市場上，單身男人的每小時工資及每週工作時數都比單身婦女要高，不過，與已婚男女之間的這些差異就要小得多，因為單身男性通常比已婚男人工作時數少、工資也較低，而單身婦女則比已婚婦女工作時數長、工資也較高。

婦女工資率比較低，至少有一部份原因是婦女對市場資本的投資要比男人低；婦女的家庭時間的生產力比較高，部份原因是她們比男人投資了更多的家庭資本。婦女的時間價值在年輕與年老時要比男人的低，但是在生育小孩的顛峰歲月期，婦女非常忙碌也頗具生產力，她們的時間價值卻比男人的高。由於婦女在她們家庭時間價值較低的時候，最有可能進入勞動市場，因此從她們在勞動市場上較低的所得導出一個錯誤的推論，認為所有的婦女的時間價值皆比男人低。

圖2.1可解釋此點，圖中顯示男人與女人之典型的「年齡─工資」輪廓圖，以及另外一個當婦女花費全部時間在家庭的「年齡─家庭─生產力」輪廓圖，婦女會在年齡 t_1 之前、t_2 之後進入勞動市場，因為在該期間工資率超過了家庭的邊際生產力。很顯然地，從此圖可看出，婦女在勞動市場上的時間價值要低於男人。但是，在年齡 t_1 與 t_2 之間婦女不在勞動市場上，因為她們在家庭的時間價值比較高；此外，在 t_3（$>t_1$）與 t_4（$<t_2$）之間，婦女的家庭時間價值比男人的市場時間價值還要高。所以就整個人生的平均時間價值而言，圖中顯示婦女的時間價值不一定會低於男人，雖然婦女在市

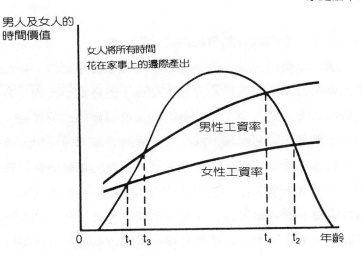

圖2.1 男人及女人的時間價值在生命週期的變化.

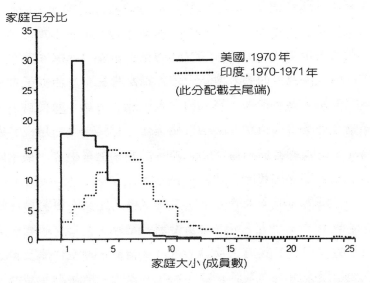

圖2.2 美國1970年及印度1970-1971年家庭大小的次數分配.
資料來源:同表2.2

場工作時，她們的時間價值總是比男人低。

第三章指出，當小孩數量是婚姻的主要產物時，婦女比男人有較低的誘因進行人力資本投資，但是當小孩的「素質」很重要時，男人與女人投資的誘因就會變得比較接近。強調小孩數量的貧窮國家，婦女所接受的教育就遠比男人要少，而有錢的國家較強調小孩的素質，兩性的教育機會也就比較平等（參閱表3.1）。因此，在貧窮國家，婦女時間的平均價值通常要低於男人；在富有的國家，女性與男性時間的價值就要平等得多。在解釋有錢國家的行為時，常假設婦女時間的價值很低，很可能是婦女的市場工資比較低所引起的誤解。（註5）

工作上的專業化，例如男人與女人的分工，也隱含了要依賴他人來做某些工作。婦女在傳統上依賴男人供給食物、居住以及保護，而男人傳統上依賴婦女來生育、照顧子女和做家中的雜事。結果，男人與女人皆因「婚姻」而獲益，而婚姻也就是男人與女人間的長期契約，這契約可能是文字書寫的、口頭或者依照習俗的，載明了有關生育小孩、食物以及一般家庭內的其他商品。（註6）

已婚男人與女人的分工本質使得男人比女人更容易在婚姻中擁有數個伴侶，可以由多妻制或離婚、遺棄來擁有一個以上的妻子（參閱第三及第十章）。結果，婚姻法律及契約主要是用來保護專業於家庭的婦女，範圍包括離婚、被遺棄以及其他的不公平待遇，例如回教法律明白規定，一個有多

個妻子的男性必須平等地對待所有的妻子，當其中一位妻子無緣無故被休時，新娘嫁妝就會被全部沒收 (Goode, 1963,頁155ff.)，猶太的婚姻契約亦明白的規定妻子在離婚或成為寡婦時所應給付的金額，（註7）又如安德魯薩克遜法律亦規定，必須給付贍養費給有小孩的離婚婦女。

男人與女人在生育、照顧小孩各方面的生理差異，以及專業化投資於市場和家庭技能的差異強化了生理上的差異，解釋了為什麼婚姻制度在所有的社會裡都極為重要。婚姻是家庭組織的主要形式，婚姻與養育子女的密切關係可從表2.2中看出。該表第八列顯示，英國在16世紀有71%的家庭由結婚夫婦所構成；在殖民地時期的美國為94%，而在1970年為69%；在印度鄉間為85%。第七列也顯示16世紀英格蘭的家庭72%有小孩，殖民地時期的美國為87%，現在的美國為46%，而印度鄉村有84%的家庭有小孩。許多沒有小孩的家庭，他們或計畫要有小孩，或是小孩已成年離家另組家庭；例如從第三或第四欄，我們可看到，在美國以男性為家長的家庭其中83%有小孩，而全部家庭中46%有小孩。

幾乎所有的夫妻都自己生育與撫養自己的小孩，而不是雇用其他家庭的人來做這些事（柏拉圖曾提出這樣的主張，目前有些猶太集體農場是共同養育子女的），或領養其他家庭所生的小孩。（註8）當然，絕大多數的社會禁止小孩的買賣，不過要禁止不是很普遍發生的事是比較容易的。我們可以假設「對自己小孩的偏好」，此假設並不比假設偏好美

表2.2 不同國家不同期間的家庭人數 (NA=無資料).

	臺灣 1975	印度 1970-1971	美國家庭 1970	美國以35-44歲為戶長之家庭 1970	敘利亞 1970	泰國 1970	美國摩門教 1860	法國 1778	塞爾維亞 1733-1734	日本 1713	美國殖民 1689	英國 1574-1821	英格蘭 1599	佛羅倫斯 1427
(1)平均家庭規模	5.27	6.64	3.11	4.58	5.91	5.82	5.54	5.04	5.46	4.97	5.85	4.75	4.75	3.92
(2)家庭規模標準差	2.11	3.61	1.82	1.94	3.00	2.81	3.15	2.55	2.92	2.49	2.88	2.56	3.35	2.42
(3)變異係數	0.40	0.54	0.58	0.42	0.51	0.48	0.57	0.51	0.54	0.50	0.49	0.54	0.71	0.62
(4)Skewness A(參閱說明)	0.20	0.25	0.20	0.20	0.15	0.03	0.14	0.14	0.33	0	0.14	0.33	0.43	0.14
(5)Skewness B(參閱說明)	0.79	1.20	1.07	0.88	0.67	0.88	1.16	0.97	1.14	0.83	0.99	0.99	1.44	0.94
(6)家長、配偶、或子女住在平均家庭裡的百分比 b	NA	69.0	89.4	94.1	NA	NA	70.0 a	80.3	62.6	72.2	876.2	76.9	72.2	NA
(7)家庭有小孩的百分比 b	NA	84.4	46.4	83.4	NA	NA	85.1	77.3	76.5	81.9	87.0	74.6	71.8	NA
(8)已婚夫妻之一為家長的家庭所佔百分比	NA	85.3	69.0	91.7	NA	NA	86.7	71.0	82.2	64.0	93.9	70.4	71.0	58.3
(9)單人家庭百分比	3.1	2.7	17.5	5.0	5.7	3.2	4.0	0	3.1	7.1	4.0	5.6	9.1	20.5
(10)超過九人的家庭百分比	6.0 c	16.0	0.5	1.5	11.8	8.2	8.7	5.0	8.2	5.0	9.1	5.6	5.0	NA

資料來源 美國人口普查局,1970年人口普查資料,1/1000公共使用資料,1/1000公共團體資料;Indra Makhija 與 Wallace Blackhurst 私人提供資料;聯合國(1974,表 24);臺灣行政院主計處(1976,表 18);Laslett(1972,表 1.7,1.8,1.10,1.13);Klapisch(1972).

偏度 A= $\left[\dfrac{(第90百分位-第50百分位)-(第50百分位-第10百分位)}{(第90百分位-第10百分位)}\right]$

偏度 B= $\left[\dfrac{\Sigma(X_i-\bar{X})^3/\sigma^3}{N}\right]^{1/3}$　　其中 X=平均數　σ=標準差　N=個案人數

a.未滿十八歲的小孩.

b.美國資料,小孩指未滿十八歲與家長有關係的家庭成員(與婚姻狀況無關);印度資料,小孩指十四歲(含)以下;其他國家,所有未婚者後代都歸算未滿十八歲小孩,但是佣人不算小孩.

c.超過八個人的家庭所占百分比.

好的食物或者任何其他進入效用函數的商品要來得不尋常。
很幸運地,對自己小孩的需求是家庭很特別的一項特徵,它
並不需要用假設而是可以被推導出來的。

　　婦女生育小孩時可以用自己的母乳做食物,在懷孕時也
很容易地照顧其他年幼子女,這要比在市場上工作容易得多
。(註9)更有甚者,若對養育子女沒有相當的控制權,絕
大多數的婦女是不願意承諾如此多的時間、精力、情感、和
風險在生育子女上。可以想見的,父母與小孩基因上的相似
性更進一步增強了對自己小孩的需求。

　　父母會偏好自己的小孩,因為在對小孩投資時,與小孩
有關的訊息是具有價值的。自己小孩的本質、特性等相關訊
息要比領養的小孩更容易掌握,因為父母與自己的小孩有一
半的基因是相同的,而且自己小孩的健康與其他特徵在出生
時和嬰孩期都能被直接觀察到。(參閱第五章討論嬰兒市場
)。這也解釋了為什麼兄弟及其他近親的孤兒較常被領養,
而陌生人的孤兒就不那麼容易被領養(Goody, 1976),甚至也
能解釋為什麼被領養的小孩,他們作為婚姻伴侶的價值也比
較低。

　　由於每一個婦女受到生理上的限制,只能生育少數幾個
自己的子女,(註10)並且因為一夫多妻制也受到性別比例
和其他因素的限制(參閱第三章),所以由父母和自己的小
孩所組成的核心家庭通常規模較小。例如,表2.2指出,即
便是一夫多妻的摩門教徒,他們的家庭平均人數也少於6個

人。

偷懶、家庭規模、與分工

我曾假設家庭在指派其成員從事投資或其他活動以使家庭商品的產出極大化時，並未考慮到誘因的問題。然而，家庭成員間的偷懶、欺騙、偷竊、以及其他不良行為不一定容易發現，因為生理上與投資專業化所導致的分工，意味著家庭產出是由家庭成員各自做不同的工作來進行生產活動。

家庭內不良的行為不僅在理論上是可能的，它已是被人類承認了數千年的行為，聖經上勸戒人要信任他的妻子：「若丈夫全心全意地信任他的妻子，丈夫將會穫益良多」（箴言31章11節）。猶太婚姻契約有時會明白地規定新娘應受到信任：她「受到完全的與絕對的信任，」或者「她所說的一切事情都要受到信任」（摘自中世紀的兩個婚姻契約）。但是她的信任有時會受到懷疑，部份原因是由於分工以及她分割的忠誠性：「因為妻子對她父母家庭強烈的感情會被懷疑從丈夫家偷竊，」或者「因為她的所得主要來自於針線工作、紡紗織布、或販賣工作，她的丈夫就很難知道她的實際收入，因而心生懷疑。」當然，新郎也常常不被信任：例如，有一則婚姻契約寫著，「他的父親會為他擔保」（Goitein, 1978,頁143-145）。

在傳統的社會裡，婦女的通姦是極嚴重的罪行，主要因為男人不願意養育妻子和他人所生的孩子。這些社會為了要

控制通姦的行為，會限制婦女的機會，例如回教婦女在有男人出現的場合，會被強迫分隔開來或遮蓋她們的面部、手臂以及腿部，又如已婚的猶太婦女必需剪掉她們的頭髮並佩帶髮飾。

一個理想的中國家庭包括了父母、未婚子女、以及已婚兒子的家庭，但是偷懶與缺乏信任等，使得這樣的家庭絕非平靜無事：

> 此種理想偶而存在於富裕的家庭裡，但是在貧窮的家庭，**兩個已婚兄弟在父親過世後絕少能繼續維持同一個家庭**。妯娌之一總是抱怨當輪到另一人主廚時，會偏心多餵養她自己的子女，或者認為另外一人未盡到做家事的責任。當兄弟們的母親仍然健在時，他們尚能節制、調解廚房內的紛爭，但是在紛爭中輸的一方總會在枕邊訴說婆婆如何偏袒另一方的子女（Wolf, 1968,頁 28；黑體字部份為作者所添加）。

而且，

> 她不承認，一個男人［她丈夫的兄弟］為了要在城市從商拉到顧客，必須比一個農人［她的丈夫］穿著得更體面；……對她而言，事實就是家庭中有一半的人非常努力工作，而另外一半的人［她丈夫的兄弟］生活得較好，汗流的也較少(同前，頁142-143)。

在不同的社會，家庭裏的不道德行為會受到諸多懲罰，如罰款（註11）、離婚、宗教的詛咒（Goitein, 1978）、或者以其它的方式，包括使通姦者的名譽掃地（參閱 Hawthorne, 1864）。更有甚者，在某些社會中，父母及兄弟姐妹也需對已與其他家庭結婚的家人的行為負責，所以他們也有誘因來限制其家庭成員的不道德行為。此外，一位德高望重的長者常被指派為一個家庭或家族的家長，並且被要求仲裁紛爭、決定如何懲處家庭成員的不道德行為。

假使一個人常喝醉酒、揮霍無度、在外幽會、或從事其他令人起疑的行為，那麼他將被懷疑是否有偷懶、偷竊、或其他不道德的行為。因此，藉由侵犯個人的隱私權來搜集證據，看他的行為是否忠於家庭，不道德的行為有時可以被偵查到（第十一章有更詳細的討論）。這也表示了，專業化與分工實際上會減少家庭成員的隱私，因為必須更小心地過濾家人的行為，以了解是否有不道德行為。

就專業化與不道德行為的關係而言，如果更多的專業化的確減少了家庭成員的淨隱私，而假使隱私的邊際效用是正的（Posner, 1979，曾討論隱私權是一種財貨），那就必須衡量從更多的專業化所增加的產出與隱私權的減少，以決定最適程度的專業化和隱私權。在美國，單身家庭數目的成長，特別是年老寡婦，顯示了此種交換。在過去三十年，鰥夫寡婦在子女家中幫忙看顧小孩、烹調等工作的價值降低了，因為生育率大幅下降，而托兒所或育嬰中心已非常普遍。更

有甚者，社會保障給付也使子女對父母親的移轉性支付減少了。由於這些演變的結果，與子女居住在一起的利益就降低了，而且在隱私權與專業化的權衡考慮下，就逐漸的選擇了隱私權（參閱Michael等人，1980）。

由於更高的專業化對不道德行為與隱私權所產生的負面效果，將導致較大的家庭會產生規模不經濟。（註12）如果此效果是重要的，那麼家庭規模將遠小於專業化投資與分工理論所建議的規模。而幾乎在所有的社會裏，平均家庭規模也的確相當小。表2.2列出許多社會包括西歐、東歐、亞洲、以及美國，涵蓋時期從十五到二十世紀，其平均家庭規模均小於七個人；唯有在印度鄉下它超過六個人。（註13）此外，第6列顯示核心家庭（家長、妻子、以及自己的小孩）所占的比例通常超過70%。

家庭規模可以拿來與企業的規模做對比分析。表2.3內的資料顯示，在零售業、礦業、農場、以及法律業務，其中有一半以上的企業雇用的有給職僱員是少於四人，而超過三分之一的零售業與大約三分之二的農場僱有無給職的員工。零售業、農場、以及法律業務的企業平均規模要比印度鄉下、殖民時代的美國以及猶他州摩門教徒的平均家庭規模要小。

但是資料也顯示，大規模企業比大家庭更為普遍。幾乎50%的製造業以及29%的躉售業有超過九個的有給職僱員，然而，在印度鄉下，只有16%的家庭以及在美國少於1%的家庭人數超過九人。在表2.2中的十三個社會中，家庭規模

表 2.3　美國企業各部門有給職僱員人數 0(NA=無資料,*=僱員少於五人.)

	製造業 1972	零售服務 1967	躉售服務 1967	金屬工業 1972	法律公司 1972	農業 1969 (季節性工人)
(1)企業平均規模	57.7	5.4	11.3	23.6	1.9	1.9
(2)企業規模標準差	254.5	17.8	27.7	88.5	6.9	6.9
(3)變異係數	4.4	3.3	2.5	3.8	3.7	3.7
(4)Skewness A (參閱說明)	0.9	1.0	0.8	1.0	0.5	1.0
(5)Skewness B (參閱說明)	2.5	2.2	2.7	2.5	2.6	2.1
(6)具有無給職僱員企業所占百分比(家庭企業)	NA	36.5	4.1	NA	48.3	64.7
(7)有給職僱員企業少於四人之企業百分比	35.9	68.9	42.5	51.3*	85.8	90.6*
(8)有給職僱員超過九人之企業百分比	49.2	12.7	28.6	35.0	3.2	4.4

資料來源:美國人口普查局,1971a 與 b;1973a;1976,a 與 b.

偏度 A=[(90th pct - 50th pct) - (50th pct - 10th pct)]/(90th pct - 10th pct).

偏度 B= $\left(\dfrac{\Sigma[(X_i - \bar{X})/\sigma]^3}{N}\right)^{1/3}$ 其中 $\bar{X}$=平均數 σ=標準差 N=個案人數.

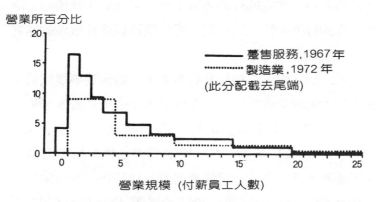

圖2.3 1967年躉售服務及1972年製造業之營業規模次數分配.
資料來源:同表2.3

的變異係數為0.40到0.65；有八個社會的變異係數為0.50到0.59。（註14）相反的，表2.3中各部門的企業規模變異係數皆超過2.4，其中有四個部門至少為3.7。而廠商的分配也遠比家庭的分配更向右邊傾斜，正如表2.2與表2.3第五列所顯示。

圖2.2與2.3的分配曲線很清楚地顯示出，大企業比大家庭更為普遍。家庭的分佈通常上升到尖峰以後緩慢地下降。而企業的分佈很快地上升到尖峰，然後以非常緩慢的速度下降，有很細長的尾端。

可以理解的，企業比家庭有更大的誘因從事規模擴張以獲取更大的專業化利益，因為他們比家庭更為資本密集：廠商的非人力資本對勞工的比大約為家庭的八倍（Michael, 1966）。（註15）此外，在市場中的隱私權受損所導致的規模不經濟，其嚴重性也遠比家庭低。（註16）企業主以及能分享企業利潤者，皆能減少僱員與消費者的不道德行為而獲利；但是，家庭成員也許比較不傾向於從事不道德行為，因為在家庭內利他行為遠比廠商普遍（參閱第八章）。的確，許多廠商只僱用幾個有給職的僱員，這些廠商可能是由家庭來經營的，他們主要依靠利他主義來有效地進行生產活動。

附註：

〔註1〕此難題係多年前在普林斯頓大學 Jacob Viner 的課上所聽到的。

Kleiman與Kop（1978, 11-13, 頁22-23）發現，國與國之間所得愈相似，貿易量也愈大（參閱Linder, 1961）。

〔註2〕 Rossi（1977）曾討論一些不同的方式。

〔註3〕 例如，有一位男人與女人所構成的家庭將極大化下式

$$Z(x,t'_h) = Z\left(\frac{wt^m_w}{p} + \frac{\alpha w t^f_w}{p},\ t^m_h + \beta t^f_h\right),$$

而從式（2.2） $t_w + t_h = t'$，且 $\beta > \alpha$ 因為假設女人在家庭部門具有比較利益。如果男人將時間同時分配給兩個部門，

$$\frac{\partial Z}{\partial x}\frac{w}{p} = \frac{\partial Z}{\partial t'_h}.$$

那麼女人將分配其全部時間於家庭，因為她在家庭的邊際產量大於市場之邊際產量：

$$\alpha\frac{\partial Z}{\partial x}\frac{w}{p} < \beta\frac{\partial Z}{\partial t'_h}.$$

〔註4〕 我用「尋求」而非「從事」偏離的分工，因為一位偏離者必須與另一位偏離者配對，而正常人可以很容易的找到配對，正常人的配對是比較普遍。結果，偏離者中有較大比例的人或者獨身、結婚又離婚、或維繫著一個不成功的婚姻（參閱第十章有關同性戀婚姻之討論）。讓我在此強調，「偏離」僅代表統計上的數據，而無輕蔑的含意。

〔註5〕 例如，可以參閱 Azzi 與 Ehrenberg（1975）有關參與宗教活動之討論。

〔註6〕「任何一件 Geniza 的婚姻契約都顯示了，丈夫首要的、也是最重要的責任便是提供妻子食物與衣服，並好好照顧她」（Goitein, 1978, 頁 118-119）。但是，部份亞洲與非洲地區不用犛來耕田，

種田通常是婦女的工作，另一方面也同時照顧小孩與做家事（參閱 Boserup, 1970，第一章，與 Goody, 1976，第四章）。回教與猶太教民族有以文字書寫的婚姻契約，但是中國人、日本人、以及基督徒通常依靠口頭與習俗的約定。

〔註7〕「Ketuba的主要功能〔Ketuba是猶太婚姻契約，起源於數千年之前〕是保障婦女結婚後地位的一項文件，」並且「…禁止妻子不同意時離婚與拋棄她，…Ketuba的實際重要性否認了…以及在金錢保障上不再有任何重要意義」（Davidovitch, 1968, 頁 112,109）。十到十五世紀居住於阿拉伯地區的猶太人，他們的婚姻契約已有相當多被人發現（Goitein, 1978，附錄），幾乎不變的是，當丈夫與妻子離婚或死亡時，丈夫或他的子嗣必須退還妻子的嫁妝並給付額外的金錢（同前，頁95-142）。

〔註8〕當然，許多上層階級的家庭在養育子女時雇用保母與家教，有些家庭將嬰兒送到奶媽家：「十六、十七世紀〔英國〕地主、資產階級、和專業階層的嬰兒，前十二到十八個月大時是送到雇用的保母家照料」（Stone, 1977, 頁107）。

　　Goody（1976，第六章）不同社會裡的領養習俗。中國人，特別是居住在臺灣的，曾有很特別的習俗，收養年幼的女童以做為自己兒子未來的新娘（有關臺灣的部份，亦可參閱Wolf, 1968, 頁100-101）。

〔註9〕母親的勞動力參與也可能降低了小孩的健康；Popkin 與 Solon（1976）提供了某一貧窮國家的資料，以及 Edwards 與 Grossman（1978）有關美國的論述。

〔註10〕一個二十歲結婚的婦女可以生不超過十個小孩；但是雌牡蠣可以產下數百萬個卵。不能生育小孩的婦女，或是被休掉，或是成為

多妻家庭的一員，或是領養別人的小孩(Goody, 1976, 81, 頁91-92)

〔註11〕 中世紀阿拉伯地區的猶太婚姻契約常明確地規定，新郎違約時所需支付的罰金金額 （Goitein, 1978, 頁144） 。

〔註12〕 多年前，Wesley Mitchell 曾將小家庭以及在規模上很沒效率的現代家庭，歸咎於對隱私權的需求：「我們強烈地要求維持家庭生活的隱私；…雖然我們付出烹調品質低落的代價，我們仍喜好許多的隱私，」而且「如果家事能像企業一般地進行，有效率化的〔家庭〕經理將大幅擴張其職權，不久將督導其他人的工作」 （1937, 頁5,6,10） 。

〔註13〕 十九世紀，塞爾維亞有些城鎮的平均家庭人數超過九人 （Halpern, 1972） ，而在十六世紀，塞爾維亞平均的延伸家庭人數可能超過十人 （Hammel, 1972, 頁362） 。表2.2中的資料可能低估了家庭的實際規模，因為兄弟姊妹和其他親戚常住得很近，彼此合作生產防禦、節慶慶典、以及其他家庭商品。

〔註14〕 雖然平均家庭規模的範圍從3.1到6.6，或者113%，但是變異係數的範圍只有75%。在高度多樣化的社會裡，家庭規模的不均等是相當穩定的，也許比所得不均等還要穩定！

〔註15〕 雖然農場平均只有不到兩個有給職的季節性僱員，農業的資本勞動比也遠高於家庭的資本勞動比(根據美國農業部，1976, 1979)。

〔註16〕 根據 Mitchell ，「很不情願地，我們已讓工廠的汽笛聲、時間表、以及工作間，緊緊控制著我們賺錢的日子；而非我們的家庭，我們曾試著保護家庭不受到機器與商業世界的侵擾」(1937, 頁5-6)。

附篇　人力資本、努力與性別分工

Supplement: Human Capital, Effort, and the Sexual Division of Labor

在過去三十五年間，西方國家已婚婦女的勞動參與率急遽地上升。最初，主要是年紀較大的婦女，但後來有年幼子女的年輕婦女，其勞動參與率也快速上升。雖然本章重點不是探討勞動參與率增加的原因，但是先勾勒一個「經濟的」解釋，可以用來檢驗勞動參與率成長之實證研究，例如Smith與Ward（1985）與O'Neill（1985）之研究，仍將有助於本章之討論。

二十世紀已婚婦女勞動參與率增加的主要因素顯然是，婦女賺取所得的能力隨西方經濟發展以及服務業的快速擴張而不斷上升。已婚婦女賺取所得的能力增加，會使她們照顧小孩與其他家庭活動的時間價值上昇，小孩的需求因而減少，也促使父母、尤其是母親的時間用在其他用途。這兩種改變都提升了婦女的勞動參與。

已婚婦女較高的所得與勞動參與使結婚的利益下降了，也因此提高了離婚的吸引力，因為家庭內性別分工的利益減少了。結果，此解釋亦隱含了離婚率的大幅增加。結婚利益的下降亦可從下列現象得知：「兩願同居」（未婚同居者）的數目比以前多，女性為戶長的單親家庭大幅增加，而且在最近數十年，非婚生子女相對於婚生子女的比例上升也多少反應出結婚利益的下降。

婦女的勞動參與率、生育率以及離婚率，也會以其他不同的方式相互影響。例如，當離婚的可能性增加時，生育便會減少，因為當婚姻破碎後，照顧小孩的工作會更困難。有

證據顯示，當夫妻預期離婚的機率較高時，也會有較少的小孩（參閱Becker等人，1977）。離婚率增加時，婦女的勞動參與率也會受到影響，這不僅是因為較多的離婚婦女參與勞動市場，更因為已婚婦女參與勞動市場以預防離婚可能帶來的財務困難。

此種說法的弱點之一是，自1950年以後，已開發國家的經濟與婦女所得並未急速上升，然而在同一時期，已婚婦女的勞動參與率與離婚率兩者卻加速成長。我暫且推論女性賺取所得能力的提升對勞動參與率、生育與離婚率的門檻效果(threshold effects)解釋了此期間的加速成長現象。當婦女的所得能力繼續成長，生育繼續下降，直到照顧小孩的時間減少到足以使已婚婦女能預期到，在第一個小孩出生前以及在最後一個小孩出生後，將花費可觀的時間在勞動市場上。於是婦女就有更大的誘因投資在以市場為導向的人力資本，因此加速了賺取所得的能力、勞動參與率及離婚率的成長，同時也加速了生育的下跌。

過去三十五年間，在美國以及其他西方國家（並非全部西方國家；參見Gregory等人，1985; Gustafsson與Jacobsson, 1985），婦女的工資相對於男士只有微幅的增長，此現象曾使以人力資本解釋性別之所得差異的說法感到難堪，因為此說法指出，已婚婦女勞動參與率的上升將使可提升所得之「市場人力資本」之投資增加。然而，勞動參與的增加卻可能暫時地減少了婦女的所得，一般而言，因為供給增加會使價

格降低,全體在職婦女的勞動力平均經驗也會先下跌,而所觀察到的所得也因在職投資 (on-the-job investments) 增加而暫時性地減少 (參閱O'Neill, 1985; Smith與Ward, 1985) 。

　　儘管如此,有證據顯示 (雖然無法直接證明) ,即使男人與女人的勞動參與率完全相同,他們的所得也不會相等。有些人指出,此乃由於勞動市場對婦女的歧視非常普遍,此點也許可從Zabalza與Tzannatos (1985) 對英國的實證研究得到支持。這些作者認為,照顧小孩、準備餐食,還有其他家事的負擔,也阻止了婦女所得的更快速成長。

　　照顧小孩和家庭雜務是非常勞累的事,有的工作需要旅行或在非正常時間上班,婦女做這些工作有相當大的限制。本節發展出一個將精力 (energy) 分配於不同工作上的模型,該模型納入了家庭工作的影響。如果照顧小孩與其他家事需要大量的「精力」,與男人花費在休閒及其他非市場活動的時間相比,婦女由於家事的負擔,將比男人有較少的精力放在市場上。這會減少已婚婦女的每小時所得,影響他們的工作與職業,因此即使婦女與已婚男人花費同樣的時間在市場工作,也會降低婦女對市場人力資本的投資。結果,已婚婦女的家事負擔可能成了所得差異的主要來源,也是男人與女人工作區隔的重要原因。

　　在下一節,我建立了一個家庭成員的最適分工模型,這些成員在本質上完全相同,他們投資於不同類型的活動專屬人力資本(activity-specific human capital)。投資於專屬的人

力資本具有報酬遞增的現象，因此鼓勵了分工，此分工也強
化了因其他因素造成男人與女人在市場及家庭生產力的差異
，其他因素也包括了對婦女的歧視，於是我建立了個人分配
精力於不同活動的最適精力分配模型。從該模型可導出許多
涵義，包括從事不同活動的時間價值的衡量、鼓勵精力生產
的力量、也包括以一條非常簡單的方程式描述每一種活動的
每小時最適精力供給。然後，我將專業化投資以及生產與分
配精力之分析，用來解釋已婚男人和女人在所得及職業上的
差異。我證明出，已婚婦女因有看顧小孩及其他家事的負擔
，縱然已婚男人與女人在市場上的工作時數相同，婦女的所
得仍會比男人低、會選擇「區隔的」工作與職業、同時市場
人力資本的投資也會較低。

人力資本與分工

　　人力資本分析一開始就承認，投資於某一特定活動的人
力資本，其投資誘因與花在該活動的時間是正相關的（參閱
Becker, 1964, 頁 51-52,100-102）。此方法稍早曾用來解釋，
為什麼現實上已婚婦女的所得很明顯地低於已婚男人，因為
婦女參與勞動市場的程度遠比已婚男人低（參閱 Oaxaca,
1973; Mincer與Polachek, 1974）。

　　然而，另一現象並不容易被發現到，也就是投資於專業
化人力資本會產生報酬遞增，因此縱然是基本上完全相同的
人，也會有分工的強烈誘因。本書第二章曾探討此現象，投

資於活動專屬的人力資本會產生規模經濟，因此促使完全相同的家庭成員專業化於不同類型的投資，並對時間作不同的分配。我也指出，專業化投資的利益比傳統上強調生產因素供給的差異，更能解釋國際貿易上的比較利益。本節用一個簡單的模型來解釋專業化之利益與規模報酬遞增，此模型受到Rosen（1982）與Gros（1983）的例子與論述的影響。

假設一個人在每一 m 項市場活動中的所得與他花費在該活動的時間成比例，並且與專屬於該活動的人力資本存量成比例：

$$I_i = b_i t_{w_i} h_i, \quad i = 1, \ldots, m, \tag{2S.1}$$

其中 h_i 為完全專屬於第 i 項活動的資本。進一步地簡化，假設 h_i 僅需用投資時間（t_{hi}）來生產：

$$h_i = a_i t_{hi}, \quad i = 1, \ldots, m. \tag{2S.2}$$

假設花費在全部工作與投資活動的總時間是固定的，那麼

$$\sum_{i=1}^{m} (t_{w_i} + t_{hi}) = \sum t_i = T, \tag{2S.3}$$

其中，$t_{wi} = t_w + t_{hi}$。加總全部活動的所得並從(2S.2)代入得

$$I = \sum I_i = \sum c_i t_{w_i} t_{hi}, \tag{2S.4}$$

其中 $c_i = a_i b_i$。

由於各項活動的所得是由投資時間與工作相乘決定的，總所得在這些時間都相等時會得到極大值：

$$I = \frac{1}{4} \sum c_i t_i^2, \tag{2S.5}$$

若 $t_{wi} = t_{hi}$。分配於該活動的總時間 (t_i) 之所以會產生報酬遞增，是因為人力資本累積的成本與使用資本所花費的時間，兩者是彼此獨立的。這些報酬遞增隱含了，當全部時間皆使用在單一活動時，所得會極大化：

$$I^* = \frac{c_k}{4} T^2, \tag{2S.6}$$

其中 $c_k \geq c_i$，對所有的 i 而言。人力資本完全專業化於單一「活動」的例子包括醫生、牙醫、木匠、經濟學者、…等。

　　同樣的公式也可用在規模報酬不變時，用來生產消費活動的時間分配，其中有效時間投入與消費專屬人力資本（consumption-specific human capital）及與消費時間兩者皆成比例，正如

$$Z_i = b_i t_{zi} h_i. \tag{2S.7}$$

假使 $h_i = a_i t_{hi}$，那麼

$$Z_i = c_i t_{zi} t_{hi}, \tag{2S.8}$$

以及當生產與投資的時間相等時，每一種商品的產量將極大：

$$Z_i^* = \frac{c_i t_i^2}{4}, \tag{2S.9}$$

其中 $t_i = t_{zi} + t_{hi}$。

　　假設效用函數為這些商品的李昂鐵夫函數

$$U = \min (Z_1, \ldots, Z_m), \tag{2S.10}$$

以及如果 $c_i = c$，對全部 i 而言，當分配於每一商品的時間都相等時，效用將極大：

$$U^a = Z_i^* = \frac{cT^2}{4m^2}. \qquad (2S.11)$$

上式的間接效用函數與總時間呈正相關，而與以固定比例生產、消費的商品數量呈負相關。

假使其他人也生產這些商品，那麼生產與消費的連繫將受到嚴重的影響。除了消除任何本質上的比較利益，我假設所有的人基本上是完全相等的。縱使有效時間在所有商品的生產函數中皆呈現規模報酬不變，貿易的利益仍然存在，因為每一個人可以集中投資生產少數幾種商品，然後與他人進行交易。藉著生產商品數的減少，個人能從使用於某一商品的總時間帶來的報酬遞增獲益（見式 2S.9）。例如，當兩人各自生產其中一半的商品，並以一單位對一單位地互相交換超額的生產量時，每一種商品的產量將等於

$$Z_i^1 = \frac{cT^2}{4(m/2)^2}, \qquad i = 1, \ldots, \frac{m}{2}$$

$$ \qquad (2S.12)$$

$$Z_j^2 = \frac{cT^2}{4(m/2)^2}, \qquad j = \frac{m}{2} + 1, \ldots, m.$$

由於他們交換了一半的產量，每個人的間接效用函數就成為

$$U^t = \frac{1}{2} \frac{cT^2}{4(m/2)^2} > \frac{cT^2}{4m^2} = U^a. \qquad (2S.13)$$

投資於專業化人力資本所造成的規模報酬遞增，才是擴大「

市場規模」之利益來源。交易允許投資上的分工，並有效地
擴展了市場，也因此提升了基本上完全相同之交易者的福利
。在本例中，專業化與交易的利益與交易者人數成比例；p
個交易者中的每一位($p \leq m$)都將專業化於m / p商品並生產

$$Z_j^k = \frac{c}{4} \frac{T^2}{m^2} p^2, \quad j \in \frac{m}{p}, \quad k = 1, \ldots, p \leq m. \quad (2S.14)$$

假設第$(p\text{-}1) / p$產出以一單位對一單位來交換，效用水準將
與交易人數成比例

$$U^t = \frac{1}{p} Z_j^k = \frac{c}{4} \frac{T^2}{m^2} p, \quad p \leq m. \quad (2S.15)$$

圖2S.1（John Muellbauer建議）說明專業化與交易對福
利的效果。當一個人沒有交易機會時，Z_1和Z_2的機會界線為
凸的(convex)，因為專業化投資的報酬率遞增；他的效用在
無異曲線（U^0）的切點為極大。一個市場上有許多基本上完
全相同的人，有較好的機會並可藉專業化在連接 Z_1^s和 Z_2^s直
線上的任一點進行交換。如果 b 個人完全專業於Z_1而 $(n-b)$
人專業化於Z_2，交易提供每一個人 (b / n) Z_1^s 單位的Z_1以及 $(1$
$-b / n)$ Z_2^s單位的 Z_2。此交易機會提供了 Z_1^s和 Z_2^s的直線機會
界線，b 為從零到n。從交易所造成的福利改善（U^* / U^0）是
由報酬遞增的程度來決定，或者由一個人在沒有交易時，機
會的凸性來決定。

　　以上分析很容易被推展至連續系列商品之間的替代。任
何一個交易者生產專業化的程度以及所消費的商品數目，也

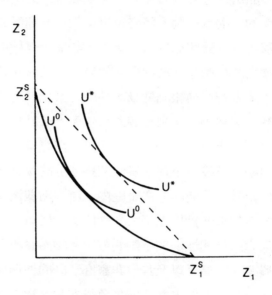

圖2S. 1 專業及貿易之利得.

將取決於市場規模（參閱 Gros, 1983 之分析）。此外，財貨與勞務以及時間，皆可做為生產商品與人力資本的投入。下列命題在一切合理的一般化情況下皆成立。

　　命題：如果 n 個完全相同的人在均衡時消費 $m \ll n$ 商品，這些商品是以專屬人力資本在規模經報酬遞增或不變的情況下生產的，則每一個人將完全專業化於一種商品之生產，並只累積專屬於該商品的人力資本。其他 $m-1$ 種商品將由與其他專業化的生產者交換取得。如果 $n > 1$ 比 m 小或者不比 m 多太多，或者有規模報酬遞減，那麼專業化就可能不完全，但部份商品必然仍將僅由一個人來生產。（註1）

　　以上分析可適用於家庭內的分工與專業化，因為生產小孩、照顧以及投資小孩、避免某些危險的保護措施、利他行為、以及其他「商品」在家庭內生產與消費將比家庭之間的交易更有效率。世界上絕大多數的社會皆有很深的分工，尤其是家庭成員間性別與年齡的分工。雖然在不同社會，婦女參與農業、交易，以及其他非家庭活動的情況變化很大，但幾乎在所有的社會，女人總是負擔非常大比例的家庭工作，特別是照顧小孩與準備食物。甚至，即使當婦女參與市場活動時，婦女亦傾向於從事與男人不同的活動（參閱 Boserup, 1970，該文以低度開發國家之證據支持以上論點）。

　　投資於專業化人力資本的利益，鼓勵家庭成員做極明確的分工，但是這些利益本身完全未提及性別的分工。第二章我建議男人與女人，不僅在生育小孩，同時也在照顧小孩及

其他方面的貢獻，具有本質上不同的比較利益。此種生產力本質的差異決定了性別分工的方向，也因此決定了專屬人力資本累積的性別差異，專屬人力資本投資會強化兩性間本質的差異。

有人反對將比較利益的本質差異做為決定性別分工的重要因素，反對者認為，性別的分工主要是由於對婦女的「剝削」。然而，根據本質上的利益差別來解釋性別分工並不否認存在著剝削。假使男人有完全的權力決定如何分工與分配，僅分給女人「維持溫飽」的產出，而自己取走剩餘的部份（一個競爭性的婚姻市場將使產出的分配更為平等）之男人，將會採行一個有效率的分工了家庭產出極大化，也因此男人自己的「收入」極大化。特別是，唯有當婦女在照顧子女與做家事具有比較利益時，男人才會分配女人去做這些工作。（註2）

此論點頗具啟發性但也非定論，因為它假設比較利益的性別差異與剝削婦女是無關聯的。然而，唯有因為受剝削的人(也是較貧窮的)，其負效用的貨幣價值通常會比較小，或者因為受剝削的人不允許參與能降低受剝削程度的活動，受剝削的婦女才可能從不愉快的工作上獲得「利益」。(註3)

本附篇並不需要對此分析作決定性的判斷，因為本章分析與婦女在家庭活動具有比較利益的來源無關，不論它是歧視或是其他因素。此處僅要求專屬人力資本之投資能強化比較利益的效果。的確，本分析甚至不需要假設男人與女人比

較利益的原始差異是很大的：因為專業化投資具有增強的效果，所以微小的原始差異也可被轉化成觀察到的巨大差異。

　　此結論對於實證上分解男人與女人的所得差異非常有用，例如，假設男人與女人具有相同的基本生產力，而歧視造成婦女的所得比其市場生產力低了百分之十。由於專業化的利益，這種歧視將導致性別上的分工，絕大多數的婦女將專業化於家庭活動以及絕大多數男人專業化於市場。結果，婦女的平均所得將比男人的所得低得多，譬如只有男人的60%。解析這40%的差異將發現，人力資本之性別差異解釋了其中30個百分點，或者75%，僅剩下的25%可由歧視來解釋。然而在此例中，因為沒有性別分工，男人與女人的平均所得在沒有歧視的情況下將會相等。一般而言，歧視以及造成基本比較利益的性別差異的因素，可以用來解釋男人與女人所得的全部差異，縱使人力資本的差異好像解釋了大部分的差異。

　　此種將比較利益的微小差異擴大為所得的巨幅差異，將男人與女人的所得差異和黑人與白人、或其他團體之間的所得差異區別開來。對黑人些微的市場歧視並不會導致所得的大幅降低，因為在市場與家庭部門間並沒有種族的分工。（然而，對黑人男性的市場歧視只要稍微比黑人婦女大一些，就有可能導致黑人男性所得之下降幅度遠較黑人婦女大，因為與白人婦女比較，黑人女性將被誘使花費更多的時間在勞動市場上；而黑人男性將花費比白人男性較少的時間在市場

上。）結果，在實證上將所得差異分解成歧視以及其他來源以解釋男人與女人所得差異時，因為男人與女人之間的分工關係，必須比解釋其他團體之所得差異更為小心。

精力之分配

在已開發國家，已婚婦女勞動參與率的大幅上升，必定也鼓勵了婦女作更大的市場資本之投資，也應該提升婦女與男人之相對所得。然而，在蘇聯，所得的性別差異仍然非常大（也許為40%），蘇聯婦女的參與率幾乎與男人相同（參閱Ofer與Vinokur, 1981），而在美國所得的性別差異也沒有下降得太多。持續的所得巨幅差異也許是對婦女有相當大的市場歧視的證據（參閱Zabalza與Tzannatos, 1985，有關英國的證據），或者是由於許多市場經驗不豐富的婦女進入了市場對婦女所得產生了暫時性的壓抑效果（參閱 Mincer, 1983; O'Neill, 1985; Smith 與 Ward, 1985）。

另外一個因素為，婦女仍然肩負家事的責任。例如，蘇聯已婚婦女擔負了絕大多數照顧小孩與其他家事的責任，儘管她們在勞動市場上的參與幾乎與已婚男人相同，而Ofer與Vinokur（1981）認為，已婚蘇聯婦女的所得遠低於已婚男人的所得，有很大部份的原因是擔負了家庭工作的責任。O'Neill（1983）在討論美國已婚婦女的所得較低以及職業區隔時，也有相同的論點。時間預算之研究很清楚地發現，即使在先進國家，婦女仍然負擔很大比例的照顧小孩以及其他家

庭工作（參閱 Gronau, 1976，有關以色列的討論；Stafford, 1980，美國；Flood, 1983，瑞典）。

　　縱然婦女願意在勞動市場付出與男人相同的時間，家庭責任仍會對婦女所得有不利的影響，因為家庭工作使她們疲憊，必須留在家中照顧生病的子女和其他緊急情況，而且比較不能在非上班時間工作，也不太容易選擇需要出差旅行的職業。雖然這些責任對婦女所得與職業的影響常被提到，但很顯然地，僅在我一篇未發表的文章中曾做過有系統的分析（Becker, 1977）。該文發展出一模型探討如何分配精力（或者努力）於不同家庭活動與市場活動，該模型導出許多結論，包括所得的差異以及丈夫與妻子的時間分配。

　　本節將進一步推展該模型，並導出不同活動的精力密集程度（energy intensities）如何影響精力的分配，以及精力分配如何與時間分配互動、又如何與市場或非市場人力資本投資互動。該模型也證明精力供給增加的誘因是與市場人力資本及其他工資決定因素呈正相關。

　　廠商從每一雇員購買整批的（包裹）時間與精力，其報酬是與此包裹相關聯，而不是將時間與精力單位分開來計算。所得亦與該包裹相關：

$$I = I(t_m, E_m) \qquad (2S.16)$$

其中 $\partial I / \partial E_m$ 與 $\partial I / \partial t_m > 0$，以及 $I(0, t_m) = I(E_m, 0) = 0$，其中 E_m 為精力，而 t_m 為時間。為了將 E_m 代入此方程式，我假設廠商可以監督每一雇員提供的精力，也許是間接的監督

（參閱Mirrlees, 1976; Shavell, 1979）。假使廠商對完全相同工人之時間分配沒有差異性偏好，那麼就每小時的固定精力而言，所得將與工作時間成比例：

$$I = w(e_m)t_m, \tag{2S.17}$$

而 $\partial w / \partial e_m > 0$ 以及 $w\ (0)\ = 0$，其中 $e_m = E_m / t_m$ 為每小時精力。這些性質可用一個簡單的函數來表示：

$$I = \alpha_m e_m^{\sigma_m} t_m = \alpha_m E_m^{\sigma_m} t_m^{1-\sigma_m} = \alpha_m t'_m, \tag{2S.18}$$

其中 $t'_m = e_m^{\sigma_m} t_m, \alpha_m = \beta_m h_m$，其中 h_m 為市場人力資本，而 σ_m 為工作的精力密集度，假設為常數，同時也表示每小時精力的所得彈性。

很明顯地，當總精力（E_m）固定不變時，唯有當 $\sigma_m < 1$ 時，工作時數增加才會提昇所得。但是，$\sigma_m < 1$ 隱含了每小時所使用的精力（e_m）都相等，因為精力增加對所得有遞減的作用。式(2S.18)隱含了所得與「有效的」時間量（t'_m）成比例，有效時間量取決於每小時精力以及工作時數。

每一家廠商在生產函數、與其他廠商之競爭、監督雇員之方法以及 σ_m 與 α_m 對雇員精力供給之效果等限制條件下，選擇 σ_m 與 α_m 來使其所得極大化。貝克(1977)曾對這些決定與市場均衡做分析。此處我僅指出 σ_m 與 α_m 之間的取捨，取決於廠商監督精力（也許是間接的）之成本，也與這些參數對雇員精力供給之效果有關。

時間與精力沒有提供給廠商的，則被用於家庭（或者非市場）部門。每一家庭使用市場財貨與勞務、時間以及精力

來生產一系列的商品：

$$Z_i = Z_i(x_i, t_i, E_i), \qquad i = 1, \ldots, n. \tag{2S.19}$$

假使結合家庭部門的時間與精力生產「有效的」時間，Z_i 的生產函數可寫為：

$$Z_i = Z_i(x_i, t_i'), \tag{2S.20}$$

其中 $t_i' = w_i(e_i) \ t_i = \alpha_i e_i^{\sigma_i} t_i = \alpha_i E_i^{\sigma_i} t_i^{1-\sigma_i}$，而 $0 < \sigma_i < 1$ 以及 $\alpha_i = \beta_i h_i$，其中 h_i 為人力資本，會提高使用在第 i 種商品的時間生產力，σ_i 為該商品的精力密集度。花費於每一種商品的時間與花費於市場活動時間之總和必須等於全部的可使用時間：

$$\sum_{i=1}^{n} t_i + t_m = t_h + t_m = t, \tag{2S.21}$$

其中 t_h 為花費在家庭部門的全部時間。

個人在任何一期間的可支配總精力，可藉由精力生產與生命週期內的精力重分配來改變。我先假設在單一期間內必須分配於不同的活動的精力供給是固定的：

$$\sum_{i=1}^{n} E_i + E_m = E, \tag{2S.22}$$

其中 E 為固定的供給。此方程式可寫成：

$$\sum_{i=1}^{n} e_i t_i + e_m t_m = \bar{e}t = E, \tag{2S.23}$$

其中 $\bar{e}$ 為可使用時間的每小時精力支出。因為決策變數 e_j 與 t_j 在方程式中為相乘的而非直線性的關係，時間的分配將直接與精力分配「互動」。

市場財貨與勞務的總支出必須等於貨幣所得：

$$\sum p_i x_i = w_m(e_m)t_m + v = I + v = Y, \qquad (2S.24)$$

其中，Y 為貨幣所得而 v 為移轉支付所得、財產所得，以及其他不直接與薪資有關聯的所得。貨幣所得不只與分配於市場部門的時間有關連，也受到分配於市場之精力的影響。全部所得 (S) 代表著全部的時間與精力皆花在工作上，因為所得被假設為與花費於商品的時間和精力無關：

$$w_m(\bar{e})t + v = S. \qquad (2S.25)$$

全部所得由下列四個參數決定：財產所得 (v)、工資函數 (w_m)、可使用時間 (t)、以及每單位時間的精力供給 ($\bar{e}$)。

每一家庭求其商品效用函數極大化

$$U = U(Z_1, \ldots, Z_n), \qquad (2S.26)$$

受限制於式(2S.21)、(2S.22)、(2S.23)之時間、精力、與支出，以及式(2S.20)式之生產函數。下列一階條件可以很容易地被導出：

$$\frac{\partial U}{\partial x_i} \equiv U_{x_i} = \tau p_{x_i}$$

$$\frac{\partial U}{\partial t'_i} w_i \equiv U_{t_i} = \mu + \varepsilon e_i$$

$$\tau w_m = \mu + \varepsilon e_m \qquad (2S.27)$$

$$\frac{\partial U}{\partial t'_i}\left[t_i \frac{dw_i}{de_i} \right] \equiv U_{e_i} = \varepsilon t_i$$

$$\tau t_m \frac{dw_m}{de_m} = \varepsilon t_m,$$

其中，τ、μ、與 ε 分別為所得、時間，以及精力之邊際效用。

可以很直接地詮釋這些條件。第二與第三項條件指出：使用於任一活動之額外時間的邊際效用必須等於該小時的時間（μ）與精力（εe_i）的總機會成本。額外的每一小時有精力與時間成本，因為精力是包含在每一小時的時間內。第四與第五項條件明白指出，每小時精力的邊際效用必須等於精力的機會成本（εt_j）。

每一家庭選擇有效的時間與財貨的組合以使生產商品的成本極小。有效時間可用來替代財貨，因為可以將時間與精力從工作重新分配到商品上。當財貨與有效時間的邊際替代率（marginal rate of substitution）等於將時間或精力轉換為市場財貨的成本時，生產成本會極小。

將第三項條件代入第二項內，可得到：

$$U_{t_i} = \tau \left[w_m - \frac{\varepsilon}{\tau}(e_m - e_i) \right] = \tau \hat{w}_i, \qquad (2S.28)$$

其中，$\hat{w}_i$ 為花費於第 i 種活動每（額外）一小時的成本或影子價格。將最後兩項條件合併並運用 $U_{t'_i}$ 與 U_{t_i} 之關係，可以得出時間之邊際成本的另一個表示方法：

$$U_{t_i} = \frac{\tau w'_m w_i}{w'_i} = \frac{\tau w_m(1 - \sigma_m)}{(1 - \sigma_i)} = \tau \hat{w}_i, \qquad (2S.29)$$

其中 $w'_i = \partial w_j / \partial e_j$。

　　凡是精力密集度小於市場工作的精力密集度的活動，其時間的邊際成本會低於工資率，因為減少工作時間所省下的精力也有其價值。式(2S.28)顯示邊際成本為工資與節省之（或花費的）精力的貨幣價值：ε / τ 為增加一單位精力的價值以及 $e_m - e_i$ 為節省的（或花費的）精力。

　　結果，使用每小時精力最低之商品其時間的邊際成本亦最小。此外，假使精力的貨幣價值不等於節省之精力，那麼即使工資率相同的人，他們的邊際成本也不相同。而且，某些高度精力密集的活動（例如，照顧年幼小孩），其時間成本就超過了工資率。

　　於是，第二與第四項最適條件即隱含了

$$e_i = \frac{\mu}{\varepsilon} \frac{\sigma_i}{1 - \sigma_i}. \qquad (2S.30)$$

（我感謝John Muellbauer指出此點。）分配於任何一種活動的每小時最適精力量與以精力衡量之時間機會成本成正比，並且與該活動的精力密集度呈正相關。精力衡量之時間成本是其他變數的一個充分統計量，包括其他活動的精力密集度、人力資本投資、財產所得、以及時間分配，因為這些活動唯有影響此統計量才能改變任何一個活動之每小時精力分配。

　　我們可以立即從式(2S.30)，或式(2S.29)以及式(2S.27)中導出一個極為簡單的關係式，該式表示，任何兩個活動的最適精力分配比為：

$$\frac{e_j}{e_i} = \frac{\sigma_j(1 - \sigma_i)}{\sigma_i(1 - \sigma_j)}, \qquad (2S.31)$$

對所有的 i、j，也包括 m。任何兩個活動之每小時精力最適比，僅取決於其精力密集度，只要密集度為常數，這些比例也為常數，不論其他精力密集度、效用函數、時間分配等的變動是如何。

式(2S.31)表示每小時精力比，與效用、時間分配以及其他變數無關，因為這是有效生產的必要條件，亦即，效用函數內的商品必須位在生產可能性曲線上。一種活動的精力密集度變動可能會改變所有活動的每小時精力的絕對數量，但不會改變任何兩種活動每小時精力的比例。式（2S.30）與(2S.31)之簡單關係式對於了解不同參數對精力分配之影響有極大之助益。

有幾件事可用來推測不同活動之精力密集度順序。睡眠很顯然的與時間密切相關，但卻不花費精力；更確實地說，睡眠應為精力的生產而非消耗精力的活動。聽收音機、讀書以及其他許多休閒活動與時間投入有關，不過與精力的關連卻較薄弱。相反的，照顧年幼子女和許多其他工作卻需要非常多的精力。在已有的估算中，非市場活動之時間價值通常低於工資率，也許只有一半或更少。如式(2S.29)所示，工作的精力密集度遠超過了許多家庭活動的密集度。（註4）

當財產所得、人力資本、時間分配或其他變數變動，在精力密集度不變的情況下，這些變動將以正的或負的同等比

例來改變所有活動的每小時精力，其變動幅度等於時間精力價值之百分比；參閱式(2S.30)。此種比例性，以及不同活動之精力比為常數，係從效用極大化所導出之定理（以及我們模型中的其他假設），不應與每一活動的每小時精力為常數之假設相混淆（Freudenberger 與 Cummins, 1976，曾做此假設）。

當工作時數減少以及「休閒」增加時，也許是由於財產所得增加，將節省精力並提升時間的精力價值，因為工作比休閒更為精力密集。（註5）那麼每一工作小時與其他活動所花費的精力將以等比例增加，也將提升每小時所得與花費在其他活動的每小時生產力。相反地，市場人力資本的補償性增加，提升了工作時數，將會減少時間的精力價值，也因此減少了每一小時所花費的精力。

市場人力資本增加對工資率的影響，是決定市場資本投資報酬的主要因素，與每小時工作所花費的精力成正相關。因此，當每小時精力以及工作時數愈大時，投資於市場資本之誘因也愈大，（註6）因為人力資本投資之成本僅部份地依賴工資率的高低。同樣的結論也適用於任何一項活動之專屬資本的投資。

有些工作所得對精力投入之變動非常敏感，但其他工作的所得卻對時間量有更大的反應。也就是，有些工作具有較大的工作密集度，而其他的則有較大的時間密集度。當人們奉獻大部份時間於精力密集的家庭活動時，例如照顧小孩，

將會選擇非精力密集的工作以節省精力，對於這些家庭時間
主要用於休閒以及其他「時間密集活動」的人，其情況正好
相反。

　　人與人之間的精力存量差異極大，不僅是在心理與生理
上有很大的差異， （註7） 在「野心」與動機方面的差異亦
極為可觀。雖然式(2S.30)隱含著精力存量的增加，因之的時
間的精力價值的增加，會以同樣的百分比增加所有活動的每
小時精力；假使工作比一般的家庭活動更為精力密集，則工
作時間的生產力將會以較大的百分比增加。那麼，具有較大
精力存量的人將在工作方面取勝，這不僅是因為他們的工資
比平均高，也由於他們工作時間的生產力特別高。

　　假使較多的精力所產生的（全部）所得效果很弱， （註
8） 那麼精力較豐的人常做更精力密集的工作，工作時數也
較長，因為他們的時間在工作上的生產力比家庭活動大。結
果，精力愈充沛的人，其工作時數也愈長，每小時所得也比
別人高。

　　由於每小時精力的產出彈性小於一 ($\sigma_m < 1$) ，如果工作
時數不變，精力存量的增加只增加較少百分比的產出。但是
所導致的工作時數增加將提升產出，而且比精力存量之增加
幅度還要大。幾項的實際研究的確發現，需要大量體力勞動
的工人，當他們的卡洛里消費增加時，卡洛里是「精力」的
重要來源，很明顯的會以更大的百分比增加他們的產出 （參
閱UNFAO, 1962, 頁14～15、23～25） 。

由於一個人的健康會影響他或她的精力，健康不良將使每小時所得降低（參閱 Grossman, 1976，所提供之證據），因為較低的精力水準減少每工作（以及家庭）小時所花費的精力。健康不良也會減少工作時數，因為工作是相對地比較精力密集的；也就是，生病的時間待在家裡而非用在工作上，因為休息、休閒活動所耗用的精力比工作要小。因此，精力較充沛的人工作時數較長，每小時的報酬也較高，部份原因是他們「比較健康」。

一個人的可使用精力，不僅會因為生病或其他外生力量而改變，也會由如何支用時間、財貨，以及運動、睡眠、健康檢查、放鬆、適當的飲食，以及其他的生產精力的活動而改變。在最適生產率，增加一單位投入的成本等於增加一單位精力的貨幣價值：

$$w'_m = \beta_m \sigma_m e_m^{\sigma_m - 1} h_m = \frac{\varepsilon}{\tau} = w'_m t_s \frac{de_s}{dE} + p_s \frac{dx_s}{dE} + w_m \frac{(1 - \sigma_m)}{1 - \sigma_s} \frac{dt_s}{dE},$$

(2S.32)

其中 $e_s,\ x_s$，與 t_s 為生產精力的投入。（註9）該式右邊為生產一單位精力的投入成本；每一單位精力的貨幣價值等於每小時精力增加對每小時所得的影響——參閱式(2S.27)的最後一個條件。

邊際工資率增加會提升精力的最適生產量，因為邊際利益相對於邊際成本增加了。市場人力資本增加，以及每小時工作時間的精力減少(也許因為工作時數的增加)，兩者都使生產利益相對於生產成本增加，因此鼓勵了精力的生產；的

確，當每小時精力減少時成本會降低，因為時間價值會降低
。就健康與精力的正相關性，增加精力的生產也會改善健康
。

　　許多人皆認為，長時間的工作將因「疲乏」而減少生產
力。（註10）此論點應用於人與人之間的差異是有問題的，
因為精力愈充沛的人工作得愈長。此外，縱然一個人工作了
較長時間後，降低了每小時工作的精力（以及生產力），但
較長的工作時間也會鼓勵精力與市場資本人力之生產。由於
更大的精力與市場資本的生產會提高每小時的生產力，較長
的工作時數甚至能間接地提升了每小時的生產力。

　　隨著市場人力資本存量以及其他精力價值的決定因素，
在生命週期不同階段之變化，投資於精力的誘因也隨之改變
。因此，在年輕時每小時所得的增加，其部份原因可能是精
力生產的增加；老年時的所得下跌，則情況剛好相反。某一
特定年齡的精力存量亦可藉由向其他歲月「借貸」而得以擴
展，也許需要付出很大的代價或利息。極端的情形為，精力
的借貸與償還產生了「過度工作」以及「一隻蠟燭兩頭燒」
的現象。（註11）

丈夫與妻子精力分配的分工

　　由於精力充沛的人在精力密集的活動中具有比較利益，
有效率的婚姻市場會使精力較多的人與精力較少的人相結合
（也就是，藉由精力的負向配對〔negative sorting〕）。精

力旺盛的配偶其大部份時間將分配於精力密集的活動，像是工作，這是他們有比較利益的活動；而精力較不旺盛的配偶其大部份時間將分配於家庭活動，在這方面他們具有比較利益。

由於證據太薄弱，不足以認為藉由精力的分工能解釋已婚男人與女人之間的分工。因此，我假設婦女有照顧小孩的責任與其他家事負擔，是與她們的精力或家庭工作精力密集度無關。儘管如此，精力密集度之差異對所得、工作時數以及選擇職業的性別差異仍有很重要的含意。

為了證明此點，我根據前節簡短的討論指出，家庭工作與照顧小孩遠比休閒活動更為精力密集，但有可能大於或小於市場活動的精力密集度。已婚婦女有看顧小孩與其他家事等責任，與花費等量時間在勞動市場上的已婚男人相比，婦女分配給每一工作小時的精力比較低。一個簡單的證明，可應用家庭工作比休閒更精力密集之假設以及式(2S.31)之含意，亦即任何兩種活動的每小時精力比，僅取決這些活動的精力密集度。 (註12)

由於已婚婦女每小時所得低於已婚男人，她們每小時投入工作的精力也較少，即使婦女與男人工作同樣的時數、有相同的市場資本，已婚婦女的家庭責任會使她們的每小時所得低於已婚男人。家庭責任也促成了兩性的職業區隔，因為已婚婦女選擇精力密集較低的職業與工作，以及更能配合家庭責任需求的職業與工作。同樣的論點可以解釋，為什麼上

課、做作業的學生，每小時所得會低於未上學的人，即使他們工作時數相同，也好像有相同的特性（參見 Lazear, 1977，的討論與證據）。

　　因此，婦女的勞動參與在傳統上非常集中之事實，提供了誤導的（也許嚴重誤導）印象，誤解了造成已婚婦女所得較低以及就業區隔的因素。不僅如此，已婚婦女比已婚男人投資較少的人力資本，雖然兩者皆花費等量的時間在勞動市場上。由於投資於市場人力資本的利益與每小時所得成正相關，也因而與花費在市場工作上的每小時精力成正相關，所以縱然已婚男人並未比已婚婦女工作時數長，已婚男人的投資利益也較大。

　　已婚婦女的所得較低，因為投入較少的精力在工作上，而且市場人力資本之投資也較低，與她們的丈夫相比，這也減少了已婚婦女的勞動市場參與。當然，較低的勞動參與進一步減少了她們的市場資本之投資（參閱註6），甚至也可能降低她們每一工作小時的精力，假使她們轉而做比市場活動更精力密集的家庭工作。完全的均衡可以是妻子完全專業化於家庭工作與非市場工作。

　　表2S.1（June O'Neill 使我注意到此點）顯示，在美國，即使全職工作的已婚婦女，她們的家庭工作量也遠超過半職工作或失業的已婚男人，更不用說全職工作的已婚男人。此外，全職工作的已婚婦女，其工作時數也比全職工作的已婚男人少（大約每星期少9小時），雖然婦女總工作時數要

表 2S.1 美國 1975-1976 年已婚婦女及男性在市場工作及每週
所使用的時間.

活動性質	已婚婦女			已婚男性	
	全職	兼職	全部 a	全職	全部 b
市場工作	38.6	20.9	16.3	47.9	39.2
工作時間	35.7	18.9	15.0	44.0	36.0
工作往返時間	2.9	2.0	1.3	3.9	3.2
在家中工作	24.6	33.5	34.9	12.1	12.8
室內工作	14.6	21.0	20.8	2.8	3.5
照顧小孩	2.8	3.2	4.9	1.7	1.5
維修戶外工作園藝	1.6	1.7	2.2	3.8	3.9
逛街及服務	5.6	7.6	7.0	3.8	3.9
休閒	21.0	25.5	26.7	23.0	27.1
總工作時間	63.2	54.4	51.2	60.0	52.0
樣本數	101	51	220	236	307

資料來源:Hill(1981),資料來自密西根大學調查研究中心所提供
之全美國家庭 樣本

a.包含未在外工作之已婚婦女.
b.包含兼差及未在外工作之已婚男人.
c.包含午餐及咖啡休息時間.

稍微高一些。也有相當多的其他證據顯示，婦女對半職、彈性工作的需求亦影響到她們的所得與職業　（參閱 Mincer 與 Polachek, 1974，表7；O'Neill, 1983）。

　　此分析隱含單身女性的每小時所得會高於已婚婦女，縱然兩者的工作時數與市場資本是相等的，因為照顧小孩及其他家庭責任，促使已婚婦女選擇更方便的、精力密集度較低的工作。此分析也解釋為何婚姻大幅地提高了男人的健康，而對女人的健康只有些微的幫助 (Fuchs, 1975)。由於已婚男人比單身男人累積了更多的市場人力資本，工作時數也較長 (Kenny, 1983)，已婚男人生產的精力存量比單身男人要大，這也增進了他們的健康。結婚對女人精力的影響就要很不確定了：未在市場工作的婦女，其精力價值是由家庭內增加的精力價值來衡量，規模可能很大。但是職業婦女的精力價值是由工作價值來衡量，而其價值一直低於男人，因為婦女的市場人力資本投資較低，也選擇了精力密度較低的工作。

　　在過去35年間，已婚婦女的勞動參與大幅成長，伴隨此現象的是，生育大幅下跌以及離婚率大幅上升。生育下跌很明顯的提升了已婚婦女的每小時所得，因為她們有更多精力以及更有彈性的時間來從事市場工作，而非照顧小孩。美國已婚婦女花費在家庭工作上的時間，自1965年以後很明顯地下降了許多 (Stafford, 1980)。

　　至於離婚增加對婦女的每小時所得的影響就不那麼容易辨別。一方面，已婚婦女可能會面臨離婚而需要工作，所以

也會增加市場人力資本之投資；另一方面，由於在美國與其他西方國家，離婚婦女幾乎都保有子女的監護權，照顧小孩所花費的精力與心力可能超過已婚婦女，因為她們沒有丈夫來分擔家庭工作。（註13）

專業化人力資本所產生的報酬遞增，即使在本質完全相同的人之間，也是造成時間分配之分工與人力資本投資分工的強烈動力。然而，單靠報酬遞增並不足以解釋傳統的性別分工，亦即婦女負擔了主要的家庭工作責任，除非男人與女人在家庭與市場活動有不同的比較利益。不論何種原因造成了傳統上的分工──也許是對婦女的歧視或高生育率的影響──家庭責任減少了已婚婦女的勞動市場時間、抑制了她們的市場人力資本的投資，所以降低了她們的所得，也影響了職業的選擇。

本章亦發展出個人分配精力於不同活動之模型，更多的精力會花費在精力密集度較高的活動，任何兩種活動投入的每小時精力比例僅取決於其精力密集度，而與精力存量、效用函數、貨幣所得、時間分配或人力資本等完全無關。此模型亦導出其他的含意，例如，不同活動的時間成本、工作時數對每小時所得的效果，所得對健康投資的效果、以及增加每小時工作精力對市場人力資本投資之利益所產生的影響。

由於家庭工作比休閒和其他家庭活動更為精力密集，已婚婦女每小時市場工作所花費的精力會比工作時數相同的已婚男人低。結果是，已婚婦女的每小時所得就比已婚男人的

要低，儘管他們有相同的市場人力資本，同時，為了節省用在市場工作的精力，已婚婦女會尋找較不辛苦的工作。此外，即使她們的工作時數與已婚男人相同，已婚婦女較低的每小時所得也會減少她們的市場資本投資。

　　已婚婦女照顧小孩與其他家庭工作的責任對於男人與婦女的職業、所得差異有重要的影響，即使不論已婚婦女勞動參與的效果。我認為這才是一個重要的原因，為什麼已婚婦女的所得會低於已婚的男人，也為什麼會存在相當普遍的職業區隔，即使像蘇聯這樣的國家也是如此，該國已婚男人與女人勞動參與率幾乎相同。

　　在所有先進社會裡，這些責任仍然持續著，它們可能只是過去遺留下來的強而有力的因素，也許在不久的將來，它們會消失或大幅減弱。不僅僅是一般的印象，從時間預算所得到的證據也顯示，過去幾十年，在美國，已婚的男人的相對家庭工作量已經明顯的增加了 (Stafford, 1980；與Stafford 私下接觸談到一項 1981 年的調查)。離婚父親得到小孩的部份或完全監護權的比例也有上升的趨勢。此一發展趨勢也增加了婦女的市場活動時間與精力，也因而提升了她們的所得與市場人力資本投資的誘因。其結果可能是，在本世紀結束之前，已婚婦女的相對所得將可觀地提升，她們在職業上的區隔也將大幅減少。

　　縱然此一過程持續至已婚婦女不再負擔照顧小孩與其他家事的大部份責任，如果專業化的家庭與市場人力資本仍然

重要，或者夫妻雙方在精力方面有差異，婚姻家庭仍將從時間與投資分配的分工獲益良多。但分工將不再與性別有關聯：在大約一半的婚姻家庭中，丈夫可能更專業於家庭工作，而妻子專業化於市場活動，而另一半婚姻家庭裡，其情況剛好相反。

此一發展將對婚姻、生育、離婚，以及家庭生活的各個層面產生重大的影響。然而，對於個人或家庭所得不平等的影響將非常有限：所有專業化於家庭工作的人，其所得仍將低於他們的配偶，家庭所得的分配仍將由配偶間的分工、教育，以及其他特徵所配對的婚姻、離婚率以及小孩監護權…等因素決定。

一個人的性別將不再是預測所得與家庭活動的有效依據。至於西方社會往此方向演變，究竟會發展到什麼程度，尚言之過早。

附註：

〔註1〕此命題基本上結合了本書第二章的定理2.2，2.3，與2.4。

〔註2〕奴隸的主人可從有效率的分工獲益，或可解釋為什麼奴隸有時也被指派需要高度技能的活動（參閱Finley，1980）。

〔註3〕然而，Guity Nashat 曾告訴我此點，即便是奴隸有時也肩負重要的軍事任務（例如，參閱Inalcik, 1970，有關禁衛軍之討論）。

〔註4〕幾乎所有時間價值之估算皆指花費在交通上的時間。 Beesley　（

1965) 對通勤時間的估算發現，低所得者的通勤時間價值大約為每小時薪資的百分之三十，而高所得者約為百分之五十；Lisco（1967）與 McFadden（1974）亦得到類似的結果。貝克（1965）估計通勤時間價值大約為每小時薪資的百分之四十。Gronau（1970）之研究結果認為，出差搭乘飛機旅行的時間價值幾乎等於搭機者的每小時薪資，但是私人旅行之飛行時間價值幾乎是免費的。

〔註5〕 由式 (2S.23)，$e_m t_m + e_h t_h = E$，其中 $e_h = E_h / t_h$。如果 $e_h = \gamma e_m$，其中 $\gamma < 1$，因為 $\sigma_m > \sigma_h$，則

$$\frac{\partial e_m}{\partial t_m} = \frac{-e_m(1-\gamma)}{\gamma t + t_m(1-\gamma)} < 0.$$

〔註6〕 如果工作比家庭活動更為精力密集，當工作時數改變時，這些變數有相反的效果。因為

$$\text{MP} = \frac{\partial I}{\partial h_m} = w_m t_m,$$

則　$\dfrac{\partial \text{MP}}{\partial t_m} = (1 + n_m \sigma_m)w_m,$　　其中　$n_m = \dfrac{\partial e_m}{\partial t_m}\dfrac{t_m}{e_m}.$

在 $0 < \sigma_m < 1$，以及 $-1 \leq n_m \leq 1$ 的情況下，則 $0 < \partial MP / \partial t_m$ 及 $(\partial MP / \partial t_m) \gtreqless W_m$ 當 $n_m \gtreqless 0$。

工作時數變動一定會以同方向改變人力資本的邊際產量；但若 n_m 為負，則其影響效果將大幅減少，因為工作的精力密集度遠比家庭工作大得多。相反的，若 n_m 為正，其效果將被強化，因為工作的精力密集度比這些活動低。

〔註7〕 在 Gladstone 傳記的序言，曾生動地記載精力的不平等：「Lord Kilbracken，曾是他主要的私人秘書，說如果數字100可代表一個正常人的精力，而200代表極特殊的人，那麼 Gladstone 的精力至

少要有1000」 （見 Magnus, 1954, p.xi） 。George Stigler 提供此資料。

〔註8〕 即使休閒為績優財，所得效果的符號仍無法確定。精力存量增加的工作時數彈性為：

$$\frac{\partial t_m}{\partial E}\frac{E}{t_m} = \eta_{tmE} = R[x\delta_c(\sigma_m - \sigma_h) - \sigma_m(x - v)N_t + x\sigma_h N_x],$$

其中t_h與x為家庭使用的總時間與財貨（$p_x=1$），N_t與N_x分別為t'_h與x的完全所得彈性，δ_c為效用函數中x與t'_h的替代彈性。假使$\sigma_m > \sigma_h$，代替效果基本上由$x\delta_c$（$\sigma_m - \sigma_h$）>0決定。所得效果為$x\sigma_h N_x - \sigma_m$（$x-v$）$N_t \gtrless 0$。如果$(\sigma_h / \sigma_m) > k_s(N_t / N_x)$，所得效果為正，其中$k_e$為貨幣所得之比例。以上係根據H.Gregg Lewis的註解。

〔註9〕 此處我假設投入僅供生產精力，但是此分析可隨時延伸至「共同生產其中」，例如，良好的飲食能同時產生精力與產品。

〔註10〕 Denison (1962) 在其研究美國經濟成長來源的經典著作裡，假設當每週工作時數超過43小時後，每一工作小時的生產力至少下跌30%。

〔註11〕 羅素(Bertrand Russel)說因為太辛苦地寫作《數學原理》一書，他的「智能從未曾從壓力中完全康復」 (1967, 頁230) 。

〔註12〕 由式 (2S.31) ，$e_c=\gamma_1 e_m$以及$e_l=\gamma_2 e_m$，其中$\gamma_1 > \gamma_2$，因為$\sigma_c > \sigma_e$，其中c為家事，l為休閒。由於$e_m t_m + e_c t_c + e_l t_l = E$，所以$e_m$（$t_m + \gamma_1 t_c + \gamma_2 t_l$）$= E$，以及 $\dfrac{de_m}{dt_c}\bigg|_{dt_m=0} = \dfrac{-e_m(\gamma_1 - \gamma_2)}{t_m + \gamma_1 t_c + \gamma_2 t_l} < 0.$

〔註13〕 在「克拉瑪對克拉瑪」一片裡，達斯汀霍夫曼 （Dustin Hoffman）所飾演的角色，在負起照顧小孩的責任後失去了工作。

婚姻市場的多配偶制和一夫一妻制

Polygamy and Monogamy in Marriage Markets

　　第二章曾闡述多年來東西方社會裏大多數的家庭由已婚男女主導，並供養他們的小孩這個事實。作妻子的通常專心照顧小孩和其他家事活動，而作丈夫的一般致力於提供必需的開銷和其餘的市場活動。婚姻包括給專職婦女一紙有限度的保護合約免於被丈夫遺棄、漠視和其他不好的待遇。

　　雖然絕大多數的男女都想結婚──1975年，美國只有約4.6％的婦女和6.3％的男士年齡在45至54歲間未曾結過婚（美國普查局，1975ｂ）──但婚姻生活的長短和品質則差別甚大。例如，1970年的美國，年齡屆於30至34歲間的婦女，其中57.9％在二十歲時就已婚，而8.6％的婦女在三十歲前猶雲英未嫁（美國普查局，1973ｂ和ｄ）；44％在1970年代結合的美國婚姻以仳離收場（Preston, 1975）；1870年間大約15％的摩門教男士實踐一夫多妻制，而1％有三個以上的老婆（這是由Wallace Blackhurst私下透露的）；在美國，受過大專教育的男士，娶受過大專教育婦女的可能性，是未曾上完高中的男士之十五倍（根據美國普查局電腦磁帶所提供的1967年經濟機會普查結果計算出來）。

　　本章分析在有效率的「婚姻市場」──在此市場裡，同質的人提供相同的邊際產量就有相同的所得──一夫多妻、一妻多夫、一夫一妻和單身生活的案例。當然，未婚人士不會像股票市場或中東地區市集裏的商販那樣，在市場上展示他們的才能。（註1）但在婚姻市場中的人常以中介活動作為「掮客」，參加教堂社交、報名男女合班的學習課程、和

參與其他有意將合適人士湊在一起的活動；還用許多其他方式來宣傳他們的服務。「婚姻市場」這個詞是暗喻的，以此來彰顯人類族群尋偶的高度系統化和結構化。

一個有效率的婚姻市場會存在「影子」價格，以指引參與者如何在婚姻中取得他們預期福祉的最大化。這些價格是本章和下一章分析的重心，他們的含意將比傳統的婚姻論調來得強有力。部分的分析方法將在第四章中討論。

一夫多妻的案例已隨時間而實質地衰微，時至今日，世界人口中生活在一夫多妻制者不超過10%。這個衰退曾被歸因於基督教教義的推廣和婦女權力的興起，但我對這些解釋存疑。鼓勵一夫多妻制的教條只有在一夫一妻的需求減弱時才具吸引力；而本章顯示，婦女有從一夫多妻制得利的傾向。我將以男女從一夫多妻制和一夫一妻制婚姻中的相對利得來分析一夫多妻的案例。這些利得取決於男女之間的不平等，包括所得、教育和其他影響到男女在家庭及市場生產效率的變數；男女對產出的邊際貢獻；以及男女提供家庭投入時替代程度的難易。一夫多妻制案例的衰微與這些利得變動相關的程度，要比外生的宗教信仰或婦女權力的擴散來得高。

婚姻市場的均衡

一夫一妻制

為了簡化初始的討論，我假設在婚姻市場裏所有的男性和女性參與者都是同質的。一個有效率的婚姻市場在不同的

配對中，參與者的均衡搭配將使所有的男和女都有相同的預期效用。如果家庭的產品產出能夠合併成一項單獨的同質商品，例如小孩的數量（第四章將考慮異質商品），如果所有的婚姻其產出是確定已知的（不確定狀況將在第十章考量），以及如果這產出一如所得那樣地分配給配偶，則下列的會計恆等式對所有的婚姻而言，都能成立：

$$Z_{mf} = Z^m + Z^f, \tag{3.1}$$

其中 Z_{mf} 代表婚姻的產出，而 Z^m 和 Z^f 表示男性和女性配偶的所得。

參與者將偏好結婚，若且唯若，他們從婚姻中所得到的效用，大於他們維持單身所得到的效用。因為效用是與對家庭商品的需求呈單向相關，參與者將偏好結婚，若

$$Z^f > Z_{sf} \quad \text{和} \quad Z^m > Z_{sm}, \tag{3.2}$$

其中，Z_{sf} 和 Z_{sm} 表示單身女性和單身男性的家庭產出。如此的婚姻決定可以圖3.1顯示。婚姻市場上婦女 N_f 的供給曲線的彈性，在 $Z^f = Z_{sf}$ 時，為無限大，因為在該所得下，她們結婚和維持單身沒什麼差別；該曲線在 $F = N_f$ 時，若 $Z^f > Z_{sf}$ 則呈垂直的；在 $F = 0$ 時，若 $Z^f < Z_{sf}$，該曲線也是垂直的。同理，男士的供給曲線 N_m，在 $Z^m = Z_{sm}$ 時，其彈性為無限大，在 $M = N_m$ 時，若 $Z^m > Z_{sm}$ 時呈垂直；在 $M = 0$ 時，若 $Z^m < Z_{sm}$ 時也呈垂直。

如果我們一開始就假設所有的婚姻都是一夫一妻制，男人的婚姻供給曲線同時也是對妻子的衍生需求曲線。實際上

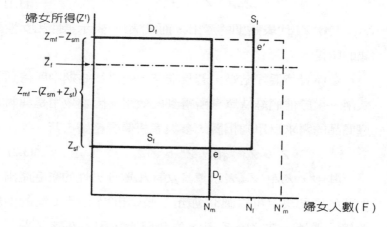

圖3. 1 婦女所得與男性及女性人數在一夫一妻制婚姻市場上的均衡.

，每位男士當他對結婚和單身沒有偏好時，提供妻子相當於 $Z_{mf} - Z_{sm}$ 的產出，而當他能從婚姻中得利時，$Z_{mf} - Z^m < Z_{mf} - Z_{sm}$。所以，對妻子的衍生需求曲線，如圖3.1中標出，當 $Z^f = Z_{mf} - Z_{sm}$ 時，彈性為無限大，在 $F = N_m$ 時，若 Z^f 小於該差額，則呈垂直線。

　　第二章的分析顯示，一個家庭的最適產出需要家庭的不同成員對人力資本作專業化的投資，以及在時間上作專業化的分配。一個有婚姻關係的家庭，其產出會超過單身男性和單身女性家庭產出的總和，因為男與女在製造和養育小孩，甚至其他家庭商品上有生理上的互補性，也因為大家庭在家庭與市場技巧上所做的專業化投資之報酬率比較高。結婚的產出與單身產出之差是婚姻的利得，此可由圖3.1中妻子的衍生需求曲線的充分彈性那一段和妻子的供給曲線之垂直差距 $Z_{mf} - (Z_{sm} + Z_{sf})$ 來衡量。

　　一個有效率的一夫一妻制婚姻市場之均衡，要求男士和婦女想要結婚的人數必需相等，而且參與者如仍是單身時，其收入至少要和他從婚姻中可能得到的收入等額。圖3.1中的e點可滿足這些條件，在那點上，有 N_m 的男士和 N_f 婦女想要結婚。因為男性參與者的人數少於女性參與者的人數 $(N_m < N_f)$，所有的男人都可結婚而某些婦女 $(N_f - N_m)$ 仍然單身。這些婦女願意維持單身，因為已婚婦女的收入等於單身婦女的收入，男士接收了已婚產出和婦女單身收入的差額，也因此承受了所有因婚姻而來的「租金」。

適婚男士人數的小額增加不會改變男士和婦女的收入，但會減少保持單身婦女的人數。若是男士人數增加到超過婦女的人數，所有婦女都會結婚，某些男士將保持單身，男士的收入將會降至 Z_{sm}，而婦女的所得會增至 $Z_{rf} - Z_{sm}$，一如圖3.1之 e' 點所示。所以，本分析隱含男女比例的上升不光是增加單身的男性及減少單身的女性，而是將已婚產出從男士重新分配給女士。

雖然統計上的研究清楚指出，已婚的適婚婦女之比重是與適婚男士對適婚女士人數之比呈正相關，（註2）我僅注意到性別比例，或其他這方面的變數，在配偶間造成的產出分配之效果，存在令人印象深刻的證據。但相關資訊的蒐集工作卻鮮有人去進行，因為這項分配效果尚未被認為是由市場力量所左右的。但必須承認，有關家庭消費的資料尚未能析離出那些對丈夫、妻子，或對雙方都有利，不過，有用的實證關係應該可以引申出來。例如，現成有關丈夫及妻子治裝上的花費、或他們花在休閒時間上的金額之資訊，就可以拿來與性別比例、工資、教育水準，及其他分配婚姻產出的決定因素做一連繫。（註3）

多配偶制

雖然歷史上婦女少有多夫的（在印度的 Todas 族中有明顯的一妻多夫制證據，參閱Rivers, 1906）但男士在早期的猶太社會、回教社會、古希臘的許多城邦、非洲的大部份地區

及中國社會都已實行一夫多妻制。（註4）圖3.1的分析很容易應用到一夫多妻或一妻多夫制的婚姻上。例如，同質婦女的供給曲線 N_f 不管是在一夫一妻制或一夫多妻制的婚姻下，當他們是單身時，所得都呈充分彈性，但當她們全都結婚時就呈垂直線。N_m 個同質的男士對其第一位妻子的衍生需求曲線，在 $Z_{mf(1)} - Z_{sm}$ 時，也是呈充分彈性（見圖3.2），但當所有男士都結了婚後，該曲線並不呈垂直線，因為他們願意娶第二位妻子並提供她：

$$Z^f = MP_{f(2)} = Z_{mf(2)} - Z_{mf(1)}$$
$$= Z_{mf(2)} - [MP_{sm} + MP_{f(1)}], \tag{3.3}$$

其中 $MP_{f(2)}$ 表示娶第二位妻子的新增產出（或邊際產出），$Z_{mf(2)}$ 表一個一夫二妻家庭的產出，$Z_{mf(1)}$ 表示一夫一妻家庭的產出，MP_{sm} 表示一個單身男士的產出，$MP_{f(1)}$ 表示娶第一位妻子的新增產出。

再予以一般化，一位擁有 n 個妻子的男士為了再娶一位妻子願意提供：

$$Z^f = MP_{f(n+1)} = Z_{mf(n+1)} - Z_{mf(n)}$$
$$= Z_{mf(n+1)} - \left[MP_{sm} + \sum_{j=1}^{n} MP_{f(j)} \right]. \tag{3.4}$$

即使家庭產出不管夫和妻的人數如何呈現報酬不變，僅增加妻子的數目將會出現報酬遞減情形，因為固定的丈夫人數限制了妻子的生產力。例如，每位妻子的平均行房次數，以及每位妻子的平均分娩數，都將隨著妻子數目的增加而下

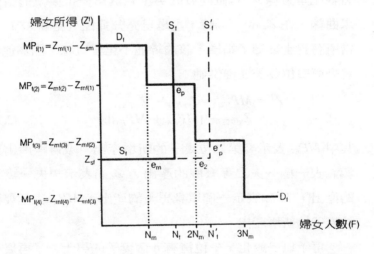

圖3.2 婦女所得與男性及女性人數在一夫多妻婚姻市場上的均衡.

降；或是丈夫平均花在每位妻子和她的小孩之時間和收入，
會隨著妻子數目的增加而減少。從幾個實行一夫多妻制社會
的例證來看，平均每位妻子的育兒數通常會因妻子數目的增
加而稍有下降。（註5）正由於每增加一位妻子的報酬遞減
，對妻子的衍生需求曲線將屬負斜率的階梯函數，一如圖3.
2之 D_f 所示。每一階梯有一相當於 N_m 的長度，而第 n 階的高
度相當於第 n 位妻子的邊際生產力。

　　一個有效率的一夫多妻制婚姻市場的均衡，並不要求想
要結婚的男女數目必須相等，只需婦女想要結婚的數目等於
妻子的需求數。婦女的供給曲線 S_f 將和對妻子的衍生需求曲
線 D_f 相交於 e_p 點，在這點上，所有的男女都結婚，而某些男
士有兩位妻子。所有的男士和婦女分別得到相同的收入
$Z_{m,f(1)} - MP_{f(2)}$ 和 $MP_{f(2)}$，不管他們是在一夫一妻抑或一夫多妻
的婚姻狀態皆然，因為所有的妻子們所得到的是第二位妻子
的邊際產出。

　　雖然婦女數目超過男士數目，但婦女的均衡所得高於她
們的單身所得（多餘的婦女寧願走入一夫多妻的婚姻狀態也
不願單身）。如果婦女數目從 N_f 增加到 N'_f（見圖3.2），新
的均衡點將會是 e'_p。某些男士將娶三位妻子，其餘娶兩位
，婦女的所得將從 $MP_{f(2)}$ 降到 $MP_{f(3)}$，但還是比所有男士都娶
兩位妻子（即 e_2 點）的所得為高。

　　以上的論述很明顯的指出，婦女在一夫多妻制下的收入
，將高於該制度被禁止時的收入。如果婦女數目多於男士數

目,且一夫多妻制被禁止時,婦女的收入將會相當於 Z_{sf},
明顯的少於 $MP_{f(2)}$ 或甚至 $MP_{f(3)}$。總的說來,如果所有的男士
都有不少於 n-1 位的妻子,而某些男士可能有 n 位妻子,一夫
一妻制帶給每一位婦女的成本是第 n 位妻子的邊際產出和她
單身收入之間的差距。一夫一妻制還會降低所有家庭的總產
出,其數額相當於各妻子邊際產出與其單身收入之差額的總
和。

　　另一方面,男士的所得總額可能因一夫一妻制的強制執
行而增加,即使婦女的總產出和總收入會因此而減少。圖
3.2 裏每位男士在一夫多妻制下 (點 e_p 的位置) 實收
$Z_{m,f(1)} - MP_{f(2)}$,這數額小於當一夫多妻制屬違法時 (點 e_m)
他可能得到的金額 $Z_{m,f(1)} - Z_{sf}$。(註6)

　　就所有的男士而言,對妻子數目的需求不盡相同,因為
他們在財富、職業、經驗,和其他相關方面有所差異。在圖
3.3,兩類男士,A 和為數較多的 B,對妻子的需求曲線可綜
合為 D_f,假設 A 型男士的第二位妻子其邊際產出高於 B 型男
士的第一位妻子,而 A 型男士的第三位妻子其邊際產出又低
於後者。這條綜合需求曲線和一群同質婦女的供給曲線 S_f 相
交在點 e_p 上,在該點上,對妻子的需求和妻子的供給相等,
而所有的婦女所得為 $MP_{f(1b)}$。

　　所有 A 型男士娶兩位妻子,而同一時間某些 B 型男士仍
屬單身。因為每位婦女的所得相等於 B 型男士第一位妻子的
邊際產出,B 型已婚男士只取得他們單身的收入,並且對結

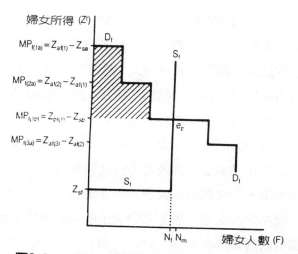

圖3.3 男性有差異而女性同質下之一夫多妻的均衡.

不結婚沒有差異。一夫多妻制在男女的人數接近相等的情況下可以實現，一如圖3.3所示，因為某些「次級」男士在與「優級」男士競爭後被迫維持單身，使得「優級」男士能享齊人之福。

本文所謂「優級」和「次級」指的是影響婦女邊際生產力的特質而言。Grossbard(1976) 發現，奈及利亞 (Nigeria) Maiduguri 的男士，即使年齡、教育、種族，及其他變數維持不變，財富衡量上形式性的增加，諸如在家庭擁有一儲水塔，很明顯的提高了該男士得享齊人之福的機會。（註7）

圖3.3中，同質的婦女都得到 B 型男士第一位妻子的邊際產出 $MP_{f(1b)}$ 的收入。所有 A 型男士得到 $Z_{s,f(2)} - 2MP_{f(1b)}$ 的所得，比他們單身時的所得多出圖中的斜線部份。其實，這是 A 型男士因他們在婚姻上比其他男士較優秀而得到的租金。圖中清楚地顯示，即使男士人數多於婦女數目，約有可觀的 33% 的男士能享齊人之福。男士之間妻子的邊際產出上差異是婦女超額供給的替代品。

同樣的分析可以應用到異質婦女的情況：有效率的婦女會吸引幾個丈夫，而無效率的婦女將維持單身。現問題是為何一妻多夫奇少，而一夫多妻司空見慣？更普遍點，什麼因素決定一夫一妻制、一夫多妻制和一妻多夫制社會的出現？簡單的答案是某些法律禁止或限制多婚制。可是，法律是在受波及的活動需求轉弱時才易於通過及執行的，所以這不是一個必然的答案。尤其是在非人類種中，一妻多夫也是少見

而一夫多妻甚為普遍（見第九章），這或許表示，有比法律限制更為基本的考慮決定了多婚制在人類社會的出現。

圖3.2和圖3.3顯示，多配偶制不是那麼地重要，除非男士（或婦女）在效率上有明顯的差異；或者是適婚男士對適婚婦女之比例明顯的異於一。但這些也不是唯一的決定因素：男和女對產出的相對邊際貢獻、生產的規模經濟或不經濟、及男女之間的替代程度，都是出現多婚制的重要因素。

多配偶制的更一般化分析

為期以更一般化的分析來表達這些效果，（註8）假設婚姻市場上第 i 位男士與任一同質的婦女在一夫一妻制婚姻的產出為：

$$Z_{m_i 1} = n(\alpha_i)Z[p(\alpha_i)x_m, x_f], \tag{3.5}$$

其中，α 是男性效率的指數；x_f 表每位婦女在擁有時間、精力和商品上的總資源；而 $P(\alpha_i)x_m$ 表示第 i 位男士總的有效資源；p 函數將男性的效率轉化為男士的有效資源，例如財富或非市場性的技能；n 函數則將男性的效率在男性和女性資源既定情況下，轉化為不同的產出水準。這個家庭的 $Z_{m_i 1}$ 產出將隨著第 i 位男士及其配偶在市場和非市場的活動上，如何分配他們的時間和其他資源，以及如何在人力資本上進行適當的專業化投資而達到最大化（見第二章）。

一個一夫多妻制的家庭，其總產出假設等於這位男士個別和每一位妻子共同產出的加總。這種個別的生產在每位妻

子擁有個別寓所、分開用膳,並且很大程度上生活自理時是一個合理的假設。這個假設在妻子們於準備糧食、照顧孩子和耕作土地上共同合作的情況下就不太合適。(註9)如果所有的妻子都同質的,而且與每位妻子的產出是個別生產時,一夫多妻制家庭的產出只要將丈夫的資源平均分配給每位妻子就可達到最大化。

如果第 i 位男士有 W_i 個妻子,他的家庭的產出將是:

$$Z_{m_i w_i} = w_i n(\alpha_i) Z \left[\frac{p(\alpha_i) x_m}{w_i}, x_f \right],\qquad (3.6)$$

其中,他花費 $P(\alpha_i) x_m / w_i \equiv x_m^*$ 在每位妻子上,不管 Z 的生產規模如何,妻子數目的增加必然使每位妻子的平均產出降低,因為他花費在每位妻子身上的資源少了。(註10)這就解釋了為什麼平均每位妻子的育兒數,當妻子數目增加時會下降(見註5),並且也隱含平均每位妻子的其他產出也會隨妻子數目的增加而下降。

雖然擁有較少妻子的男士分配給每位妻子的資源份額較大,可是如果這些男士擁有足夠多的資源和更為有效的生產函數,婦女可能寧願嫁給這些擁有較多妻子的男士。亦即是說,婦女可能寧願獲得「成功者」的部份注意而不屑於「失敗者」的全部注意。以蕭伯納(George Bernard Show)炫麗的文辭來表達,「母性的本能引導一位婦女寧取一流男人十分之一的份額,而不取三流男人的排他性擁有。」(1933,頁220)

　　因為在有效率的婚姻市場裏，同質的參與者不管她們和誰結婚或她們有多少配偶，所得到的收入都一樣，又因為參與者收到的是她們的邊際產出，而同質婦女在不同的婚姻制度下的均衡邊際產出都是一樣的。所以，如果所有的婦女在婚姻市場都屬同質，她們在每一種婚姻的均衡所得將是

$$Z^f = MP_{m_i w_i} = \frac{\partial Z_{m_i w_i}}{\partial w_i} = n(\alpha_i)Z - n(\alpha_i)\frac{\partial Z}{\partial x_m^*}x_m^*. \qquad (3.7)$$

其中，w_i 是第 i 位男士妻子的均衡數目，具有

$$w_i > 0 \quad \text{且} \quad \sum_{i=1}^{N'_m} w_i \leq N_f. \qquad (3.8)$$

　　其中，N'_m 是結婚男士的數目，N_f 是婚姻市場中婦女的數目。均衡條件要求妻子的邊際產出會隨著妻子數目的增加而遞減；否則，最有效率的男士將娶所有的婦女。妻子的邊際產出遞減，若且唯若，分配給每一位妻子的男性資源其邊際產出是遞減的。（註11）如果家庭生產的規模報酬不是呈很強的遞增狀況，男女之間在生育小孩和其他產品的互補性隱含著，男性資源的邊際產出遞減，因此妻子們的邊際產出也一樣會遞減。（註12）

　　雖然妻子的數目如果被限定為整數時，其結論將會大同小異，但為求分析簡單，我假設妻子的數目能持續地變化。例如，當我提到妻子的數目可能指的是結婚的日數，而這些日數可藉著調整結婚時的年齡或分居時的年齡而呈持續性變化。可是，式（3.6）及（3.7）對那些誤了婚期或早早中止

婚姻的男性來說，有關男性資源是完全和他們妻子的資源相結合之假設就不切實際了。然而，我仍將保留這項假設，以及該假設對單身者收入為零的意涵，因為這項簡化不會對結論有多大的實質上的改變，而且很容易修正。

　　某些男人無法結婚，因為他們的妻子之邊際產出會比與其他男人結婚的婦女邊際產出 Z^f 來得少。雖然妻子數目下降時，妻子的邊際產出會上升，但有個上限，比如在某一時點，新增的男性資源無法增加產出。（註13）因此，用在每位妻子的均衡的男性資源數不會超過與邊際產出為零的婦女結婚的數額，所以均衡的妻子數目將會有一正值的低限。（註14）而擁有這最低妻子人數的男性效率是由（3.7）在 $\partial Z / \partial x_m^* = 0$ 時所決定。

$$n(\alpha_0) = \frac{Z^f}{Z_{max}} = \frac{Z^f}{Z(\bar{x}_m^*, x_f)} \quad 和 \quad w_{min} = \frac{p(\alpha_0)x_m}{\bar{x}_m^*}, \qquad (3.9)$$

其中，$\bar{x}_m^*$ 是 x_m^* 在 $\partial Z / \partial x_m^* = 0$ 時的最低值。所有效率較差的男人將無法結婚，因為他們的妻子之邊際產出太低了。

　　唯有在最具效率的男人擁有很大數量的妻子之下，不同效率的男人新增妻子之邊際產出才會是一樣。（註15）的確如此，那些不具效率的男人常被迫維持單身，因為他們不能給婦女提供其他男人所能提供的那麼多。對式(3.7)就效率指數 α 微分——令婦女所得 Z^f 和各參數 x_m, x_f, P 及 n 維持不變——我們可以導出妻子和效率的確實關係（參閱數學附錄，A部份）：

$$\epsilon(w,\alpha) \equiv \frac{dw}{d\alpha} \cdot \frac{\alpha}{w} = \epsilon(p,\alpha) + \epsilon(n,\alpha) \frac{[1/\epsilon(Z,x_m^*)] - 1}{\epsilon(Z_m, x_m^*)}, \qquad (3.10)$$

因為一位實行一夫多妻制的丈夫是將資源平均用於每位妻子，所以他的有效資源之任何增長，僅以同等百分比分攤到他的妻子們身上。這就解釋了式（3.10）中 $\epsilon(p, \alpha)$ 係數為何是恒一，這強烈地意味著，對妻子需求的純「財富」彈性是恒為一。

至於純粹效率的變化——即 $n(\alpha)$ 值的變化——對妻子數目的影響則更為複雜，並且取決於家庭的生產函數之特徵。妻子數目對效率變化的彈性有大於一的傾向，而且當男人對產出的邊際貢獻較小時——就是說 $\epsilon(Z, x_m^*)$ 較小時——或當婦女對產出的邊際貢獻較大時，該彈性也會較大。（註16）

妻子數目對效率變化的彈性，可以改寫成與婦女和男人的產出邊際貢獻之比呈正相關，且與家庭生產函數的規模報酬呈負相關。例如，設若家庭生產函數是柯布道格拉斯：

$$Z = c(x_m^*)^a x_f^{ar}, \qquad (3.11)$$

其中，a 和 ar 為常數，$\epsilon(n, \alpha)$ 的係數也是一常數

$$\frac{\epsilon(Z,x_m^*)^{-1} - 1}{\epsilon(Z_m, x_m^*)} = \frac{1}{a} = \frac{1+r}{g}, \qquad (3.12)$$

其中，r 表示婦女在產出的相對邊際份額；而 $g = a + ar$ 衡量規模的報酬。$\epsilon(n, \alpha)$ 的係數在 $g \le 1$ 時必須大於一，當 r 增加或 g 下降時其係數就會增加。

如果生產函數中，男人與婦女這兩種投入的替代彈性 σ 是一常數，而又呈固定規模報酬($g=1$)，則（參考數學附錄，B部份）：

$$\frac{\epsilon(Z,x_m^*)^{-1} - 1}{\epsilon(Z_m,x_m^*)} = \left[1 + r' \left(\frac{x_f}{x_m^*} \right)^{-\beta} \right] \sigma = (1 + r)\sigma, \qquad (3.13)$$

其中，婦女在產出的相對邊際份額為：

$$r' \left(\frac{x_f}{x_m^*} \right)^{-\beta} = \frac{x_f MP_f}{x_m^* MP_m} = r. \qquad (3.14)$$

該方程式在 $g=\sigma=1$ 時化約成式 (3.12)。妻子數目相對於效率的彈性在 $\sigma > 1$ 時必須大於 1，並隨著 σ 之增加而增加。由於 x_f / x_m^* 對愈具效率的男人而言是愈大的，因此，妻子數目相對於效率的彈性，對愈具效率的男人而言，在 $\sigma < 1$ 時卻愈小，那是因為婦女在家庭生產的均衡份額，將隨著效率的增加而下降之故。

要是 $\epsilon(p, \alpha)$ 和 $\epsilon(n, \alpha)$ 都為常數，並且生產函數是柯布道格拉斯，式 (3.10) 變成簡單的直線性差分方程式，可直接求出妻子的數目：

$$w = \left(\frac{\alpha}{\bar{\alpha}} \right)^{\epsilon(p,\alpha) + \frac{1+r}{g} \epsilon(n,\alpha)}. \qquad (3.15)$$

其中，$\bar{\alpha}$ 為男人擁有一妻的效率（參閱數學附錄，C部份）。妻子數目的均衡值與男人的總資源將呈等比關係，若婦女對產出的邊際貢獻不小於男人($r \geq 1$)，且規模報酬不是遞增($g \leq 1$)時，妻子數目的均衡值增加比丈夫的效率快；舉例來

說，如果 $r=2, g\leqq1$，及 $\epsilon(n,\ \alpha)=1$，效率如增加百分之十，會使妻子數目至少增加百分之三十，於是已婚男人在妻子數目上的差異，將遠超過丈夫們在效率上的差異。另外，妻子數目的分佈即使在丈夫們的效率呈對稱性分佈時，也會顯著地偏右。

男人對生育小孩的邊際貢獻遠小於婦女的貢獻，因為婦女在生理上負起懷胎和孕育之責。尤有甚者，在原始和低度發展的社會裏，婦女在照顧小孩上也是貢獻較多，在那裏，她們甚至在孕育新生兒時仍得哺乳及照顧較長的小孩。因此，我們的分析結果隱含著，一夫多妻制是一普遍現象，並且妻子的分佈不均等現象在這些社會裏也所在多有，因為婦女在生產和照顧小孩上的邊際貢獻比男人的邊際貢獻大得多，而生產與照顧多個小孩，正是這些社會裏婚姻的主要產出。

隨著社會愈來愈都市化和開發，家庭對小孩「數量」的需求將大幅降低，並提升對教育、健康及其他有關小孩「質量」的需求（參閱第五章）。因為男人在質量上的邊際貢獻比數量上的貢獻來得大，我們的分析可準確的預測，一夫多妻制的案例將隨時間顯著地減少。

均衡所得、投資，及性別比例

因為男人的所得等於其家庭產出和其妻子們所得的差額，故他的所得可以這樣表示：

$$Z^{m_i} = Z_{m_i w_i} - w_i Z^f = w_i n(\alpha_i) \frac{\partial Z}{\partial x_m^*} x_m^*, \tag{3.16}$$

其中，Z'得自式（3.7），並且對婚姻市場上同質婦女而言是一樣的。方程式最右邊的條件可視作男人在α_1效率下的邊際產出。男性所得的分佈依其妻子們的分佈和男人與每位妻子對產出的邊際貢獻之分佈〔$n(\alpha_i)(\partial Z/\partial x_m^*)x_m^*$〕而定。

如果家庭生產函數為柯布道格拉斯，並且呈規模報酬不變，這些貢獻在婚姻市場呈均衡狀況時，對所有的男人而言，都是一樣的。（註17）因此，式（3.16）變為：

$$Z^{m_i} = \frac{Z^f}{r} w_i, \qquad (3.17)$$

同時，男人的均衡所得與其妻子們的數目呈等比關係（註18）。如果生產函數不是柯布道格拉斯，但其替代彈性等於σ，r當σ大於 1 時與效率同增長，當σ小於 1 時則下降。於是，男人之所得多多少少在$\sigma \geq 1$時比其妻子們的數目增加得快。（註19）

讓我在此強調，這些結果並不假設男人從其自身來評價他們的妻子們，而是只考慮丈夫和妻子所製造的產出之價值。式（3.16）及（3.17）指出，妻子數目均衡值的變化或許是這些產出所得變化的良好代用數。確實，要是妻子數目能正確衡量，這可能要比一般以貨幣所得變化來作代用數好得多。

式（3.17）隱含男人平均所得是：

$$\bar{Z}^m = \frac{Z^f}{r} \bar{w} (N_m'/N_m), \qquad (3.18)$$

其中，N'_m 表示已婚男人的數目（即那些 $w > 0$ 的男人），$\bar{w}$ 表已婚男人的妻子們之平均數，而 N_m 表示在婚姻市場中的男人數目（註20）。因為

$$\bar{w} = N_f / N'_m, \tag{3.19}$$

其中，N_f 指在婚姻市場中的婦女數目（註21），男人的平均所得相對於每位同質婦女的所得之比是

$$R = \frac{\bar{Z}^m}{Z^f} = \frac{Z^f \bar{w} N'_m}{Z^f r N_m} = \frac{\bar{w} N'_m}{r N_m} = \frac{N_f}{r N_m} = \frac{1}{rv}, \tag{3.20}$$

其中，$V = N^m / N_f$ 表示婚姻市場中參與者的性別比率。

參與者的性別比率下降——婦女相對於男人數目的增加——會減少婦女的所得並提高男人的平均所得。每位已婚男人的妻子數目會增加，因為新增妻子的邊際產出會超過妻子們遞減的成本。其結果是，如以已婚男士的平均妻子數目，或以擁有某一固定妻子數目以上的男士比例來衡量的話，性別比率下降提高一夫多妻的案例。可是，如果以沒有妻子的男士比例來衡量的話，一夫多妻制的案例會減少，因為某些男人早先未能結婚的，現在有能力給婦女提供足夠的條件來締結婚姻。尤有進者，已婚男士在妻子數目的不均等是由式（3.10）的變數所決定，而完全與性別比率無關。

婦女相較男人在產出的邊際貢獻有所增加（即是說 r 的增加）會提高妻子的邊際產出、並降低丈夫的邊際產出，這會提高婦女的所得和降低男人的平均所得。其結果就是，結婚男人的數目下降，而已婚男人的妻子數目增加。因為式

(3.13) 和 (3.15) 隱含，已婚男士在妻子數目的不均等將
會擴大，當婦女在產出的邊際生產上愈來愈重要時，所有用
以衡量一夫多妻的案例都會增加。婦女的貢獻增加，也會加
深男人所得在數量上和分配上的不均，他們的所得分佈約略
與其妻子的分佈呈比例的對應。這種在數量上和分配上的不
均，隱含著最有效率的男士，即使在男人的平均所得減少的
情況下，也可能比以前更好。

　　反對一夫多妻制的社團是以反對婦女受到侮辱和剝削做
為訴求的。（註22）可是我在有效率及競爭的婚姻市場之分
析結果顯示，若一夫多妻的出現主要是由婦女在產出的相對
邊際貢獻來決定的話，當一夫多妻愈盛行，婦女的所得以及
男士追求妻子的競爭性也愈大。這個觀點可從新娘在一夫多
妻制案例較多的社會裏普遍有價碼且要價較高這些事實得到
印證。（參考 Goode, 1963；Goldschmidt, 1973，頁 80；Whit-
ing, 1977；及Grossbard, 1978）。

　　一夫多妻的盛行如肇因於婦女貢獻的增加將會導致男人
延遲進入婚姻市場，直至他們在年齡及經驗上更具效率，因
為當一夫多妻制案例較多時有效率在婚姻市場是居優勢的。
同理，一夫多妻制的盛行會因為娶妻的需求較大，而導致婦
女在年紀較輕時就進入婚姻市場，雖然年輕的婦女在婚後的
負擔會增加。在那些一夫多妻制較多的社會裏，男人確實晚
婚而婦女却有早婚的現象。（註23）

　　由於婦女的相對邊際貢獻有所增加，男人的平均所得相

較於婦女有所下降時──式（3.20）的 $\bar{Z}^m/\bar{Z}^f$──也會造成
性別比率的下降，因為男人將避婚而婦女將渴婚；（註24）
因為雙親對女兒存活率的關注增加，而對兒子存活率的關注
減少；以及透過其他的反應。由於婦女貢獻的增加會提高一
夫多妻制的案例，當一夫多妻制愈來愈普遍時，適婚的男人
將愈來愈少，但這種因果關係是因一夫多妻制導致男人的短
缺。

如果男人的平均所得相對於婦女所得一直下跌至低於某
所得比率 R^*，而帶來上述那些反應以致性別比率下降，以
及男人的平均所得相較於婦女所得高於 R^*，則那些反應會
導致性別比率的上升，性別比率只有在相對所得等於 R^* 時
才會靜止。我們必須記住 R^* 不一定等於一，撫養兒子和女
兒的淨成本可能有別，而雙親，尤其是年齡較大的雙親，可
能從兒子和女兒所獲得的利益也一不樣。我們將在第六章再
來討論這一觀點。因為式（3.20）顯示男人相對數目的變化
會從反方向改變他們的相對所得，靜止的性別比率 U^* 將會
是一穩定的均衡比率：從任一初始位置出發，當性別比率隨
著時間接近它的均衡值時，男人的相對所得也會接近 R^*。
這個均衡比率值是由式（3.20）來決定的。

$$v^* = 1/(rR^*). \qquad (3.20')$$

男對女的均衡比率將與男和女的所得均衡比率呈反比，但與
男和女的產出邊際貢獻之比 $(1/r)$ 呈正相關。更一般化的說法
，性別比率與所得比率呈正相關，但不會有一靜止值。（註

25)

效率不僅是外生決定的，而且是部份取決於教育、訓練及其他的人力資本之投資。男人都願意為吸引更多妻子而承擔效率化所要支付的可觀成本和風險。我們的分析隱含著，效率增加對妻子數目和所得的影響，也因此隱含當婦女的貢獻愈大，效率化的誘因也愈大。

要證明這點，讓效率（α）取決於創造出來之技巧h和「承襲」之能力（μ）的相加：

$$\alpha = \mu + h. \qquad (3.21)$$

h的生產函數是

$$h = \psi(x^0_m, \mu), \text{ 其中 } \partial\psi/\partial x^0_m > 0 \text{ 且 } \partial\psi/\partial\mu > 0, \qquad (3.22)$$

並且，假設 $\dfrac{\partial^2\psi}{\partial(x^0_m)^2} < 0$ 及 $\dfrac{\partial^2\psi}{\partial\mu\partial x^0_m} > 0$，其中 x^0_m 指創造 h 所需的資源，總資源

$$x_m + x^0_m = \bar{x}_m \qquad (3.23)$$

將分配於男人所得的直接和間接的生產。如果 Z 是柯布道格拉斯及 $P(\alpha) \equiv 1$，則所得最大化的分配均衡條件如下所示（參考數學附錄，D部份）：

$$\frac{\partial\psi}{\partial x^0_m} = \frac{\alpha g}{(\bar{x}_m - x^0_m)(1 + r)}. \qquad (3.24)$$

所以，婦女在產出生產的邊際貢獻（r）之增加會導致更多的資源花費在效率化上，直至 $\dfrac{\partial\psi}{\partial x^0_m}$ 低到某種程度為止。邊

際貢獻的增加也會引發有能力的男人比其他男人做更多的投資而提高男人之間的不均等。（註26）由於婦女對產出貢獻的增加也會鼓勵一夫多妻制，當一夫多妻制愈普遍，男人平均投資會增加並更具效率性。尤有甚者，婦女貢獻的增加不僅從式（3.15）所示會直接提高妻子數目的不均等，也會因提高男人之間不均等的加深而間接造成妻子數目的不均等。

當男人多投資，他們逐妻的競爭力增強，也因此導致婦女所得的增加。由於妻子的總數是一固定值——不考慮任何前面所提的性別比率之下降——效率化的普遍增加所帶來對妻子需求的影響必定會被較高的婦女所得所抵銷。確實，式（3.20）顯示婦女所得相對於男人平均所得的比率，在生產函數為柯布道格拉斯時，無關乎男人之間效率的分布狀況。

我曾經假設在生產上，婦女是同質的、而男人是不一致的，但這些分析在男人是同質、而婦女却相異時一樣可適用。男人在一妻多夫的家庭裏的分佈，將由丈夫在所有的婚姻中都具同樣的邊際產出所決定的。較具效率的婦女會有更多的丈夫，因為男人與這些婦女相配時更具生產力。

如果婦女與每一位丈夫的生產函數皆獨立於她與其他任一丈夫的生產函數（需參考下面的討論），則第 i 位婦女與 h_i 丈夫的總產出將是

$$Z_{h_i, f_i} = h_i n(\alpha, \beta_i) Z(x_m, x_{f_i}^*) \tag{3.25}$$

其中 $x_{f_i}^* = l(\beta_i) x_f / h_i$，$\alpha$ 表每位丈夫的效率，β_i 指第 i 位婦女的效率，$\partial n / \partial \beta_i > 0$，及 $dl / d\beta_i > 0$，假如 Z 為固定規模報酬，

則 β_i 的變動對丈夫的均衡數目的影響是由式(3.10)和(3.13)來決定：

$$\epsilon(h,\beta) = \frac{dh}{d\beta} \cdot \frac{\beta}{h} = \epsilon(\ell,\beta) + \left(1 + \frac{1}{r}\right) \sigma \, \epsilon(n,\beta), \qquad (3.26)$$

其中 $1/r$ 是男人對產出的相對邊際貢獻。從式（3.27），第 i 位婦女的均衡收入將大約是

$$Z^{fi} \cong rZ^m h_i, \qquad (3.27)$$

其中 Z^m 是男人的均衡所得，如果生產函數為柯布道格拉斯，則方程式是恆等式。

婦女在邊際貢獻上的增加，依式（3.13），會增加一夫多妻的案例；如依式（3.26），會減少一妻多夫案例。因此，一夫多妻制之所以比一妻多夫制更為普遍，主要是因為婦女對產出的邊際貢獻，明顯地高於男人對產出的邊際貢獻。更有甚者，當一夫多妻制居主時，一妻多夫制則微不足道，而反之亦然，因為婦女貢獻的變化對一夫多妻和一妻多夫案例的影響是反方向的。

至於與每位配偶的生產函數皆獨立於其他配偶的生產函數，這個假設較適用於一夫多妻制的家庭，對一妻多夫制的家庭則不盡然。因為自己親生的骨肉總比他人所生的小孩來得討喜，但當一個母親有幾個丈夫時，某一小孩的生父為誰不易事先知曉，每一位丈夫都會降低其他丈夫的生產力。這表示一妻多夫制的婚姻呈規模報酬遞減，這有助於解釋一妻多夫制較少案例的原因（註27），同時也解答了為何實行一

妻多夫制的婦女通常丈夫都是有兄弟或親戚關係（親戚的小孩比陌生者的小孩來得討喜）。

依循導出式（3.24）同樣的論據，可得出婦女的平均投資與及她們在投資方面的不均等是與男人對結婚產出的邊際貢獻呈正相關（換言之，與婦女的邊際產出呈負相關）。因為婦女的邊際產出，在小孩的人數是婚姻的主要產出時，超過男人的邊際產出；所以當小孩的人數顯得重要時，婦女的平均投資和在投資方面的不均等就維持在較低的水準。

表3.1記載了不同國家的男人與婦女就學年數之平均值和標準差。（註28）一如原先所預期的，在小孩人數是主要產出的貧窮國家裏，婦女就學的年平均值和標準差都明顯的比男人低；而在小孩質量具重要性的富有國度裏，婦女這些指標只是稍低。（註29）

婦女對產出的邊際貢獻之增加直接提高男人之間收入的不均等，並且減少婦女之間收入的不均等；並且，透過式（3.15）和（3.22），以提高男人之間投資方面的不均等和減少婦女之間投資方面的不均等，這種間接方式來達到同樣的效果。男性收入的不均等在較為貧窮的國家通常都比較大（Lydall, 1968，頁152-153）。（註30）

多配偶制在男人與婦女都不同質時可能會被「誤導」，因為一個較具效率的配偶可能取代數個較不具效率的配偶。下一章的分析隱含著一個有效率的婚姻市場裏將有正向的配對功能——舉例來說，較具效率的男人會與較具效率的婦女

國家及抽樣年	平均		標準差	
	男人	女人	男人	女人
愛爾蘭,1966	2.1	0.7	3.9	2.4
印度,1971	2.6	0.8	4.0	2.4
肯亞 a.1969	3.4	1.2	3.4	2.4
尚比亞,1969	3.6	1.3	3.2	2.3
馬來西亞,1970	3.7	2.7	3.3	3.1
厄瓜多爾,1962	5.0	4.8	3.2	2.9
墨西哥,1976	5.5	4.5	4.5	3.7
阿根廷,1970	6.5	6.2	4.1	4.0
香港,1971	7.6	6.8	3.5	3.5
瑞典,1970	8.3	8.2	4.7	4.6
美國,1970	12.4	11.9	3.5	2.8

表 3.1　不同國家之 25-34 歲男人及女人受教育的年限.

資料來源:印度官方註冊總局,1976;愛爾蘭統計中心,1968;馬來西亞統計部,
　　　　1977;墨西哥統計處,1976;聯合國,1972,表 19 及 1974 表 34;美國
　　　　統計調查局,1973 年表 1.

　　a.年齡為 25-29 歲.

結婚——如果男人和婦女的效率具有互補性，這是有可能的
。在本章裏，他們事實上在家庭的生產函數中是呈互補性，
如果

$$\frac{\partial^2 n(\alpha,\beta)}{(\partial\alpha)(\partial\beta)} = \frac{\partial^2 n}{(\partial\beta)(\partial\alpha)} > 0, \tag{3.28}$$

或是當任一性別效率的增加會提高另一性別效率增加的貢獻
。其結果是，一夫多妻制或一妻多夫制的程度和所得分布的
不均，即使採用具連續性變數，諸如妻—日和夫—日，都會
被低估，因為每位妻子（或丈夫）的效率，在妻—日數（或
夫—日數）增加時有增長的趨勢。

　　當男人和婦女都是不一樣時，較具效率的個人就會多了
個選擇，獲得幾個效率稍差的配偶的全心關注以替代一個最
具效率配偶的部份關注。從前述的分析看來，有效率的婦女
，在婦女對產出的邊際貢獻較大時，比較喜歡挑選有效率男
人的部份注意力就不足為奇了（參考數學附錄，E 部份）。
因此，顯性一妻多夫制之所以少見，部份是因為隱性一妻多
夫制的吸引之故。

　　我們已經證明一夫多妻制下的男人，在婦女對產出的邊
際貢獻較大時，會有誘因多投資在優化技巧上。同理，一妻
多夫制下的婦女，在男人的貢獻較多時，會愈有意願多投資
。同樣的結論可以適用在各類配對的隱性多配偶制上。婦女
邊際產出的增加會提高男人的投資、降低婦女的投資和提高
男人與婦女的平均相對效率及效率的不均（參考數學附錄，

F 部份）。在實行一夫一妻婚姻制度的貧窮國家裏，婦女就學的年平均數和年標準差通常都比男人來得低（參考表3.1）；在這些國家裏，由於多子是福的價值觀，暗喻著婦女對產出的邊際貢獻比男人的邊際貢獻來得大。

數學附錄

A. 對式（3.7）全微分，得出

$$0 = n'(\alpha)(Z - Z_m x_m^*) + n \left[Z_m \left(\frac{-x_m^*}{w} \right) w'(\alpha) + Z_m \left(\frac{x_m^*}{w} \right) w'(\alpha) \right]$$

$$+ n \left[Z_m \frac{x_m^*}{p} p'(\alpha) - Z_m \frac{x_m^*}{p} p'(\alpha) \right]$$

$$+ n \left[Z_{mm} \frac{(x_m^*)^2}{w} w'(\alpha) - Z_{mm} \frac{(x_m^*)^2}{p} p'(\alpha) \right],$$

其中 $n'(\alpha) = dn/d\alpha$, $Z_m = \partial Z/\partial x_m^*$, $w'(\alpha) = dw/d\alpha$, $p'(\alpha) = dp/d\alpha$, 及 $Z_{mm} = \partial Z_m/\partial x_m^*$. 所以

$$\frac{w'(\alpha)}{w} = \frac{p'(\alpha)}{p} + \frac{n'(\alpha)}{n} \left[\frac{(Z - Z_m x_m^*)}{-Z_{mm}(x_m^*)^2} \right]. \tag{3.10'}$$

因為

$$\frac{Z - Z_m x_m^*}{-Z_{mm}(x_m^*)^2} = \frac{\frac{Z}{Z_m x_m^*} - 1}{-Z_{mm} x_m^* \frac{1}{Z_m}} = \frac{\epsilon(Z, x_m^*)^{-1} - 1}{\epsilon(Z_m, x_m^*)},$$

式（3.10）從式（3.10'）導出。

B. 如果生產函數為固定替代彈性和規模報酬不變

$$Z = [a \ (x_m^*)^{-\beta} + r' \ a \ (x_f)^{-\beta}]^{-1/\beta}.$$

原已證明：

$$\frac{\epsilon(Z, x_m^*)^{-1} - 1}{\epsilon(Z_m, x_m^*)} = \frac{\sigma(Z/x_m^*)^{-\beta}}{a}.$$

代入生產函數則得

$$\left(\frac{Z}{x_m^*}\right)^{-\beta} = a \left[1 + r' \left(\frac{x_f}{x_m^*}\right)^{-\beta} \right].$$

C.我們將式（3.7）在 $W = 1$ 時對 α 求解，即可得出 α：

$$Z^f = n(\bar{\alpha}) \left(Z - \frac{\partial Z}{\partial x_m^*} x_m^* \right).$$

假若 Z 為柯布道格拉斯函數

$$Z - \frac{\partial Z}{\partial x_m^*} x_m^* = (1 - a)Z,$$

也因此

$$(1 - a)n(\bar{\alpha})[p(\bar{\alpha})] = Z^f/(cx_m^a x_f^{ar}).$$

D.設若 α 為一常數（柯布道格拉斯生產），男性收入可以達到極大化，如果

$$\frac{dZ^m}{dx_m^0} = 0 = \frac{Z^f}{r} \left[\left(\frac{\partial w}{\partial \alpha}\right) \left(\frac{\partial \psi}{\partial x_m^0}\right) + \left(\frac{\partial w}{\partial x_m}\right) \left(\frac{\partial x_m}{\partial x_m^0}\right) \right].$$

因為

$$\frac{\partial w}{\partial \alpha} = \left(\frac{w}{\alpha}\right) \left(\frac{1 + r}{g}\right) \text{ 且 } \frac{\partial w}{\partial x_m} = \frac{w}{x_m},$$

則
$$\left(\frac{w}{\alpha}\right)\left(\frac{\partial \psi}{\partial x_m^0}\right) = \left(\frac{g}{1+r}\right)\left(\frac{w}{\bar{x} - x_m^0}\right).$$

E. 一位婦女寧選有數房妻子的男人，如果她與這位男人的邊際產量超過她與其他幾位效率稍差丈夫的邊際產量。那也就是說，她偏好一位一夫多妻擁有 W_i 個妻子和 α_i 效率的男人，而看不上擁有小於 α_i 的 α_k 效率之 h_j 丈夫群，如果

$$MP_{iw_i} = n(\alpha_i,\beta_j)(Z - Z_m x_m^*) > MP_{h_j j} = n(\alpha_k,\beta_j)Z_f x_f^*,$$

在此我為了簡化起見，只假設（參考第四章）在一個多配偶制的家庭，所有的配偶都具有同等的效率，並假設效率的變化只對產出有因素中性的影響。那即是說，效率的變化只影響 n 的值，因為 $P(\alpha) \equiv l(\beta) \equiv 1$，設若 Z 屬規模報酬不變，這個不均等就變成

$$n(\alpha_i,\beta_j)\frac{\partial Z}{\partial x_f}\left(\frac{x_m}{w_i}, x_f\right) > n(\alpha_k,\beta_j)\frac{\partial Z}{\partial(x_f/h_j)}\left(x_m, \frac{x_f}{h_j}\right)\frac{1}{h_j}.$$

要是 Z 為柯布道格拉斯，這就變成

$$\frac{n(\alpha_i,\beta_j)}{n(\alpha_k,\beta_j)}\frac{h_j^{1-ar}}{w_i^{-a}} = (h_j w_i)^{\frac{1}{1+r}}.$$

其中，r 是婦女在產出的相對邊際份額。職是之故，當 r 稍大，h_j 和 W_i 稍小，及 α_i 相對來說比 α_k 大的話，一夫多妻制的家庭比較受歡迎。

F. 為了證明這點（前面 D 部份提供一個較為完整的說明），假設每位男人為求其所得（Z^m）的極大，將他的總資源（$\bar{x}_m$）做一最佳分配到技巧的生產和收入的間接生產上。若

一個一夫一妻制婚姻的產出Z為

$$Z_{\alpha\beta} = n(\alpha,\beta)\ Z(x_m, x_f),$$

其中，α 和 β 衡量男人和婦女的技巧，而 x_m 及 x_f 代表他們各花在產出上的資源。男人對 $\bar{x}_m$ 的最佳分配取決於

$$\frac{dZ^m}{dx_m^0} = 0 = \left(\frac{\partial Z^m}{\partial \alpha}\right)\left(\frac{\partial \alpha}{\partial x_m^0}\right) + \left(\frac{\partial Z^m}{\partial x_m}\right)\left(\frac{\partial x_m}{\partial x_m^0}\right),$$

其中 x_m^0 為他花在提高其技巧的資源，而 $\partial x_m / \partial x_m^0 = -1$

由於

$$\frac{\partial Z^m}{\partial \alpha} = \frac{\partial Z_{\alpha\beta}}{\partial \alpha} - \frac{\partial Z^f}{\partial \alpha} = \frac{\partial Z_{\alpha\beta}}{\partial \alpha} \quad \text{而} \quad \frac{\partial Z^f}{\partial \alpha} = 0,$$

所以

$$\frac{\partial \alpha}{\partial x_m^0} = \frac{n\ \dfrac{\partial Z}{\partial x_m}}{\dfrac{\partial n}{\partial \alpha}\ Z} = \frac{g}{\dfrac{\alpha \log n}{\partial \alpha}\ (1 + r)x_m},$$

其中 r 是婦女對產出的相對邊際貢獻，而 g 表示 Z 的同質程度（與式3.24比較）。因此，r 的增加會提高在技巧上的最佳投資，因為 $\partial \alpha / \partial x_m^0$ 的均衡值減少。

附註：

〔註1〕可是，很有意思的是，某些物種確實利用競賽場來展示他們的才能並吸引配偶（見第9章）。

〔註2〕有關美國白人之研究見 Freiden（1974），Preston 和 Richards（1975），及 Santos（1975）；有關美國黑人之研究見 Reischauer（1971）

；有關波多黎各見Nerlove和Schutz（1970）；有關愛爾蘭見walsh（1972）。「適婚者」指一羣與最有可能結婚的男人相配的婦女；譬如說，受大專教育的婦女與受大專教育的男人相配；或年齡在20至24歲之間的婦女與年齡在25至29歲之間的男人相配。

〔註3〕 一份很有趣的開山之作是由 Lazear（1978）所完成，也參見 McElroy和 Horney（1981）。

〔註4〕 就法律上而言，中國的男人不能擁有多於一位妻子，但通常其妾侍以妻子身份同居在一個家庭、生兒育女及擁有各種權利（見 Goode, 1963，頁282）。

〔註5〕 Smith和Kunz（1976）回顧超過十份的研究。多妻對平均每位妻子的小孩人數之負面影響甚至比這些研究所報導的還強，因為更具「效率」之男人，特別是較為富有及年紀較老者，比較是一夫多妻型。有些證據也指出，較為富有的男人比其他擁有同樣妻子數目的男人，平均每位妻子擁有較多的小孩。

〔註6〕 更一般的說法是，如果某些男人在一夫多妻不受限制下擁有 n 個妻子，就會比當不允許擁有超過 $n-1$ 個妻子的情況來得好（韓國人禁止超過四個妻子）。但是，當所有的男人都受限採一夫一妻制時，就可能居於劣勢，因為從第二、第三…至第 $n-1$ 個妻子所得到的利益，在一夫多妻制時都超過第一個妻子被削減後所得到的收入。譬如說，如果某些男人擁有三個妻子就像在圖3.2中之 e'_p 點，而不是在強迫性的一夫一妻制下的 e_m 點，所有的男人從他們的第一位妻子處損失 $MP_{f(3)} - Z_{sf}$，而從他們的第二位妻子處得到 $MP_{f(2)} - MP_{f(3)}$。要是 $MP_{f(2)} + Z_{sf} > 2MP_{f(3)}$，男人或者是婦女在 e'_p 點時，都比在 e_m 點上來得好。

〔註7〕 其他有關採一夫多妻制的阿拉伯人、非洲人、摩門教徒、巴西的

印第安人和烏干達人特色之證據，可依序參考 Goode （1963），

Dorjahn （1959），Young （1954），Salzano 等 （1967），及Goldsch-

midt （1973）。

〔註8〕 本節的分析很明顯的受chang （1979） 及Rosen （1981） 的影響。

〔註9〕 Young （1954） 有關一夫多妻制摩門教徒家庭的討論，指出他們是

有相當程度的自主性。Fernea （1965） 對伊拉克小村莊的回教徒

一夫多妻制家庭所做的觀察，則是彼此相關。有關不同一夫多妻

制社會下婦女的農地耕作討論，亦可參考Boserup （1970）。

〔註10〕 因為與每位妻子的產出為

$$AP_{m_i w_i} = \frac{Z_{m_i w_i}}{w_i} = n(\alpha_i) Z \left[\frac{p(\alpha_i) x_m}{w_i}, x_f \right],$$

則 $\quad \dfrac{\partial AP_{m_i w_i}}{\partial w_i} = n(\alpha_i) \dfrac{\partial Z}{\partial x_m^*} \left[\dfrac{-p(\alpha_i) x_m}{w_i^2} \right] < 0.$

〔註11〕 對式 （3.7） 就 W_i進行全差分

$$\frac{\partial MP_{m_i w_i}}{\partial w_i} = \frac{\partial^2 Z_{m_i w_i}}{\partial w_i^2} = n(\alpha_i) \frac{\partial^2 Z}{\partial (x_m^*)^2} \frac{(x_m^*)^2}{w_i}.$$

因此

$$\frac{\partial MP_{m_i w_i}}{\partial w_i} \gtreqless 0 \text{ as } \frac{\partial^2 Z}{\partial (x_m^*)^2} \gtreqless 0.$$

〔註12〕 如果Z為第t次的同質性

$$tZ = \frac{\partial Z}{\partial x_m^*} x_m^* + \frac{\partial Z}{\partial x_f} x_f = Z_m x_m^* + Z_f x_f.$$

則對x_m^*進行全差分

$$tZ_m = Z_{mm} x_m^* + Z_m + Z_{fm} x_f,$$

或 $\quad Z_{mm} x_m^* = (t-1) Z_m - Z_{fm} x_f.$

因為男人和婦女之間的互補性隱含 $Z_{fm}>0$，則當 $t\leq1$ 及當 $t>1$，而 $t-1$ 不是很大時，$Z_{mm}<0$。

〔註13〕 根據式 (3.7)，當 $\partial Z/\partial x_m^*=0$ 或平均每位妻子的產出 (Z) 達極大時，妻子的邊際產出達極大。唯有當 $x_m^*\geqq x_m^*$ 時，妻子的邊際產出遞減隱含 $\partial x/\partial x_m^*$ 可能為零才有可能。其中 x_m^* 是由家庭生產函數所決定的。

〔註14〕 如果 $p(\alpha)\,x_m/w=\bar{x}_m^*$，則

$$w_{min}=\frac{p(\alpha)x_m}{\bar{x}_m^*}>0.$$

〔註15〕 式 (3.7) 隱含當 $\alpha_j>\alpha_i$ 及 $W_j\leq W_i$ 時 $MP_{m_im_j}>MP_{m_jm_i}$，因為 $n(\alpha_j)>n(\alpha_i)$ 且 $P(\alpha_j)<P(\alpha_i)$。

〔註16〕 注意如果生產函數屬固定規模報酬不變

$$\epsilon(Z,x_m^*)+\epsilon(Z,x_f)=1 \quad 及 \quad \epsilon(Z_m,x_m^*)=\epsilon(Z_f,x_f)\frac{Z_fx_f}{Z_mx_m}.$$

〔註17〕 因為

$$Z^f=n(\alpha_i)\left(Z-\frac{\partial Z}{\partial x_m^*}x_m^*\right)=n(\alpha_i)\frac{\partial Z}{\partial x_f}x_f=n(\alpha_i)arZ,$$

其中 a 及 r 為常數，如果 Z 為柯布道格拉斯，則

$$n(\alpha_i)\frac{\partial Z}{\partial x_m^*}x_m^*=n(\alpha_i)aZ=\frac{Z^f}{r}$$

對所有的男人而言都是一樣。

〔註18〕 Lucas (1978) 在企業精神的模型裏有類似的結果：他證明企業家的均衡所得在廠商生產函數為柯布道格拉斯時是與其僱員數目呈比例關係。

〔註19〕 這個分析可適用於高級經理人的收入，如果這些經理人被視為是一夫多妻型的男人，而妻子數目代表廠商的大小規模。式（3.7）隱含當經理的時間（及其他資源）和不同的投入之間的替代彈性大於或小於一時，高級經理的收入將會比其廠商的規模增加得慢或快。因此，Herbert Simon (1979) 的斷言就必然有誤：高級經理的收入和廠商規模的逆凸向原點的關係不能簡單的以新古典極大化理論所解釋。

〔註20〕 如果生產函數為柯布道格拉斯時，沒有男人會維持單身，因為妻子的邊際產出通常為正值，而平均每位妻子的產出在妻子數目愈來愈小時會無限制增加。

〔註21〕 所有 N_f 的婦女都結婚，因為我們假設 Z' 是正值，而且單身婦女的產出是微不足道。

〔註22〕 David Hume 曾寫道：「男性這項主權（即是指一夫多妻制）是實質的篡奪，並且摧毀了自然給予性別之間的等級親密度更不要說平等了」（1854，第19論，第1點）。Young (1954) 也討論摩門教徒中不同羣體反對一夫多妻制的意見。可是伊朗的 Ayatollah Ruholla Khomeini 在1979年接受 Oriana Fallaci 的訪問時曾表達了傳統伊斯蘭的觀點：「四妻法律是一個非常進步的法律，是因女多於男為婦女好而定的…即使在伊斯蘭強加於一位男人以兩位或三位或四位妻子的艱難情況下，仍維持著平等對待、平等感情及平等時間。這項法律優於一夫一妻制。」

〔註23〕 在論及烏干達一夫多妻制 Sebei 族時，Goldschmidt 說：「雖然男人普遍想擁有多妻，實際上只有一小部份人有一妻以上。正是這個事實令婦人短缺。於是在 Sebei 並沒有老處女這回事」（1973，頁80）。

摩門教徒也許是一個特例，在1800年代婦女的首婚平均年齡是20至23歲，男人是25歲（見Smith和Kunz, 1976，頁469～470）。可是許多改信摩門教的婦女湧入很可能明顯提高婦女的平均婚齡，因為双親是摩門教徒的女兒顯然早婚：「許多女孩在16歲時就有追求者，並且一位女孩年逾20歲仍雲英未嫁幾乎可被視為潛在的老姑婆了」（Young, 1954，頁246）。

〔註24〕例如，摩門教從國外吸收婦女信徒（Young, 1954，頁124～125）。高度實行一夫多妻制的Kapsirika牧者從一夫多妻制較不盛行的Sasur農民處輸入妻子（Goldschmidt, 1973），在十九世紀的奧圖曼帝國男性居民從實行一夫多妻制的村莊中移走（Mc Carthy, 1979）。

〔註25〕見Becher和Posner（1981）有關原始社會的分析和實證證據。

〔註26〕對均衡條件式（3.24）就能力一項進行全差分，我們得出

$$\frac{\partial x_m^0}{\partial \mu} = \frac{\partial^2 \psi}{\partial x \partial \mu} \bigg/ \left[\frac{g}{1+r} (\bar{x}_m - x_m^0)^2 - \frac{\partial^2 \psi}{\partial (x_m^0)^2} \right] > 0.$$

r的增加提高右項，於是提高能力（μ）$\bar{x}_m$對投放在生產性技巧（x_m^0）金額的影響。因此，r的增加提高了有能力男人和能力較差男人在生產技巧上之差異。

〔註27〕有關一妻多夫的證據見Rivers（1906），Saksena（1962），及Prince Peter（1963）。

〔註28〕人力資本理論隱含就學年數的不平等應以標準差或以一種類似絕對分散程度來衡量。

〔註29〕雖然表3.1甚少國家有顯性的多配偶制，我簡短的說明：正向多元配對的「隱性」多配偶制也有類似的男人與婦女之投資含意。

〔註30〕女性收入的不均等難以衡量，因為大多數婦女的所得不是經過市

場交易而取得的。

婚姻市場中的配對組合

Assortative Mating in Marriage Markets

第三章分析過，一個有效率的婚姻市場替所有的參與者所設算的所得或「價格」，吸引了參與者選取各自合適的一夫多妻或一夫一妻的婚姻。設算的價格也用來撮和不同品質的男女：我們已明白，有些參與者由於覺得「優秀 (superior)」的人太貴了，因而選擇與「不庸 (inferior)」者配對。當由婚姻所得到的利益不能分開，或當配偶的一方（通常是丈夫）被給予較他方更多的力量時，參與者效率價格的形成就會受阻礙。聘金、嫁粧、離婚贍養費、以及其他衍生的資本移轉，可以部分地克服此種障礙。

本章將證明，一個效率化婚姻市場通常有著正向的配對組合，亦即可以達到龍鳳相配對的境界；雖然有時負向的配對組合也是重要的。一個有效率的市場也能使家計單位的財貨總產出達到極大，因而沒有一個人能在不使別人受損下改善他的婚姻。

正如我們所看到的，優秀男女的配對係一種一夫多妻的隱藏方式，它能替代顯性的（真正表現在行為上的）一夫多妻。本章則將證明反向的情況，亦即證明顯性的一夫多妻是一種正向配對組合的隱含形式，它能替代優秀者的配對。結果是，一夫多妻配對下男人的配偶，其平均品質低於一樣優秀男女在一夫一妻配對下的配偶。

一夫一妻配對組合的均衡條件

在一個有效率的婚姻市場裏，完全相同的男人不管他們

跟誰結婚或是選擇獨身，他們都得到相同的所得。由於與較優秀的女人結婚能生產更多的產出，在效率市場中，較優秀的女人也就能得到較高的所得。如果所有的婚姻都是一夫一妻，則本節中將維持著一個假設，即第 j 個婦女和第 i 個婦女的所得差異將為：

$$Z_j^f - Z_i^f = (Z_{mj} - Z^m) - (Z_{mi} - Z^m) = Z_{mj} - Z_{mi}, \qquad (4.1)$$

上式中，Z_k^f 為 k 個婦女的均衡所得，Z^m 為男人的均衡所得，而且 Z_{mk} 為第 k 個婦女和任何男人的婚後產出。優秀婦女所獲得的貼水，係由她作為太太時所多出的生產力來決定的。

當男女彼此不相同時，分析將會更複雜；所得係由他們如何被納入不同的婚姻來決定。進一步言，其後的最適配對係由均衡所得的集合所決定的。此種循環性的說明，可由兩者在婚姻市場中是同時決定的而獲得解決。在一個認定效率的婚姻市場中，優秀者將會彼此通婚，而且他們有較高的生產力。（註1）

有相同數目的男女（不同數目的情況將在稍後討論），他（她）們單身和所有可能的一夫一妻配對情況所生產的財貨，可由下列的矩陣來表示：

$$F_1 \; . \; . \; . \; . \; . \; . \; F_N$$

$$M_1 \; \begin{bmatrix} & Z_{s1} & . \; . \; . \; . \; . \; . \; Z_{sN} \\ M_1 & Z_{1s} & Z_{11} & . \; . \; . \; . \; . \; Z_{1N} \\ . & & . & . \\ . & & . & . \\ . & & . & . \\ . & & . & . \\ . & & . & . \\ M_N & Z_{Ns} & Z_{N1} & . \; . \; . \; . \; . \; Z_{NN} \end{bmatrix} \qquad (4.2)$$

矩陣中，F_1，……，F_N 和 M_1，……， M_N 係指不同品質的男女。由於男女之間的互補性，以及他們的比較利益不同，隱含著結婚對男女都是比較有利的，因而單身產出的行與列可以省掉，而將注意力集中於婚姻產出的 $N \times N$ 矩陣即可。

在每一行和每一列中，都有 N！的進入方式可供選擇，或者說有 N！種的擇偶方式，亦即，每位男人可有 N！個女性供作結婚對象的選擇，而女性選擇男性結婚時亦然。經由任一種配對得到的總合婚姻產出能寫為：

$$Z^k = \sum_{i_k \in M, \, j_k \in F} Z_{ij}, \qquad k = 1, \ldots, N! \qquad (4.3)$$

如果能找出使總產出極大的配對並予以數量化，這些配對將會排列於對角線上，則極大化的總產出即能被寫成：

$$Z^* = \sum_{i=1}^{N} Z_{ii} = \max Z^k \geq Z^k \qquad \text{對所有的}_k\text{而言 (4.4)}$$

如果每個人都是一個效用極大的追求者，而且也挑選使

其效用極大的對象，則最適的配對一定具有如下特性：如果
不如此配對的話，則其他婚配一定至少會使某一人遭受不利
。以遊戲理論的術語來說，最適的配對是在核心 (core) 裏，
因為在核心之外的任何（一夫一妻）的合作 (coalition)，都
無法在不損害另一成員的福祉下，改善另一成員的福祉。

　　由於效用隨財貨的多少而呈單向的變動關係，一個非核
心婚姻所產生的所得無法超過他們在核心的配對能獲得的所
得總合。如果他能生產較多，而且假使產出是可以任意地分
配，（註2）則可找到使每個人都能得利的分配，因而與核
心的最適化特性相互矛盾。如果對角線上的配對在核心之中
，這種條件即表示：

$$Z_i^m + Z_j^f \geq Z_{ij} \text{ 此適用於所有的} i \text{和} j \tag{4.5}$$

此處，產出和所得之間的會計等式就表示：

$$Z_i^m + Z_i^f = Z_{ii}, \quad i = 1, \ldots, N. \tag{4.6}$$

　　式(4.5)的條件能將總合財貨未極大化的任何配對排除於
核心外，否則至少會有一個男人和一個女人在一起時，會比
他們在核心裡的配對來得有利。反之，任何能使總合產出極
大的篩選，必定是核心的一部分。（註3）甚且，最適指派
的理論，其與個人婚姻的篩選有著相同的數學結構，它表示
極大總合產出的配對，通常有一組以上的所得能滿足式(4.5)
和(4.6)的條件（證明請見 Koopmans 和 Beckmann, 1957, 頁60
）。

　　其解值能以下列2×2的產出矩陣來說明：

$$
\begin{array}{cc}
 & F_1 \quad F_2 \\
M_1 & \begin{bmatrix} 8 & 4 \\ 9 & 7 \end{bmatrix} \\
M_2 &
\end{array} \tag{4.7}
$$

雖然婚姻的極大產出係由 M_2 和 F_1 之間的婚姻來生產的,最適的配對則是 (M_1,F_1) 和 (M_2,F_2)。假如 $Z_1^m=3$,$Z_1^f=5$,$Z_2^m=5$,以及 $Z_2^f=2$,則因 $Z_2^m+Z_1^f=10>9$,M_1 和 F_2 沒有誘因要結為夫妻;由於 $Z_1^m+Z_2^f=5>4$,M_2 和 F_1 也不會結婚。

這個例子說明了,婚姻市場不是選擇任何單一婚姻的最大產出,而是選取所有婚姻產出總和的極大,這跟競爭性產品市場會極大化所有廠商的總和產出是一樣的。以另一種方式來說,婚姻市場所表現的結果,並不是任一特定婚姻從單身到結婚之間的利得之極大,而是所有婚姻的總利得之極大。(註4)當然,家計單位所追求的商品(commodity;譯者註:Becker 所稱的 commodity 是由物品與時間所生產出來的,見第一章)產出之極大並不像國民產出所通常認定和衡量的那些財貨,而是包含了小孩子的量和質、性行為的滿足,以及其他從未被國民產出包括在內的商品。

總合產出極大化的這個結論,實在大大地簡化了尋求最適配對的過程,因為任何使總合產出極大的配對,就是一種最適的配對,必能滿足條件(4.5),而此條件卻是難以直接證明它是最適的條件。我必須進一步地強調,「極大化總合產出就是最適化」是一個定理,而不是行為的假設。(註5)我們仍然假設每個男女都只關心他(她)自己的「私人

」福祉，而不是關心社會福祉。不過，為了追求他們的私利，他們不知不覺的受到婚姻市場中具競爭性的「不可見之手」的指引，而去追求總合產出的極大。

龍配龍、鳳配鳳

心理學家和社會學家時常討論，到底特性類似者之間，抑或非類似特性者之間會形成配對，而生物學家也時常假設非人類的生物，其篩選配對有正或負的規則，而不是隨意配對的。不過，這些學科並沒有發展出一套有系統的分析，以預測不同特性或相同特性者會更有可能形成配對。（註6）我的分析隱含著，類似者（或不相似者）配對之所以發生，係因此種配對能使所有婚姻的成立，致使總合財貨產出達到極大，而不管這些特性是金融性的（工資率、財產所得）、生物性的（身高、膚色、年齡、體形）或心理特性的（主動、被動）。此種分析也同樣可用於工人和廠商、學生和學校（註7）、農場和農人、消費者和店主之間的配對，並且亦適用於工人對不同工作條件的偏好和廠商供給這些條件之間的配合。

假設男和女僅在數量的特性 A_m 和 A_f 有所區別，而且每種特性都有正的邊際生產力：

$$\frac{\partial Z(A_m, A_f)}{\partial A_m} > 0 \quad \text{和} \quad \frac{\partial Z(A_m, A_f)}{\partial A_f} > 0. \tag{4.8}$$

選擇配對的主要公理是，大 A_m 和大 A_f，以及小 A_m 和小

A_f 之間的正向配對會使總合產出極大，若且唯若，A_m 和 A_f 的同時增加，會較 A_m 和 A_f 個別增加的加總，使得產出增加得更多。此因 A_m 的增加會增強，並且提升 A_f 增加的效果。同樣地，一種負向的選擇，即以大 A_m 和小 A_f 配對，小 A_m 和大 A_f 配對，求取產出極大時的條件是，當兩者同時增加時，產出的提高將少於個別增加對產出所產生效果之加總。當兩者同時增加與個別增加有相同效果時，所有的配對都有相同的總合產出。這可由下列的公理來做正式的說明，證明請見本章的附錄 A。

定理　正向的配對───類似者配對───是最適的，

當

$$\frac{\partial^2 Z(A_m, A_f)}{\partial A_m \partial A_f} > 0, \qquad (4.9)$$

時，因為總合產出為極大。而當不等式反向時，負向的配對───非類似者配對───是最適的。

　　舉例而言，考慮下列兩男兩女之間的產出矩陣：

$$\begin{array}{c} & F_1 \quad F_2 \\ \begin{matrix} M_1 \\ M_2 \end{matrix} & \begin{bmatrix} Z_{11} & Z_{12} \\ Z_{21} & Z_{22} \end{bmatrix} \end{array}, \text{ 其中 } A_{m_2} > A_{m_1} \text{ 且 } A_{f_2} > A_{f_1}. \qquad (4.10)$$

因為 A_m 和 A_f 是互補的，如果 $Z_{22} - Z_{12} > Z_{21} - Z_{11}$，則 $Z_{11} + Z_{22} > Z_{12} + Z_{21}$。$A_m$ 和 A_f 間的正向配對將使總合產出極大化，此因 A_m 和 A_f 的同時增加，對於產出的提高，大於 A_m 和 A_f 個別增加對產出的影響。

　　這個定理指出，當男女素質係呈互補性，則高品質的男

人，會與高品質的女人結婚，而不會選擇低品質的配偶，亦
即，優質婦女將會提高優質男人的生產力，反之亦然。當特
性呈現互補時，類似者的配對是最適的，而當特性呈替代時
，不同類的配對為最適的，此因當特性為互補時，優質者會
彼此增強彼此的特性，而當特性為替代時，優質者之間將會
相互抵消。這個定理也表示，當特性呈現互補時，對於一個
優質的男人而言，與既定品質的婦女結婚將有好處，而當特
性為替代時，對於劣質男人來說，與既定品質女性結婚比較
有利。（註8）我稍後將用這種申論來決定，當不同品質的
男女總數相等時，誰會保持單身。

這個定理也能用來分析金融性的、生物性的、以及其他
特定特性的最適配對。譬如，若男女只在市場工資率上有差
別——每個男性與女性在其餘市場及家計單位的特性都是相
同的——則這些工資率的完全負向配對將使總合產出極大化
，因能由分工中得利。由於低工資婦女的時間價值較低，低
工資婦女因而比高工資婦女花費更多的時間在家計單位的生
產上，而且低工資男人也應比高工資男人將更多的時間用在
家計單位的生產。藉由低工資婦女和高工資男人配對、低工
資男人和高工資女人配對，時間相對便宜的男女將更致力於
家計單位的生產，而那些時間比較貴者，則會多花時間在市
場的生產。（註9）

財貨產出的差異如果與貨幣所得的差異無關時，必定與
非市場生產力的差異有關，亦即，與聰明才智、教育、健康

、活力、生育力、身高、個性、信仰、或其他的特性有關。
現在讓我們來討論，當男女只在非市場生產力上有所差別時
的最適配對。由於生產力的提升能經由降低生產成本來提高
產出，大多數的非市場特性之最佳配對，將因財貨產出和生
產成本之間的反向或「協調的」關係而為正的：

$$Z = \frac{S}{\pi(w_m, w_f, p, A_m, A_f)},$$ (4.11)

式中，S為貨幣總所得；π為生產家計單位財貨Z的平均
成本；W_m和W_f各為男女之已知工資率；P是商品的價格；
A_m和A_f則各為男女的特性。

由於貨幣所得是已知的，A_m和A_f的變動不會影響S，則

$$\frac{\partial^2 Z}{\partial A_m \partial A_f} > 0 \text{ 如果} 2\pi^{-1}\pi_{a_m}\pi_{a_f} > \pi_{a_m, a_f}, \text{其中} \frac{\partial \pi}{\partial A_i} = \pi_{a_i} < 0,$$

$$\text{而 } i = m, f. \quad (4.12)$$

如果 A_m和 A_f與平均成本無關，或對之有增強的效果，則由
於$\pi_{a_m, a_f} \leq 0$，式（4.12）必然成立；即使它們有相互抵消的
效果，式（4.12）也可能成立。因此，正向的最適配對，不
但當非市場特性對成本有強化效果時會存在；而且可得出一
種不太明顯但卻令人印象深刻的結論：即，當特性不影響成
本時，它也是最適的，即使他們之間有相互抵消的效果，但
因產出和生產成本間有著協調的關係，最適化仍是可以得到
的。

這些對於非市場生產力有影響的特性，可藉由對一些特

別狀況的觀察，更清楚化它們之間的互補性傾向。如果每種特性的產出彈性都與商品和時間無關，則成本函數即為可相乘的和可分割的函數：

$$\pi = b(A_m, A_f) K(w_m, w_f, p). \qquad (4.13)$$

故，

$$\frac{\partial^2 Z}{\partial A_m \partial A_f} > 0 \quad 若 \ 2b^{-1}b_m b_f > b_{mf}, \qquad (4.14)$$

如果 $b_{mf} \leq 0$，則上式必定成立，即使在 $b_{mf} > 0$ 時，上式也可能成立。除了 b 不受工資率，或不受丈夫和妻子的家務時間的替代性影響之外，此與式（4.12）是相同的。由於產出與 b 的關係是協調的，即使丈夫和妻子的特性對 b 有獨自的影響效果（即 $b_{mf} = 0$），正向的配對也是最適的。

式（4.13）的分割性假設是過分強了些；因為多數的特性會影響產出，部分是表現在家務時間的效率提升上。說得極端一些，具體化這種關係的一種簡單方式是，假設每種特性只經由提升家務時間的效率來影響產出。附錄 C 證明了：只要男女的家務時間的替代彈性不是非常地高，正向配對仍然是最適的。（註10）當特性增強了男女之間易於替代的時間效率時，負向配對將是最適的。結果是，當有效的時間數量增加時，則能預期正向配對的產生；由於婦女的投資較傾向於養育小孩，而男人的投資則傾向於市場活動，因此，一般而言，男人的時間和女人的時間並沒有緊密的替代性。不過，值得注意的是，隨著對小孩人數的需求轉向為對小孩品

質的需求，男人的時間和女性時間之替代性也跟著提高（第五章）。

我們的分析是否證實了一般人認為漂亮、迷人、以及聰明的女性總是跟多金且事業成功的男性結婚的看法？附錄 D 證明了此種結果：非市場特性和財產所得的正向配對都會極大化總合財貨的產出，而與報酬的正向配對也往往能使總合財貨產出極大化（註11）。當較高的非市場價值與較高的貨幣所得結合時，根據式（4.11），最適財貨產出將取決於貨幣（總）所得對成本之比，因此將對產出有較大的絕對效果。

聰明才智、教育、年齡、種族、非人力財富、信仰、人種、身高、出生地、以及其他的種種特性，在配偶之間呈現的簡單相關係數是正的，而且關係頗強（見 Winch, 1958, 第一章；Vandenberg, 1972）。另有一小部份的實證則顯示，配偶之間的某些心理上特性，如優越性、愛意、或敵意，可能呈現負相關性（Winch, 1958, 第五章；Vandenberg, 1972）。配偶間聰明才智的相關性特別有趣，因其相關程度有如兄弟間的高相關（Alström, 1961）。很明顯地，經由男女同校混合教學以及其他方法的輔助，在配對上，實際的婚姻市場比一般人所想像的更有效率。

多數特性之間存在正向簡單相關以及有些特性間存在負相關的證據與我的配對理論相符合。不過，仍需有更強而有力的檢定來測試我的理論，我們必須在其他的特性不變情形

下，求取特性的偏相關係數。即使在年齡和工資率都相同下，教育年數之間的相關性也很高，白人家庭為＋0.53，黑人家庭也有近似值（＋0.56）。（註12）此外，與不同種族、信仰、年齡組別、或不同教育程度者通婚的婚姻，即使在其他的特性都不變情形下，離婚的可能性頗高（見Becker等，1977）。這可佐證教育和這些其他特性的正向配對是最適的，因為在第十章中，我們將會得到，當配對不合適時，離婚的可能性較高。

上面所引上述的離婚案例，也可作為支持先前推導得出的有些令人驚奇的理論，即以工資率的負向配對是最適的。當妻子的工資率比她的丈夫高時（其他變數保持不變），離婚就很可能發生。負向配對的最適性也可通用於大部分美國的已婚婦女，即男性的工資較高且女性的工資「較低」（年齡、教育年數、性別比例、宗教、以及其他的變數都維持固定不變──見 Freiden, 1974; Preston 和 Richards, 1975; Santos, 1975），或者亦可適用到市區的家計單位多數以未婚女性為戶長，在這些家庭中，婦女的所得相對高於男性 （ Honig, 1974）。（註13）

即使當年齡和教育都保持不變時，配偶間的工資率也呈顯著地正相關性：白人為＋0.32，黑人為＋0.24（由 1967 年的經濟機會調查資料求算的），這個直接證據在排除妻子不參與勞動力的婚姻樣本時，會產生嚴重的偏誤。當一個婦女的工資率相對高於她的丈夫時，這位婦女更可能參與勞動市

場，對於那些夫妻倆都參與勞動市場的婚姻而言，工資率的正相關性是與所有的婚姻所呈現的負相關性是一致的。的確，根據 H. Gregg Lewis（未發表）和 Smith（1979）的估計結果顯示，「觀察值」的正相關性表示兩種情況，所有的婚姻可能是一呈負向的「實際」相關性（約為-0.25,此係 Lewis 所估者），也可能是呈非常微弱之實際相關性（根據 Smith 求算結果，約為＋0.04），此乃因只有一小部分的已婚婦女參與勞動市場。（註14）結論是，即使丈夫和妻子的工資率可以適當地被解釋時，也無法綜合地說明與負向配對的不一致現象。

男女數目不等下的配對

　　一個人之所以會進入婚姻市場，乃因其預期婚後所得會高於單身所得。因此，由婚姻市場所設算的所得，不只決定了結婚對象，而且也決定了誰仍保持單身，因為結婚對他們無益。譬如，男女都將延遲結婚直到兩性間具有互補性，以及他們在生小孩和生產其他家計單位的財貨時有比較利益存在，他們才能得到結婚的好處。婦女之所以比男性早婚的原因是她們的生物性、經驗、以及其他的人力資本投資，使得她們在生小孩和生產需要婚姻或類似婚姻之配合的財貨上較男人更專業化（見第二和第三章）。

　　當男人的數目 N_m 超過女人的數目 N_f，而且又不允許一妻多夫時，有些男人將被迫單身。這些男人之所以無法結婚

，係因在爭取稀少婦女時，敗給其他男人，此因他們從婚姻
所能得到的利益少於其他男人所能獲致的。在此情況下，男
女結婚的均衡配對仍然使總合財貨所得極大化，其他的配對
方式將會破壞式（4.5）的均衡條件。

如果男女各在 A_m 和 A_f 的特性上有所差別，則視這些特
性是互補或是替代的，而決定正向或負向配對是最適的。當
A_m 和 A_f 呈現互補時， $N_m - N_f$ 個最低品質的男性將會維持單
身，因為低品質的男人由婚姻獲取的利得較少，而且提供婦
女的價格低於高品質的男人所提供的。（註15）同理，當
A_m 和 A_f 呈替代性時， $N_m - N_f$ 個最高品質的男人將保持獨身
，因為他們對於討太太的出價低於較低品質的男人。這種分
析係將李嘉圖(Ricardian)的邊際土地從事生產的理論加以一
般化運用。

結果是，當有正向的婚姻配對時，將有多餘的最低品質
的男女保持單身，而當有負向配對時，則有多餘的最高品質
男女沒有結婚。由於正向配對較有可能發生，因而最低品質
者較有可能維持獨身。譬如，若 A_m 指的是男人的財產所得
， A_f 表示婦女的非市場生產力，而且如果有多餘的男人，
則對婦女而言，她們與低所得男人結婚所能得到的好處，比
與高所得男人結婚所得到的少，因此低所得的男人將無法結
婚。

假設有 M_k ， M_j ， M_g 三種按品質高低次序排列的男性，
也同樣有 F_k ， F_j ， F_g 三種按品質高低次序排列的女性，而且

又假設男女的特性具有互補性。若在均衡配對時，M_k和F_k，M_j和F_j，以及M_g和F_g彼此結婚，則下列的均衡條件必須成立：

$$Z_k^m + Z_j^f > Z_{kj}, \qquad Z_j^m + Z_g^f > Z_{jg}, \qquad (4.15)$$

式中，Z_k^m和Z_k^m各為M_k和F_k結婚，M_k和F_k結婚後的均衡所得，而Z_j^f和Z_g^f則各指F_j和M_j結婚，F_g和M_g結婚後之均衡所得。如果婚姻市場中僅有M_k和F_k兩種人，則M_k的人數增加之後將使已婚的M_k之所得低於保持單身的M_k之所得Z_{ks}，此乃誘使多餘的男人保持單身之故。不過，當另外兩種人也出現在婚姻市場時，Z_k^m就不會低於Z_{ks}，否則將違反式（4.15）中的第一個不等式。（註16）部分的低品質F_j若與多餘的M_k結婚，則M_k的新均衡所得（註17）將會超過Z_{ks}。由於男女的特性呈現互補，多餘的M_k將擠掉較低品質的M_j。當部份M_j被從婚姻市場中擠掉時，就成為多餘者，他們的所得將下降，但部分的F_g將會跟這些多餘的M_j結婚。

競爭性降低較高品質男人的所得，而將較低品質男人擠出婚姻市場的行為，將會不斷地進行下去，直到最低品質男人的所得降到他們的單身水準為止。由於這些男人無法再由婚姻得利，某些人就願意維持單身。

因此，某一特定品質的男人數目增加之後，由於不同品質的男女在婚姻市場中競爭，所有男人的所得將會降低，而所有女人的所得卻將提高。此外，如果由於男女的特性呈互補性而使最適的配對為正向關係時，某些低品質的男人將被

擠出婚姻市場，而且其他的男人也將被推入「較差的」婚姻中，亦即，他們將與較低品質的女性結婚。

這種分析顯示，由最適配對所導出的任何人之均衡所得和婚配，不只是取決於其個人的特性，而且取決於婚姻市場中其他人的特性（也就是說，由特性的「相對」和「絕對」水準決定）。譬如，大學畢業的男性人數增加，將降低高中畢業的男性所得和其配偶的教育水準。另一方面，即使任一特定男人的教育水準顯著地提高，但如果其他所有的男人之教育水準也顯著提升，則將只對其配偶產生些微的影響而已。我們可以一個實例來說明，這種分析可以解釋美國的較高所得男人比低所得男人較早結婚，而且他們的婚姻也較穩定，然而，長期性平均所得的顯著增加，卻沒對平均結婚年齡或平均婚姻穩定性有此種強烈的效果（見Keeley, 1974; Becker等，1977, 頁1173）。

偏好、愛的差異性、與最適配對

當只有一種同質的家計單位財貨時，如同迄今為止我在本章所假設的情況，每個人可說有相同的效用「函數」，最簡單的定義可由該財貨的數量來表示。不過，當有多樣可分割的財貨存在時，人的效用函數或偏好就有極大的差別。這麼一來，婚姻市場中男女的偏好將會是所得、教育、種族、以及他種特性決定的均衡配對以外的、也許是最重要的一個變數嗎？或者說，不管男女間的偏好有多大的差異，偏好根

本不會影響均衡的配對？

答案得由不同家計單位的生產成本來決定。如果每種財貨都依循一固定的相對成本來生產，而且對於所有的家計單位而言，此相對生產成本都相同，則 M 和 F 的婚姻所生產的總產出可由下式來衡量：

$$Z_{ij} = {}_1Z_{ij} + {}_2v\,{}_2Z_{ij} + \ldots + {}_nv\,{}_nZ_{ij}, \tag{4.16}$$

式中，Z_{ij} 係他們的總產出，是以財貨 ${}_1Z$ 的單位衡量的，${}_kZ_{ij}$ 則為他們的第 k 種財貨之產出，k^v 是生產一單位 ${}_kZ$ 相對生產一單位 ${}_iZ$ 的成本之比，我們假設這種相對成本對於所有的家計單位而言都是相同的。由於每種財貨的產出全部為配對的配偶消費，所以

$$
\begin{aligned}
Z_{ij} &= \sum_{k=1}^{n} {}_kv\,({}_kZ_i^m + {}_kZ_j^f) \\
&= \sum {}_kv\,{}_kZ_i^m + \sum {}_kv\,{}_kZ_j^f \\
&= Z_i^m + Z_j^f, \tag{4.17}
\end{aligned}
$$

此處，${}_kZ_i^m$ 和 ${}_kZ_j^f$ 各為 M_i 和 F_j 所消費的第 k 種財貨之數量。

由於式（4.16）可用來將任何總產出轉化為滿足特定偏好的最佳財貨組合，每一個人都可藉由選取的配偶之幫忙使他的總合所得極大──也就是說，可以使其效用極大──亦即，消費更多的財貨，這種情況的達成與他的偏好或不同配對的偏好無關。（註18）尤有甚者，如果 M_i 和 F_j 結婚後的總產出超過他們與他人結婚後所得到的聯合總所得或大於他們維持單身時的所得，則不管他們的偏好是多麼的不同，M_i

和F_j仍會結婚。 （註19）

另一方面，如果家計單位的成本並非一致，則偏好對均衡配對將有相當的影響。尤其是，如果配偶的消費型態相當近似致使成本下降時，具有相似偏好者將有誘因彼此結婚。當某些財貨被聯合消費，當財貨的生產在較大規模時較有效率，或當專業化消費資本使特定財貨的成本下降時，這種情況就會產生。 （註20） 相反的，如果有規模遞減存在，不同偏好者，將有誘因彼此結婚。「因此，偏好使正向配對的可能性大於負向——此與其他多數的特性相同——因聯合消費和專業化的消費資本鼓勵了相同偏好者彼此去配對。

許多讀者也許會好奇地想，羅曼蒂克是否能在我的分析中佔有一席之地，或者說，「愛情」這個東西由於太過情緒化或不理性，以致於無法以經濟方法來分析？雖然為愛結婚的情況在其他的社會中，較在當前的西方社會不重要，為愛而結婚的婚姻卻不能被忽視；這方面的婚姻也能以經濟方法分析之。我們將在第八和十一章中更廣泛的討論愛情婚姻，此處，我只分析愛情對均衡配對的影響，這是分析不同偏好的效果的一個特例。

我們可以這樣說，當F_j的福祉進到M_i的的效用函數時，就是表示M_i愛F_j，如果M_i珍惜與F_j的感情和肉體的接觸時也可說是愛。明顯地，M_i與F_j配對後有利可圖，因M_i對於F_j的福祉會產生更有利的影響，因而有助於他自己的效用，而且也因他們配對後，經由合法關係生產的「接觸」財貨能比

M_i與F_j的「非法」關係所生產的更為便宜。即使F_j是「自私的」而不回報 M_i的愛,她也能經由與愛她的人配對而得利,因對方會將資源移轉給她以提高他自己的效用。而且,包含愛情在內的婚姻比其他的婚姻更具效率,即使當配對者之一是自私的,也能增加自私的配偶的效率利得。這些結果和其他方面的利他性,以及愛情將在第八章中討論,我們將會證明,包含愛情在內的婚姻似乎是均衡配對的一部分,因以市場術語而言,這種婚姻比其他婚姻更具生產性。

一夫多妻下的配對

在第三章所發展出來的家計單位的生產模型中,我們假設第i個男人和第j個女人結婚後的產出為:

$$Z_{ij} = n(\alpha_i, \beta_j)Z[p(\alpha_i)x_m, \ell(\beta_j)x_f], \tag{4.18}$$

其中,$\partial n / \partial \alpha > 0, \partial n / \partial \beta > 0, dp / d\alpha > 0, dl / d\beta > 0, \beta > 0$,而具有$\alpha_i$和$\beta_i$效率的男女之有效資源各為$p(\alpha_i)x_m$和$l(\beta_j)x_f$。本章的基本定理說明,如果

$$\frac{\partial Z}{\partial \alpha \partial \beta} = \frac{\partial^2 n}{\partial \alpha \partial \beta}Z + \left(\frac{\partial n}{\partial \alpha}\right)\left(\frac{\partial Z}{\partial x_f}\right)x_f\frac{d\ell}{d\beta} + \left(\frac{\partial n}{\partial \beta}\right)\left(\frac{\partial Z}{\partial x_m}\right)x_m\frac{dp}{d\alpha}$$

$$+ n\frac{\partial^2 Z}{\partial x_m \partial x_f}x_m \cdot x_f\left(\frac{dp}{d\alpha}\right)\left(\frac{d\ell}{d\beta}\right) > 0. \tag{4.19}$$

則較優秀的男人將與較優秀的女人配對,而較差的男人將與較差的女人結婚。這條不等式成立的充分條件是 $\partial^2 n / \partial \alpha \partial \beta$

>0和$\partial^2 Z/\partial X_m \partial X_f>0$。

定量的配偶資源,可由與一位優勢者結婚,亦即與擁有相對大的 I 或 P 者結婚,或由與數位較劣者結婚取得。因此,我們可以預見的是,一夫多妻或一妻多夫的配對數將比一夫一妻少得多,因一夫多妻或一妻多夫可以經由與一位優等的配偶配對取代數位劣等者,而獲致相同的總資源。有一個小小的事實指出一夫多妻或一妻多夫會有較少的正向配對,即對於 Maiduguri 的一夫多妻男人而言,丈夫和妻子之間教育的簡單相關係數只有$+0.37$,而在美國的數值卻達0.5以上(Grossbard, 1978, 頁30)。

當效率的增進主要促使男女資源在既定投入下(即函數 n)增加產出時,一夫多妻或一妻多夫對於配對的影響,就更為複雜。為了開始分析這種情況,我們假設所有的男女都有相同的資源($p=l=1$),而且只有男人能有多個配偶。即使有效率的男人是一夫多妻的,較具效率的男人仍較有可能與較具效率的女人結婚,此因 $\partial^2 n/\partial\alpha\partial\beta>0$隱含著,一個較具效率的太太,當其先生也較有效率時,她對產出的影響也比較大。

雖然正向的配對係替代一夫多妻的,優勢的男人成為一夫多妻者的可能性仍高。他們會傾向於與幾位品質不同的女性結婚。(註21)在男女數目相等的婚姻市場裏,當優勢的男人吸引了多位女性後,最差勁的男人也就無法討到老婆了。由於所有的婦女都想結婚,如果婚姻市場中的男女都有同

等的能力和技術,則平均而言,女性將會與一位能力和技術都「高過」她的男人結婚。當然,即使是一夫一妻的情況,而且即使所有的男女都結婚,如果平均而言,男人比女人投資更多,則一般來說,女人會與比她強的男人結婚(見表3.1)。因此,我們的分析直接了當地說明了,在一夫一妻和一夫多妻的社會裏,女人為何往往與「強過她」的男人結婚,而男人卻與「比他弱」的女人結婚。(註22)

僵固的價格、嫁妝、以及聘金

本章中所發展出來的均衡配對分析,係假設配對者之間的產出是可以分配的。任何婚姻中的均衡分配,可能不是只有一種方式,而是由式(4.5)和(4.6)決定的,並緣自婚姻市場中所有參與者為求其財貨所得極大化所做的努力。這些均衡條件的一個重要特性是,每個人都喜歡與由均衡配對所決定的人選配對,因為他若與其他人配對,會得到較少的所得。而且,均衡配對及配偶的偏好都不是固定的,而是由具特定特性的人數和其他變數來決定的。

如果在任何婚姻中,產出的分配不是由婚姻市場,而是由他種方式決定,而且如果一個人在所有可能的配對中都接受相同份額的產出,則

$$Z_i^m = e_i Z_{ij} \quad 對所有的 j, \quad Z_j^f = d_j Z_{ij} 對所有的 i, \qquad (4.20)$$

上式中,如果聯合消費或監督成本顯著,而且因為不同男女的份額不同,導致 e_i 和 e_j,或 d_j 和 d_k 也不同時, $e_i + d_j \neq 1$。由

附錄 E 的證明可以得知，完全正向的配對將使總合產出極大，而且也會是一種均衡的配對，因為如果不是這樣子的配對，他們結婚之後將會有所損失。本章已經證明，一種完全正向的配對，也將是均衡的配對，而且當每種產出的分配係由市場均衡決定時，也使產出極大化。因此，允許由婚姻市場來決定產出的分配，以及以式（4.20）作為分配的條件，兩種方式常可得到相同的配對。

我的婚姻市場研究方法與其他正規的婚姻配對模型（見 Gale 和 Shapley, 1962; Stoffaës, 1974）極為不同。這些模型和式（4.20）的模型一樣，假設每一個人對潛在配偶都有一個「既定的」隱藏配對順序，由而決定了均衡的配對，而不是由均衡的配對來決定配偶。不過，與式（4.20）所隱含的順序不同的是，在這些模型中，不同的人不可能以同樣的方式來排列潛在的配對，譬如，M_i 也許偏愛 F_j，而 F_j 偏愛 M_k，M_k 卻偏愛 F_i。如果排列順序不同時，「最適」的配對也許只是求可能的和偏愛的配對之間的衝突極小化。（註23）

這些模型可以被視為隱性地假設（而式4.20的模型卻是顯性的假設），在任何婚姻中，產出的分工並非由婚姻市場決定的，而是完全僵固的。一個人通常不喜歡最適配對所指派給他的配偶，因為婚姻價格並未剔除不同成員的偏好選擇之不一致性。如果婚姻產出的分工由婚姻市場決定，則潛在的配對順序就不是已知的；它是取決於如何分配不同配對的產出。這就是說，如果婚姻價格是具伸縮性的，這些模型所

提出的與解決的問題就與實際的婚姻配對不相干。（註24）

　　不過，在家庭空間、子女、對話、以及愛情等等聯合消費的財貨（他們是「家庭財貨」）這些婚姻產出的分工，似乎並不具伸縮性。一人消費並不會減少其他家庭成員的同量可消費額。此外，某些配偶可能因監督行為的成本而可逃避配對間的分工（第二章和第八章），由而得到高於均衡時所能分到的產出。而且，男人有時也有法定的分配份額的控制權（見Weitzman, 1974, 頁1182ff.）。

　　如圖3.1中所代表的婚姻市場，在這個市場內存在著同質的婦女以及同質的男性。如果男人數目大於女人數目，即 $N'_m > N_f$，則男女的均衡所得將各為 $Z^{*m} = Z_{ms}$ 和 $Z^{*f} = Z_{mf} - Z_{ms}$。不過，假使產出分配基於剛剛提過的理由呈現著僵固性，而且女性的婚後所得不能超過 $\bar{Z}^f < Z^{*f}$；則男性的婚後所得將等於 $\bar{Z}^m = Z_{mf} - \bar{Z}^f > Z^{*m}$。由於所有夠格的男人都想在那個所得時結婚，則稀少的女性必須分配給較多數的男人。由於男人將試著提高他們的結婚機會，太太們在男人間的分配似乎並非純粹是隨機的。他們會試著保證太太們的所得將大於 $\bar{Z}^f$，但是此種保證並不具強制力。

　　替代方案之一是，給予女性一種資本或整筆的移轉性收入，以誘使她結婚。由於提供較高的移轉的男人將較易娶到太太，為爭取稀少的婦女而競爭的男人，將會把移轉抬高到所有的男人對於結婚和維持單身都覺得沒有兩樣為止。當移轉等於 Z^{*f} 和 $\bar{Z}^f$ 之差額（結婚婦女的均衡和實際所得之差額

）的現值時，他們將沒有差異。同理，如果婚後男性的所得少於他們的均衡所得時，移轉性支出將會由女性移往男性。移給婦女的移轉被稱為「聘金」，移給男人則稱作「嫁妝」。

如果此種支出係由父母負責（而不是由結婚的子女擔當），其基本分析仍然相同，因父母「擁有」他們的子女，而且經由婚姻將他們的子女移轉到其他的家庭（Cheung, 1972）。轉到其他家庭的子女之資本價值，仍然等於他們婚後的均衡所得與他們實際所得的差額之現值。如此一來，聘金不僅要能補償父母所移轉的「財產」，而且如果女孩子所積累的人力資本能夠獲得相當高的價格時，也會誘使父母在女兒的身上作最適的投資。

當太太的均衡所得占婚後產出較大的份額時（較大的份額對於太太而言也許不恰當），太太的實際和均衡所得間之差距可能更大。因此，當太太的均衡份額較大時，聘金也可能會較高，這種情形會發生在下述的情況中：男人相對多於女人時；從未結過婚（並非離婚）的婦女；（註25）一夫多妻或一妻多夫可能性較高的社會裏；以及父系社會裏（Schneider, 1969），因為在這些社會裏，丈夫較有權控制婚後的產出分配，特別是對子女較有控制權。

這種分析也表示，當一位太太無緣無故被休或當一位丈夫有理由離婚時——譬如，他的太太不貞或不孕（見Goode, 1963, 頁155ff.），聘金必須退回，至少是部分退回。不過，

一個無緣無故休妻的丈夫會被追回大部分的聘金，特別是在他已結婚多年之後更得如此。（註26）

總之，即使婚後產出的實際分配與均衡分配有著很大的差異，聘金與嫁妝可以提高或降低婚後所得至均衡配對所決定的水準。因此，當聘金和其他依附於婚姻的資本性移轉之目的被洞悉時，我所假設的婚姻「所得」是有彈性的，而且也甚為合理。一個假設所得分配是僵固的模型，將過分地低估人的智巧，而且也低估了人在制定彈性則反應市場狀況的婚姻條件上取得的經驗。

數學附錄

A.最適的配對 （註27）

在函數$f(x,y)$已知下，如果$\partial^2 f / \partial x \partial y < 0$，我先證明

$$\frac{\partial[f(x_2,y) - f(x_1,y)]}{\partial y} \equiv \frac{\partial Q(x_2,x_1,y)}{\partial y} < 0 \quad 當 \ x_1 < x_2. \quad (A.1)$$

由於 $\partial Q / \partial y = (\partial f / \partial y)(x_2,y) - (\partial f / \partial y)(x_1,y)$，則對 $x_2 = x_1$ 而言，$\partial Q / \partial y = 0$，根據假設$(\partial / \partial x_2)(\partial Q / \partial y) = (\partial^2 f / \partial x \partial y)(x_2,y) < 0$。由於當$x_2 = x_1$時，$\partial Q / \partial y = 0$，而$\partial Q / \partial y$對$X_2$是遞減的，因此在$x_2 > x_1$時，$\partial Q / \partial y < 0$，由此而我們可以證得不等式(A.1)。而後，如果$y_2 > y_1$，立即可以導出，

$$f(x_2,y_1) - f(x_1,y_1) > f(x_2,y_2) - f(x_1,y_2). \quad (A.2)$$

同樣地，我們也可證得，若$\partial^2 f / \partial x \partial y > 0$，則

$$f(x_2,y_1) - f(x_1,y_1) < f(x_2,y_2) - f(x_1,y_2). \tag{A.3}$$

定理 假設 f(x,y) 滿足 $\partial^2 f/\partial x \partial y > 0$

再假設 $x_1 < x_2 < \cdots < x_n$ 且 $y_1 < y_2 < \cdots < y_n$，則

$$\sum_{j=1}^{n} f(x_j, y_{i_j}) < \sum_{i=1}^{n} f(x_i, y_i) \tag{A.4}$$

對所有的排列 $(i_1, i_2 - i_n) \neq (1,2,\cdots\cdots,n)$ 都成立。

證明：假設相反的情況，亦即，一組 $i_1, \cdots\cdots, i_n$ 排列的加總的極大值。並不滿足 $i_1 < i_2 < \cdots < i_n$，則（至少）有一個 j_o 具特性 $i_{j_o} > i_{j_0+1}$。

因此，由（A.3）可得

$$f(x_{j_o}, y_{i_{j_o}}) + f(x_{j_o+1}, y_{i_{j_o}+1}) < f(x_{j_o}, y_{i_{j_o}+1}) + f(x_{j_o+1}, y_{i_{j_o}}), \tag{A.5}$$

但此與 $i_1, \cdots\cdots i_n$ 的最適化相矛盾，定理得證。

同理可證，如果 $\partial^2 f/\partial x \partial y < 0$，則

$$\sum_{j=1}^{n} f(x_j, y_{i_j}) < \sum_{i=1}^{n} f(x_i, y_{n+1-i}) \tag{A.6}$$

對所有的排列 $(i_1, i_2, \cdots, i_n) \neq (n, n-1, \cdots, 1)$ 都成立。

B.工資率的配對

對 $Z = S/\pi(w_m, w_f, p)$ 微分，得到

$$\left.\begin{aligned} \frac{\partial Z}{\partial w_i} = Z_i &= \frac{\partial S}{\partial w_i} \pi^{-1} - S\pi^{-2}\pi_i \\ &= T\pi^{-1} - S\pi^{-2}\pi_i, \end{aligned}\right\} \text{其中 } i = m \text{ 或 } f, \tag{A.7}$$

式中，S 為全部貨幣所得 (full income)，π 為生產一單位 Z

的平均成本，w_m和w_f各為工資率，而p則為商品的價格，$T = \partial s / \partial w_i$為花在市場和非市場部門的全部時間。由於對偶理論的基本結論之一為

$$\pi_i = t_i Z^{-1}, \qquad (A.8)$$

t_i是第i個人花在非市場部門的時間，則

$$Z_i = l_i \pi^{-1} \geq 0, \qquad (A.9)$$

$l_i = T - t_i$為工作時間。

當

$$\frac{\partial^2 Z}{\partial w_m \partial w_f} = Z_{mf} \equiv Z_{fm} \gtrless 0. \qquad (A.10)$$

由工資率所作的正向或負向配對是最適的。將Z_f對W_m微分，可得

$$Z_{fm} = -\pi^{-2} \pi_m l_f + \pi^{-1} \partial l_f / \partial w_m. \qquad (A.11)$$

如果$l_f > 0$，則右邊第一項很明顯為負值；因此，如果$\partial l_f / \partial w_m \leq 0$，[$Z_{fm}$也將為負值]，亦即，當$t_m$與$t_f$並非如往常的定義，呈毛互補性時。由於結婚婦女的工時隨她們的丈夫的工資率的提升，將減少而非增加，這種證據確實支持了$\partial l_f < \partial w_m \leq 0$的假說。此外，如果互補性不夠大到蓋過（A.11）的第一項，則即使當男女的時間呈毛互補性時，w_m和w_f之間的負向配對將使商品產出達到極大。

C.自我時間的擴大效果

自我時間的擴大意指，家計單位的生產函數可以寫成 $Z = f(x, t'_f, t'_m)$，其中，$t'_f = g_f(A_f) t_f$且$t'_m = g_m(A_m) t_m$，各為以「效率」單位表示的男性與女性投入家計單位的時間，並且

$$\frac{dg_f}{dA_f} = g'_f > 0, \quad 和 \quad \frac{dg_m}{dA_m} = g'_m > 0 \tag{A.12}$$

因每種特性增加時，效率單位的數目也會提升。最適的 Z 可以寫成 $Z = S/\pi(k, w'_m, w'_f)$，其中 $w'_m = w_m/g_m$，而且 $w'_f = w_f/g_f$ 各為以效率單位表示的工資率。因此

$$\frac{\partial Z}{\partial A_m} = -t'_m \pi^{-1} \frac{\partial w'_m}{\partial A_m} > 0, \tag{A.13}$$

因為 $\partial w'_m / \partial A_m < 0$。所以

$$\frac{\partial^2 Z}{\partial A_m \partial A_f} = -\frac{\partial w'_m}{\partial A_m} \pi^{-1} \left[\frac{\partial t'_m}{\partial A_f} + \left(\frac{\partial w'_f}{\partial A_f} t'_m t'_f S^{-1}\right)\right]. \tag{A.14}$$

括弧外的項目和括弧內第二項都是正的。括弧內第一項可能是負的；但是 H.Gregg Lewis 在一篇未發表的文章中證明 $\partial^2 Z / \partial A_m \partial A_f$ 必須為正，而且如果男女時間之間的替代彈性小於2時，第二項的值將大於第一項。

D.所得和非市場生產力的配對

如果男人只在非人力資本 K_m 上有差異，而婦女只在非市場特性 A_f 上有差別，並且假使所有的男女都參與勞動力，則 $\partial Z / \partial K_m = r\pi^{-1} > 0$，而且

$$\frac{\partial^2 Z}{\partial K_m \partial A_f} = -r\pi^{-2} \pi_{a_f} > 0 \quad \text{since } \pi_{a_f} < 0, \tag{A.15}$$

其中 r 為報酬率。如果男性只有工資率 w_m 的差異，則 $\partial Z / \partial w_m = \pi^{-1} l_m > 0$，而且

$$\frac{\partial^2 Z}{\partial w_m \partial A_f} = -\pi^{-2}\pi_{a_f}l_m + \pi^{-1}\frac{\partial l_m}{\partial A_f}. \tag{A.16}$$

右邊第一項為正，而如果 $\partial l_m / \partial A_f \geqq 0$，亦即，如果 A_f的增加並不會減少男人花在市場的時間，則第二項亦為正。即使是如此，當第一項有絕對影響力時，交叉微分項仍然是正的。特別是，如果 A_f的產出彈性與產品和時間投入無關時，式（A.16）必須為正的。由而得出 $\pi = b(A_f)\psi(p, w_m, w_f)$，而且 $l_m = (\partial\pi / \partial w_m)Z = (\partial\psi / \partial w_m)S\psi^{-1}$。因此 $\partial l_m / \partial A_f = 0$。

E.產出的分配僵固性

在式（4.20）已知下，所有已婚男女的所得組合矩陣將為：

	F_1 $\ldots\ldots$ F_j $\ldots\ldots$ F_N	
M_1	e_1Z_{11}, d_1Z_{11} $\ldots\ldots\ldots\ldots\ldots$ e_1Z_{1N}, d_NZ_{1N}	
$\vdots$		
M_i	e_iZ_{ij}, d_jZ_{ij}	(A.17)
$\vdots$		
M_N	e_NZ_{N1}, d_1Z_{N1} $\ldots\ldots\ldots\ldots\ldots$ e_NZ_{NN}, d_NZ_{NN}	

如果 $\hat{Z}_1 \equiv Z_{st} > Z_{ij}$，所有的 $i \neq s$ 及所有的 $j \neq t$, (A.18)
係任何婚姻中的極大產出，而且如果每個人都試圖使其商品所得極大化，M_s將會與 F_t結婚，因為他們在其他的任何婚姻中E_f做得更好。（註28）。不考慮M_s和F_t，而且

$\hat{Z}_2 = Z_{uv} > Z_{ij}$, 對所有 $i \neq u$ 或 s 且對所有的 $j \neq v$ 或 t, (A.19)

係其他所有婚姻的最大產出,則 M_u 將與 F_v 結婚。此種過程將順著 $\hat{Z}_3 \cdots\cdots \hat{Z}_N$ 的順序進行,直到全部的男性及女性都結了婚。此種配對結合了不同的極大值,各個極大值並不一定相等,因為配對將求總合產出的極大。在矩陣(4.7)的例子中, M_2 配 F_1 , M_1 配 F_2 是極大值的組合,但總合產出極大的配對,則為 M_1 配 F_1 、 M_2 配 F_1 。然而,在大部分的重要例子裏,這些配對是相同的,也就是說,在這些例子中,極大值的加總將等於加總值的極大。

如果男女性都按其特性的最低值到最高值排列,而且若每種特性的增加都能提高產出,則 $\hat{Z}_2$ 為 M_{n-1} 和 F_{n-1} 配對的產出,而且 $\hat{Z}_N$ 為 M_2 和 F_1 配對的產出。其結果,當特性對產出呈現單調的影響效果時,各種極大的組合意味著完全的正向配對。

附註:

〔註1〕 本節以下的討論係根據Becker, 1973和1974a而來。

〔註2〕 新娘嫁妝對於產出的有效分配相當富於彈性,即使當分配顯然是固定時亦然。我將在本章稍後再討論。

〔註3〕 如果 M_i 與 F_j , M_p 與 F_t 的結婚屬於一種總產出非極大的最適配對 k 時,則對所有的 i 來說,式(4.5)需要 $Z_i^m + Z_i^f = Z_{ii}$,對所有的 i 而

言。因此，加總後為

$$Z^k = \sum_{\text{K種婚姻組合}} Z_i^m + Z_i^f \geq \sum_i Z_{ii} = Z^*,$$

其中，Z^*為極大總產出，由於假設 Z^k小於極大，因而 $Z^* > Z^k$。
如此一來我們便會得到矛盾的假設，即一種最適的配對卻產生了
小於極大的總產出之結果。同樣地，也很容易證明，所有使總產
出極大的配對一定是最適配對中的某一部分。

〔註4〕 明顯地，由於 Z_{ii}和 Z_{is}（單一財貨產出）既定，而且與婚姻配對
無關，當$Z^*=\Sigma Z_{ii}$為極大時，$\Sigma_{i=1}^N [Z_{ii}-(Z_{si}+Z_{is})]$也極大。

〔註5〕 Goode （1974） 對我先前的文章所作的評論中，將定理和假設混
淆了。

〔註6〕 在一篇有趣的討論中，Winch （1958, 88～89頁） 假設每一個人都
求效用的極大（在配對選擇中，每一個人都在自己的領域內，尋
求足以給他或她最大好處的合適對象），而且，特別是在第四章
中強調互補性需求係配對的決定因素。不過他未定義「合適」，
而且更重要的是，他從沒說明互補性需求配對如何達到婚姻市場
中的均衡。

〔註7〕 此種配對已由 Kuratani （1973） 在研究日本廠商時分析過了。
Hicks （1957, 第二章） 指出，較能幹的工人被較佳的廠商所僱用
，但他並沒作任何證明。Black和Black （1929, 頁178ff.） 利用一些
數字來討論零售店和地點的配對配合。Rosen （1978） 最近也提出
一有價值的討論。

〔註8〕 M_i與F_j結婚，所能獲致的利得為

$$G_i = (Z_{ij} - Z_{is}) - Z_j^f,$$

Z'_{if}係 F_i的已知所得,而 Z_{is}為 M_i保持單身時的所得。當 A_m和 A_f為互補(或替代)時,括弧中的數值將隨 M_i質的變動而增加(或減少),見註16。

〔註 9〕 這個命題的證明(附錄B)係假設所有的男女都是勞動力,而且丈夫的工資增加並不會提高他在市場工作的太太的工時。第二個假設與現有的證據是一致的(譬如見 Cain, 1966),但第一個假設並非如此,因為有些婦女在結婚之後並未參與勞動力(Heckman, 1981)。當某些已婚婦女退出勞動力時,完全的負向配對並非唯一的最適配對(見Becker, 1973, 頁827~829)。

〔註10〕 因此,當家計單位發生需求主導行為的事件時,主導者的時間能夠被使用,而當需求順從行為時,順從者的時間也能使用,主導者和順從者也許因之而傾向於結婚(Winch, 1958, 頁215)。

〔註11〕 「通常」,我的意思是說,報酬所得呈正向的配對,在非市場特性增加而不會減少「配偶」的工時時,往往使總合產出極大,而且即使當工時減少時,正向配對也可能使產出極大。我將在附錄D中將再回到這個問題。

〔註12〕 在 1967 年的經濟機會調查中,約有 18,000 個已婚者的百分之二十的隨機抽樣分析顯示,如果丈夫或妻子超過65歲或未就業的家庭,或者妻子的就業工時在調查當時每周少於20小時的家庭,則不包括在內。

〔註13〕 不過,因果方向可能為另一種方向,由婚姻狀況到勞動力參與、到工資率,此乃因為當婦女參與愈見持續時,工資率也「變得」更高。

〔註14〕 從工資係部分由人力資本投資決定的這個事實來看,這些調整的相關性也許可能是誤導的。花較少時間在勞動力的婦女,較少進

行市場導向的人力資本投資，因而降低了賺錢能力。另一方面，參與市場的夫妻，兩者工資率的正向關係也許真正表現出丈夫的工資率（或其他的非市場生產力）和其妻子的非市場生產力間呈正相關性。許多無法觀察的變數，像聰明才智，既能提高工資率也能提升非市場生產力。

〔註15〕為了證明如果 A_m 和 A_f 互補，則 $N_m - N_f$ 個最低品質的男人都不會結婚，必須作相反的假設：即 M_i 與 F_j 結婚，而 M_k 保持單身，且 $A_{mk} > A_{mi}$。如果此種配對是最適的，則

$$Z_{ij} + Z_{rs} > Z_{kj} + Z_{is}, \quad \text{或} \quad Z_{ij} - Z_{is} > Z_{kj} - Z_{ks}.$$

由互補性定義，可知當

$$Z_{ij} - Z_{ig} < Z_{kj} - Z_{kg}, \quad \text{當} \quad A_{m_k} > A_{m_i} \text{ 且 } A_{f_i} > A_{f_g}.$$

如果保持獨身者能與較低品質婦女結婚，亦即，如果 Z_{is} 和 Z_{ks} 各被 Z_{ig} 和 Z_{kg} 所取代，則相同的不等式也似乎成立。如果情況是這樣，則上面的第一條不等式將與 A_m 和 A_f 間互補性的假設互相矛盾。而且，如果 $A_{mk} > A_{mi}$，則在最適篩選配對中，M_i 不能替代 M_k。同理可推知，若 A_m 和 A_f 是可替代的，則最高品質的男人都不能結婚。

〔註16〕當 $Z_k^m = Z_{js}$，或當 $Z_j^f = Z_{jj} - Z_{js}$ 時，式 (4.15) 中第一條不等式左邊項是極大的(Z_k^m 已知下)。而如果 $Z_k^m - Z_{ks}$ 也成立，則第一條不等式將變為

$$Z_k^m + Z_j^f = Z_{ks} + Z_{jj} - Z_{js} > Z_{kj}$$

也可寫為

$$Z_{ks} - Z_{js} > Z_{kj} - Z_{jj}.$$

如果正向配對是最適的，則男女的特性會是互補的，而且如果 M_j 比 M_k 的品質低，則最後一條不等式將不成立。相同地，如果

負向配對為最適的，這些特性就是替代的，如果 M_j 比 M_k 具有較高品質，則不等式不能成立。

〔註17〕 如果有些 M_k 與 F_k 結婚，有些與 F_j 結婚，則 M_k 的所得不管是與 F_k 或 F_j 結婚，必定是相同的：

$$Z_k^m + Z_k^f = Z_{kk}, \qquad Z_k^m + Z_j^f = Z_{kj}.$$

M_k，F_k，以及 F_j 的所得並非單由這兩條方程式所決定（見 Becker, 1973, 有更詳盡的討論），但 F_k 的貼水必定等於她的邊際生產力：

$$Z_k^f - Z_j^f = Z_{kk} - Z_{kj}.$$

〔註18〕 Robert Michael 告訴過我有關下面的育嬰詩

傑克不能吃肥肉，

他的太太不能吃瘦肉；

所以，他們兩人之間，你知道的

他們將會舔乾盤子。

〔註19〕 譬如，如果 M_i 只想消費 $_2Z$，而且 F_j 只想消費 $_1Z$，則

$$Z_i^m + Z_j^f = {}_2v\,{}_2Z_i^m + {}_1Z_j^f = {}_2v\,{}_2Z_{ij} + {}_1Z_{ij} = Z_{ij}.$$

〔註20〕 當某種財貨被消費較多時，投資在該財貨的消費資本所獲之利得較大（第二章）。

〔註21〕 當 β_2 婦女與 α_1 男人結婚時，β_1 婦女與 α_1 男人的邊際產量會減少，而較少的資源會分配給太太。一個 α_1 男人和 $W_{11}\beta_1$ 太太及 $W_{12}\beta_{12}$，$W_{11}\beta_1$ 太及 $W_{12}\beta_2$ 太太結婚時，在 $X_m^1 + X_m^2 = X_m$ 限制條件下，會使下式極大化

$$Z_{1,w_1,w_2} = w_{11}n(\alpha_1,\beta_1)Z\left(\frac{x_m^1}{w_{11}},\,x_f\right) + w_{12}n(\alpha_1,\beta_2)Z\left(\frac{x_m^2}{w_{12}},\,x_f\right),$$

均衡條件是

$$\frac{\partial Z_{1,w_1,w_2}}{\partial x_m^1} = n(\alpha_1,\beta_1) \frac{\partial Z}{\partial x_m^1} = n(\alpha_1,\beta_2) \frac{\partial Z}{\partial x_m^2}.$$

因此，X_m的邊際產量對β_2太太和β_1太太而言都是相同的。

〔註22〕譬如，Hindu婦女不准嫁給較低階層的男人，但Hindu男人卻可以娶較低階層的婦女(Mandelbaum, 1970)；而且回教婦女也不能與較低階層者配對(Kafā'a 教條)，但回教男人則可以(Coulson, 1964, 頁49,94)。

〔註23〕 Gale 和 Shapley(1962)要求最適的分派應能達到「穩定」的條件；亦即，不被彼此指定分派者，彼此結婚並不會更好，此必要條件與式（4.5）密切相關。

〔註24〕不過，那可能與不用價格來決定分派的市場有關。譬如，Gale 和 Shapley （1962）也討論不同大學的申請者的分派，第九章將考慮到非人類的配對，每種實體都求取其基因活存的最大。

〔註25〕離婚婦女要求較低的價格，因為她們比單身女性年長，而且她們也可能由於不能勝任當太太而離婚，包括不孕（見第十章）。在 Goldschmidt （1973）和 Papps （1980）的文章中舉證指出，烏干達和巴勒斯坦的離婚婦女的聘金較少。

〔註26〕 Goode 也指出，摩門教男人在沒有離婚理由時，通常會喪失掉大部分的聘金。在這種方式下，聘金和其他的資本性移轉便能使離婚婦女不會在小孩的專業化投資上受損，更進一步的討論請見第十章。

〔註27〕本節的證明得助於William Brock，由於這些證明已被發展出來，男女素質持續變動的較簡易證明也已由Sattinger （1975） 提出。

〔註28〕明顯地，由式 （A.18） 可知，$e_s Z_{st} > e_s Z_{sj}$，對所有的$j \neq t$而言，且 $d_t Z_{st} > d_t Z_{it}$，對所有的$i \neq s$而言。

生兒育女的需求

The Demand for Children

　　第二章至第四章已論及結婚與家庭的主要目的，就是為了生育與養育自己的子女，但並未直接考慮這種對子女的需求。本章利用（扶養）子女的價格 (price of children) 和實質所得 (real income) 來解釋為何鄉村的生育率一向高於都市，為何提高職業婦女的工資率會減少她們的生育，為何各種政府法案（例如對有幼兒母親的補助）對子女之需求有顯著的影響，為何所得愈高的家庭小孩愈多（除了近 150 年來之西方與開發中國家外）等等。

　　此一分析將進而考慮到子女數量與品質間的互動關係，這可能是生育之經濟分析的主要貢獻。此種互動關係說明了為何子女數量隨著時間通常有很大的變化，縱使子女並沒有相近的替代品，且子女數量的所得彈性也不大。數量與品質間之互動亦說明了為何子女較多的家庭，平均每一小孩的教育水平較低；為什麼先進國家農村之出生率接近於、甚至是低於都市；以及何以美國黑人生產相對多的小孩，而在每一個孩子身上的投資却相對地少。

價格和所得效果

　　最著名、最有影響力的人口變動理論是馬爾薩斯 (T.R. Malthus) 的理論，他假設人口會以一個快速的比例成長，除非受到有限的食物供應與其他「基本生存」物質的抑制。當所得因人口成長超過基本生存物質的成長而下降時，延遲結婚、已婚者減少房事頻率、而且能夠長大成人的子女也減少

。前二項是「道德上的抑制」，而第三項則會製造「慘劇」（見Malthus, 1933，第一冊，第二章）。假如生育的需求有一個高所得彈性，則「道德上的抑制」是人口過度成長的主要制衡力，但當生育小孩所得彈性缺乏時，那就由「慘劇」來扮演主要的抑制力量。

達爾文(Charles Darwin)曾表示，（註1）其物競天擇的進化論受到馬爾薩斯理論很大的影響，他並且進一步將馬爾薩斯的理論發揚光大。他說，多產父母的子女，在他們這一代所占的份量，比他們父母那上一代所占份量大。假如一個人的生育力強烈地「承襲」自父母，則因高生育力的父母也有高生育力的子女，故高生育力父母之孫子與其後裔，將在他們那一代占更大的份量。因此，根據達爾文的主張——即物競天擇——人口將由高生育者支配。

雖然達爾文的理論與非人類生物的牲口數高度相關，但顯然較不適用於人類的人口。大部分的家庭都已控制他們的生育率，使子女的數量低於他們的生育能力。譬如，在十七世紀，義大利村落的一個25歲的結婚婦女，平均只有6個子女，但她們的生物本能應該可以生育超過8個（Livi-Bacci, 1977，表1.2）。甚至採用子女需求彈性很大的馬爾薩斯理論，也不能解釋近百年來西方國家的家庭所得大幅提高，但每個家庭的平均小孩數量卻大幅減少的現象。

然而，假如將子女數目與父母在每個子女身上的支出（譯者註：即下文定義的子女品質之一）區分開來，則前文所

述及其他有關的事實，將與馬爾薩斯或達爾文的理論，不會
有任何明顯的出入。夫妻少生幾個子女，可能反而增加他們
的子女在他們那一代的表現，假如這可使夫妻更充分地投資
於每個孩子的教育、訓練、以及「吸引力 (attractiveness)」
上，因而顯著地提高子女活到生育年齡的機會、及其生育率
。因此，藉由假設每個家庭追求子女數量 n、在每個子女的
支出；又稱為子女的品質 q_i、以及其他商品 (commodities) 數
量的效用函數的極大，可將這些理論組合並一般化：

$$U = U(n, q, Z_1, \ldots, Z_m). \qquad (5.1)$$

　　馬爾薩斯理論忽略了品質，而假設生育（或子女數）的
需求對所得的變動有敏銳的反應（因此，其他商品的需求與
所得之間可能呈現負的相關性）。另一方面，達爾文理論則
忽略了這些其他商品，而假設父母選擇子女之數量與品質以
謀求最大量的後代子孫。本章以及下兩章所發展的分析法，
乃綜合此兩種理論的觀念，並將之更一般化。可確定的是，
達爾文理論非常適用於非人類的生物，但在加入文化選擇的
修正後，可能也適用於某些古老的人類社會（參照 Blurton
Jones 與 Sibly 的論據，1978）；而馬爾薩斯理論則可解釋許
多有史時期人類人口的變化。然而，本章所發展的分析更適
於說明近幾世紀來西方國家以及本世紀開發中國家出生率的
改變。

　　由於子女沒有好的替代變數，因此各種不同的商品將被
合併成為單一的綜合商品 (aggregate commadity) Z。雖然數

量與品質間之互動是本章的主題，但在討論子女的需求時將
先略去小孩的品質(q)。如此，式(5.1)之效用函數即變為：

$$U = U(n, Z). \tag{5.2}$$

為了簡化分析而又不離題，式(5.1)與(5.2)的效用函數以
及本章各節的討論，將略去孩子年齡以及生育時點與生育間
隔的生命週期變化。

孩子通常不是買來的，而是藉市場物品、勞務、以及父
母時間（特別是母親的）的投入，由每個家庭自己生產。因
為各個家庭的自有時間成本和家庭生產函數各不相同，故生
產與養育子女的總成本也不相同。假如P_n表示此一成本，π_z
表示商品（Z）的成本，則家庭預算限制式等於：

$$p_n n + \pi_z Z = I, \tag{5.3}$$

式中，I為全部所得(full income)。如果P_n、π_z、和I已知時
，n與Z的最適數量將決定於預算限制式以及一般的邊際效
用條件：

$$\frac{\partial U}{\partial n} \Big/ \frac{\partial U}{\partial Z} = \frac{MU_n}{MU_z} = \frac{p_n}{\pi_z}. \tag{5.4}$$

子女的需求將視子女的相對價格與全部所得而定。如果
子女相對價格（P_n與π_z之比例）提高，子對女的需求將減少
，而增加對其他商品的需求（假如實質所得固定）。子女的
相對價格受到許多變數的影響，有些是子女獨有的，現在討
論幾個較重要的變數。

過去數百年來的數據，顯示農村家庭比都市家庭規模大

。譬如，在1947年佛羅倫斯 (Florence) 城市的平均家庭，比其四周鄉村的平均家庭小了約20%（Herlihy, 1977，表2），在1901年，以每千名15—49歲婦女的活產數而言，義大利的小村落比大村落要多45%（Livi-Bacci, 1977，表3.8）；而1800年，美國鄉間的再生育率是都市地區的1.5倍（Jaffe, 1940，頁 410）。部分的解釋是食物與居住（扶養子女的重要投入）在鄉村較便宜。

假如孩子們幫忙家中雜務、在家庭事業內工作或在市場工作，而有助於改善家庭所得，則可降低養育子女的淨成本。因此，子女的「賺錢」潛力提高，會增加父母對子女的需求。的確，我相信農村家庭孩子較多，主要乃因小孩在農村比在城市更具生產力。譬如，在印度與巴西的農村，小孩五、六歲時即開始幫忙農事，至十二歲時就是相當重要的生產財了。（註2）

隨著經濟發展，農業變得愈來愈機械化且愈複雜，農村小孩的貢獻也就降低了。此兩因素都會使農村家庭加強他們對子女的教育。（註3）但因鄉村學校太小而無效率，且因農村小孩上學的時間與交通成本較大（Kenny, 1977，頁32），所以當農村小孩增加上學時間，其養育小孩的成本優勢就降低，甚至可能變成不利了。因此，當我們看到已開發國家都市與農村生育率的差異，在本世紀間已大幅縮小，而目前有些國家農村的出生率甚至稍微低於都市的出生率時，也就不足為奇了（分別參照 Gardner, 1973; Livi-Bacci, 1977; Hashimoto, 1974 ；和 Schultz, 1973 等人有關美國、義大利、日本、和台灣的數據）。

　　提供補助給有幼兒之母親的福利法案，降低了養育子女的成本；當子女人數增加，補助也跟著增加，因而這些法案使得母親的勞動參與率下降（Honing, 1974），也降低了花費在子女身上之時間的機會成本。由於未婚媽媽更易獲得補助，近年來這些法案的擴張，又使1960年代以來的非婚生育率相對於已婚者的生育率遽增。甚至在墮胎變得更為容易且節育的技術改進之後，非婚生育率仍維持不變（註4）（相反的，已婚者之生育率已實質地降低）。

　　子女的相對成本，也顯著地受到已婚婦女時間價值改變的影響，因為母親的時間成本是生育與養育子女總成本中的一個主要部份（在美國約佔總成本的三分之二；見 Espenshade, 1977）。的確，我相信近百年來已開發國家婦女之賺錢能力的提高，是已婚婦女的勞動參與提高、以及出生率遽減的主要原因。因為相對上父親花費較少時間在小孩上，所以他們賺錢能力的提高對養兒育女的成本並無顯著影響；事實上，如果小孩比其他商品占用父親的時間相對減少時，子女之相對成本或已下降。

　　家計調查提供了生兒育女的需求和夫妻時間價值之關係的直接證據。子女的數目與妻子的工資率或其他時間價值的指標有很強的負相關性，而與丈夫的工資率或所得則通常是正相關多於負相關（如，見Rincer, 1963; De Tray, 1973; Willis, 1973；以及 Ben-Porath, 1973）。然而，一部分的因果關係來自子女數對工資的影響，因為當家中小孩較多時，婦女在市場技能上的投資較少、而在家務技能的投資較多，而男性則相反。可是無論如何，妻子的時間價值與對子女的需求，的確有明顯的因果關係(Lazear, 1972)。

家庭顯然喜愛親生子女甚於養子女，因為實際上所有的家庭皆選擇擁有親生子女。可能的解釋是，人類與其他物種的繁衍自己的遺傳基因，是一種生物學上自然的選擇（Wilson, 1975）。然而，第二章已闡述了數個理由，說明為何甚至當文化與遺傳基因影響對子女的需求時，人們仍然偏愛親生的子女。理由之一是，親生子女降低了不確定性，因為父母對親生子女比對其他人，有更多有關遺傳組成和其童年環境經驗的訊息。

但另一方面，在性別、膚色、身體狀況、以及其他重要特徵的事前訊息上，親生子女則不如從「小孩市場」觀察得到的。只是這類市場範圍有限，因為如果買主不易確定品質，則父母親很可能將他們的劣質而非優秀的子女賣出或讓人收養。（見 Akerlof, 1970，對「低劣物品 (lemons)」市場的討論。）

依賴親生子女的結果，隱含某些家庭可能在子女的需求上不能獲得滿足，因為他們完全或有時不能生育，而另外一些家庭則因生育過多而超出需求。此處所謂「需求」意指在生育或節育上沒有任何障礙時想要的子女數目。妻子不孕時

丈夫可以休妻或（在容許一夫多妻的社會裡）置妾，但也有些婦女却生育過多或生養時機不對。

但是，不孕與節育知識的改變是導致平均出生率變化的主因嗎？雖然我曾一度信以為真 (Becker, 1960)，但我現在認為大部分的改變主要還是源自對子女需求上其他方面的改變。本章所討論的各種影響力量，可以充分說明大部分生育率的下降，而既有的簡單而有效的節育方法就已足夠說明這種下降了。

為證明這些簡單方法的有效性，我們做如下的說明。平均活產數 (n)、育齡或「受胎」期間 (E)、從受胎到活產的平均時間 (C)，與生產期間及產後的平均不孕期間 (S) 之間的基本關係，可寫成如下式：

$$n = E/(C + S), \tag{5.5}$$

式中 $C+S$ 是兩次生育間的平均間隔時間。因為 C 是「等待」懷孕的時間，它是每次性交懷孕的機率 (p) 與性交頻率 (f) 的函數：(註5)

$$C \cong 1/(fp). \tag{5.6}$$

二十歲結婚而未使用任何節育方法的婦女，平均約有11個活產（見Eaton與Mayer, 1953，頁233所提供Hutterites地區的例證）。因為她們平均會生育到約44歲（前後共 288 個月），因此兩次活產的平均間隔是26個月。不用機械的節育方法，僅僅遲婚（與節慾）三年、減少10％的房事頻率、並延長哺乳時間三個月，出生數即可降低約達25％。進一步藉由

性交中斷法（一種自古即有的節育方法），出生數下降幅度可以更為擴大。（註6）

或許馬爾薩斯是考慮在十八世紀那種高生育率之下，改變結婚年齡是節育的一個主要方法，因為這種方法比同比例改變婚姻中房事頻率更為有效。譬如，如果二十歲結婚的婦女有11個活產，則延遲10%（即二年）結婚年齡（相當於降低9%的可生育年齡），幾乎是減少10%房事頻率所能減少出生數的三倍。另一方面，假如婦女二十歲結婚，自己在有效的節育之下只生二胎，則減少房事頻率與遲延相同比例結婚年齡幾乎有同樣大的效果。（註7）

在十九世紀以前，即使在先進國家的活產嬰兒，能活過10歲的也不超過二分之一。在此情況下，適度改變結婚年齡、性交頻率、以及哺乳時間——配合性交中斷法——只能降低小孩平均存活數目三個或更少。然而，除非每個家庭的出生數顯著地減少，否則十九、二十世紀存活小孩人數必然大量提高，因為嬰兒存活至十歲的機率大幅地增加了。無疑地，舊的節育方法（如子宮托；見 Himes, 1963，頁321、391）的改進，以及新方法的發展（如口服避孕藥），使得近150年來出生數的大幅下降成為可能，縱使結婚年齡也下降而房事頻率可能已增加了。（註8）但是，我相信這些節育方法的改進，主要是對子女需求減少的引申反應，而不是需求減少的重要肇因。

有些社會雖然知道有方法可以降低出生率，但卻仍維持

著高生育水準，顯示有效的節育方法並不足以降低出生率。譬如，從十六世紀前期至十八世紀末歐洲統治階層的家庭平均生育超過5.5胎（Peller, 1965，頁90），雖然藉由當時所知（Himes, 1963，第八章）且這些家庭應可獲得的節育方法，他們應有較少的生育。另一個例子是，貧窮的印度家庭，不論如何以實物鼓勵──甚至強迫！──他們採用有效的節育方法，都固執地維持著他們的生育水準，直到經濟或其他環境改變為止(Makhija, 1978, 1980)。

而且，遠在現代節育方法發展以前，許多社會已經能夠大量降低出生率。二千多年前，希臘人與羅馬人已藉由遲婚、殺嬰、減少婚姻期間的房事、墮胎、古老的避孕法、以及採用不會生育的性交方式等來維持小家庭（Wilkinson, 1978）。佛羅倫斯（Florence）與雷虹（Leghorn）兩地的猶太人，在1670年至1840年間，只因提高結婚的平均年齡使生育率降了50％（Livi-Bacci, 1997，頁40-44）。此二地的猶太人幾乎不能說有使用最好避孕資訊的途徑，因為他們被迫住在貧民窟且被許多學校摒棄。甚至由口服避孕藥引發的「避孕革命」（這是 Westoff 與 Ryder, 1977，的名詞），可能並非近數十年來出生率遽降的主要原因。此一下降從1950年代的美國和日本等國家開始，雖然當時口服避孕藥在日本是非法，而在美國直到1960年代才被廣泛地使用。更有甚者，1900與1910年間出生的美國婦女，雖然沒有口服避孕藥，但用其他避孕方法、禁慾、以及誘導性墮胎等，而維持著相當小的家庭（

Dawson等人，1980）。

除了孩子的價格之外，實質所得也會影響對子女的需求。隨著實質所得的提高，人們通常會提高對各種商品的需求；某些數據證明了孩子與所得間的關係，亦無例外。在一夫多妻的社會，較富有的男人傾向有較多的小孩，主要乃因他們比貧窮的男人更可能是一夫多妻（Grossbard, 1978）。在十九世紀之前的一夫一妻社會，較富有的男人也傾向有較多的小孩；這可參見十五世紀杜斯卡尼（Tuscany）地方的小孩與財富關係的資料（Klapisch, 1972，表10.2；Herlihy, 1977，頁147〜149）以及十五至十八世紀期間義大利其他地區的資料（Livi-Bacci, 1977，表6.1至6.4）。一夫一妻制社會下，這種財富與出生率的正相關性，普遍持續於整個十九世紀之鄉村地區；可參見的數據包括1861年的加拿大（McInnis, 1977，表 5 ）、1865年的美國（Bash, 1955，特別是表12）、和十九世紀末二十世紀初的德國（Knodel, 1974，表3.13）等的資料。

然而，在十九世紀的某些期間，都市地區家庭的出生率和財富之間存在局部或全面的負相關；Knodel（1974，表3.14 和表 3.15）提供了1900年間德國城市地區的數據。二十世紀先進國家的數據則相當混雜，雖然一般而言，在低所得階級所得與生育率呈負相關，但在上層階級則呈現無關或正相關；這可參見Simon（1974，頁42至69）對這方面文獻的檢討。經濟分析認為所得與出生率之間的負相關，是小孩的

有效價格隨所得而增加的一種指標，此或許是因為高所得男人的妻子在市場活動上也有較大的潛在所得（見 Mincer, 1963）或有較高的時間價值（Willis, 1973）。然而，我相信小孩的數量與品質間的相互影響，是小孩的有效價格隨所得而提高的最主要原因。

數量與品質間的互動關係

現在我們回到式(5.1)的效用函數，該式將小孩的品質與其他商品（commodities）區分開來。在此我假設同一家庭的所有小孩有相同的品質，且此品質完全由每個家庭投入自己的時間(time)與市場物品(goods)所生產的（第六章將刪去這些假設）。假設 p_c 是一單位品質（quality）的固定成本，q 是每個小孩的總品質，$p_c q_n$ 是花費在小孩的總支出，則預算限制式如下：

$$p_c qn + \pi_z Z = I. \tag{5.7}$$

此一預算限制式不再是效用函數內所包括的那些商品的線性函數，而是有 n 與 q 的相乘項。此種非線性造就了下文分析中的數量與品質間的互動關係。

在預算限制式下，效用極大的均衡條件為：

$$\left.\begin{array}{l} \dfrac{\partial U}{\partial n} = MU_n = \lambda p_c q = \lambda \pi_n \\[2mm] \dfrac{\partial U}{\partial q} = MU_q = \lambda p_c n = \lambda \pi_q \\[2mm] \dfrac{\partial U}{\partial Z} = MU_z = \lambda \pi_z \end{array}\right\}. \tag{5.8}$$

　　n和q的影子價格(shadow prices)是π_n和π_q。當然，兩者都受到單位品質成本（p_c）之影響，但可能有點令人驚訝的是，π_n視q而定，而π_q視n而定。因為q的增加提高了在每個小孩身上的花費，即提高每個小孩的成本；同理，n的增加使得每個小孩每單位附加品質的成本提高，因為現在牽涉到較多的小孩。

　　式(5.7)和(5.8)可解得n、q和Z的均衡值，是這些影子價格和所得的函數：

$$\left.\begin{array}{l} n = d_n(\pi_n,\pi_q,\pi_z,R) \\ q = d_q(\pi_n,\pi_q,\pi_z,R) \\ Z = d_z(\pi_n,\pi_q,\pi_z,R) \end{array}\right\}, \qquad (5.9)$$

式中，影子所得(shadow income)（R）等於花費在不同商品的影子數量的加總。（註9）這些需求函數有一般的替代及所得效果；譬如，其他影子價格和影子所得不變下，n、q或Z的影子價格增加，會降低它本身的需求量。然而，要注意的是，這些需求函數受到影子價格π_q、π_n內分別隱含的n、q（子女數量與品質）的影響，甚至透過影子所得R而受到R內所含的交叉項nq的影響（進一步的討論，請見Tomes, 1978）。

　　在影子價格和所得決定的需求函數裡，不能直接看出數量和品質間的相互影響，但以「市場」價格和所得表示的需求函數中則可。假設p_c、π_z、和I固定不變，則由外在因素引起的n之增加，會提高q的影子價格π_q（$=np_c$），因此會降

低對 q 的需求。q 的減少，降低 n 的影子價格（$\pi_q = qp_c$），因為 π_n 是 q 的函數，故會進一步地增加對 n 的需求。但這將會進一步提高 π_q 而降低 q，繼而降低 π_n 而提高 n，如此反覆影響。n 和 q 間的互動關係將繼續下去，直到新的均衡建立為止。

假如 n 和 q 間有相當強烈的互動關係，則 n（或 q）微量的外生增加，就可能導致 q（或 n）大量的降低。此一交互作用，受效用函數內 n 與 q 間的替代性所影響：假如二者有非常密切的替代關係，則他們會持續地交互影響，直到 n 或 q 渺不可見為止。有一個特例是，假如 n 與 n、n 與 Z，以及 q 與 Z 之間的替代彈性相同，則必須在此一彈性小於1時，n 與 q 二者的均衡值才會均為正值。（註10）總之，小孩的數量與品質間，由二者互動所導致的此種「特殊的」關係，並不表示此二者為密切替代品；相反地，若二者為密切替代品，則不可能達成均衡。因此，數量與品質間的此種互動關係說明了為何小孩的教育受到小孩數量的深刻影響——雖然我們沒有理由相信每個小孩的教育和小孩數量是密切的替代品。

n 與 q 間的互動關係圖示於圖5.1，其中 U_0 與 U_1 是 n 與 q 間的凸無異曲線（假設 Z 不存在或固定不變），而 AB 和 CD 代表預算方程式。n 與 q 間的互動關係隱含預算曲線不是一直線，而是凸向原點的曲線。（註11）因此，惟有無異曲線的曲度超過預算曲線的曲度時，才會有內部均衡點（如 e_0 與 e_1 點）。由於當 n 與 q 為密切替代品時，無異曲線的曲度較小

，因此惟有當 n 與 q 不是密切替代品時，內部的均衡解才有可能。

其他商品的數量與品質間也有相互關係（見 Theil, 1952; Houthakker, 1952 ；以及 Hirshleifer, 1955 年在廠商的應用），但彼此的影響可能並不強烈，因為不同單位（商品）品質之間的關係，並不如不同小孩間的品質那麼地密切相關。譬如，一個有錢人可能會打算同時擁有昂貴與便宜的二種車子，但不可能會打算生昂貴的（expensive）與便宜的（inexpensive）二種小孩。儘管如此，本節所作的分析仍然可應用至其他商品。

許多國家的出生率，在短時間內有很大的改變。表5.1顯示1960年和1972年間，美國出生率下降38％，而1920年代則只降24％。日本在1950年和1960年間，總生育率下降45％，而台灣在1960與1975年間的總生育率下降51％。或者舉一個更早期的例子，英格蘭和威爾斯在1871到1901年間出生率減少26％。與小孩類似的商品（即缺乏良好替代品以致價格彈性很小的商品），除了在景氣循環劇烈波動時，通常不會有如此大地變化。

出生率大幅變動的現象，已有幾種不同的解釋被提出來了，包括肇始於口服避孕藥的避孕革命（見Westoff與Ryder, 1977 ，頁 302～309），但這並不能解釋20年代的美國或50年代的日本出生率的大幅下降。我相信最可能的解釋是在小孩的數量與品質間的互動作用，因其隱含小孩的需求對價格（

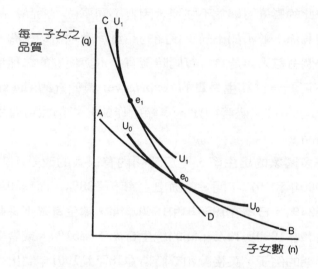

圖5.1 質.量之交互影響:典型家庭之無異曲線及預算線.

表 5.1 不同國家及時期生育率的變化.

國別與年代	生育率變動百分比
(1)美國,1920~1930	-24
(2)美國,1960~1972	-38
(3)日本,1950~1960	-45
(4)臺灣,1960~1975	-51
(5)英格蘭和威爾斯,1871~1901	-26

資料來源:美國統計調查局,1975,1977 年;日本統計局,1962 年;臺灣內政
　　　　部,1974 年,1976 年; 大不列顛註冊總局.1957 年.
說　　明: (1)和(2)乃 15-44 歲婦女的生育率.
　　　　　(3)和(4)乃 15-49 歲婦女的總生育率.
　　　　　(5)乃 15-44 歲婦女的生育率.

表 5.2 不同國家及時期學校教育程度的變化.

國別與年代	受教育變化百分比
(1)美國,1920~1930	+81
(2)美國,1960~1972	+33
(3)日本,1950~1960	+37
(4)臺灣,1960~1975	+100
(5)英格蘭和威爾斯,1871~1901	+21

資料來源:美國商業部,1932;年美國統計調查局,1963 年,1972 年;
　　　　　日本統計局,1961 年;臺灣內政部,1976 年;西方(West)
　　　　　1970 年.頁 134
說　　明: (1)14~17 歲註冊中等學校者的人口比例.
　　　　　(2)25~34 歲完成中學教育者的人口比例.
　　　　　(3)25~34 歲完成高中教育者(現制)或中學教育(舊制)的人口比例;
　　　　　　不包括青年訓練(舊制).
　　　　　(4)25~34 歲完成中學嚼教育者的人口比例.
　　　　　(5) 男性能讀寫者的人口比例.

或者所得）有高度的反應，即使小孩並無密切的替代品。（
註12）

　　加入生養小孩的固定成本 p_n 後，對子女的需求可有更精
彩的討論；這項固定成本包括：妊娠與生產所花費的時間、
支出、不舒服、以及危險性，政府對小孩的津貼（一種負成
本），避免懷孕與生育的成本，以及與小孩品質無關的其他
所有用於小孩身上的精神與金錢的支付。此外，令 p_q 代表與
小孩數量無關的小孩費用，諸如眾多小孩的聯合消費（例如
兄姊的舊衣服和父母親的身教等）；並令品質的邊際與平均
變動成本互異，這或許是來自政府對學校教育的補助。基於
以上的考慮，預算方程式可改寫如下：

$$p_n n + p_q q + p_c(q)qn + \pi_z Z = I. \tag{5.10}$$

　　在此限制下，效用極大的 n 與 q 的均衡條件為：

$$MU_n = \lambda(p_n + p_c q) = \lambda p_c q(1 + r_n) = \lambda \pi_n$$

$$MU_q = \lambda\left(p_q + p_c n + \frac{\partial p_c}{\partial q}nq\right) = \lambda p_c n(1 + r_q + \epsilon_{pq}) = \lambda \pi_q, \tag{5.11}$$

式中，$r_n = p_n / p_c q$ 和 $r_q = p_q / p_c n$，分別代表數量與品質之固
定成本與變動成本的比例，而 $1 + \epsilon_{pq}$ 是品質的邊際變動成本
與平均變動成本的比例。所以

$$\frac{MU_n}{MU_q} = \frac{\pi_n}{\pi_q} = \frac{q}{n}\frac{(1 + r_n)}{(1 + r_q + \epsilon_{pq})}. \tag{5.12}$$

n 與 q 影子價格的比例，現在不單決定於 q 與 n 的比例，而且
也受固定與變動成本之比，以及品質的邊際與平均變動成本

之比的影響。

　　因此，n 的固定成本如果增加（可能是起因於小孩補助金的減少或避孕成本的降低），會導致 q 與 Z 的增加以替代 n，因為相對於 π_q 與 p_z 而言，π_n 提高了。n 與 q 間的互動關係隱含 q 的增加會進一步提高 π_n，而 n 的減少則進一步降低 π_q，此將導致更多的 q 來取代 n。即使 n 的固定成本僅輕微的提高，且 n 與 q 間的替代彈性並不大，n 的減少與 q 的增加幅度可能很大。

　　p_n 的補償性增加（譯者註：即 p_n 增加但實質所得補償到原來水準），將使預算線通過原均衡點而旋轉移動，自 AB 移動到 CD。根據顯示性偏好，新均衡點必在 e_0 的左方，如 e_1 點。因為 n 與 q 間的互動關係暗示，當 n 產少時 CD 在 e_1 點的斜率上昇，n 的減少必須足夠大，以提高均衡無異曲線的斜率，達到 CD 線增加的斜率。

　　舉例說明，假設 p_n 是 π_n 的25％，p_q 與 ϵ_{pq} 很小可予忽略，n 的支出等於 R 的10／27，且 q 的支出等於 R 的8／27。假如 n 與 q 不會相互影響，則 n 價格補償性的增加1％，n 的需求只會降低0.01（17／27）σ，其中 σ 是替代彈性（譬如，若 $\sigma=0.8$，則為0.5％）。然而，n 與 q 的交互影響會擴大 n 的反應結果，因為此時由於 p_n 增加4％所導致 π_n 補償性的1％最初的增加，n 的需求會降低約1.1％（若 $\sigma=0.8$；或2.3％，若 $\sigma=1.0$）。（註13）這是 n 與 q 相互獨立時，n 的減少的 $2\frac{1}{4}$ 或 $3\frac{2}{3}$ 倍

大。因此，輕微地提高小孩的固定成本（此可能緣於避孕知識上外來的改進）或輕微地降低品質的邊際與平均成本的比例（此舉僅提高數量相對於品質的最初影子價格10—20%），將超比例地減少對數量的需求、增加對品質的需求。

相對價格上最初的小幅提高，就可以解釋表5.1出生率的大幅下降以及表5.2品質的大幅提高。譬如，當台灣生育率下降51%時，25—34歲高中教育程度的人口比例提高100%；或當美國出生率下降38%時，25—34歲高中畢業人口比例提高33%。

質量互動關係的進一步的實證涵義

在某種程度上，上述分析也可調和以下兩種觀點：一種是說生育率明顯下降之前，必須先推行家庭計劃；另一種觀點則說，在生育率明顯下降以前，必須先降低小孩的價值（見Demeny, 1979a和b間，以及Bogue與Tsui, 1977，的討論）。假定推行一個有效的家庭計劃，預期可減少10%的出生率，因這些出生原來是「不想要的」。果真如此，此舉將使實際的出生率下降的百分比更高；因為數量與品質間的互動關係隱含出生率的下降10%，會提高對小孩品質的需求，此將提高數量的成本（減少其價值），因而會更進一步減少對生育的需求。或許家庭計劃可以把全部的下降都當作自己的功勞，因為它是下降的原始動力，但是其所引申出對較高品質小孩的需求增加以及對小孩數量需求的減少，對此生育率的

下降至少負有一半的責任。

經濟理論指出任何商品價格的變化，會使對該商品及其替代商品的需求呈反向變動。小孩數量與品質間的互動關係，隱含小孩「數量」之價格增加，會引起「品質」提高超過其他商品的提高；即使這些商品與小孩「數量」間的替代性，與小孩「品質」替代「數量」的能力是相同的，上述推論也是成立的。（「數量」單價的增加減少數量的需求也可能減少其他商品的數量，而只增加品質，即使所有商品的替代彈性均相同亦然；見Tomes, 1978，第A2d節的證明。）小孩的數量與品質間的這種強烈負向關係，可由表5.1、表5.2以及許多其他數據中獲得肯定。

譬如，過去150年間，猶太人在人力資本上做了較多的投資（根據Schmelz, 1971的數據，十九與二十世紀時，歐美地區猶太小孩有較低的死亡率），而在近數十年來已有較高的所得。然而，大家比較不知道的是，猶太人的家庭比平均的家庭還小。在十九世紀初期，義大利佛羅倫斯地方，猶太人的出生率比平均出生率低47%（Livi-Bacci, 1977，表1.23）；1875年德國慕尼黑的已婚猶太人出生率則比當地天主教徒的出生率低20%（Knodel, 1974，表3.18）。我相信猶太家庭的高成就與低生育率，可藉他們在小孩教育、健康、以及其他人力資本等投資（亦可見 Brenner, 1979）的高邊際報酬率（即式5.12中 ϵ_{pq} 較小），因而降低了小孩「品質」（相對於「數量」）的單價，得到合理的解釋。

黑人在訓練上投資較少，因為比起白人來，黑人在教育、健康、以及其他訓練上的投資報酬率較低（Becker, 1975, Ⅳ.3節）。上述數量與品質的互動關係，暗示黑人會以較高的出生率，來回應較少的投資機會。近年來黑人的投資機會已漸有改善，他們在訓練上也投資較多 (Freeman, 1981)，同時其出生率也相對於白人降低了 (Sweet, 1974)。

傳統農業的農村家庭比都市家庭來得大，因為就我們所見，農村的小孩較便宜；不僅如此，傳統的農人在每個小孩上也投資較少 (Schultz, 1963; Barichello, 1979)。早期的經濟發展提高了都市小孩的教育與其他訓練上的投資報酬率，此降低了都市家庭子女品質的邊際成本，使他們更進一步自數量轉移至品質。（註14）然而，進一步的經濟發展，使農業的人力資本報酬也提高了，因為農業變得愈來愈機械化與精緻。此時農村家庭也自數量轉向品質（見Makhija, 1980年有關印度農村近年的數據）；的確，今天在許多先進國家鄉村的出生率已下降到低於都市的出生率，因為農村小孩已變得比都市小孩昂貴了。

由於受過教育的婦女對子女數量的需求較小 (Michael, 1973)，小孩質量的互動關係隱含他們在子女教育及其他訓練上會投資較多。因此，許多迴歸分析顯示的小孩教育與母親教育間的正相關，並不能證明母親教育對子女教育的直接因果關係。但此一例子說明了，為何質量間的互動關係隱含著估計質量二者的需求函數時，都必須考慮此一互動關係。

我們可以用縮減式 (reduced form) 或聯立方程式來分析；譬如，小孩的教育（或其他品質指標）可能與其父母的教育、兄弟姐妹的數目、以及其他變數有關，而子女數量則與父母教育、子女教育、以及其他變數有關。數個實證研究已考慮此一互動關係，且已發現品質對數量有負的效果，而通常數量對品質也有負的影響。（註15）

假如小孩死亡率的變動是外生的，則死亡率變動對生育率的影響，可以簡單地在一條生育需求函數中，將死亡率包括在解釋變數內來決定即可。然而，假如小孩死亡率有部分由父母決定，（註16）則對存活小孩的需求會與生育需求相互影響。譬如，一個外在的避孕知識的改進會降低子女的數量，提高他們存活的機率，並改進子女其他方面的品質。出生率的降低並非由小孩死亡率降低所「導致」，而死亡率的降低也非由出生率降低所「導致」，但二者均肇因於子女數量的價格提高以及質量間的互動關係(Gomez, 1980)。

即使純由外生因素降低小孩的死亡率，也會招致數量與品質的互動作用。如果施行公共保健福利，則父母親可能會減少其本身在防止小孩死亡上的心力；（註17）但他們會增加其他方面的子女品質的支出，因為這些支出上的報酬率會隨死亡率的減少而提高。假如父母的總支出增加，則（子女）數量的有效價格可能隨小孩死亡率外因性的減少而提高，因此對子女存活（量）的需求下降（亦請參閱 O'Hara, 1972）。小孩存活機率由外生因素提高某一固定百分比，會導致

一個更大百分比的生育下降。

　　經濟發展影響生育率和小孩的品質，不只因為所得的提高，且也因教育和其他人力資本的投資報酬率之提高。因為即使是一個「純粹的」所得提高，也可經由質量間的互動關係降低出生率，所得的提高加上較高的品質報酬率可顯著地降低出生率。職是之故，即使生育需求的「真實（true）」所得彈性是頗大的正值，經濟發展對生育率也可以有明顯的負向效果。雖然在開發中國家，富裕家庭的子女比貧窮家庭為多，但如將先進國家不同家庭間報酬率的系統化差異性納入考慮，則一個類似的分析隱含著富裕家庭的子女數將比貧窮家庭為少。

附註：

〔註1〕達爾文（1958，頁42～43）寫道：「1838年10月，也就是我開始做有系統研究的十五個月後，我閑暇時偶然讀到馬爾薩斯的人口論，當時我已從動植物習性的長期持續觀察中，充分認知其普遍地為生存而奮鬥。此書對我產生立即的震撼：在這些情境下，有利的變種（variations）會被保留，而不利者則遭毀滅。其結果會形成新的物種。由此我終於找到一個理論去做研究了。」

Alfred R. Wallace（1905，頁361）是物競天擇理論的共同發現者，他也表示受到馬爾薩斯的影響。

〔註2〕見Makhija（1978）；Singh等人（1978）。亞當·史密斯述及有關美洲殖民地時，說：「在那裏，勞動是如此高報酬，許許多多

家庭的小孩不再是負擔，而是父母財富與資產的來源。每個小孩的勞動，在其長大離家前，經計算後提供父母值得一百磅的純利」（1937，頁70～71）。有關最近美國農村小孩貢獻的研究，請參見Rosenzweig（1977）。

〔註3〕 Makhija（1978）以及Singh等人（1978）分析了印度農村和巴西等之學校教育與農務工作間的替代性。義務教育的法律也可能有助於提高農村小孩的就學（但仍請參見 Landes 與 Solmon, 1972）。

〔註4〕 譬如，加州在1966年和1974年，每一千個15—44歲未婚婦女之非婚生子女數，白人婦女是18和19人，黑人婦女則為69和66人（Berkov與Sklar, 1976）。

〔註5〕 此公式在早期已導出，請參見Becker（1956）；進一步的討論請見Sheps與Menken（1973）。

〔註6〕 從式（5.5）以及觀察到的288個月的婚姻生活約有11次生產，我們推論出 C＋S ＝26個月。假如懷孕時與懷孕後的不生育期間 S 約17個月（Menken和Bongaarts, 1978），則 C 約9個月。 f 降低10%會提高10%的 C，使 C 達到約 *10* 個月，而哺乳時間延長 *3* 個月會使 S 增加 *2* 個月。則 C＋S 會自26個月提高到29個月。此外，假如結婚年齡延遲至23歲，E 則降低至252個月。所以 $n'=252/29 \cong 8.7$。性交中斷法可降低90％以上的懷孕機率（Michael, 1973）。假如有一半的性交使用中斷法，則

$$C'' = \frac{1}{p\dfrac{(0.9f)}{2} + 0.1p\dfrac{(0.9f)}{2}} = 2\left(\frac{1}{fp}\right) = 2C \cong 18.$$

故 $n''=252/(18+20)=6.6$。

〔註7〕 假如 C＋S 不受 E 的減少影響，結婚年齡自20歲增至22歲—E 自

288降至264─必然降低8.3%的 n 。然而，f 的下降效果，決定於 C 對 S 之比。假如 $S=17$ 而 $C=9$ （$n=11$），f 減少10%只會減少3%的 n，但當 $S=17$ 而 $C=127$ （$n=2$）時，則 f 減少10%會降低8%的 n。

〔註8〕 我們顯然缺乏可信的史實，但很明顯地在1960年代的美國性交頻率是增加了，然而生育率却快速的下降 （Westoff, 1974） 。

〔註9〕 式 (5.7) 可寫成：

$$(p_c n)q + (p_c q)n + \pi_z Z = I + p_c nq \equiv R，$$

或者：

$$\pi_q q + \pi_n n + \pi_z Z = R.$$

〔註10〕 參見 Becker 和 Lewis （1973） 以及 Tomes(1978) 的證明。更一般化的是，只有在下列條件下，n 與 q 二者均會被消費：

$$\sigma_{nq} < \frac{1 - k_z \sigma_z}{1 - k_z}$$

式中 σ_{nq} 是 n 與 q 間的替代彈性，編 σ_z 代表 Z 與 n 以及 Z 與 q 之間的替代彈性，而 k_z 是 Z 占 R 的支出份額。由此，假如 $\sigma_z \geq 1$ 則 $\sigma_{nq} < 1$，且在 σ_{nq} 可能範圍內，其極大時與 σ_z 之間為負相關。也就是說，假如其他商品是小孩的密切替代品，則小孩數量與品質不可能密切地替代。

〔註11〕 假如 $p_c nq = S'$，則

$$p_c n + p_c q(dn/dp) = dS' = 0，$$

和

$$p_c(dn/dq) + p_c(dn/dq) + p_c q(d^2 n/dq^2) = 0，$$

或

$$d^2 n/dq^2 = (-2\ dn/dq)/q > 0.$$

〔註12〕 在我第一篇生育率的文章中，我並未完全認清小孩質量之互動關係的重要性。當時我主張經濟理論「在價格與數量間的量化關係上，沒有什麼內涵。雖無良好的子女替代品，但可能有許多較差

的替代品」（Becker，1960，頁215）。

〔註13〕 參見 Becker 和 Lewis，1973，式（A.19）。我很感激 H. Gregg Lewis對先前計算錯誤的指正。

〔註14〕 譬如，在十九世紀後期與二十世紀初的義大利和德國（普魯士），都市生育率相對於鄉村生育率下降了（Knodel, 1974，表3.2；Livi-Bacci, 1977，表3.8）。

〔註15〕 參見Makhija（1978）對印度農村地區；Singh等人（1978）對巴西農村地區；Castañeda（1979）對哥倫比亞都市地區；Gomez（1980）對墨西哥；Barichello（1979）對加拿大；Tomes（1978）、De Tray（1978）以及Rosenzweig與Wolpin（1980）對美國的研究。Makhija與Castañeda發現數量對品質的影響效果是大於或等於零。

〔註16〕 有許多父母控制的證據，Scrimshaw（1978）對此作了很好的整理。此外，十八世紀間出生於歐洲統治階層家庭的小孩有三分之二活到十五歲，而生於維也納一般家庭者則只有三分之一左右（Peller, 1965，頁94）；另一種比較是，1931年印度相對高收入的袄教徒，其出生時預期壽命是53歲，而一般人只有32歲（United Nation, 1953，頁63）。請亦參見 Gomez（1980）之近數十年來墨西哥的內生（endogenous）死亡率。

〔註17〕 第六章與第十一章分析公共「秉賦」與其他「秉賦」改變對父母努力之影響；Scrimshaw（1978，391、頁395）提供了父母反應公共保健措施的實證數據。

附篇　生育率的經濟理論再探

Supplement: A Reformulation of the Economic Theory of Fertility

此補篇為 Robert J. Barro 所改寫，原文刊登於 *Quarterly Journal of Economics* 103（1988）：1-25。經小幅修改，獲得允許現重印於此。

　　經濟理論對於生育率的看法總是強調父母的所得與養育子女的成本。但除 Easterlin(1973) 及有些學者（參見第七章）的研究外，這個方法被認為忽略了分析同一家庭內不同世代間的決策。除此之外，雖然存在馬爾薩斯法則，但生育率仍未與工資率、利率、資本累積及其他的總體經濟變數的決定整合在一起（不包含 Razin 及 Ben-Zion, 1975 及 Willis, 1985）。

　　此補篇中我們的模型是立基於假設父母對子女是利他（altruistic）。父母的效用不僅與其自身的消費有關，更與每個子女的效用及子女的人數有關。在連結子女的效用對父母自身消費與其子女們的效用後，我們得到一個家族(dynastic)的效用函數，其與所有世代之子孫的消費及人數有關。我們冒險的使用「再探」這個字為補篇的標題，乃是因為我們強調不同世代間家族的效用函數。此再探的新方法可以重新檢視生育率的決定因子。

　　在下一節中我們將設定一個父母對子女的利他模型並導出家族預算限制及家族效用函數。在求取此效用函數最大化所得到之一階條件，隱含不論任何一代其生育率與實質利率及父母對子女的利他程度呈正相關，但與平均每人消費成長率呈負相關。每一子孫的消費則與養育此子孫所需的淨成本呈正相關。

　　嬰兒死亡率、對子女的補助(或稅負)、社會安全捐及其他對成年人的移轉性支付對生育率的效果均被考慮在模型內

。雖然對存活子女的需求在孩童死亡率傾向較低時會上升，然而一旦死亡率穩定在較低的水準時，則對存活子女的需求又會回到先前的水準。

當經濟完全地與國際資本市場連結，但尚未與國際勞動市場連結時，則生育率將隨國際實質利率的下降及該經濟體技術進步率上升而下降。開放經濟下對生育率的分析可以用來解釋為何西方國家在過去幾十年生育率不高的原因。

我們將分析拓展至包含消費、所得及效用在生命週期中的變化。生育率為生活費支出及對子女人力資本投資的函數，但非簡單地視為子女消費支出的函數。此外，在人口統計穩定狀態下，總合消費的路徑與利率、時間偏好或其他消費在生命週期變化中的決定因子無關。

生育率與人口改變的模型

首先，我們假設每個人之生命有兩期：孩童期及成人期。稍後我們將指出如何結合一個完整的生命週期分析與跨代的效果。我們假定每一個成人都具有子女而沒有「婚姻」，因為我們認為加入了男性與女性間的婚姻，只有使分析變得複雜，而對分析的本質沒有影響(亦可參見 Bernheim 及 Bagwell, 1988)。此外，為避免探究子女出生間隔的問題，我們亦假設父母在成人期一開始即擁有所有的子女。

經濟理論對生育率的分析已經假設父母的效用與子女的數目及子女「品質」有關。然而這些分析卻沒有設定如何及

為甚麼子女會影響父母的效用。雖然對偏好的未知普遍存於經濟學家心中，但一個分析生育率更有力的方法為建立父母對子女具有利他行為的模型。

家庭中利他行為的重要性被經濟學家有系統的認定，乃始於1970年代（兩個早期的研究為 Barro,1974 及 Becker,1974b）。顯然，許多父母對子女是利他的，在此心態下，父母的效用與其子女的效用呈正相關。同樣的許多的子女也關心父母及其他兄弟姊妹的福利（及其他親屬）。在這裡我們強烈依賴父母對子女利他心態的假設，藉以產生一個生育率與人口變動的動態分析。

如果成人的效用（U_0）為其自身消費（c_0）及每一子女效用（$U_{1,i}$）之可加的可分性函數，則

$$U_0 = v(c_0, n_0) + \sum_{i=1}^{n_0} \psi_i(U_{1,i}, n_0), \qquad (5S.1)$$

其中 v 為一個標準的當期效用函數（其中 $v_c > 0$ 及 $v_{ii} < 0$，當 $i = c_0, n_0$），由於父母對其子女差異的分辨並非此補篇中的重要課題（註1），因此我們簡單地假定兄弟姊妹是同質的，因此函數 $\psi_i = \psi$ 對所有子女而言都是一樣的。如果每一子女的效用函數均為遞增且下凹（concave）的，當所有子女都達到相同的效用水準時，$U_{1,i} = U_{1,j}$（對所有的 i 及 j），則父母之效用為最大，因此，父母的效用函數可以寫為：

$$U_0 = v(c_0, n_0) + n_0 \psi(U_1, n_0). \qquad (5S.2)$$

若另外假設 U_0 與 U_1 呈直線性關係，則 $\psi(u_1, n_0) = U_1 a(n_0)$，父

母的效用可界定為：

$$U_0 = v(c_0, n_0) + a(n_0)n_0U_1. \tag{5S.3}$$

$a(n_0)$一項為測量父母對每一子女的利他程度，並且將子女的效用轉入父母的效用中。我們再假定每一子女的效用函數既定為 U_1，父母的效用函數為子女數 n_0的遞增且下凹的函數。這個性質與式(5S.3)均須要求利他函數滿足此條件：

$$v_n + a(n_0) + n_0a'(n_0) > 0, \quad \text{and} \quad v_{nn} + 2a'(n_0) + n_0a''(n_0) < 0, \tag{5S.4}$$

其中我們忽略子女數的整數限制。值得注意的是 v_n可能為負—即子女可能提供消費的負效用。

如依式(5S.3)來推論，則第二代之效用 U_1與其本身的消費（c_1）、子女人數（n_1）及其所擁有子女的效用（U_2）有關。因此第三代（曾孫）的效用可以進入模型中，因為 U_2可被取代為 c_2，n_2及 U_3的函數。如果這些效用函數的參數對一家族而言每代均相同，且如果父母忽略其童年期的效用，當不停去替代往後的消費與生育率時，我們可以得到一個家族的效用函數，其與該家族所有子孫的消費與子孫數有關。此家族效用函數為：

$$U_0 = \sum_{i=0}^{\infty} A_iN_iv(c_i, n_i), \tag{5S.5}$$

其中 n_i為子女人數，c_i為第 i代成人之消費。A_i項隱含第 i代父母對子女的利他程度，可界定為：

$$A_0 = 1, \quad A_i = \prod_{j=0}^{i-1} a(n_j), \quad i = 1, 2, \dots \tag{5S.6}$$

N_i項為第i代子孫的數目：

$$N_0 = 1, \qquad N_j = \prod_{j=0}^{i-1} n_j, \qquad i = 1, 2, \ldots \qquad (5S.7)$$

如果子女亦以利他心態對父母，則家族的效用將與所有祖先的消費與生育率及所有子孫的消費與生育率有關（參見Kimball, 1987）。

當父母只有一個小孩時（$n=1$），如果其自身的消費之邊際效用超過其子女消費的邊際效用，我們說此父母為「自私的」，對自私的父母而言，此定義隱含 $a(1)<1$。我們假定父母是「自私的」因為在每人消費穩定（$c_1=c$）及子孫數穩定（$N_1=1$）下，家族的效用只有在$a(1)<1$時才有解。

若不從式(5S.3)線型的利他函數及由式(5S.5)所導出來的家族效用函數出發，我們可以從原始的家族效用函數開始。如果我們假設家族效用為不同世代之平均每人消費（註2）的時間一致性及可加的可分性函數，則家族效用函數本質與式(5S.5)相同。（參見 Becker 及 Barro, 1986）（註3）在此觀念下，式(5S.5)較我們的導式更為一般化。當然，偏好不一定具有可加性可分及時間一致性。然而，這些假設對於生育率的經濟理論分析是一個很好的開始，特別是當分析家庭決策的決定時，並無令人信服的理論或實證時。此外，在許多討論跨代資源配置的文獻中所使用的社會偏好函數（如 Arrow 及Kurz, 1970），其實僅為式(5S.5)之家族效用函數的特殊情

況。

　　當每一成年人提供一單位的勞力到市場中(註4)，並獲得 W_i 的工資，此成人在子女的孩童時期便保留不須折舊的資本 K_{i+1} 贈予給每一子女，資本 k_i 之報酬率為 r_i。第 i 代之成年人將其收入及所繼承的遺產，$w_i + (1 + r_i)k_i$，全數花費在消費 c_i、贈予給子女 $n_i k_{i+1}$ 及養育子女的成本上。我們假定每一子女的養育成本為 β_i，因此 $n_i \beta_i$ 為養育所有子女至長大成人的總成本，因此，第 i 代成年人的預算限制式為：

$$w_i + (1 + r_i)k_i = c_i + n_i(\beta_i + k_{i+1}). \qquad (5S.8)$$

參數 β_i 代表養育子女的成本，其與子女的「品質」無關(以他們的消費 c_{i+1}、工資率 w_{i+1}，或遺產 k_{i+1} 來測量)。為擷取生育率文獻中所強調父母的時間價值，我們有時候假設 β_i 和父母的工資率 w_i 呈正相關，我們亦假設債務是可以留給子女的——即遺產 k_i 可能為正或為負(註5)——雖然父母不可能留下負水準的人力資本。

　　此最大化的問題可以視為族長(dynastic head)求式(5S.5)效用函數之最大化，而受限於式(5S.8)之預算限制及初始資產 k_0。在實行此最大化問題時，每一個戶長均位於一個既定的工資率 w_i、利率 r_i 及養育子女的成本 β_i 的路徑上。每一個成年人在所選定的消費路徑 $c_0, c_1, c_2 \cdots$、資本存量 $k_1, k_2, \cdots$ 及子孫的數目 $N_1, N_2, \cdots$，必須與此最大化問題一致(註6)。

　　如果生育率並不影響當期效用 ν，且父母對子女的利他程度為子女的數目的固定彈性，則第一階條件可以簡化，即

如果

$$a(n_i) = \alpha(n_i)^{-\varepsilon}. \tag{5S.9}$$

在此例中,對子孫的利他程度,式(5S.6)之 A_i 僅與第 i 代的子孫數 $N_i = \Pi_{j=0}^{i-1} n_j$ 有關,因此, $A_i = \alpha^i(N_i)^{-\varepsilon}$ 。相反地,如果我們假設 A_i 僅與 N_i 有關(但與 N_j, $j \neq i$ 無關),則式(5S.9)必須成立,第 i 代的家族效用僅與此代的子孫數與每一子孫的消費有關。

條件 $0 < a(1) < 1$ 必須在 $0 < \alpha < 1$ 成立下才成立,在子女效用既定下,父母對子女數的效用函數為遞增且凹向下(即保證式(5S.4)之不等式與 $0 < \varepsilon < 1$ 相符)。將式(5S.9)之利他函數代入式(5S.5)之家族效用中,我們可以得到:

$$U_0 = \sum_{i=0}^{\infty} \alpha^i(N_i)^{1-\varepsilon}v(c_i). \tag{5S.10}$$

假設我們改變第 i 代的子孫數目 N_i,但固定第 i 代之總消費, $C_i = N_i c_i$ 以及其他世代之人數及每人消費(即 N_j 及 c_j,當 $j \neq i$ 時)。因此 U_0 的改變即為衡量若有更多第 i 代的子孫去消費一既定的總合財貨數量時,其利得或損失。由於養育子女需成本的,當 N_i 增加,在此情況中必須能將 U_0 推高至最大化的位置上(如果子女被產生出來的話)否則,人們寧願擁有較少的子女。式(5S.10)之 U_0 對 N_i 的導式一固定所有世代 C_i 及 c_j 一之值為正,只有當

$$\sigma(c_i) < 1 - \varepsilon, \tag{5S.11}$$

其中 $\sigma(c_i) = v'(c_i)c_i / v(c_i)$ 為 $v(c_i)$ 對 c_i 的彈性。不等式(5S.11)對以

後的討論十分重要。

第一階的條件得自一般的方法，其中允許式(5S.8)中每個預算限制式都有一個拉氏乘數 (Lagrange Multiplier)（我們仍舊忽略子女數的整數限制）。其中一個第一階條件可寫為：

$$\frac{v'(c_i)}{v'(c_{i+1})} = a(n_i)(1 + r_{i+1}) = \alpha\frac{(1 + r_{i+1})}{(n_i)^\varepsilon}, \quad i = 0, 1, \ldots \quad (5S.12)$$

雖然我們強調式(5S.9)為固定彈性的設定，但任一型式的 $a(n_i)$ 若能滿足不等式(5S.4)，此條件仍然成立。

其他組的一階條件(註7)為

$$v(c_i)[1 - \varepsilon - \sigma(c_i)] = v'(c_i)[\beta_{i-1}(1 + r_i) - w_i], \quad i = 1, 2, \ldots,$$
$$(5S.13)$$

其中 $\sigma(c_i)$ 為 $v(c_i)$ 對 c_i 的彈性，另存在家族預算限制式，其等於所有資源的現值對所有支出的現值(註8)

$$k_0 + \sum_{i=0}^{\infty} d_i N_i w_i = \sum_{i=0}^{\infty} d_i(N_i c_i + N_{i+1}\beta_i), \quad (5S.14)$$

其中

$$d_i = \prod_{j=0}^{i} (1 + r_j)^{-1}.$$

式(5S.12)為一個移轉某代消費至下一代的套利條件。排除與生育率 n_i 有關的這項，此方程式可展現一個較為人所熟悉的結果，即第 $i+1$ 及 i 期消費的效用替代率 $v(c_i)/v'(c_{i+1})$，直接地與時間偏好因子 α 及利率因子 $1+r_{i+1}$ 有關。因此，當

α 或利率 r_{i+1} 上升時,將較 c_i 增加。在我們修正的套利條件下,當 $a(n_i)$ 給定下,生育率 n_i 的增加,則降低了每一個子女享有的利他效果。因此高生育率乃來自於當在 α 及 r_{i+1} 值固定下,c_{i+1} 較 c_i 減少的情況下。

式(5S.13)表示額外增加一個子女的邊際利益(或相對於增加下一期的一個成年人)必須等於邊際成本,式子右邊為在第 i 代額外增加成年人的淨成本,左邊為來自此額外增加的成年人之效用,其中此代的總消費 C_i 是固定的,如我們稍早的討論,此邊際效用必須為正且接近最適的水準,其隱含 $1 - \varepsilon - \sigma(c_i) > 0$(見式5S.11)。

式(5S.13)隱含僅當子女為財務負擔時,消費方為正;即當養育子女的成本超過其終生收入的現值。由於此條件在很多國家中不一定成立,特別是現代化國家,因此我們的方法似乎有嚴重的瑕疵,此乃由於未考慮人力資本投資而引起的。

為明瞭此,可將 k 解釋為投資在子女身上的金額以提高子女收入,因此

$$w = e + (1 + r)k, \qquad (5S.15)$$

其中 r 為投資在人力資本的報酬率(簡單地設為常數),而 e 代表與這些投資無關的收入。整個分析過程與原先的一樣,除了式(5S.13)變成

$$v(c_i)[1 - \varepsilon - \sigma(c_i)] = v'(c_i)[\bar{\beta}_{i-1}(1 + r_i) - e], \qquad (5S.13')$$

其中 $\bar{\beta}$ 代表不包含人力資本之養育成本。固定收入的部份 e

，可視為總收入中的一小部份，特別是現代的國家。因此可以合理的假設式(5S.13')右邊為正，即養育子女的固定成本超過其收入中固定的部分。

實際上所有家庭投資在子女身上的人力資本—某一種形式的「遺產」，與其他移轉性資產不同。而探討生命週期中資本的累積要比資本遺產來得重要，因資本遺產通常忽略了投資在子女身上的人力資本所形成的大量「遺產」 （見Modigliani, 1986）。

當我們利用σ_i的定義，式(5S.13)變為：

$$\frac{c_i[1 - \varepsilon - \sigma(c_i)]}{\sigma(c_i)} = \beta_{i-1}(1 + r_i) - w_i, \qquad i = 1, 2, \ldots \quad (5S.16)$$

若 $\sigma(c_i)$為常數，則左邊可寫為為 c_i的某一百分比，否則，我們假設 $\sigma(c_i)$隨 c_i而緩慢上升或下降，以使得式子左邊隨 c_i而上升。因此，式(5S.16)隱含 c_i為第 i 代養育額外子孫淨成本的正函數。亦即，當養育子女的成本愈高時，每一個人會被賦與較高水準的消費。事實上，當生養子女的成本變大時，則必須提高每個子女的「利用率」（即較高的c_i）。

此結果隱含每一個人的消費 c_i，只有在養育下一代的淨成本增加時才可望增加。相對地，時間歷程中最適消費的一般模型隱含，如果實質利率超過(或小於)時間偏好率，則消費在時間歷程中將成長(或下降)。在我們的分析中，跨代每人消費的成長率與利率水準、純利他行為或時間偏好皆無關。

改變利率水準或利他的程度主要是為影響生育率 n_i。我們可以重寫式(5S.12)以解出生育率：

$$n_i = \left[\frac{\alpha(1 + r_{i+1})v'(c_{i+1})}{v'(c_i)} \right]^{1/\varepsilon}, \quad i = 0, 1, \dots \quad (5S.17)$$

式(5S.16)釘住跨期替代項 $v'(c_{i+1})/v'(c_i)$ 當 $i=1,2,\dots$，因為後代之 c_i 僅與養育子孫的淨成本有關。若固定了消費項，則生育率 n_i 當 $i=1,2,\dots$，將隨利率 r_{i+1} 或利他率 α 之上升而上升。

在生命週期的分析中，高利率將使得時間歷程中消費的成長率提高。我們的分析中隱含較高的利率可以提高每一子孫的消費水準而非消費的成長率，參見式(5S.13)，但由式(5S.12)中，穩定狀態時的生育率是遞增的，跨代間子孫總消費的成長率則隨利率上升而增加。

生育率的上升或許讓人覺得吃驚，因此我們可以期望「投資需求」 n_i 與資本成本 r_{i+1} 呈反向改變。當每一子孫的消費增加時，則每一子女的效用 (U_{i+1}) 與額外增加一個子女的邊際效用均上升，在穩定狀態下，此邊際效用的增加完全涵蓋了資本成本的增加。(註10)

此模型另外一個重要的性質為考慮了財富改變的效果，我們以原始資產 k_0 的移動來代表。式(5S.16)隱含每人未來的消費 c_i 不受財富移動的影響，如果此財富移動並不改變養育子女的淨成本。因此式(5S.17)隱含未來生育率 $n_i(i=1,2,\dots)$ 亦未改變。當未來平均每人消費與未來生育率均不變下，則家

族預算式(5S.14)中之原始消費 c_0 或生育率 n_0 必須有所改變。利用式(5S.17)，我們可以發現當 $i=0$ 時，c_0 增加(或下降)伴隨著 n_0 增加(或下降)，因此，較富有的人其消費較高且擁有較大規模的家庭。

這些結果隱含增加遺產僅會增加家族的規模。而只有在第一代原始生育率 n_0 增加下，後代子孫數 N_i 及總合消費 C_i 才會增加。為直接察看 N_i 的效果，其中 $N_i = n_0, n_1, ..., n_{i-1}$，當 $i=1, 2, ...$，將每一個生育率代入式(5S.17)中導出：

$$N_i = \left\{ \alpha^i \left[\frac{v'(c_i)}{v'(c_0)} \right] \prod_{j=1}^{i} (1 + r_j) \right\}^{1/\varepsilon}, \quad i = 1, 2, ... \quad (5S.18)$$

當財富增加時，c_0 亦會增加，而使得 $v'(c_0)$ 下降。由於 c_i 的未來值均未改變，式(5S.18)隱含所有 N_i，$i \geq 1$ 的值成等比例增加。

有些許令人驚訝的結果，即未來每人資本存量 $k_i (i=1, 2, ...)$ 不受財富改變的影響，此結果來自式(5S.14)之家族預算限制，未來每人消費 c_i 及生育率 n_i 皆未改變之故。所不同的是當父母的財富改變時，並不影響對每一個子女的贈與。

財富會完全地迴歸至父母與子女間的平均數水準，因為較富有的父母會將其額外的資源，全數花費在本身的消費支出及養育較大的家庭上面。財富和生育率的正向關係可以用來解釋為何美國和一些其他的國家跨代間之平均每人財富會向平均數接近的原因。所幸地，此完全迴歸至平均數的不真實涵義，在我們將一些有關偏好及養育子女成本的特殊假設

拿掉後，就不會存在了（參見以下部分）。

　　我們的模型在養育子女的成本改變時，對子女的需求，有一些令人驚奇的涵義。現考慮對第 j 代養育子女課稅，即 β_j 增加，但不改變 β_i，其中 $i \neq j$。其次利用財富效果，假設期初資產 k_0 之報償增加，但財富的邊際效用 $v'(c_0)$ 不變，則式(5S.16)表示當 c_{j+1} 上升時，其他的 c_i 並未改變。式(5S.17)隱含 n_j 下降，因為在該代養育子女需付出較多的成本。而令人吃驚的結果為，當 n_{j+1} 上升時，正好完全消除 n_j 的下降。對第 j 代課稅並不影響第 $j+1$ 代以後的子孫的數目，其原因在於式(5S.10)之家族效用為子女人數與消費的時間可分性函數。家族的效用與任何一代的生育率並無明顯相關，如眾所知，時間可分性函數隱含在時間 i 對某一變數的需求僅與 t 時間財富的邊際效用及價格變數有關。因此，就一既定的財富邊際效用下，第 i 代子孫的數目與消費並不受其他代之價格改變所影響。

　　現在考慮一恆常地增加養育子女的成本的情況，即以相同比例增加每一代（$i \geq j$）養育子女的淨成本，$\beta_i(1+r_{i+1}) - w_{i+}$。式(5S.16)隱含在 $j+1$ 代及其以後各代之每人平均消費增加。更進一步，如果我們假設一個 $v(c_i)$ 對 c_i 彈性的趨近值為常數 σ，因此 c_{j+1}，c_{j+2}，……增加為等比例的。式(5S.12)為在時間歷程中之跨期消費的套利條件可以簡化為：

$$\left(\frac{c_{i+1}}{c_i}\right)^{1-\sigma} = \frac{\alpha(1+r_{i+1})}{(n_i)^\varepsilon}, \qquad i = 0, 1, \ldots \qquad (5S.19)$$

當 c_i 呈等比增加，其中 $i = j+1, \ldots$，隱含當所有後代子孫生育率不變時，第 j 代的生育率將下降(因為 c_{j+1}/c_j 上升)。

因此，在既定的利率下，即使是一個對子女恆常性(補償性)課稅，將只降低此代在課稅之初的生育率。然而，此代生育的下降將對其子孫具有持續效果——相關的決策變數——因為後代的子孫數目亦隨之全面減少。生育率，為對子孫數存量的一個投資率，即使養育子女的成本恆常性改變，其影響僅為暫時性的。

一個恆常性的增加 β_i 亦會恆常性地增加每人平均消費量 c_i，當 c_i 及 β_i 較高且 n_i 不變時(當 $i > j$)，則在第 j 代以後之子孫每人支出將較高。為支撐這些較高的支出，則資本的水準及遺產 k_i，當 $i > j$，均需較高。

如果 β、r 及 w 在時間的歷程中是穩定的，且 σ 及 ε 亦為常數，則存在 n、c 及 k 的唯一的穩定狀態值分別等於

$$n^* = \alpha^{1/\varepsilon}(1 + r)^{1/\varepsilon}, \tag{5S.20}$$

$$c^* = [\sigma/(1 - \varepsilon - \sigma)] [\beta(1 + r) - w], \tag{5S.21}$$

及　　　$$k^* = \frac{c^* + \beta n^* - w}{1 + r - n^*}. \tag{5S.22}$$

這些唯一的穩定狀態下是全面性的穩定，且僅在維持初始資本存量的那一代方才存在。而此穩定狀態的生育率與利率及利他程度呈正相關，但與養育子女的成本及其他的參數無關。

每一子孫在穩定狀態的消費水準與養育子女的淨成本

$\beta(1+r)-w$ 呈正相關。相對地，在一般的生命週期模型中，時間歷程中的消費成長率則與利率呈正相關。在這些模型中，除非利率等於時間偏好率，否則並無穩定狀態的消費存在。

我們在穩定狀態及一代動態的結果，可能會受許多的讀者及早先研究者批評，認為那是因為此結果基於許多的假設：利他函數及當期效用函數具固定彈性(ε 及 σ)、子女並不提供在消費上的效用給父母（$v_n=0$）、子女並不關心父母及養育子女的邊際成本為固定常數。其中有些假設對一代動態模型是嚴苛的，但他們並不是此穩定狀態主要特性來源。此嚴格的假設為利他率——時間偏好與子女數目呈負相關(註11)。在此假設下，子女的效用函數得以線型的形式進入父母的效用函數之中(參見 Becker 及 Barro, 1986，頁20-22之證明)。我們已經看到這些設定相當於假設家族效用函數為時間一致性及可加的可分性。

即使在一般的情況下，如果 a(n)具單調性， n 之穩定狀態下的值亦為唯一的，我們尚未證明在一般情況下收斂至穩定狀態的情形。但如果 $v_n=0$ 及 $a(n)=\alpha n^{-\varepsilon}$，當養育子女邊際成本與子女數呈正相關時，我們已經證明其收斂性了(參見 Becker及Barro, 1986，第二節之證明)，即使邊際成本在增加的情況下，穩定狀態仍能維持。

另外，考慮增加期初資產 k_0 之動態效果的例子。在子女的邊際成本固定下， k_0的增加引起 c_0及 n_0增加，但並未改變

c_i 及 n_i 的未來值。如果邊際成本上升，n_0 的增加將引起 c_1 的增加，c_1 的增加，會引起 n_1 的增加(利用式5S.12)，而後 c_2 增加，等等。以此方式，財富增加會引起後代子孫每人消費及生育率的增加，此效果會隨時間而變小，直到穩定狀態達成。雖然每人平均消費及每人平均資產仍舊會迴歸至平均數的水準，但此過程在單代中不再可行，顯然地，此漸近過程與實證結果較為一致。

大蕭條、二次世界大戰及嬰兒潮

　　大蕭條時期特徵為實質所得及工資率的大幅下降，但由於養育子女的成本 (β) 並未下降，因此有些婦女參與勞動力市場(參見 Butz 及 Ward, 1979a)。事實上，如果人們察覺此大蕭條將長期持續，由於 w_{i+1} 下降，β_i 些許變小使得養育子女的淨成本，$\beta_i(1+r_{i+1})-w_{i+1}$，增加。因此，所得及替代效果將使得大蕭條期的生育率下降。

　　二次世界大戰期間由於將資源移轉至軍事上，隱含財富下降，因此也降低了生育率。而養育小孩的成本 $\beta_i(1+r_{i+1})$ 相對於工資率 w_{i+1} 增加，此增加反映在婦女的高勞動參與、年輕男子投效軍旅及可能有較高的實質貼現率 r_{i+1}，這些結果暫時性地增加子女養育的淨成本及減少生育率。

　　同樣的方法來解釋大蕭條時期及二次世界大戰長期間生育率下降之後的嬰兒潮。如果在這些時期養育子女淨成本的增加是屬於暫時性的，戰後的生育率將上升以彌補以往生育

率的下降時嬰兒出生的不足。我們並非如一般生育率文獻所強調的,年齡較長時仍生育以彌補年輕時生育的不足。我們之前的分析顯示當子女養育成本較高時,後代的出生率將提早下降。

孩童死亡及社會安全

對19世紀中葉許多西方國家生育率的下降的觀察,有部份被解釋為當孩童死亡率下降時必須降低子女出生數以維持存活子女的目標數。我們的分析在孩童死亡率及對存活子女的需求上有嶄新的涵義。

假設工資率及利率在時間的歷程中均為穩定的,父母對子女死亡的不確定性並不在乎,而僅對子女存活比例 p 改變有興趣。令 β_s 為養育子女由孩提至成人的固定邊際成本,β_m 為子女在未成年時即死亡的成本,則有 n_b 個子女出生的期望成本為 $[p\beta_s+(1-p)\beta_m]n_b$。期望成本對期望存活數的比例($n=pn_b$)—即先前每一(存活)子女的成本為:

$$\beta = \beta_s + \beta_m(1 - p)/p. \qquad (5S.23)$$

在這之前,父母選擇自身的消費、期望的存活子女數及留給存活子女之遺產,不過現在這些選擇都必須受限於與期望成本 β 有關的預算限制。

如果在每一代子女死亡水準恆常性地下降,則可降低養育存活子女的成本。我們先前的分析隱含第一代中每一成人對存活子女的需求量(n_i)在上升,但在後代則不一定(註12)

。由於在第一代中對存活子女的需求增加，生育率亦能可同時提高，而高的存活率 p 會減少出生數 n_b，以維持固定的存活子女的數目。

如果子女死亡率在時間的歷程中繼續下降，則養育存活子女的成本亦會下降，因此每一成年人對存活子女的需求數就會增加。小孩死亡率逐漸緩降而趨進於零，如同西方世界過去50年的情況一樣。當死亡率下降緩慢，則養育存活子女成本亦緩慢下降而漸漸停止。從此子女存活機率累積性增加將不影響對存活子女數的需求。

我們的分析在於解釋為何過渡到一個小孩死亡率低的社會結構中，對人口成長率僅暫時性有正面的影響(參見 Dyson 及 Murphy, 1985的實證)，以及為何初始時出生率的下降落後於小孩死亡率的降低。而出生率的降低必須加速進行直到原先百分比的下降等於存活至成人機率百分比的增加。

有些生育率的下降可歸因於社會安全的成長及其他對年長者移轉性支付。對於利他的家庭，我們的模型隱含即使子女並未扶養年長的父母，對年長者之公共移轉性支付的成長，將降低父母對子女數的需求。

此模型並未精確地建立也包含社會安全，因為我們的成人期只有一期。因此，對一個工作中的年輕成年人而言，隨收隨付(pay-as-you-go)的賦稅系統無法融通支付給年長的成年，但假如我們想象(非真實的)子女融通給父母，則可得到相同的結果。

令 s_i 為第 i 代代表性成年人所收到的移轉，τ_{i+1} 為第 i 代每一子女的稅負(就父母而言，對其孩童時期)。如果 $s_i N_i = \tau_{i+1} N_{i+1}$，則政府預算即為平衡，其隱含

$$\tau_{i+1} = s_i / n_i. \tag{5S.24}$$

在既定的出生率下，對代表性家族而言，來自社會安全的利益與賦稅對整個家族的財富而言正好相互抵消。因此，如生育率不變，社會安全計劃的規模改變，將不會影響跨代間的消費型態，父母可能利用他們獲得的社會安全去支付其子女的稅負。更一般的說法，父母可能充足地提高其遺產，使子女得以支付這筆稅款，而不必縮減其消費(參見 Barro, 1974)。

不過將生育率內生化 (endogenity) 修正了這個所謂的李嘉圖均等理論。當第 i 代多增加額外子女時，其稅負為 $\tau_{i+1} = s_i / n_i$，而當此子女成為成人時，所得到移轉為 s_{i+1}，因此，社會安全計劃加重每一個小孩的終生成本為

$$\frac{s_i}{n_i} - \frac{s_{i+1}}{(1 + r_{i+1})}, \tag{5S.25}$$

其中 $s_{i+1}/(1 + r_{i+1})$ 為未來移轉的現值。此淨稅負為正(註十三)，當 $1 + r_{i+1} > n$ 時每人利益為固定 $(s_{i+1} = s_i = s)$。在一正的淨稅負下，社會安全計畫的規模增加(即增加 s)，將增加養育子女的成本。此增加之替代效果與增加養育子女的成本，β，相同。因此，我們之前分析改變子女養育成本之效果也可以運用到社會安全的例子上。

例如，社會安全水準恆常性的增加如同 β 恆常性增加一

樣。維持財富的邊際效果 $v'(c_0)$ 及利率不變，我們發現第一代的生育率下降而後代的生育率則不變。因此僅管子女並不扶養其年長的父母，社會安全福利恆常性的增加可能會暫時性降低生育率。

我們先前亦發現在撫養子女的成本恆常性增加時，後代子孫每人的消費及財富均增加。利用相同的方法，較高的社會安全福利對養育子女成本的正效果將提高「資本強度」（capital intensity）。此結果與一般生命週期模型所得到的結果相反，因其認為社會安全福利會降低資本強度(參見 Feldstein, 1974)。此乃因為該模型將生育率視為外生且忽略消費與跨代移轉間的交互作用之故。

開放經濟與西方國家的生育率

我們將此分析應用到在開放經濟體下的生育率之決定因素，開放經濟體係指與僅具單一實質利率的國際市場聯結的經濟體。因假設勞動在國際邊界中不能移動，因此工資由各經濟體自行決定。然而因各經濟體中生產函數可能不同、規模報酬也非固定以及對工資之稅率不同，雖然面對相同的利率水準，各經濟體的工資率也有所不同。

如果效用函數的彈性為固定常數 σ ，且利他的效用函數的彈性為 ε ，因此

$$\rho_i^j \approx \frac{\log(\alpha^j)}{\varepsilon^j} + \frac{r_{i+1}}{\varepsilon^j} - \left(\frac{1-\sigma^j}{\varepsilon^j}\right)g_i^j, \qquad (5S.26)$$

其中 j 表第 j 國，r_{i+1} 為第 $j+1$ 代的長期實質利率，$n^j_i=1+\rho^j_i$，其中 ρ^j_i 為第 j 國第 i 代與 $i+1$ 代成年人口（自然）成長率，g^j_i 為第 j 國第 i 代與 $i+1$ 代平均每人消費成長率。式(5S.26)右手邊第一項表示當此經濟體之父母較為利他時 (α^j)，其人口成長率亦較快速。而第二項表示當國際長期實質利率較高時，人口成長率亦較快速。由於 $\varepsilon^j<1$，因此人口成長的變化超過利率的改變。就很小的 ε^j 而言，即使溫和的改變實質利率亦能引起人口成長率作很大的改變。最右邊一項表示當每人消費成長較慢時，人口成長率將增加較快速。因為 $(1-\sigma)/\varepsilon^j>1$，人口成長率的差距將超過消費成長率的差距。(見式5S.11)

世代之間平均每人消費成長等於養育子女淨成本的成長。後者與子女存活機率的成長率呈負相關、與社會安全福利及對子女的稅負呈正相關。由於快速的技術進步可以提高每人消費的成長，因此，人口成長在快速技術進步的開放經濟體系中將較低；在社會安全福利下可能增加較快；在孩童死亡率下降時成長較慢。

這些涵義似乎與瞭解西方國家自1950年代以後低生育率有關。經濟在1970年代中期快速成長，尤其是自1950年至1980年間，在九個包含美國在內的工業化國家中，平均每人實質 GDP 每年平均成長3.7%(Barro, 1987，第十一章)。自1950年開始西方國家孩童死亡率已經達到一個相當低的水準，社會安全支付及其他對成人的移轉在過去四十年間則快速

擴張，例如美國與英國之平均每人社會安全支付每年分別成
長7.5%及5.0%(參見 Hemming, 1984；年美國統計調查局，
1965及1984年)。此外，國際實質利率自1980年代以來一直很
低，美國短期政府證券在調整預期通貨膨脹率後之實質利率
，自1948年1980年平均每年僅為1.8%(參見 Barro, 1987，第
七章)。

　　以上這些因素均降低了生育率，特別是他們微量的改變
就使得生育率作明顯的變動。另一個值得注意的涵義是，如
果1980年代之高實質利率持續至1990年代、如果社會安全及
其它支付成長趨緩——事實上他們也必須如此——如果經濟
在1980年代以後仍然成長緩慢，則西方各國的生育率在未來
十年間仍有可能上升。

生命週期與總合消費

　　本節我們將完整的生命週期模型引進模型中，以比較不
同世代間在生命週期上消費的決定。我們亦將指出總合消費
如何與生命週期及各代的消費有關。

　　我們仍舊忽略死亡年齡的不確定性，但我們現在假設每
一個人的壽命為l年。每一個父母在h歲即擁有所有的子女，
h決定該代的長度。偏好在生命週期中具可加性，$v_j(c_{ij})$為第
i代年齡j者在消費 c_{ij}後之效用。因此，第i代終身消費所產
生的效用為：

$$v_i = \sum_{j=1}^{l} \delta^{j-i} v_j(c_{ij}). \tag{5S.27}$$

　　如前所述，父母對每一子女的利他程度與子女數成反向關係，因之，我們仍舊假設一個固定的彈性函數，形如 $\tilde{\alpha}(n_i)^{-\varepsilon}$。因此家族效用中屬於第$i$代的效用$A_i$加權為：

$$A_i = (\tilde{\alpha}\delta^h)^i(N_i)^{-\varepsilon} = \alpha^i(N_i)^{-\varepsilon}. \qquad (5S.28)$$

參數α包含利他$\tilde{\alpha}$及時間偏好δ^h。

　　式(5S.27)之生命週期效用僅以時間偏好來折現，但在家族效用函數中每一代的效用亦必須再以利他程度 $\tilde{\alpha}$ 來折現。即使完全理性的人無須對未來折現($\delta=1$)，A_i也不須等於一，因為理性的個人可能喜好其子女的消費甚於自己的，反之亦然。他們喜歡他們自己的消費，例如，在生物學模型上之遺傳基因最大化理論中，父母僅有一些基因與後代子孫相同。世代間的效用——但不須為生命週期的效用——必須折現至穩定狀態下的家族效用為止（其中$n_i=1$、$c_{ij}=c_{kj}$，對所有的i及k）。

　　當家族效用最大化且受限於一個具完整的生命週期的家族資源下，此一階條件為生命歷程中消費的一般套利條件及跨代間的套利條件。後者本質上與式(5S.12)相同。如果我們繼續假設效用對消費的彈性為固定常數 σ，我們可以明顯的解出年齡及世代間消費成長率的套利關係，因此生命週期的條件為：

$$\frac{\gamma_{j+1}}{\gamma_j}\left(\frac{c_{ij}}{c_{i,j+1}}\right)^{i-\sigma} = \frac{1}{\delta(1+r)}, \text{ 對所有的}i\text{及}j , \qquad (5S.29)$$

其中 γ_j 為指派給消費加權效用——即年齡 j 時為 $(c_{ij})^\sigma/\sigma$(例如年輕的小孩 γ 的值可能較小)。此跨代的條件為

$$\left(\frac{c_{ij}}{c_{i+1,j}}\right)^{1-\sigma} = \frac{n_i^\varepsilon}{\alpha(1+r)^h}, \text{ 對所有的 } i \text{ 及 } j, \quad (5S.30)$$

式(5S.16)現在變成

$$[(1-\varepsilon-\sigma)/\sigma]\bar{c}_i = (1+r)^h\beta_{i-1} - \bar{w}_i, \quad \text{若 } i = 1, 2, \ldots \quad (5S.31)$$

將第 i 代的終生消費現值及收入 $(\bar{c}_i$ 及 $\bar{w}_i)$ 替換式(5S.16)中在成人期的消費與收入,式(5S.31)隱含在每一年齡中,每一子孫跨代的消費成長率等於其養育成本的成長率。注意,每一子孫均衡的消費成長與時間偏好 δ、利他程度 $\bar{\alpha}$ 或利率均無關。相對的,式(5S.29)表示生命週期中消費的成長率與養育子女的成本無關,但與利率及時間偏好率有關。因此,即使當父母並不「自私」(即 $\tilde{\alpha}=1$),生命週期中消費的成長及在各代間的成長,只有在意外間才相等。我們可以再看模型中,產生後代的結果與個人生命無限延長而不在產生後代之結果,具有不同涵義。

現在除 $\alpha=\tilde{\alpha}\delta^h$ 外,第 i 代生育率仍為式(5S.17),生育率與延伸形式的利他行為 $\tilde{\alpha}$、時間偏好因子 δ、及利率 r 呈正相關,與養育子女的淨成本呈負相關。注意,對具有利他行為的父母而言,其在子女身上的消費支出並非對子女數量的需求之成本的一部分,且在父母的管轄下子女本身的收入(註

15)與父母的收入上並無差別。

在兩期間平均每人消費的改變為不同年齡之個體改變的總合：

$$\frac{\Delta c_t}{c_t} = \sum_{j=0}^{l} \left| \left(\frac{c_{jt}}{c_t}\right) \Delta\theta_{jt} + v_{jt}\left(\frac{\Delta c_{jt}}{c_{jt}}\right) \right| . \qquad (5S.32)$$

此 c_t 項為在時間 t 時平均每人消費，c_{jt} 為在時間 t 時年齡為 j 者之消費，$\theta_{jt} = N_{jt}/N_t$，其中 N_{jt} 為在時間 t 時年齡為 j 者之人數、N_t 為總人數、$v_{jt} = \theta_{jt}c_{jt}/c_t$ 為計算自年齡為 j 的消費百分比。符號 △ 代表兩期間變數的改變，且我們假設所有年齡相同者皆同質。

此式右邊的第一項與時間歷程中人口的年齡分配改變有關，當人口統計達穩定狀態時該項為零（其中 $\triangle\theta_{jt} = 0$，對所有的 j）。基本的人口統計學理論認為在一個封閉的人口具有固定的年齡-設限的出生與死亡率下，終究會達到人口統計的穩定狀態(參見Coale, 1983，所編之例子)。

式(5S.32)右邊第二項，與世代間消費成長有關，其決定於養育子女成本的成長。如果養育子女的淨成本以 g 的固定比例成長，則式(5S.32)隱含在穩定狀態下平均每人消費亦按此比例成長。

許多人已認定當年齡的分配為固定時，平均每人消費在時間歷程中的改變，與在有限的生命循環之消費的改變無關(參見 Modigliani, 1986)。有些研究假設代表性個人為無限期的生命週期以解釋總合消費的決定。我們已經將此假設理性

化，而以父母對子女為利他的行為來代替(Summers, 1987，頁 537)。但我們不知生命週期模型中是否發現長期實質利率與長期平均每人消費成長率間之強烈關係。

利他主義可替家族族長具有限生命的假設做解釋，但內生化的生育率大大的改變父母利他行為的涵義。在我們的模型中，穩定狀態下平均每一個子孫的消費路徑與時間偏好率及實質利率無關，因為生育率已完全的吸收了這些變數的效果。因此，平均每人消費的長期改變與長期實質利率或時間偏好率無關，即使是每一家族成員均能有效地無限期延長其壽命。

此補篇發展出一個父母對子女的利他行為模型，其中父母的效用與其自身的消費、他們的生育率、及每一子女的效用有關。對子女的利他行為隱含此家庭所有世代的福祉透過家族的效用函數來聯結，而該函數與所有世代之消費、生育率及子孫數有關。家族族長求家族效用最大化，並受限於家族資源的限制，該限制式與族長的財富遺產、養育子女的成本及所有世代的收入有關。

效用最大時，額外增加一個子孫的邊際利益與養育此子孫的邊際淨成本必須相等。成本與子女的終生收入呈負相關，與養育子女的成本及投資在他們身上人力資本呈正相關。此最大化條件隱含每一子孫的消費與養育他們的淨成本有正向關係。

效用最大亦隱含一個跨代消費的套利條件。根據此條件

，生育率——非每一子孫的消費成長——回應到利率及利他程度的變化。如果養育子女的成本在時間的歷程中為固定的，生育率僅僅與利率(正向地)、時間偏好因子(正向地)及利他程度(正向地)有關。更一般的，生育率亦與世代間養育子女的淨成本成長呈負向關係。

在第 i 代對子女恆常性的課稅，將降低第 i 代的生育率，因為此稅負增加了養育這一代子女的成本。如果利率不變，則在第 i 代以後所有世代的生育率均不變，其原因為養育子女的成本在這些世代中均相等的提高。為了某種理由，孩童死亡率恆常性的減少，剛開始時人口成長會增加；但恆常性的擴張社會安全，剛開始時則會降低生育率。然而若利率均維持不變，則孩童死亡率恆常性的減少與恆常性的擴張社會安全對生育率是毫無影響的。

如果一個經濟體與國際資本市場聯結，則實質利率為固定的，我們可以發現在此開放經濟體系下，生育率與國際長期實質利率呈正向關係，與技術進步率及該國之移轉性支付呈負向關係。我們認為此分析可以瞭解為何西方國家自19世紀中葉以後生育率下降的原因。

在我們的模型中，生命週期消費成長率以一般的方式隨利率及時間偏好率而改變，不過跨代的每人平均消費成長率的改變則與利率或時間偏好率無關。因此，在一經濟體穩定狀態下，時間歷程中每人平均消費與長期利率無關。

我們是忽略了不確定性、婚姻及子女出生的間隔等因素

。然而本文特別強調，父母透過跨代間移轉的操作與子女效
用連結。然而，即使是一個高度簡化的家族行為模型，似乎
也能擷取到生育率及消費在長期間的丰貌。果若為此，則一
個新的方法必須保證能分析生育率、人口成長及消費之趨勢
及長期間的變動。

附註：

[註1]　參見第6章的討論及Shedhinski、Weiss(1982)及Behrman等(1982)。

[註2]　時間一致性表示每一代依前一代所希望去履行生育率及消費決策
　　　　。注意，時間一致性並非排除父母與子女間的衝突，因為子女要
　　　　求的遺產可能比父母願意給更多。我們感謝 Kevin M. Murphy 幫
　　　　忙討論家族效用函數的性質。

[註3]　Abel(1986)使我們的分析一般化，其假設父母的對子女的效用函
　　　　數為下凹而非線型的。其公式等於假設未來世代的消費以一特殊
　　　　非可加的型式進入家族效用函數中。

[註4]　若將休閒引入消費 ν 函數中及考慮「完全-所得」(full-income)，則
　　　　勞動-休閒的選擇亦可分析。

[註5]　在Ponzi遊戲裏，負債成長速度與利率同步或較利率為快，但排
　　　　除負債必須折現至趨近於零。若所有的資本存量 k_i 為正，顯然的
　　　　父母給子女的遺產亦為正。

[註6]　我們設定族長可以選取整個時間路徑。由於目標函數為時間一致
　　　　性，子孫面對相同的問題，他們沒有誘因去脫離原始的選擇。

[註7]　此二階條件為(見Becker及Barro, 1986，附錄)。如果 $\sigma(c_i)$ 為固定常

數 σ，則此條件可以縮減為 $\sigma+\varepsilon<1$，即為式(5s.11)。效用函數的
參數及預算限制可以導出一個有限水準的效用。就一穩定狀態而
言，具有參數 β、w、r、c 及 n，此結果必須要 $1+r>n$，即利率大
於成長率的標準條件。由式(5S.12)及式(5S.9)，一個固定的 c 隱含
$n=[\alpha(1+r)]^{1/\varepsilon}$，因此 $1+r>n$ 必須要求 $(1+r)^{1-\varepsilon}<1/\alpha$，因此，如
果隨 $1+r$ 遞增，使得 n 非成等比增加，則效用可能為無界(un-
bounded)。一個封閉的經濟體系，當 $1+r>n$ 限制了穩定狀態的 r
值到其他區域。(見 Barro 及 Becker, 1985)

[註8] 家族預算式來自式(5S.8)每一期的限制，只要橫斷條件滿足：未
來資本存量的現值趨近於零，我們亦可借用 [註5] 之限制條件
。

[註9] 讓 C_i 固定，式(5S.10)對 N_i 微分，排除 $\alpha'(N_i)^{-\varepsilon}$，即為式(5S.13)之
左半邊。

[註10] 如果養育子女的成本 β_i 為隨子女數 n_i 遞增，因此第一階條件之最
適子女數(即式5S.13之修正模型)隱含一般的投資需求函數。當 c
值固定下，r 增加隱含 n 會較低以滿足一階條件(穩定狀態)。然
而由於 c_i 在穩定狀態下為固定，或更一般化的，如果 $\nu(\cdot)$ 為齊一
且 c_i 按一個外生的成長率成長，式(5S.12)的消費套利條件仍可隱
含 r 及 n 在穩定狀態下的正向關係。r 增加隱含有足夠的 c 增加以
增加 n 得以滿足負斜率的投資需求函數。如果父母可由子女身上
得到直接的服務，則這些結果不會有大幅改變。此一階條件與式
(5S.12)相似，仍能保證在穩定狀態下 r 及 n 的正向關係。只要父
母與子女互為利他，此結果仍能成立。

[註11] Uzqwa (1968) 及 Epstein、Hynes (1983) 亦曾導出時間偏好率為可
變的模型。在他們的例子中，時間偏好率與未來消費水準有關。

與時間偏好率固定的模型相比，他們的模型即使在利率固定下也可以產生一個穩定狀態的消費水準。

[註12] 如果養育子女的邊際成本隨子女人數而遞增，則當死亡率恆常性地下降時將不只一代的出生率會增加。終究，對存活子女的需求又會回到原先的水準。

[註13] 更一般化的，我們希望所有的社會安全支付成長緩於利率，即 n_j $s_i + 1/s_i < 1 + r_{i+1}$。

[註14] 在討論社會安全支付對生育率的衝擊可參見 Becker 及 Tomes（1976，註15）、Widasin(1986)及Willis(1986)。Mosher(1983，頁241)寫道：近年來中國政府已在鄉村地區建立社會安全計畫，主要乃為降低生育率。

[註15] 實證研究上，養育子女的成本主要包括在某一年齡(例如在18歲)的所有消費支出、他們在該年紀時的淨收入(見 Espenshade, 1984，之例)，但對於討論為何此為衡量對子女的需求的近似方法並無太多的著墨。

家庭背景與子女的機會

Family Background and the Opportunities of Children

第五章指出，對子女的支出是由父母的所得與偏好、小孩人數以及小孩品質的成本等因素決定的。子女的福祉是由這些支出、家庭名譽與對外的關係、遺傳基因、以及從該特有的家庭文化中所汲取的價值與技能決定的。因為花在子女身上的時間以及較優良的文化、基因等稟賦之影響，來自成功家庭的小孩其成功機會也較大。

本章將有系統的分析家庭支出與稟賦對小孩所得的影響。一個簡單的模型首先探討人的所得與父母的所得與稟賦、運氣、以及其他變數的關係。其次將投資區分為人力資本與遺產饋贈等非人力資本別，因為人力資本必須靠自己融通，並且人力資本報酬率對稟賦和其他個人因素非常敏感。

即使同一家庭的小孩其所得也常有很大的差異，因為他們的運氣不同，也因為父母的投資組合與水準取決於能力、生理障礙、性別、子女的其他特徵等。其次，將討論子女間的不均等這類被忽略的話題，討論將著重於父母是否偏愛男孩而非女孩，以及他們是擴大或是縮小能力強與能力差的子女間的差異。

稟賦對於子女數量與品質之間的互動有何影響也將納入考慮，而我們發現稟賦增加將減少對每個小孩的支出，並且增加子女的人數。我將證明為什麼富裕家庭的人常擁有較少的，以及為什麼有許多兄弟姊妹的人，常比別人有更多的小孩，即使他們有相同的偏好、所得、與價格。

所得的決定

假設每一個人皆活了兩個世「代」：在第一代是個小孩
，此時期他的父母投資時間與其他資源於他的成年生產力；
在第二代他是個成年人，他賺取所得、消費、並投資於自己
的子女。父母的效用僅與自己的消費與子女的品質有關，而
子女的品質是以子女成年後的財富來衡量。財富與對子女的
支出不同，在前章是用，對子女的支出來衡量品質，因為某
些支出將提升小孩的消費而非增加他們成年時的財富，部份
原因是財富乃由稟賦及其他因素所決定。用此方法衡量的子
女品質與子女的成年效用並不相同，後者取決於他們自己小
孩的品質，正如第七章數學附錄，註H所討論。

父母親在第 t 代的效用函數為：

$$U_t = U(Z_t, I_{t+1}), \tag{6.1}$$

其中 Z_t 為他們的消費，I_{t+1} 為他們子女在下一個世代的
成年財富。在此暫且忽略子女數量與品質之間的互動，假設
父母只有一個小孩，並暫時先假設所有的資本都是齊次性的
，所以不區分人力與非人力資本。假使 y_t 為對每個小孩的投
資，π_t 為每單位 y_t 所放棄的消費（Z_t），父母的預算式將為：

$$Z_t + \pi_t y_t = I_t, \tag{6.2}$$

其中 I_t 為他們的財富。假設在第 $t+1$ 代的每單位資本的價值
為 w_{t+1}，那麼在第 t 代的投資報酬率可由下式來決定：

$$\pi_t y_t = \frac{w_{t+1} y_t}{1 + r_t},$$ (6.3)

其中 r_t 為每一代的報酬率，可能涵蓋20年或更久。

子女的總資本等於投資於小孩的資本、小孩的稟賦（e_{t+1}）、以及由市場部門的幸運所獲得的「資本利得」（u_{t+1}）的加總。由於所有的資本都是同質的，小孩的財富等於

$$I_{t+1} = w_{t+1} y_t + w_{t+1} e_{t+1} + w_{t+1} u_{t+1}.$$ (6.4)

在第七章以前將先不考慮政府課稅，所以不需要區分稅前與稅後財富。由於財富可被轉換為「永久性」所得，我將 Z_t 與 I_t 視為一代內的消費與所得之靜態流量，（註1）雖然基本的分析可更直接地應用於財富與現在值的流量。

若將式(6.3)與(6.4)代入式(6.2)，預算式可被以效用函數之變數 Z_t 與 I_{t+1} 來表示：

$$Z_t + \frac{I_{t+1}}{1 + r_t} = I_t + \frac{w_{t+1} e_{t+1}}{1 + r_t} + \frac{w_{t+1} u_{t+1}}{1 + r_t} = S_t.$$ (6.5)

父母的消費與子女的所得將不僅由父母所得決定，同時亦將由子女的運氣與稟賦的折現值來決定。這些價值的加總，以 S_t 表示，將被稱為「家庭所得」。（註2）

父母選擇 Z_t 與 I_{t+1} 使他們的效用極大化，受制於他們預期的家庭所得。如果他們能正確地預期他們子女的稟賦與市場運氣，那麼均衡條件將為(6.5)式與

$$\frac{\partial U}{\partial Z_t} \Big/ \frac{\partial U}{\partial I_{t+1}} = 1 + r_t.$$ (6.6)

假設效用函數為齊質性，則 Z_t 與 I_{t+1} 之家庭所得彈性皆為 1

，這些均衡條件決定了 Z_t，I_{t+1}，與 y_t 的需求函數，皆為 S_t 之線性函數

$$\frac{I_{t+1}}{1 + r_t} = \alpha(\delta, 1 + r)S_t,$$

$$Z_t = (1 - \alpha)S_t, \tag{6.7}$$

及 $\frac{1}{1 + r_t} w_{t+1}y_t = \alpha S_t - \frac{1}{1 + r_t} w_{t+1}e_{t+1} - \frac{1}{1 + r_t} w_{t+1}u_{t+1}.$

參數 δ 衡量小孩所得與自己消費的相對偏好，而 $\partial\alpha / \partial$ $(1 + \gamma) \gtrless 0$，當效用函數內的 Z_t 與 I_{t+1} 之替代彈性大於、等於、或小於 1。

式(6.6)的均衡條件假設報酬率與的小孩的投資量是互相獨立的，同時父母的消費可以大於自己的所得，因為可將債務留給子女。在未區分人力資本與非人力資本之前，這兩個假設將被保留。

將家庭所得的定義代入式(6.7)，則小孩所得之產生方程式可被寫為

$$\begin{aligned}
I_{t+1} &= \alpha(1 + r_t)I_t + \alpha w_{t+1}e_{t+1} + \alpha w_{t+1}u_{t+1} \\
&= \beta_t I_t + \alpha w_{t+1}e_{t+1} + \alpha w_{t+1}u_{t+1}
\end{aligned} \tag{6.8}$$

其中 $\beta_t = \alpha(1 + r_t)$. 此外

$$w_{t+1}y_t = \beta_t I_t - (1 - \alpha)w_{t+1}e_{t+1} - (1 - \alpha)w_{t+1}u_{t+1}. \tag{6.8'}$$

假使父母親能正確的預測子女的幸運與稟賦，不論是幸運或稟賦的增加，都不會同等數量地增加小孩的所得，因為

部份的增加將藉由減少對子女的投資而轉為父母的消費；此點可從y_t與e_{t+1}（或u_{t+1}）的負相關觀察出。式(6.8)指出I_{t+1}與e_{t+1}（與u_{t+1}）的均衡關係取決於α，S_t中花費於小孩身上的比例。此式亦指出I_{t+1}透過β_t與I_t相關聯，也可稱為「對小孩投資的傾向」。此投資傾向聯繫著父母與子女的所得，也是下一章分析不均等與跨代流動(intergenerational mobility)的一重要分析工具。

稟賦的觀念是此分析的基礎。假設小孩接受由下列因素決定的稟賦資本：家庭的聲譽與「關係」；父母遺傳基因對能力、種族以及其他子女特徵的貢獻；以及從家庭文化所承襲的學習、技能與目標等。很明顯的，稟賦乃取決於父母、祖父母、和其他家庭成員的特徵，並且也可能在「文化上」受其他家庭的影響。

一個線性的稟賦生產方程式可寫成：

$$e^c_{t+1} = \sum_{j=0}^{m} f_j \bar{e}_{t-j} + h_p e^p_t + \sum_{k \in f} \sum_{j=0}^{m} h_{jk} e^k_{t-j} + q^c_p + \sum_{k \in f} q^c_k + v_{t+1}, \quad (6.9)$$

其中e^c_{t+1}為小孩的稟賦，其父母的稟賦等於e^p_t，e^k_{t-j}為第$t-j$代第k位家庭成員的稟賦，h_p與h_{jk}分別衡量e^p_t與e^p_t與e^k_{t-j}被傳遞給（繼承）該小孩之部份，$\bar{e}_{t-j}$為第$t-j$代的平均稟賦，而$f_j e_{t-j}$項是一個將文化，或者社會資本、第$t-j$代所有家庭的影響皆納入分析的簡單方法（參閱 Cavalli-Sforza 與 Feldman, 1973，有關這些因素的文化傳承方式）。q^c_p與$\sum q^c_k$分別代表父母與其他家庭成員的支出，這些支出直接提升小孩的

稟賦，而 v_{t+1} 為小孩稟賦的隨機決定因素。將式(6.9)代入式(6.8)，我們發現當父母的投資傾向與所得愈大、父母以及其他家庭成員的稟賦愈高、承襲稟賦的能力愈大、以及家庭中其他成員對小孩的稟賦支出愈大時，小孩的所得將愈高。

對稟賦的支出以直接（經由 q_p^c 與 Σq_k^c）、間接（經由 h_p 與 h_{jk}）的方式，進入稟賦生產方程式。這些支出與對小孩的其他支出 (y_t) 不同，主要是後者為「私人資本」，只對接受者有利；而對稟賦的支出則為「家庭資本」，全部成員都將受益。也就是說，只有父母願意出錢支持 y_t，因為假設只有父母直接關心子女的幸福，至於叔叔、阿姨、表兄弟姊妹以及其他親戚，可能只願意資助對稟賦的支出，因為稟賦支出有外部效果，會使全體成員受益。

然而，必須誘發這些親戚來貢獻他們應承擔的比例，因為每個人都想要搭別人在稟賦支出上的便車。很幸運地，家庭資本的最適投資比公共財的最適投資更容易達成 (Samuelson, 1955)，因為任何一位成員的家庭資本價值，很容易被其他成員知曉。此外，家庭常能指定一位「領袖」，來協調家庭資本與其他家庭計劃的支出。（註3）

小孩稟賦與父母稟賦的關聯性要比其他親戚密切得多（$h_p > h_{jk}$）。父母與小孩在基因上最為接近，通常在環境上也較為接近，但是在早期社會某些家族團體，祖父母、叔叔、阿姨、甚至曾祖父母都與父母有相同影響力。現代核心家庭與過去大家族之差異指出，繼承並不是很嚴格的由生物與文

化過程等本質上的特性決定的，而一部份是取決於家庭的控
制。

可繼承性可藉監督養育、訓練以及職業、婚姻和小孩的
其他選擇來提高，以確保小孩的行為能符合父母、祖父母、
叔叔、阿姨以及其他親戚的社會地位。假使外人必須憑藉家
庭背景來評估個人的技能和其他特徵，因為直接的訊息不易
取得，那麼家庭就有較大的誘因來從事成本昂貴的監督行為
（參閱第十與十一章）。父母以外的親人也願意貢獻力量來
監督，因為，例如，姪子或外甥增加了家庭的名譽，也會使
家族親戚受益。

由於考試、有約束力的契約、以及採用能直接評估個人
能力、可靠度和其他特徵的方法，能防範錯誤的評估，因此
在過去幾個世紀裡，依據家庭背景來取得個人的訊息已非常
明顯地減少了。而祖父母、叔叔、阿姨以及其他親戚現在也
比較沒有誘因投資年幼親戚的稟賦，親戚的重要性下跌了也
就不足為奇。

不尋常的能力、動機、或生理障礙常在小孩的主要投資
發生以前就顯示出來了，所以家庭可能會正確地預期到小孩
的稟賦的運氣(endowment luck)（式6.9中的V_{t+1}）。然而，
小孩的市場的運氣(market luck)是由生產的可能性波動、財
貨價格以及生產因素等決定的，通常要等到小孩已經接受了
教育、完成大部份的訓練、並且進入了勞動市場以後，才會
顯現出來。家庭常在充份知悉小孩的市場運氣之前，就必須

做出絕大部分的投資。

假使家庭能完全預期稟賦的運氣，但無法完全預期小孩的市場運氣。又假使父母不在乎風險（註4），並且使其效用極大化，則其效用函數將取決於自己的消費與子女的預期所得，那麼子女的均衡預期所得將與預期家庭所得成比例：

$$E_t(I_{t+1}) = \beta_t E_t(S_t) = \beta_t I_t + \alpha w_{t+1} e_{t+1};$$

因此

$$I_{t+1} = \beta_t I_t + \alpha w_{t+1} e_{t+1} + w_{t+1} u_{t+1}, \tag{$\overline{6.8}$}$$

與

$$w_{t+1} y_t = \beta_t I_t - (1 - \alpha) w_{t+1} e_{t+1}, \tag{$\overline{6.8'}$}$$

其中 E_t 代表根據第 t 期所獲得的資訊所做的預期。式(6.8)與(6.8)唯一的差異在於市場運氣之係數。如果運氣是沒辦法預期的，那麼增加投資並無法部份地抵銷壞運氣，減少投資也不會部份地減少好運氣。因此市場運氣的係數將由式(6.8)的 ，I_{t+1} 中的 α 提升至式($\overline{6.8}$)的 1 ；而由式(6.8′)的 y_t 方程式中的 $-(1-\alpha)$ 增加為式($\overline{6.8'}$)的零。

人力與非人力資本

小孩的非人力資本投資之報酬率為常數，是一不差的初步估計，因為投資報酬率是在有效率的市場上決定的，而且與投資人的個人特徵沒有多大關聯。然而，人力資本的報酬率卻很明顯受到性別、種族、能力、年齡、時間分配、社會背景以及小孩其他特徵的影響。此外，因為人力資本不是一

個良好的貸款抵押品，人力資本投資通常是由父母資助（或自己融資）。因此，我們不能假設存在單一的有效市場，反之，假設每一個人的人力資本投資皆存在一個單獨的市場。

我仍假設每一個人的非人力資本投資的報酬率對每一個人都是相等的，但是我現在假設人力資本投資的報酬率會隨對個人的投資量增加而遞減（稍後將討論，此報酬率與個人及家庭特徵也有關聯）。因為即使是不太關心小孩的家庭，對小孩的營養、居住以及其他人力資本也會有相當數量的投資（否則他們無法活下去），但他們卻不會投資於小孩的非人力資本，所以少許的人力資本投資，其報酬率很可能要高於非人力資本的報酬率。

對小孩的投資量不多的家庭，將完全投資於人力資本。由於人力資本的邊際報酬率隨投資增加而遞減，其報酬率終將與非人力資本的固定報酬率相等。再有額外的投資，將投入非人力資本，因為其固定報酬率將大於人力資本的邊際報酬率。

假使我們也假設人力資本完全由父母來融資，並且假設沒有進行稟賦之投資（家庭資本），那麼以上分析就隱含了這些僅投資於小孩人力資本的父母，他們小孩的所得生產方程式將為：

$$I_{t+1} = \alpha(1 + r_t^h)I_t + \alpha w_{t+1}(e_{t+1} + u_{t+1}),$$

$$\text{及} \quad w_{t+1}y_t^h = \alpha(1 + r_t^h)I_t - (1 - \alpha)w_{t+1}(e_{t+1} + u_{t+1}),$$

(6.10)

其中 r_t^h 為投資於人力資本 y_t^h 的平均報酬率。很顯然地，$dr_t^h/$

$dy_t^h < 0$ 與 $r_t^h > r_t^n$，其中 r_t^n 為非人力資本的市場報酬率。此方程式不是父母所得的線性函數，因為將 r_t^h 隨 I_t 增加而遞減，也因為 y_t^h 會隨 I_t 增加而遞增。

投資於小孩人力與非人力資本的父母，其所得生產方程式為：

$$I_{t+1} = \alpha(1 + r_t^n)I_t + \alpha w_{t+1}(e_{t+1} + u_{t+1})$$
$$+ \alpha w_{t+1} \bar{y}_t^h \frac{(\bar{r}_t^h - r_t^n)}{1 + \bar{r}_t^h}, \tag{6.11}$$

其中 $\bar{r}_t^h$ 為人力資本投資量等於 y_t^h 時的平均報酬率。如此，兩種資本的邊際報酬率皆為 r_t^n。所得生產方程式回復為 I_t 之直線性函數，因為邊際投資將投入具有固定投資報酬率 r_t^n 的非人力資本。

「富裕的」家庭可定義為他們是否同時投資於人力與非人力資本。其分界線決定於父母的偏好、非人力資本報酬率、人力資本報酬率與投資量的關係、以及父母所得與子女稟賦的相關性。雖然在美國實際上所有的家庭都投資於小孩的健康、教育和其他人力資本，Blinder（1973）估計約40%的家庭也投資相當數量於小孩的非人力資本。

「繼承」一詞常僅限於饋贈與遺產等非人力資本，不過，在分析上更令人滿意的概念應該也包括小孩的人力資本的投資。圖6.1繪出人力與非人力資本之繼承與本節所指的父母所得兩者之關係。當父母所得超過 I^r，子女將同時繼承人力與非人力資本，而當所得低於 I^r 時，將只承襲人力資本。

此外，在所得高於 *I* 時，人力資本之繼承與所得無關，而低於 *I* 時人力資本的繼承與所得就產生密切相關，但是當所得低於 *I* 時，非人力資本之繼承與所得無關，而高於 *I* 時，將與所得密切相關。美國的實證證據與這些涵義相吻合：在沒有繼承非人力資本之情況下，與有繼承非人力資本相比較，前者的小孩教育與父母所得有更大的關聯性 (Tome, 1979)，窮人家小孩所得的不平等要比富裕家庭大，但是在富裕家庭中，繼承上的不平等就大得多了。

較貧窮的家庭投資於小孩人力資本的邊際報酬率大於非人力資本之市場報酬率，因為貧窮的家庭無法很容易借貸資金來做投資。公共（或私人）政策能夠改善貧窮家庭在資本市場借貸的管道——也許是一項貸款計畫來融資教育與其它訓練，而其償還將與所得稅系統相聯結（Friedman, 1955; Shell 等人，1968）——此政策將提升全社會投資於人力資本的效率，並使機會更平等、減少不平等的程度 (Becker, 1967, 1975)。下一章將考慮，在累進所得稅制下，以上結果將有什麼不同。

補償與小孩間差異的強化

雖然父母有時對待子女有差別——例如，在長子繼承的習慣下，長子將繼承全部的土地不動產，而女兒常接受較少的學校教育——但是受到較好待遇的子女，不一定比兄弟姊妹更受「喜好」。為了證明此點以及為了將偏好與機會分開

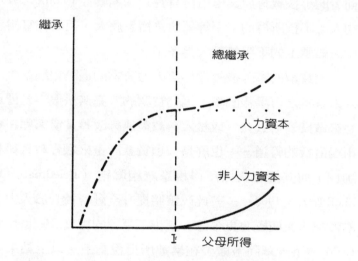

圖6. 1 人力與非人力資本之繼承與父母所得之關係; Iʹ代表
父母開始對子女投資非人力資本時之所得

，我假設父母親對子女是中立的。也就是，如果他們的效用
函數為：

$$U_t = U(Z_t, I^1_{t+1}, I^2_{t+1}, \ldots, I^n_{t+1}), \tag{6.12}$$

其中 I_{t+1} 為第 i 個小孩的成年所得，而小孩的數目（n）為已知
，I_{t+1} 與 I_{t+1} 的邊際代替率唯有在 $I_{t+1} > I_{t+1}$ 時，才小於 1；當
$I_{t+1} = I_{t+1}$ 時，邊際代替率等於 1：

$$\frac{\partial U}{\partial I^i_{t+1}} \bigg/ \frac{\partial U}{\partial I^j_{t+1}} \gtreqless 1 \quad \text{當} \quad I^i_{t+1} \lesseqgtr I^j_{t+1}. \tag{6.13}$$

很明顯的，所謂中立的父母會厚待運氣比較差的小孩，不論
子女的性別、出生順序或其他特徵，因為從所得較低的子女
得到的邊際應用總是大於所得較高的子女。

如果 r^i_t 為對第 i 個子女額外投資的報酬率，效用將極大
，當

$$\frac{\partial U}{\partial I^i_{t+1}} \bigg/ \frac{\partial U}{\partial I^j_{t+1}} = \frac{1 + r^i_t}{1 + r^j_t}. \tag{6.14}$$

式(6.13)與(6.14)兩式隱含了第 i 個子女的所得大於其他子女
的所得，若且唯若，對第 i 個子女的邊際報酬率大於其他子
女的邊際報酬率。

即使是同一父母所生的子女也會有不同的能力與缺陷，
當再受到環境因素之影響時，會有不同的意外事件、運氣、
和其他經驗；正確的說，在式(6.8)以及式(6.9)中，小孩有不
同的市場運氣(u)與稟賦運氣(v)。中立的父母是否會對稟賦
較佳、較幸運的子女投資較多，因而加深子女之間的差異。

或者他們會對較不幸的子女做補償？假使父母同時投資於子女的非人力以及人力資本，那麼所有子女的邊際報酬率將相等，並等於非人力資本的市場報酬率。式(6.13)以及式(6.14)也隱含了每一個小孩的所得也將相等：中立的父母將完全補償較不幸的子女。

能力較強的子女從附加的人力資本獲益較多，因此他們人力資本的報酬率也會比較高：亦即，

$$\text{若} \quad r_t^{*h} = f(y_t^h, e_{t+1}), \quad \text{則} \quad \frac{\partial f}{\partial y_t^h} < 0 \text{ 且 } \frac{\partial f}{\partial e_{t+1}} > 0, \qquad (6.15)$$

其中 r^{*h} 為人力資本的邊際報酬率。因為 r^{*h} 必須等於 r^n（非人力資本的市場報酬率），當父母同時投資於兩種資本時，附加的人力資本將投入具賦較佳的子女身上，以降低他們的報酬率，使其等於其他子女的較低的報酬率：若 $e_{t+1}^i > e_{t+1}^j$，$r_t^{*hi} = r_t^{*hj} = r_t^n$ 隱含了 $y_t^{hi} > y_t^{hj}$。因此，薪資所得的差異將超過稟賦的差異，因為人力資本投資強化了稟賦的差異。然而，所得通常會相等，因為非人力資本之投資將完全抵銷稟賦與人力資本上的差異。

用數學式子來表示，假使

$$\left.\begin{array}{l} I_{t+1}^i \equiv w_{t+1}(e_{t+1}^i + u_{t+1}^i) + w_{t+1}y_t^{hi} + w_{t+1}y_t^{ni} = I_{t+1}^j, \\ \text{其中 } I_{t+1}^j \equiv w_{t+1}(e_{t+1}^j + u_{t+1}^j) + w_{t+1}y_t^{hj} + w_{t+1}y_t^{nj}, \end{array}\right\} \qquad (6.16)$$

則

$$y_t^{nj} - y_t^{ni} = (e_{t+1}^i - e_{t+1}^j) + (y_t^{hi} - y_t^{hj}) + (u_{t+1}^i - u_{t+1}^j). \qquad (6.17)$$

非人力資本的差異，如式(6.17)左邊所顯示，完全抵銷了稟賦與人力資本的差異，如該式右邊所顯示。

該結論對於較貧窮的家庭就不那麼明確了，因為他們僅投資於子女的人力資本。假使對每一子女皆投入相同的金額，那麼稟賦較佳的子女將有較高的投資報酬率，而稟賦較差的子女會有較高的邊際效用。唯有在投資報酬的差異大於式(6.14)所定義的邊際效用的差異時，更多的人力資本才會被投入稟賦較佳的子女身上。較貧窮的家庭存在平等與效率的衝突，唯有在效率的重要性超越了平等時，才對能力較強的子女投資較多。因此，貧困家庭的子女之間薪資所得的差異會小於富裕家庭的差異，然而，在較貧窮的家庭中，子女間總所得的不平等會比較大。

當能力較強的子女是利他的，關心兄弟姊妹的福利時，效率與平等的衝突將會減少，此種情況將於第八章中討論。於是較貧窮的家庭也可因對能力較強子女的人力資本投資而增加效率，同時也不會犧牲其他子女的利益，因為當能力較強的小孩長大後會自願地移轉資源給其他兄弟姊妹。即使能力較強的子女不是利他的，貧窮家庭也可以對他們投資較多，假使他們「同意」照顧兄弟姊妹，這些同意可藉由法律制度或社會規範來強制執行。

以上的推論認為較貧窮的家庭也投資較多的人力資本於能力較強的子女，雖然此種關係比起富裕家庭來得微弱。美國的實證資料顯示能力較強的子女受的教育比較多，賺取所

得的能力也比較高，尤其是在富裕家庭內 (Griliches, 1979; Tomes, 1980a)。

　　能提供非人力資本給每一位子女的（較富裕）家庭，人力資本的投資額就完全由小孩的特徵來決定，與子女人數或其他兄弟姊妹的能力沒有直接的關聯。然而，當一個小孩的兄弟姐妹能力較強時，他的非人力資本之饋贈與遺產會比較多，因為非人力資本總是補償性的。在較貧窮的家庭人力資本的投資量就與兄弟姐妹的能力（以及小孩人數）直接相關，因為較貧窮的父母必須在平等與投資效率之間做一選擇。一個較貧困的小孩將獲益於能力較強的兄弟姊妹，假使在父母的效用函數內不同子女的所得並非是完全替代品，或者能力較強的子女對兄弟姊妹是利他的，同意對兄弟姊妹做補償，或者，能力較差的子女可以從能力較強的兄弟姊妹學習到比較多的東西。（附註5）

　　「補救教學(compensatory education)已經被嘗試過，也很明顯的失敗了…補救教學的主要目標為，矯正能力較差的小孩的教育落差，並因此減少『少數』與『多數』學生的成就差距，截至目前為止，任何大型的補救教學計畫都完全無法實現上述的目標」(Jensen, 1969)。Arthur Jensen在其著名的、爭議性的補救教學與才智的論文中，就用以上的陳述做開端。他認為補救教學是失敗的，此點的爭議性較小；但他將補救教學計畫的顯而易見的失敗歸因於受補救教學的小孩的智力較差，主要是他們是黑人小孩，此點的爭議就比較大

。我的分析完全不涉及不同團體小孩之相對智力的爭論，但他卻有間接的相關性；因為，補救教學的失敗還是可以被解釋，即使所有受補救教學小孩的能力與其他小孩都是相同的，尤其是支配團體包括了受補救教學小孩的兄弟姊妹時。

政府的補救教學計畫將資源重分配到貧窮家庭中的某些子女，公共資源對這些小孩的支出增加，將誘使關心平等的父母。將時間與各項支出重新分配給其他子女，以及父母自己。也就是，一個誘發性「父母親補償計畫」抵銷了政府計畫的效果，同樣的現象也發生在公共保健計畫 (Scrimshaw, 1978, 頁 391、395)、提供給懷孕婦女的食物補助等計畫（Jacobson, 1980）。如果融資這些計畫的稅賦完全落在其他家庭身上，有子女參加此計畫的家庭資源會增加，其增幅剛好等於此計畫對小孩的支出。但是對這些小孩的總支出將僅為政府支出的一部份，因為這計畫會誘使父母減少對這些子女的支出。對子女總支出的增加，將由家庭資源的增加以及對子女福祉需求的所得彈性來決定。

如果這些計畫提高了父母支出的報酬率，父母就不會減少、甚至有可能增加對參與計畫的小孩的支出。不過，這些計畫的主要作用很可能是導致家庭支出的重分配，父母將用於這些子女的支出挪做他用，結果這些小孩的總支出只有微小的淨增加。於是，這些計畫就被定位為失敗的政策，因為所得重分配並非是這些計畫的主要目的。

因此解釋補救教學計畫的失敗，就不需要假設受補救教

學的小孩在能力或動機上是比較差的；他們也可能高於比平
均值。同時，這也不表示這些計畫的規畫或管理很差；他們
很可能比一般表面上看來成功的計畫要好得多。Jensen 和其
他人不了解的是，家庭時間與資源將從參與計畫的子女身上
挪用到其他子女或者父母自己身上。

　　一個很普遍的想法是，在絕大多數的貧困社會裡，父母
在傳統上對兒子比較偏心。表3.1顯示貧困國家的父母的確
對男孩的教育投資較多，而且殺女嬰比殺男嬰的情況更為普
遍 (Goode, 1963; Dickemann, 1979)，雖然，Jaynes (1980) 的
研究證據顯示，殺男嬰而非殺女嬰的情況更為普遍。其他支
持此種觀點的証據，包括偏好的問卷調查 (Sun 等人，1978
，有關臺灣)；沒有女兒的家庭比沒有男孩的家庭會做更大
的努力來防止另一個的小孩的出生 (同前表18)；當家中失
去了男孩，通常比失去女孩會更努力於懷孕 (Schultz 與
DaVanzo, 1970)；家中男孩存活數對女孩死亡率的負面影
響(Gomez, 1980)；家中男孩比率對家庭規模以及出生間隔期
的正面效果 (Ben-Porath與Welch, 1976)；以及對不同社會
的解釋。 (註6)

　　男孩是男性的Y精子與女性卵子的結合，男性具有較大
比例的Y精子，有較高的機率會生出男孩，而女性的陰道或
卵子更容易接受Y精子，也比較容易生育男孩 (Barash, 1978,
頁178)。如果對兒子的喜好比女兒大，比較容易生育男孩的
人，在婚姻市場上 (註7) 將能獲得較高的所得或資本性移

轉，這將誘使他們較早結婚，當他們喪偶或離婚時，再婚也比較快。

生育男孩的傾向可以由下列因素，包括，前任婚姻中生下男孩的比率，或者父母、兄弟、祖父母、以及其他近親所生產的男孩比率等因素來評估。婚姻市場的確會考慮到生育男孩的可能性，女人曾因不能生育男孩而遭遇離婚的命運，前任的伊朗皇后Soraya便是一個很著名的例子；此外，當妻子沒有生下兒子時，男人會另娶妻子 (Goode, 1963, 頁 112; Goody, 1967, 頁 42,48,51,90-92)。我不知道在許多社會裡，家庭背景指出某些人比較容易生下男孩時，他們的所得或者新娘的價格（或嫁妝）是否會比較高。

Papps (1980) 對巴勒斯坦一個鄉村的新娘價格所作的調查顯示，母親生育小孩的性別比率對他們女兒收到的新娘價格並沒有任何作用。也許生育男孩的可能性很難以可靠的方式來評估，或許在正常的機率下總是可以生下足夠的男孩。如果可以有四個小孩子存活到成年，將只有不到百分之十的家庭沒有兒子，若兒子與女兒有同樣的存活機率。如果需要一個兒子來繼承家庭的姓名或者事業，沒有兒子的丈夫總是可以娶第二個妻子，或者收養親戚、陌生人的兒子，或者再生育更多的子女(Goody, 1976, 頁90～95)。

也許對男孩的偏好也被誇大了，因為以上所列舉的證據大都指出小孩性別偏好只有很小差異。此外，有證據顯示要求殺害親族所需要補償的「血錢」，在原始社會裡兒子並不

比女兒更有價值：在 Becker 與 Posner（1981） 研究中的百分
之八十的原始社會，殺害女孩的血錢大於或等於殺害男孩的
血錢。再者，對兒子做較大的投資，包括了較低的殺害男嬰
事件，並不表示父母比較偏好兒子，它僅僅指出投資於兒子
的報酬率比較高。第三與第四章的討論，解釋了為什麼在貧
窮國家中投資於兒子的利益要比投資於女兒來得高（參閱
Rosenweig與Schultz, 1980 ，有關印度的證據）。如果對小孩
的需求以及女性作為母親的價值變得相當重要，縱然投資於
男孩的金額比較高，男孩的價值也是較低的（參閱第三章，
特別是式3.20）。

　　英國自從十一世紀起大約有五到六百年的期間要求長子
繼承全部的土地（長子繼承制度）（Sayles, 1952）。（註8）
回教律法在超過一千年以上期間，要求遺產要分給所有的小
孩，而女孩所得到的要比男孩少（Anderson, 1976）。另一方
面，羅馬時代對財產如何分給子女也曾有一些限制（Goudy,
1911）。

　　遺產繼承的不同制度，究竟會如何影響子女的財富，要
視這些限制是否會被小孩的支出所抵銷。也就是，正如其他
政府計畫對於特定受惠小孩的效果，其影響取決於父母是否
會補償被忽視的子女。如果全部的土地必須由長子繼承，而
其他資產卻沒有做任何的限制，則父母可以將土地抵押出去
（因此減少了長子所繼承的價值），並將其他資產留給較小
的子女；（註9）女兒所承繼的遺產比較少，父母也可用嫁

粧（註10）或其他的餽贈來補償，資金來源也許是從兒子們將要繼承的資產而來，因此對於遺產繼承的限制就被父母用各種方式來規避了，所以並不足以作為證據認為，父母的效用函數偏向於長子、歧視女兒、或者其他。

品質與數量的互動與稟賦

本節將分析稟賦對子女數量與品質互動的影響。假使兄弟姐妹都有相同的稟賦與市場運氣，我們已經了解，所有中立的父母，其子女將有相同的所得。於是，中立的父母可以算是極大化一個包含了子女人數以及每一個子女的所得的間接效用函數，正如

$$U_t = U(Z_t, I_{t+1}, n_t), \tag{6.18}$$

其中 n_t 是小孩的數目。（註11）個人所得與家庭所得的方程式將成為

$$\left. \begin{array}{l} Z_t + \dfrac{n_t w_{t+1} y_t}{1 + r_t} = I_t \\[2mm] \text{及 } Z_t + \dfrac{n_t I_{t+1}}{1 + r_t} = I_t + \dfrac{n_t w_{t+1} e_{t+1}}{1 + r_t} + \dfrac{n_t w_{t+1} u_{t+1}}{1 + r_t} = S_t, \end{array} \right\} \tag{6.19}$$

其中 y_t 為對每個小孩的完全相同的投資。

若極大化式(6.18)的效用函數，且受限於家庭所得，則均衡條件為

$$\frac{\partial U_t}{\partial Z_t} = \lambda = \lambda \pi_z,$$

$$\left.\frac{\partial U_t}{\partial n_t} = \lambda \left[\frac{I_{t+1} - w_{t+1}(e_{t+1} + u_{t+1})}{1 + r_t} \right] = \frac{\lambda w_{t+1} y_t}{1 + r_t} = \lambda \pi_n, \right\} \quad (6.20)$$

$$\frac{\partial U_t}{\partial I_{t+1}} = \frac{\lambda \pi_t}{1 + r_t} = \lambda \pi_I,$$

假設 r_t 與 y_t 及 n_t 是相互獨立的。品質的影子價格 (π_i) 由子女的人數來決定，此點在第五章內已說明；它與數量成比例，因為品質的固定成本並未被考慮在內，而投資報酬率也與數量無關。縱然數量的固定成本也被忽略，數量的影子價格 (π_n) 也並不與總品質成比例，而與花費在每一個小孩的金額成比例。

區別子女的總品質 (I_{t+1}) 與對小孩的支出 (y_t)，在數量與品質互動的效果，可以從家庭所得的上升來看，家庭所得的上升不會改變小孩的稟賦或市場運氣。總品質與小孩的數量將以等比例上升，假使兩者的真實所得彈性相等，且 π_I 和 π_t 不受影響。然而，因為唯有增加支出才可能增加總品質，對小孩支出的比例將比較大。因此，縱然總品質與數量有相同的影響，對小孩的支出對所得的反應將比數量要大（第五章曾作此假設）。

再者，y_t 相對於 n_t 上升將使 π_t 相對於 π_z 上升，並導致以更多的 I_{t+1} 和 y_t 來代替 n_t。因此 I_{t+1} 的均衡上升將超過 n_t 的上升幅度，即使他們具有相同的真實所得彈性。的確，即使真實的數量所得彈性是正的，並且相當大，觀察到的數量所得彈性仍可能是負的 (Simon, 1974)；這是因為數量與品質之間

的互動，以及區分總品質與對小孩的支出所致。

假使家庭所得的上升是因為稟賦或市場運氣的增加，並且報酬率不受影響，則父母將減少對每一個小孩的支出，因為在家庭所得比較高的情況下，父母將提高對自己的支出。他們將以更大的數量代替總質量，因為當花費在小孩身上的金額減少時，數量的影子價格也會降低。因此，當小孩的稟賦或運氣增加時，觀察到的總品質的彈性可能很小，甚至為負；即使總品質的真正彈性是正的、也可能是相當大。

由資本（w）所產出的所得，其預期成長率隨時間增加，將透過小孩（預期的）稟賦的增加使家庭所得上升。假使報酬率不受影響，每個小孩的投資將減少，而且數量與品質的互動可能會大幅提高數量，因為數量的影子價格會降低。對每一個小孩投資的減少，是以減少饋贈及非人力資本之遺贈來達成，只要饋贈與遺產是正的。結果是，預期成長將大幅提高，而若此不致提高非人力資本的報酬率，則可能會大幅地降低了留遺產給子女的家庭數目。

然而，成長上升可能會提升報酬率，尤其是對教育與一般訓練等的投資報酬率，因為在動態經濟世界中，一般的訓練更能發揮作用（Schultz, 1975、1980）。那麼數量與品質的影子價格（π_n 與 π_i）將以相同的百分比下降，父母將以 h_t 和 I_{t+1} 來代替 Z_t。假使 n_t 和 I_{t+1} 最初以等比例增加，I_{t+1} 的均衡上升將超過 n_t 的上升幅度，因為相對於 n_t 和 π_i，y_t 與 π_t 將上升。的確，當 I_{t+1} 和 Y_t 大幅上升時，n_t 可能會下跌。這也部份地支

持了第五章的論點，十九世紀西方國家都市的人力資本的報酬率上升，降低了都市的生育率，並且顯著地提昇了都市教育以及其他人力資本的投資。

以上幾段討論了小孩的數量與品質的觀測性需求函數；

$$n_t = d_n(I_t, e_{t+1} + u_{t+1}, r) \Big\} \atop I_{t+1} = d_I(I_t, e_{t+1} + u_{t+1}, r) \Big\}. \qquad (6.21)$$

為了進一步簡化這些函數的討論，我們假設每單位資本的所得以及報酬率為常數，因此 $w_t = 1$ 以及 $r_t = r$，對所有的 t。採用線性函數並假設報酬率僅會影響其他變數的係數，正如式(6.8)，我們可以將這些函數寫成（註12）

$$n_t = c_0 + c_I I_t + c_e(e_{t+1} + u_{t+1}), \qquad (6.22)$$

$$I_{t+1} = b_0 + b_I I_t + b_e(e_{t+1} + u_{t+1}). \qquad (6.23)$$

數量與品質的互動將提升 $e_{t+1} + u_{t+1}$ 對 n_t（c_e），以及 I_t 對 I_{t+1}（b_I）的效果，並降低 I_t 對 n_t（c_I）以及 $e_{t+1} + u_{t+1}$ 對 I_{t+1}（b_e）的效果。的確，即使在數量與品質的影子價格不變時，家庭所得增加將會提升對小孩數量與品質的需求，此種互動將使 c_I 與 b_e 成為負數。

不幸的是，這些需求函數無法直接估計。因為我們對文化、生物遺傳的許多特徵所知不多，所以很難去衡量「稟賦」。（註13）然而，有方法可以消去稟賦，而且可使小孩數量與品質僅與自己的所得、落後一期的數量與品質、運氣有關。為了更容易的證明此點，我們簡化式(6.9)中的稟賦生產方程式為：

$$e_{t+1} = a + he_t + v_{t+1},\qquad(6.24)$$

其中e_t是父母的稟賦，a為常數。

對式(6.22)取落後一期並利用式(6.24)，則對小孩數量之需求可以完全用可觀察到的序列相關殘差項來表示（品質將在下一章中討論）：

$$n_t = c_0^* + c_1 I_t - hc_1 I_{t-1} + hn_{t-1} + u_{t+1}^*,$$

其中

且

$$c_0^* = ac_e + c_0(1 - h),$$

$$u_{t+1}^* = c_e(u_{t+1} - hu_t + v_{t+1}).$$

$\qquad(6.25)$

小孩的稟賦已被祖父母的所得（I_{t-1}）、父母的兄弟姊妹（n_{t-1}）、以及父母的市場運氣（u_t）取代。

兄弟姊妹人數之係數為正，該係數等於稟賦的繼承能力（h）。此係數顯示，當每一個人都有相同的偏好與生產小孩的能量時，在父母與祖父母所得固定不變的情況下，有較多兄弟姊妹的人，通常會有更多的小孩。因此，具有持續性的家庭生育率的差異（Fisher, 1958，第九章；Ben-Porath, 1973; William, 1979；與Tomes, 1980b），並不表示家庭偏好的差異會持續到隔代，但顯示了它的持續性將超越家庭所得的差異的持續性。

R.A. Fisher用生物遺傳上的差異來解釋家庭生育率的差異。我的分析也指出家庭差異可以用繼承性來解釋（I_t，I_{t-1}，與u_{t-1}^*固定不變），但式(6.25)中兄弟姊妹人數的係數等於所有的文化、生物因素的（平均）繼承性，此繼承性有

助於家庭資本之形成。生育的生物決定因素僅為家庭總生物資本 (aggregate biological capital) 的一小部份，而且通常也僅構成家庭資本中非常微小的一部份，包括了文化性資本（cultrual capital）。

式(6.25)中一個很奇特的含意為，父母與祖父母所得的變動具有相反的效果；他們的係數之比小於零，並且等於 $-h$，其中 h（繼承性的大小）為兄弟姊妹人數的係數。當小孩數量與品質的互動夠強時 ($c_i < 0$)，父母所得的係數為負，而祖父母所得的係數為正。

一般人會預期小孩的數目與祖父母的所得有關，也許是間接的影響。的確，Richard Easterlin 在許多篇重要、並頗具影響力的文章中強調，跨代影響在了解生育決定因素之重要性。特別是，他認為與所得相同的人相比較，在富裕家庭中成長的人會需要比較少的小孩，富裕的童年會增加對自己消費的偏好，也會降低對小孩的偏好(Easterlin, 1973)。式(6.25)似乎是支持 Easterlin 的論點，因為，如果觀察到的小孩需求之父母所得彈性是正的($c_1 > 0$)，則富裕的童年（以祖父母的所得來衡量）似乎會降低生育率。但是，由於式(6.25)並未假設偏好會受到童年的富裕或貧窮所影響，即使這些很明顯的負效果，也不會因偏好的改變而發生作用。其結果，富裕的童年以及生育率（註14）之間在表面上看是負相關的，但並不表示富裕的童年對小孩的偏好有負面的影響。

我故意說是「表面上看」是負相關，因為式(6.25)中兄

弟姊妹人數與祖父母所得的係數是誤導的。不需要改變 I_t 以及 u_{t+1}^*，I_{t-1} 唯有在 v_t（未出現在式6.25裡）下跌的幅度足以抵銷 I_{t-1} 增加對 I_t 的效果時，才會增加。由於 v_t 下降將使 n_t 下降，因此是 v_t 的補償性變動，而非 I_{t-1} 的改變，造成了 I_{t-1} 對 n_t 產生了表面上看似負的效果。

一個正確的分析必須了解，在稟賦沒有改變的情形下，祖父母所得增加將提高他們子女所得 (I_t) 增加，而他們的小孩人數 (n_{t-1}) 可能增加，也可能減少。I_t 將使 n_t 上升或下降，全賴觀測到的數量需求的所得彈性為正或負面而定（當 $c_i \gtrless 0$）。

附註：

〔註1〕 可參考 Ghez 與 Becker (1975)，Heckman (1976)，或 Blinder 與 Weiss (1976) 有關生命週期決定之討論。

〔註2〕 在社會互動理論裏，家庭所得為「社會所得」之特例；參見 Becker (1974b)。

〔註3〕 第八章討論家長在家庭決策風險上的角色。

〔註4〕 如果父母在意風險，他們的投資將受到效用函數的三階導數之影響；參見 Loury (1970)。

〔註5〕 Zvi Griliches (1979) 認為，兄弟姊妹之間人力資本投資量的差異，比沒有親戚關係的小孩之間的差異要小，即使兩者的能力差異是相同的。但是，我的分析隱含富有的小孩，其人力資本投資量僅與自己的特徵有關，兄弟姊妹的能力無關。對較貧窮的家庭而

言，唯有當平等比效率重要時，我的分析才支持 Griliches 的說法。有關此問題詳盡的理論分析，可參閱Sheshinski與Weiss（1982），Tomes（1980a）。在 Tomes 的小樣本分析裡，貧窮家庭的平等的確似乎比較重要。（我感謝 Griliches 對此附註提出的有益的意見。）

〔註6〕例如，Margery Wolf 在討論臺灣鄉村時說，「婦女在生下一個男孩以前，她只是丈夫家庭中的一位暫時性成員 (provisional member) …有了兒子以後，她成為家族後裔的母親，享有尊貴的地位」（1968, 頁 45）。或者，在伊拉克的一個小村中，「男孩是最好的…；他們能照顧年邁的母親。女孩有什麼用處？」（Fernea, 1965, 頁 292）。也可參閱Goody（1976）文中有關非洲、亞洲之討論。

〔註7〕從子女處得到的預期效用之貨幣價值為

$$V_c = \frac{EU_c}{\lambda} = \frac{U_b p_b + U_g(1 - p_b)}{\lambda} = p_b(V_b - V_g) + V_g,$$

其中 λ 為所得的邊際效用，U_b 與 U_g 分別為兒子與女兒得到之效用，V_b 與 V_g 為這些效用之貨幣價值，p_b 為生一個兒子的機率。如果生兒子的機率僅由女人的特徵來決定、每一個女人只有一個小孩、同時 π_i 為具有機率 p_b^i 之婦女的額外報酬，則完全相同的男人與第 i 及第 j 位婦女結婚，將有同等的好處，若

$$\pi_i - \pi_j = V_c^i - V_c^j = (p_b^i - p_b^j)(V_b - V_g).$$

因此，$\pi_i > \pi_j$ 若，$p_b^i > p_b^j$ 和 $V_b > V_g$。此外

$$\frac{d(\pi_i - \pi_j)}{d(V_b - V_g)} = p_b^i - p_b^j > 0 \text{ 若 } p_b^i > p_b^j.$$

〔註8〕亞當斯密（Adam Smith）預測長子繼承制度「仍將持續幾個世紀

」　(1937, 頁362)　。

〔註9〕 例如，英國十四世紀時發展出來的信託的概念，一部份原因就是
為了規避長子繼承制度（由John Langbein口頭告知）。此外，長
子所繼承的土地不動產，其價值常因各種債務設定之抵押而大幅
地縮水；參閱Cooper (1976) 之討論。

〔註10〕 回教思想家推翻此主張，認為兒子繼承的比例應該比較大，因為
女兒已拿了嫁粧。

〔註11〕 由於每一個小孩都有相等的所得，父母的均衡效用將為
$$U^* = U(Z_t^*, I_{t+1}^{*1}, I_{t+1}^{*2}, \ldots, I_{t+1}^{*n_t^*}) = U(Z^*, I_{t+1}^*, \ldots, I_{t+1}^*),$$
其中上標 $*$ 表示均衡值。於是 U_t^* 將僅由 Z_t^*，I_{t+1}^*，與 n_t^* 決定，正
如式 (6.18)。

〔註12〕 此處我獲益於Nigel Tomes的一篇未發表文章。

〔註13〕 例如，Goldberger (1978) 對有關智力的生物繼承性的證據，做了
非常謹慎與批判性的評論。

〔註14〕 有些研究發現係數為負，而其他研究 (Williams, 1979; Tomes,
1980b) 則發現祖父母的所得係數為零或正。但是，式 (6.25) 隱
含所有這些估計都有偏誤，因為殘差項 (U^*_{t+1}) 藉由 u_t 的影響而
與 I_t 及 n_{t-1} 相關。

不均等性與跨代流動性

Inequality and Intergenerational Mobility

這一章基本上是根據Tomes與我的一篇共同研究報告發展出來的。一部份
的報告已發表於一九七九年的 *Journal of Political Economy* 87(6)：頁 1153-
1189。經取得芝加哥大學出版社的同意轉載於此。

在稍早的一篇研究裏我寫到：

> **儘管所得分配的實證分析已大量存在，所得分配的研究熱忱依然持續增加中，……但在過去的一段時間裡，經濟學者常忽略個人所得分配方面的研究，這種現象不知如何解釋？根據我的判斷，最根本的原因是缺少一個既可以符合一般經濟理論，同時也能解釋不同地區、國家、以及不同時期的實際所得差異的理論，儘管經濟學者對此曾做了非常大的努力**（Becker，1967，頁1）。

雖然公平的所得分配吸引了很多人的注意力，例如，Rawls（1971）與Okun（1975），但令人滿意的實際分配理論仍然未發展出來。

一個完整的所得分配理論應該能同時分析一個家庭在不同世代之間所得的不均等性——通常稱之為跨代社會流動性——以及同一世代，但不同家庭之間所得的不均等性。由於對不均等性產生的觀點有非常大的分歧，社會學家主要關心的是跨代的流動性，而經濟學家卻關心同一世代間的不均等性。社會學家強調，一個人的祖先可以影響此人的背景、階級、或者身分地位，從而決定此人的社會經濟地位（Blau與Duncan，1967；Boudon，1974）。另一方面，經濟學者的不均等性模型絕大多數忽略了家庭傳遞的不均等，因為他們假設幸運和能力的隨機分配已大致決定了不均等性（參考 Roy，1950；Champernowne，1953）。

　　兩個最近的研究顯示，結合跨代流動性與同一世代的不均等性分析是可行的。人力資本理論並未討論幸運和其他的隨機力量，但指出不均等性是效用極大化行為的結果（註1）。本書所發展的分析家庭的經濟方法，認為個人不是一個獨立的個體，而是延續好幾世代的家庭的一個成員。家庭成員致力於家庭所得之生產，並照顧延續家庭的小孩。

　　家庭的中心決策者為永續家庭中的個人成員。當代的人可以犧牲下一代的所得以提高自己的消費，但是他們不會這樣做，因為他們關心自己子女的利益，或許也關心家庭未來成員的利益。這種家庭內的跨代連繫將藉著父母的移轉家庭稟賦給子女而更形鞏固。

　　本分析結合了人力資本與不均等性的理論，父母可以選擇對小孩與其他家庭成員的人力與非人力資本的最適投資量，以求本身效用的極大。此外，本分析認為稟賦和市場報酬與運氣有關，所以所得也部份決定於運氣和效用極大化行為的互動關係。

　　從任何一個起始點，家庭所得的不均等性與跨代流動性都將逐漸接近均衡水準，該均衡水準乃取決於運氣與各種不同的家庭參數，特別是稟賦的可繼承性和對子女投資的傾向。令人吃驚的是，不均等性與跨代流動性有時也和經濟成長率、稅捐與補貼、「干擾」因素的預期、少數族群的歧視，以及家庭聲望有關連。例如，累進的課稅-補貼制度可能加深可支配所得的不均等性；而被歧視的少數族群，不僅他們

的所得會降低，同時家庭背景對他們所得的影響也會減輕。

均衡的所得不均等

縱然所有的家庭都是相同的，所得分配仍將是不均等的，因為影響家庭稟賦和市場運氣的機率並不相等。任何一代的所得不均等，除了必然地取決於該代的運氣不平等外，也無疑的取決於前面數代的運氣。因為幸運的父母將增加對子女的投資，而子女所得增加又誘使他們對他們的子女做更多的投資，如此一再推演，直到所有的後代子孫皆獲益於最初的幸運。由於投資取決於前面一章所介紹的 β 與 h 參數，也就是投資於子女的傾向與稟賦的可繼承性，前面數代的運氣對一已知世代所得不均等的影響也因之和這些參數有關係。

假設資本報酬率 (r) 與每單位資本的所得 (w) 不受總合的資本累積之影響，而且對社會以及每一個家庭而言，此二參數為已知的（此處不討論要素市場的均衡）。暫時假設這些參數是穩定的，不隨時間變動，因此可以假定此二參數的單位為 $r_t = r$ 與 $w_t = w = 1$。

如果每一個人都不結婚但生小孩，則所有家庭都將永遠地維持他們各自的獨立性，因此任何家庭的財富都可如願地綿延至數代子孫。若每一個人都與稟賦相同、父母所得相同，以及運氣相同的人結婚（不完美的配對將於後文中討論），家庭也可以有效地維持他們各自的獨立性。

假使每個家庭只有一個小孩，而且對他的同質性人力或

非人力資本投資的報酬率為固定的——又如果所有的家庭都有相同的效用函數、報酬率、以及稟賦的可繼承性——則第i家庭第t+1代的均衡所得可從式（6.8）導出；如

$$I_{t+1}^i = \alpha(1 + r)I_t^i + \alpha e_{t+1}^i + \alpha u_{t+1}^i = \beta I_t^i + \alpha e_{t+1}^i + \alpha u_{t+1}^i, \quad (7.1)$$

其中 $e^i{}_{t+1}$ 為他的稟賦，$U^i{}_{t+1}$ 為他的市場運氣，α 為家庭所得中花費於子女的比例，而 β 為對子女投資的傾向。如果平均稟賦（$\bar{e}$）不隨時間變動，則式（6.24）的簡化的稟賦產生方程式變為

$$e_{t+1}^i = a + h e_t^i + v_{t+1}^i = (1 - h)\bar{e} + h e_t^i + v_{t+1}^i, \quad (7.2)$$

h 為稟賦的可繼承性，$e^i{}_t$ 為父母的稟賦，而 $V^i{}_{t+1}$ 為子女的運氣稟賦。將此方程式代入式（7.1），可以求得所得產生方程式（註2）

$$I_{t+1}^i = \alpha a + \beta I_t^i + \alpha h e_t^i + \alpha v_{t+1}^i + \alpha u_{t+1}^i. \quad (7.3)$$

由於假設所有家庭都是相同的，如果他們在當代以及前面數代的運氣也都相同，則他們在任何世代的所得也將一樣。因此，任何一代的所得不均等與前面所有數代的運氣分配都有關連。此點可藉式（7.2）與（7.3）的重複代入式（7.3）而明確地表示出來，重複代入後可得出第 i 家庭第 $t+1$ 代的家庭所得與第 $(m+1)$ 代前祖先的所得及稟賦的關係，並可得出其與介於其間的所有世代的運氣的關係：

$$I_{t+1}^i = \alpha a \sum_{j=0}^{m} \beta^j \sum_{k=0}^{m-j} h^k + \beta^{m+1} I_{t-m}^i + \alpha h \left(\sum_{j=0}^{m} \beta^{m-j} h^j \right) e_{t-m}^i$$

$$+ \alpha \sum_{j=0}^{m} \beta^j u_{t+1-j}^i + \alpha \sum_{k=0}^{m} \sum_{j=0}^{k} \beta^j h^{k-j} v_{t+1-k}^i. \tag{7.4}$$

上式假定 $0 < h < 1$，也就是子女僅繼承父母稟賦的一部份。若報酬率 (r) 以每代百分比為單位，則即使很微小的每年百分比變動也隱含了相當可觀的每代百分比變動，因為人類一代的間隔為二十年或者更長。所以，r 會超過0.5甚至可能大於1；因此 $\beta = \alpha \ (1+r)$ 也可能大於1，因為家庭所得花費於子女的比例(α) 不會太小。

然而，若暫時假設 β 及 h 小於1，則 I_{t-m}^i 與 e_{t-m}^i 的係數在 m 愈來愈大時將趨近於零，αa 的係數則將趨近於一固定值。由於

$$\sum_{j=0}^{k} \beta^j h^{k-j} = \begin{cases} \dfrac{\beta^{k+1} - h^{k+1}}{\beta - h} & \text{當 } \beta \neq h \\[3mm] \beta^k(k + 1) & \text{當 } \beta = h, \end{cases} \tag{7.5}$$

式 (7.4) 可以往回追溯無限多代，並寫成（當 $\beta \neq h$）

$$I_{t+1}^i = \frac{\alpha a}{(1 - \beta)(1 - h)} + \alpha \sum_{k=0}^{\infty} \beta^k u_{t+1-k}^i$$
$$+ \alpha \sum_{k=0}^{\infty} \left(\frac{\beta^{k+1} - h^{k+1}}{\beta - h} \right) v_{t+1-k}^i. \tag{7.6}$$

此式說明第 i 家庭各個世代的所得可完全由當代以及前面各代的運氣表示；即，由家庭參數 α，β 及 h；以及社會參數 a

來表示。從任何初始的所得與稟賦的分配出發，所得分配隨時間變動終將趨近於式（7.6）右邊之值。

若 u_t 與 v_t 為分配相同且變異數有限的隨機變數，則無須對 u_t 與 v_t 或效用函數的特性再做額外的假設，所得的變異數必定趨近於一穩定水準。如果 u_t 與 v_t 的分配是獨立的，則此穩定的變異數可簡寫成（參考數學附錄，註A）：

$$\sigma_I^2 = \frac{\alpha^2}{1 - \beta^2}\,\sigma_u^2 + \frac{\alpha^2(1 + h\beta)\sigma_v^2}{(1 - h^2)(1 - \beta^2)(1 - h\beta)}, \qquad (7.7)$$

其中 σ_I^2，σ_u^2 與 σ_v^2 各為 I，u 與 v 的變異數。

由於稟賦和市場運氣的預期值等於零，式（7.6）隱含著任何一代的預期或平均所得必將趨近於穩定水準

$$\bar{I} = \frac{\alpha a}{(1 - \beta)(1 - h)} = \frac{\alpha\bar{e}}{1 - \beta} \quad \text{由於} \ a = \bar{e}(1 - h). \qquad (7.8)$$

此式說明平均所得的均衡水準為家庭參數（α 與 β）與社會參數（$\bar{e}$）的簡單函數，而與稟賦的可繼承性（h）無關。資本投資的貢獻比率將為

$$d = 1 - \frac{\bar{e}}{\bar{I}} = 1 - \frac{(1 - \beta)}{\alpha} = 2 + r - \frac{1}{\alpha}, \qquad (7.9)$$

如果 $\alpha > 1/(2+r)$，則 $d > 0$。顯然的，此一比率與投資報酬率，以及家庭所得中投資於子女的比例是正相關的。雖然，求導式（7.1）時假設父母可以舉債而由子女償還，但式（7.9）顯示在均衡狀態下，只要家庭所得中有一可觀的比例花費在子女身上，一般家庭不僅不會借貸，而且會投資於後

代。很明顯地，若 $\alpha \geq 0.4$，則因 $r \geq 0.5$，$d > 0$。

討論社會正義以及政治決策過程的文章，通常僅對不均等性的相對指標有興趣，例如吉尼係數 (Gini coefficient) 或者變異係數 (the coefficient of variation)。因此，將式（7.7）除以式（7.8）的平方，可以得出所得的均衡變異係數的平方為，

$$
\begin{aligned}
CV_I^2 &= \frac{1-\beta}{1+\beta} CV_u^2 + \frac{(1+h\beta)(1-\beta)}{(1-h^2)(1-h\beta)(1+\beta)} CV_r^2 \\
&= \frac{1-\beta}{1+\beta} CV_u^2 + \frac{(1+h\beta)(1-\beta)}{(1-h\beta)(1+\beta)} CV_e^2,
\end{aligned}
\tag{7.10}
$$

因為 $\sigma_U^2 = (1-h^2)\sigma_e^2$（參照數學附錄，註 A）。市場與稟賦運氣的不均等性可由與平均稟賦的相對關係中求出：

$$CV_u = \frac{\sigma_u}{\bar{e}}, \qquad CV_v = \frac{\sigma_v}{\bar{e}}.$$

當然，均衡的所得不均等性是與市場及稟賦運氣的不均等性有關，而且是一比例關係。不過，比例的大小是由每個家庭的稟賦可繼承性與對子女投資的傾向決定的。由於 $\beta < 1$，市場運氣的係數必定小於 1 －也可能小於三分之一，不過 β 幾乎確定是大於二分之一。因此，市場運氣對不均等性的影響，將因父母對其可預期性的回應而大幅減弱。

稟賦運氣的係數會大於市場運氣的係數，而當 h 與 β 都很大時，二者的差異也就愈大；例如，在 $\beta=0.6$ 而 $h=0.5$ 時，CV_v^2 的係數值約為 CV_u^2 係數值的2.5倍，但 CV_e^2 的係數值僅約為 CV_u^2 的2.0倍。子女自然承繼的稟賦運氣，對所得不

均等性有更大的影響。這也解釋了為什麼當 h 變大時，稟賦運氣對所得不均等的影響也會加深。

不僅是稟賦運氣的係數大於市場運氣的係數，稟賦運氣造成的不均等也可能比市場運氣造成的不均等更為顯著。稟賦運氣是一「固定效果」，取決於孩提時期的經驗與遺傳性繼承，此效果通常會伴隨終生，但市場運氣則是短暫性的而且逐年變化。所以，如果年度的市場運氣與稟賦運氣大致相等時，稟賦運氣造成的「恆久性」或終生性不均等將遠大於市場運氣的終生性不均等。以下將說明如何從不同世代的恆久所得資料，估計稟賦與市場運氣所造成的恆久性不均等。

由於 $\beta = \alpha\,(1+r)$ ，投資報酬率上昇將提高投資傾向，而根據式（7.7）所得的均衡標準差也會增加。然而，從式（7.8）β 的上昇也會提高平均所得的均衡水準；事實上，平均所得增加的百分比會大於標準差增加的百分比，如此一來，報酬率及投資傾向的上昇將使式（7.10）之所得的變異係數降低。此結論與眾所周知的人力資本理論的論調正好相反，該理論認為，人力資本的報酬率上昇將加深所得的不均等性，不過，該理論只考慮報酬率的變動對所得不均等的影響，而忽略人力資本的水準變動與投資分配對所得的較長期性效果。（註3）式（7.10）導出的所得不均等與報酬率的負向關係將應用於稍後的章節，以討論歧視、課稅及經濟成長對所得不均等的影響。

式（7.10）最值得注意的特色也許是，h 與 β 在式中是相

乘的而非相加的：此乃表示當 β 變大時，h 上昇對所得不均等的影響也增大。此種關係顯示，經由任一世代的所得與稟賦間的共變異數關係，可繼承性與對子女的投資將在模型內產生互動關係（參照數學附錄，註A的式A.1）。

比較謀求效用極大化與未謀求效用極大化的家庭所產生的不均等性，可以觀察出，效用極大化對可繼承性與投資間的互動關係，以及方程式中決定不均等性的其他特性的影響。但是，如果對子女的投資和報酬率、家庭所得、稟賦、及運氣都無關時，可繼承性與投資之間不會產生互動關係，稟賦不均等性對所得不均等性的影響也將因之大幅降低。（註4）例如，若 $h=0.5$ 而 $\beta=0.6$，在效用極大化時，稟賦不均等的係數將兩倍於市場運氣的係數，而如無極大化的假設時，該係數僅等於市場運氣的係數。所以，跨代傳遞不均等性的技術模型，由於無法觀察父母對自己的或子女的情況的最適回應，將嚴重地低估稟賦不均等性的作用，也因而將低估家庭背景對所得不均等性的影響。

假使父母無法期待子女的市場運氣，但他們不考慮風險性、且有絕對正確的預期性時，則祇須將式（7.10）之 CV_u^2 的係數值乘以 $1/\alpha^2$ 即可說明（參考第六章）。由於 α 小於1，不完全預期的「干擾」將增加個人所得的變動以及綜合所得的循環性變動（將於下文中討論，參照 Sargent 與 Wallace，1975）。此外，由於父母無法藉投資的增減來改變子女的好或壞的市場運氣，市場運氣的係數可能因之大於稟賦運氣的

係數。

跨代流動性

家庭在不同世代的所得與地位的變化，即為通稱的跨代流動性，「精英分子的流動」（Pareto，1971），也有人稱之為機會的均等。同一世代不同家庭間所得的小幅不均等現象，就如同有一相當穩定的不同世代的家庭所得序列，而不穩定的序列與同一世代的嚴重不均等現象則是一致的。兩種型態的不均等性都已在很多文獻中討論過，但只有極少數曾將他們納入一共通的分析架構內。本章節將利用分析同一世代不均等性的方法分析跨代流動性，並指出對子女投資的傾向與可繼承性，仍然是決定跨代流動性的重要因素。

家庭對子女所得的影響，可由子女的所得與父母或祖父母所得的相關性來測量。如果可繼承性 (h) 極低，則不論市場及稟賦運氣如何地不均等，子女所得與父母所得的均衡相關係數將等於對子女投資的傾向。（註5）但如果 h 不是很小，且市場運氣的不均等性相對小於稟賦運氣的不均等性（為何應如此假設已於先前討論過），則子女所得與父母所得及稟賦間的均衡複相關係數將大於β，二者的差距僅與β及h有關（參照數學附錄，註B）。

下面將介紹一種不同、但也許更清晰的跨代流動性測量方法：即利用父母、子女、孫子女、及後代子孫的所得變動序列關係。在可繼承性很低的情形下，若父母的所得因有好

的市場或稟賦運氣而提高 δI_t，則子女的所得將增加 $\beta\delta I_t$，孫子女的所得增加 $\beta^2\delta I_t$，而第 m 代子孫的所得將增加（參考式 7.4）：

$$\delta I_{t+m} = \beta^m\delta I_t, \quad 當 m = 1, 2, \ldots, \tag{7.11}$$

上式假設 $h=0$。只要 $\beta<1$，每一代子孫所增加的所得都會少於上一代，而當 $\beta<0.8$，幾代之後所得的增加部份將趨近於零—「四代之間回到原點」。因此，除非投資傾向接近於1，若對子女投資的效用極大化行為是一個家庭不同世代之間唯一的連繫，則跨代流動性將頗為可觀。

如果對子女的投資與所得或其他變數都無關，而且對每個家庭而言，其為已知的，則父母的稟賦增加 δv_t 時，他們子女的所得將增加 $h\delta v_t$，孫子女的所得增加 $h^2\delta v_t$，而第 m 代子孫的所得將增加

$$\delta I_{t+m} = h^m\delta v_t, \quad 當 m = 1, 2, \ldots, \tag{7.12}$$

式中假設 y_t 是外生變數。當 $h<1$ 時，這些增加的所得也是逐代地下降，而且因 h 通常小於0.75，經數代之後所得的增加也會趨近於零。同樣的，除非可繼承性接近1，若僅藉文化與生物上的遺傳連繫家庭的各個世代，則跨代流動性也將頗為可觀。

如果對子女的投資因家庭狀況而異，而且可繼承性也不低時，父母所得增加後，後代子孫增加的所得將大於式（7.11）與式（7.12）增加的所得的加總。因為遺傳與投資有互動性。特別是，即使 h 與 β 都小於1時，子孫所得的增加

仍可以持續幾個世代，當子孫所得增加部份低至原來增加部份的25%時，可能已經是許多世代之後。因此，投資與遺傳的互動作用可大幅提高祖先的所得與稟賦對當代所得的影響。

例如，第 i 家庭第 t 代的稟賦運氣增加(δv_t^i)，但因市場運氣下降致其所得 (I_t^i) 保持不變時，家庭所得 (S_t^i) 將因子女的稟賦增加 $h\delta v_t^i$ 而提高，如此，第 t 代的父母將希望增加本身的消費同時減少對子女的投資。子女本身的所得 I_{t+1}^i 的增加將只是他們增加的稟賦的一部份 (α)；其餘部份將被父母消費掉。孫子女本身的所得 (I_{t+2}^i) 也將提高，部份是父母所得增加的結果，而部份是因為孫子女繼承了一些他們父母增加的稟賦。孫子女的所得總共將增加

$$\delta I_{t+2}^i = \beta \delta I_{t+1}^i + \alpha \delta e_{t+2}^i = \alpha h \beta \delta v_t^i + \alpha h^2 \delta v_t^i$$
$$= \alpha h(\beta + h)\delta v_t^i = (\beta + h)\delta I_{t+1}^i. \tag{7.13}$$

所以，當 $\beta + h > 1$（亦即可繼承性與對子女投資的傾向之和超過1），父母稟賦的補償性增加將使孫子女增加的所得大於子女增加的所得。

對曾孫子女，曾曾孫子女，以及更遠的後代子孫所得的影響可依循此理向後推。譬如，在 $\beta + h$ 明顯地大於1時，曾曾曾孫子女增加的所得也將超過子女增加的所得。父母稟賦的補償性變動對第 m 代子孫所得的影響可自式 (7.4) 之 e_{t-m}^i 的係數推導其一般式。此係數可估計自與平均所得的均衡水準的相對關係，並寫成：

$$\frac{\delta I_{t+m}^i}{\bar{I}} = h(1-\beta) \sum_{j=0}^{m-1} \beta^{m-1-j} h^j \frac{\delta e_t^i}{\bar{e}}$$

$$= \begin{cases} h(1-\beta)\dfrac{\beta^m - h^m}{\beta - h}\dfrac{\delta e_t^i}{\bar{e}} = h(1-\beta)g_m\dfrac{\delta e_t^i}{\bar{e}} & \text{當 } \beta \neq h \quad (7.14) \\ h(1-\beta)m\beta^{m-1}\dfrac{\delta e_t^i}{\bar{e}} & \text{當 } \beta = h. \end{cases}$$

g_m項為β與h的對稱性多項式。當$\beta+h<1$時，g_m在第一代的值為極大值；但當$\beta+h>1$時，g_m會先上昇至最高點然後一路下滑，最高點將隨$\beta+h$的變大向後延伸（參照數學附錄，註C）。圖7.1繪出三組β與h值的g_m途徑。A曲線的β與h值都「低」，$h=0.20$，而$\beta=0.45$，g_m在第四代時已降至原始值的16%。B曲線的$h=0.30$，而$\beta=0.80$，g_m將上昇一個世代然後一路下跌，在第十代之後將降至原始值的25%以下。C曲線的$h=0.70$，而$\beta=0.90$，g_m將持續上昇至第五代後再緩緩下降，到第十五代時仍未降至原始值，而直至第二十九代時方才降到原始值的25%以下。

一個家庭的所得在數代間可能遠高或遠低於一般家庭，因為有一輪的好運或壞運；也就是說，式（7.4）的u與v在數代之間將有同樣的正負號，而且值也不小。因為這些隨機變數的分配都假設是獨立的，連續兩代以上的異常好運或壞運的機率並不大，但是，若可繼承性與對子女投資的傾向都很高時，只要其中一代有異常的運氣，此家庭的所得以及所有後代的平均運氣在數代之間都將顯著地高於或低於平均水

準。

因此，當可繼承性與投資傾向都很高時，一個家庭連續數代的福祉將密切地連繫著。可繼承性與稟賦的高低並不僅與生物學上人類的遺傳性有關，社會結構可能起更大的作用。在某些社會中，由於缺少直接評估個人特質的絕對方法，只好依賴個人的家庭聲望。家庭因之會藉家庭稟賦的投資來控制及塑造成員的特質，並維持與增強家庭聲望（參考第六章及第十一章）。這些努力的結果，一個家庭的成員將變得比他們處在「開放」社會時，彼此更為相似，因為在開放社會中家庭不容易控制其成員。所以，投資傾向相同時，如果表兄弟、叔伯、侄兒們、祖父母、孫子女及其他家庭成員彼此相互關懷，子女的所得將與他們的父母、祖父母及其他親戚的所得更類似。

可繼承性愈高時，一個家庭更可能保有一輪的成功或失敗。這也許說明了亞當斯（Adams）家族在美國之所以如此引人矚目的理由，因為在如此開放的社會中能維持好幾代的成功是相當不平常的。而在封閉的社會中，如傳統的印度或中國，成功的家族較為普遍而且不值得注意。

家庭與市場變數的估計

稟賦的概念似乎又是另一個「黑盒子」。由於許多個人特質的文化及生物上遺傳性尚不為人所知，至今，人的稟賦還是無法估計的。不過，可以應用第六章所介紹的方法，利

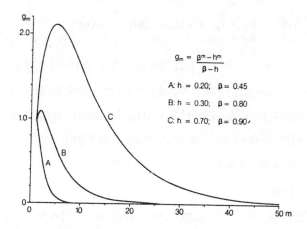

圖7. 1 不同的投資傾向與可繼承性之下,所得改變的
世代型態.其中 m 表示家庭所得劇變化後之世
代數, g_m 衡量隨後的所得之效果.

用已能估計的變數來測量對子女的需求，自所得產生方程式
求導稟賦值（感謝 Sherwin Rosen 建議應用此估計法）。合
併式（7.1）與式（7.3）可導出一條二階隨機差分方程式，
此式只和一個家庭連續三代的所得及市場與稟賦運氣有關：

$$I_{t+1}^i = \alpha\bar{e}(1-h) + (\beta+h)I_t^i - \beta hI_{t-1}^i + \alpha u_{t+1}^{*i}$$
$$= \alpha\bar{e}(1-h) + (\beta+h-\beta h)I_t^i + \beta h(I_t^i - I_{t-1}^i) + \alpha u_{t+1}^{*i}, \quad (7.15)$$

式中 $u_{t+1}^{*i} = u_{t+1}^i - hu_t^i + v_{t+1}^i$ 且 $\beta+h-\beta h < 1$ 若$\beta,h < 1$。

父母與祖父母的所得變動對子女所得的影響，視對子女
投資的傾向及可繼承性而定，但所得收斂於均衡水準 $\alpha\bar{e}/$（1
$-\beta$）的先決條件是，此二係數值必須小於1。正的父母與祖
父母所得差距的係數，可以測得這兩代所得的成長對子女那
一代的影響。

殘差項，u^*，則呈負的自我相關性，因u_t與u_t^*為正相關
，但與u_{t+1}^*則為負相關。由於 h 變大時，u_{t+1}^*與u_t^*的共變異
數也變大，且 $h<1$，E（u_{t+1}^*）$=0$，式（7.15）以原點為中
心的殘差項的振幅將縮小，在 h 變大時，這種現象將更為明
顯。

若父母的所得I_t，父母與孫子女的市場運氣u_t與u_{t+1}，以
及孫子女的稟賦運氣 v_{t+1}固定不變，則祖父母所得 I_{t-1}的上昇
將降低孫子女 I_{t+1}的所得。這種祖父母與孫子女所得的負相
關性頗出人意料之外(註6)，因為祖父母所得增加將使父母
的所得提高，其又可提高孫子女的所得。不過，式(7.15)的
負相關性是在父母的所得與隨機項u_{t+1}，u_t，及v_{t+1}不變的假

設條件下求得的。由於只有在父母的稟賦運氣 v_t 下降情形下，祖父母所得的上昇才不會影響這些變數（參考式7.3），而且，即使 I_t 維持不變（因為子女會繼承部份的稟賦）， v_t 減少將使 I_{t+1} 降低，因此， I_{t-1} 的增加導致 I_{t+1} 降低的唯一可能是 v_t 下降。

許多跨代流動的分析利用 Markov 及類似的方法估計所得及財富，但這些分析都未考慮行為的作用（譬如 Hodge，1966，及 Singer 與 Spilerman，1974）。以下的分析將指出這些估計很可能導致錯誤的因果關係。例如，式（7.15）中 I_{t+1} 減少並不是 I_{t-1} 上昇所導致的，而是隱含著 v_t 的下降。

如果式（7.15）的兩個所得為已知的，則可得出 β 與 h（註7），由此可以求出稟賦的可繼承性，而不需了解稟賦。若殘差項 u^* 的變異數與共變異數為已知時，在缺乏稟賦的資訊下，依然可求出稟賦運氣變異數與市場運氣變異數的相對值（參照數附錄，註 D）。一旦求得 β ，報酬率的資料可用來估計家庭所得中花費於子女的比例， α ，因為 $\alpha = \beta /$ （1 $+r$）。最後，將 β 、 h 、 α 、以及 σ_v^2 / σ_u^2 代入式（7.7），則可從所得的變異數求出稟賦運氣與市場運氣的變異數。所以，式（7.15）之參數若能估計，則了解不均等性與跨代流動性決定因素所需的所有資訊都可獲得，即使沒有稟賦相關的資訊：投資傾向、可繼承性、所得中花費於子女的比例、以及市場與稟賦運氣的不均等程度。

式（7.15）的所得參數可以從同質家庭在一穩定環境下

，連續三代的所得資料中估計求出。由於殘差項 u^*_{t+1} 與 I_t 是負相關的（因為 u_t 和 I_t 呈正相關性），I_t 應由一與 u^*_{t+1} 彼此獨立的「工具」變數取代，譬如，曾祖父母的所得。（註8）在無合適的工具變數下，若以普通最小平方法估計這些參數，則 I_t $(\beta+h)$ 的係數將被低估，但會高估 I_{t-1} $(-\beta h)$ 的係數值。例如，若 $\alpha = h = 0.5$，$\beta = 0.7$，$\sigma_u = 1$，且 $\sigma_v = 2$（前文中已討論過 σ_v 為何會明顯地大於 σ_u），則 $\beta + h = 1.2$ 在大樣本之下，由最小平方法估計得出的值為 1.11，$-\beta h = -0.35$ 的估計值則為 -0.27。從（註7）的式（*）求出的 β 估計值將稍微偏高，為 0.78，但 h 值將低估近 30%，只有 0.36。

可惜的是，完整的父母與子女所得的資料不多，更不用說祖父母的資料。假設子女的所得只與父母的所得有關，且所得的資料是絕對正確的，則最小平方法估計得到的 $\beta + h$ 將介於 β 與 $\beta + h$ 之間（參照數學附錄，註 E）。但因連續數世代的所謂資料極不完整，實際的估計值可能偏低（參考 Diamind，1980 的估計及討論）。

異質性家庭

式（7.6）顯示所得是不同世代運氣之加權總和，所得分配因而將比肇始於市場與稟賦運氣的薪資所得分配更均勻。然而，即使真正的所得分配顯著地向右偏態也不值得擔心，因為即使決定運氣的稟賦與市場能力的分配是勻稱的，運氣所產生的薪資所得的分配，也可能是極度的偏態（參照第

三章及 Rosen，1978）。式（7.8）的結論反而比較令人困擾
：即，所有家庭都有相同的長期均衡所得；我們知道，美國
黑人及其他地方的一些群体，在經過數代之後，所得依然低
於平均水準是不爭的事實。

在不變動基本的分析方法以及線性模型之下，刪除所有
家庭都是相同的假定將改變，這個長期均衡所得相等的結論
。不同的家庭將因市場區隔與喜好不同或天分、能力及機會
的遺傳上差異，而有不同的效用函數、報酬率、稟賦預期值
，以及可繼承性。因此，若假設 r、h、$\bar{e}$，以及 α 在家庭的不
同世代之間是相同的，但不同家庭則各不相同——也就是說
，子女將完整地承繼參數值——則只須加一表示第 i 家庭的
上標於式（7.6）即可修正原有的模型。

如果所有家庭的 β 與 h 都小於1，式（7.8）顯示第 i 家庭
的長期均衡所得為：

$$\bar{I}^i = \frac{\alpha^i \bar{e}^i}{1 - \beta^i}. \tag{7.16}$$

上式表示第 i 家庭的均衡所得與可繼承性是無關的，但與平
均稟賦、所得花費於子女的比例、以及對子女投資的傾向呈
正相關。（註9）例如，在美國，黑人家庭的均衡所得低於
白人家庭，部份是他們的人力資本投資報酬率較低的緣故。

由於每個家庭的所得都在其均衡水準上下浮動，因此如
果一個家庭的均衡所得低於平均水準，則該家庭各個世代的
所得通常也將低於平均水準；同理，如果一個家庭的均衡所

得高於平均水準，則該家庭各個世代的所得也將高於平均水準。其結果，均衡所得的分配將影響跨代流動性，因為跨代流動性可由子女與其父母及其他祖先的所得的相關性來衡量，或可由當代所得變動對後代所得的影響來衡量。特別是，每個家庭的投資傾向與可繼承性各不相同時，式（7.15）的I_t與I_{t-1}的係數或式（7.14）的g_m函數也將不一樣。

當黑人與白人家庭的效用函數一樣時，由於黑人的人力資本投資報酬率偏低——Freeman（1981）的實證分析指出，近年來此一差異已有縮小的傾向——黑人的投資傾向也將偏低。（註10）所以，對黑人家庭而言，父母所得的變動對子女所得的影響也比較小，此點可參見 Diamond（1980）及 Freeman（1981）的論證。

均衡的所得分配是由家庭參數的分配以及其平均值決定的。事實上，即使在市場與稟賦運氣很少的情況下，所得分配也可能呈現極度的偏態且不均等。例如，假設所有家庭的平均稟賦($\bar{e}$)與對子女支出比例(α)都是一樣的，且可繼承性及市場與稟賦運氣都很少時（$u = v = h = 0$），所得產生方程式將為：

$$I_{t+1}^i = \alpha\bar{e} + \beta^i I_t^i. \tag{7.17}$$

如果β^i為對稱性分配，且對所有的i而言，$I_0^i = 1$，則I_1^i的分配也是對稱的，其變異數也等於β^i的變異數。但是，I_2^i的變異數將大於I_1^i的變異數，且I_2^i的分配受β^i與I_1^i的正相關性影響，將向右偏態。I_3^i分配的偏態與不均等程度則將比I_2^i更嚴

重，偏態與不均等程度將持續擴大，直到獲得均衡的所得分
配（參照數學附錄，註 F）。父母的均衡所得與對子女投資
傾向的正相關性是導致所得分配偏態的主要原因。因為高投
資傾向的家庭有高所得，這種家庭將一小部份所得用於消費
，而將大部份所得用於後代投資。

政府的所得重分配

截至現在的討論都未討論課稅、補貼、及其他公共支出
對所得分配的影響，不過這些變數可以很快地納入上面的分
析架構內。假設第 i 家庭第 t 代付出的稅捐與收到的給付之間
的差異，可由下面的關係式概算出：

$$T_t^i = b + sI_t^{gi} + \Omega_t^i, \tag{7.18}$$

I^g 是「應稅」所得，b 與 s 是常數，而 Ω 的平均值為零，且其
分配與市場及稟賦運氣無關。若 $b<0$ 且 $s>0$，則此稅負-給
付制度應為「累進制」，因為所得愈高，其淨稅負占所得的
比例也愈大；但如 s 為一常數，則此制度對邊際稅負者而言
，為「比例制」。變數 Ω 一方面可以說明應稅所得定義上的
不足（譬如休閒即不包括在定義內），另一方面可以測量所
得相似的人在政治力量上的差距。例如，農夫、教師、以及
卡車司機之所以能比速食店老闆、汽車技師、以及勞工享受
更多的政治好處，即因為他們有更強的政治力量。

家庭的可支配所得可定義為，父母的稅後所得（他們自
己可以支配的所得）與子女的可支配稟賦及市場運氣帶給父

母的價值，二者的總和：

$$S_t^d = I_t^d + \frac{(1-s)(e_{t+1} + u_{t+1}) - (b + \Omega_{t+1})}{1 + r_a}, \qquad (7.19)$$

r_a為投資的稅後報酬率。如果父母了解政府各種政策對家庭的可能影響，他們將在可支配所得的限制下，求取包括自己消費及子女可支配所得的效用的極大。因此，所得與投資方程式為：

$$I_{t+1}^d = \beta_a I_t^d + \alpha(1-s)(e_{t+1} + u_{t+1}) - \alpha b - \alpha\Omega_{t+1}, \qquad (7.20)$$

$$\begin{aligned} y_t = \beta_a I_t^d &- (1-\alpha)(1-s)(e_{t+1} + u_{t+1}) \\ &+ (1-\alpha)b + (1-\alpha)\Omega_{t+1}, \end{aligned} \qquad (7.21)$$

式中$\beta_a = \alpha(1 + r_a)$，為稅後投資傾向。（註11）根據此二式，子女每支付一塊錢的稅捐只使他們的可支配所得減少α元，因為他們的父母將對他們增加$(1-\alpha)$元的投資。

　　式（7.19）指出對子女課稅以補貼父母，或對父母課稅而補貼子女的政策，並不會改變家庭的可支配所得，也就是說，

$$dS_t^d = 0, \quad 若 dI_t^d = \frac{(db + d\Omega_{t+1})}{1 + r_a}. \qquad (7.22)$$

此外，若家庭的可支配所得不變，子女的可支配所得也不會變動。因為父母將增加或減少他們對子女的支出（參考式7.21），以彌補子女的稅負支出或給付收入。所以，式（7.19）與式（7.21）可解釋為何未來稅收融通的公債，或對年輕人課稅以移轉支付給老年人的政策，不一定會連累未來

世代或年輕人——但也不會給這一代或老年人帶來好處。（
註12）同理，年輕人不是絕對地受益於幫助他們的公共教育
及其他政策，因為父母對他們的支出也會相對地減少。（註
13）

因此，雖然稍減分析的一般性，仍可以假設每一世代的
預算都是平衡的：即，對所有的 t 而言，$\bar{T}_t = 0$，

也就是說 $\qquad \bar{T}_t = 0$，對所有的 t，

$$b = -s\bar{I}^g, \quad 及 \quad \bar{I}_t^d = \bar{I}_t - \bar{T}_t = \bar{I}_t, \qquad (7.23)$$

$\bar{I}_t$ 為平均的稅前所得。若所有家庭都是相同的，則均衡
水準的平均所得可以直接自式（7.20）導出：

$$\bar{I}^d = \bar{I} = \frac{\alpha(1-s)\bar{e}}{1 - \beta_a - \alpha s\ell}, \qquad (7.24)$$

$l = \bar{I}^g / \bar{I}$。增加 s 將使 β_a 降低，因為稅後報酬率下降，（註14
）而在 α 上昇不顯著的情形下，s 增加也將使式（7.24）的分
子值降低。所以，增加 s 很可能降低均衡所得，因為稅後報
酬率的下降將影響父母對子女投資的意願。

式（7.20）也可導出可支配所得的均衡標準差，將均衡
標準差除以均衡平均所得可以得出均衡變異係數為：

$$CV_{\bar{I}^d}^2 = \frac{(1 - \beta_a - \alpha s\ell)^2}{1 - \beta_a^2}\left[CV_u^2 + \frac{(1 + h\beta_a)}{(1 - h\beta_a)}CV_e^2 + \frac{CV_n^2}{(1 - s)^2}\right], \quad (7.25)$$

式中，$CV_\Omega = \sigma_\Omega / \bar{e}$。從式（7.24）與式（7.25）可以發現，
增加的 s，若無法大幅提昇 α 與 σ_n^2，將導致可支配所得的均
衡標準差降低。然而，由於 s 增加極可能使平均所得降低，s

增加對變異係數的影響則比較不明顯。

如果應稅所得與稅前所得二者的定義有明確的相關性，則可確定 s 增加對變異係數的影響。應稅所得的高低取決於對子女投資的增減、折舊自應稅所得的扣抵、利息的課稅等其他類似的課題。茲以下面兩種不同的定義為例說明之。

$$I_t^{g_1} = y_{t-1} + e_t + u_t = I_t$$

$$\text{且} \quad I_t^{g_2} = I_t^{g_1} - \frac{y_{t-1}}{1+r} = I_t - \frac{y_{t-1}}{1+r}. \tag{7.26}$$

第一種為前面章節定義的稅前所得，而第二種則允許對子女的投資可以折舊。若繼續假設稅前報酬率，r，不受資本積累影響，則此二定義下的稅後投資傾向各為

$$\alpha(1 + r_{a_1}) = \beta_{a_1} = \alpha(1-s)(1+r)$$

$$\text{且} \quad \alpha(1 + r_{a_2}) = \beta_{a_2} = \alpha[1 + (1-s)r]. \tag{7.27}$$

而式（7.25）括弧外的那一項變為（由於 $l_1 = 1$）

$$f_1 = \frac{(1 - \beta_{a_1} - \alpha s \ell_1)^2}{1 - \beta_{a_1}^2} = \frac{(1 - \beta_{a_2})^2}{1 - \beta_{a_1}^2}, \quad \text{當 } I^g = I^{g_1}$$

$$\text{且} \quad f_2 = \frac{(1 - \beta_{a_2} - \alpha s \ell_2)^2}{1 - \beta_{a_2}^2}, \quad \text{當 } I^g = I^{g_2}. \tag{7.28}$$

如果 α 不變且 $r > 0.52$，$s > +0.1$ 時，s 增加必然使 f_1 上升。而 s 增加也可能使 f_2 上升，尤其是 r 大於 l_2 時。（註15）

s 增加可使式（7.25）括弧內的 CV_e^2 係數值下降，但使 CV_u^2 的係數值上升，而且可能增加 Ω 本身的變動。由於 s 增加也極可能使括弧外的值上升，這裡的分析顯然無法支持一廣

為接受的論點，即，在一累進稅制下，所得重分配可以縮小可支配所得的不均等；事實上，這種重分配反而可能加深所得的不均等，包括可支配所得。

絕大多數不均等性的討論都忽略稅負或給付與所得以外變數（即本分析的 Ω）的關係，而且都未超出均衡分配的最初效果的討論。雖然，累進式重分配一開始可以因稅後所得差距的縮小（如果 Ω 的變動很小），而改善所得的不均等，但均衡水準的不均等可能更加擴大，因為家庭會減少對後代子孫的投資。也許最初與均衡效果間的矛盾能說明過去50年間，重分配的迅速擴張為何對稅後不均等性的改善成效不彰。

所以，累進所得稅制不僅會阻礙投資而降低效率，且可能擴大可支配所得在均衡時的不均等。相對照地，改善窮人家庭進入資本市場的通路，以利他們取得資金融通人力資本投資的相關政策，可以縮小不均等性並增進效率（參看第六章的討論）。

經濟成長

均衡水準的所得，在 β 與 h 小於1，且每單位資本所得（w）、報酬率（r）以及平均稟賦（$\bar{e}$）不隨時間變動的假設下，是穩定的。但如假設 w 因外在的技術進步而隨時間成長，則所得產生式（6.8）可寫成

$$I_{t+1}^* = \frac{\beta}{1+\gamma} I_t^* + \alpha w_{t+1} e_{t+1} + \alpha w_{t+1} u_{t+1}$$

$$= \beta^* I_t^* + \alpha w_{t+1} e_{t+1} + \alpha w_{t+1} u_{t+1}, \qquad (7.29)$$

式中，$I_t^* = (w_{t+1}/w_t)I_t = (1+\gamma)I_t$，亦即表示以 w_{t+1} 為單位的第 t 代所得，而 γ 為 w 的每一世代成長率，其為已知的外生變數。投資傾向將從 β 降至 β^*，因為子女的稟賦增加會導致父母對子女的投資減少。

若 β^* 與 h 小於1，式（7.29）顯示第 t 代平均所得的均衡水準將等於

$$\bar{I}_t = \frac{\alpha w_t \bar{e}}{1 - \beta^*}. \qquad (7.30)$$

由於 w_t 以每一世代 γ 的速率成長，$\bar{I}_t$ 將不再是穩定的，而是以同樣的速率成長。因此，γ 上昇將提高所得的均衡成長率，但另一方面，對任何 w_t 而言，所得的均衡水準將下降，因為 γ 上昇會降低對子女投資的傾向。

同時，只要所得的標準差與平均所得都以每世代 γ 的速率成長，均衡的變異係數將維持為穩定狀態。式（7.30）與式（7.10）的唯一差別是 β^* 取代 β。同理可知，跨代流動的相對程度，除了同樣以 β^* 外取代 β 外，將一如式（7.14）。

由於跨代流動及變異係數都與投資傾向呈負相關性，γ 上昇將擴大跨代流動與同一世代的不均等。所得成長愈快，將在不同世代間製造更多的平等機會，但在同一世代內卻只有很少的平等結果。經濟成長與「不均等」間的這種曖昧關係（Paukert，1973，表一）並不值得驚訝，特別是經濟成長

也可能伴有高的投資報酬率及低的可繼承性。

如果 β^*（與 h）小於1，則既使 β 大於1，所得分配也將收斂於一穩定的變異係數，因此貫穿本章的一個假設，$\beta < 1$，可以一較弱的假設取代之，即

$$\beta = \alpha(1 + r) < 1 + \gamma. \tag{7.31}$$

所以，每一世代的報酬率可以明顯地大於1，且子女的支出比例也可以超過家庭所得的一半。此外，只要所得成長率的資料足夠多，本章的分析可完全應用於實證上。

子女人數

假設子女人數為外生變數，這是將每個家庭都只有一個小孩的假設一般化的簡便方法。如此一來，父母的效用函數與家庭所得將視子女人數以及他們的所得而定；

$$U_t^i = U(Z_t^i, I_{t+1}^i, n_t^i) \tag{7.32}$$

且 $$Z_t^i + \frac{n_t^i}{1 + r} I_{t+1}^i = I_t^i + \frac{n_t^i(e_{t+1}^i + u_{t+1}^i)}{1 + r}, \tag{7.33}$$

式中對所有 t 而言，假設 $w_t = 1$。n_t^i 為第 i 家庭第 t 世代擁有的子女人數，且兄弟姊妹都是一樣的。對子女投資的影子價格將為：

$$\pi_{I_{t+1}}^i = \frac{n_t^i}{1 + r} \tag{7.34}$$

表示子女人數增加，每個小孩所得提高所需投入的總成本也將增加（參考第五章與第六章的討論）。

　　若 U_t 在式（7.33）及 n_t 為已知的限制條件下，對 Z_t 與 I_{t+1} 求極大，則 I_{t+1} 的所得方程式為：

$$I_{t+1}^i = \frac{\alpha(\pi_{I_{t+1}}^i, n_t^i)(1+r)I_t^i}{n_t^i} + \alpha(e_{t+1}^i + u_{t+1}^i)$$

$$= \hat{\beta}_t^i I_t^i + \alpha(e_{t+1}^i + u_{t+1}^i), \tag{7.35}$$

式中 $\hat{\beta}_t^i = [\alpha(\pi_{I_{t+1}}^i, n_t^i)(1+r)]/n_t^i$ ，表示第 i 家庭第 t 代經數量調整後的投資傾向。家庭所得花費於子女的比例（α）由子女所得提高所需的影子價格（π_1）決定，但另外也取決於子女人數（子女數目變動通常會導致父母消費的邊際效用與子女所得的邊際效用的相對比例產生變化）。

　　子女人數增加也將使調整後的投資傾向（β）下降，因為家庭所得花費於子女的比例可能提高，其增加的百分比（如果提高）將低於人數變動的百分比。所以，子女人數較多的家庭將減少對每個子女的投資，而父母的所得對每個子女所得的影響也較弱。此外，子女人數在家庭之間分配愈不平均且偏態愈嚴重時，所得的分配也將愈不均等且極度偏態，因為調整後投資傾向的分配會因之趨於更不平均，偏態也愈嚴重。

　　此分析的一個困擾是子女人數不是外生給予的；如第五章及第六章所述，子女人數是父母在追求子女素質及自己消費的效用極大化行為中決定的。同時求導的子女數目與子女素質的「觀察到的」需求函數（參考式6.21）如下：

$$n_t = d_n(I_t, e_{t+1} + u_{t+1}) \tag{7.36}$$

$$I_{t+1} = d_I(I_t, e_{t+1} + u_{t+1}). \tag{7.37}$$

素質需求與數量需求間的互動關係,將增加稟賦或市場運氣的作用,但自身所得對子女數量的影響將降低;的確,自身所得上昇可能減少對子女人數的需求,雖然在質與量的影子價格固定不變下,自身所得增加將顯著地提高對子女人數的需求。同理可知,質與量的互動關係,將增強自身所得對子女素質需求的影響,但降低稟賦或市場運氣對子女素質需求的作用。

重覆替代式(7.2)的 e_{t+1} 與式(7.37)的 I_t,則 n_t 及 I_{t+1} 的函數將包括市場與稟賦運氣 (u_{t+1},u_t,……,V_{t+1},V_t……)、可繼承性(h),以及式(7.36)與式(7.37)的參數,這些參數的過去及現在值的整個序列。導出的函數可以求出每個人的均衡所得分配,每個家庭的子女人數,以及子女數目與父母所得間的均衡共變異數(Tomes 與 Becker,1981)。

如果兄弟姐妹的稟賦或市場運氣不一樣,如果區分人力資本與非人力資本,又如果父母對子女的偏好是一樣的(參考式6.12),富裕家庭將提供能力較強的子女,較多的人力資本而較少的非人力資本投資;而「貧窮」家庭(是指只投資人力資本的家庭)僅在效率比均等更重要時,方對能力較強的子女提供較多的人力資本投資。富裕家庭的父母根據子女的差異而採取不同的作法,將增加子女本身收入的不均等,但縮少他們彼此間總所得的不均等,而貧窮家庭父母的作

法則可能增加或減少他們子女本身收入的不均等，如果他們
重視效率更甚於均等。

配偶的配對

　　第三章與第四章中假設婚姻市場的參與者，在與其他參
與者相互競爭下，求取效用的極大。若每一個參與者都充分
了解所有參與者的特質，則有效率的婚姻市場會撮合家庭背
景、知識、偏好、以及其他特質相同的人。然而，參與者的
資訊若不充分，正向配對的可能性將大幅降低（參照第十章
）。

　　本分析未曾討論婚姻與生育問題，因此可以很容易地追
溯每個家庭的各個世代。幸運的是，即使配偶配對的可能性
很低，家庭還是可以由結婚生子追蹤。為簡化分析，假設父
母有兩個相同的小孩，但其中一個（也許是年長者或是兒子
）將於婚後延續家庭的姓氏。所有子女成人後都會結婚，但
先暫時假設婚姻不會導致生產力的提高，也就是表示每一個
人的所得完全視其稟賦、市場運氣、以及父母對他的投資而
定。若子女繼承一定比例的父母平均稟賦(h)，則第i家庭每
一個小孩的所得方程式為：

$$I_{t+1}^i = \frac{\beta}{2}(I_t^i + I_t^{ki}) + \frac{\alpha h}{2}(e_t^i + e_t^{ki}) + \alpha(1-h)\bar{e} + \alpha(v_{t+1}^i + u_{t+1}^i), \quad (7.38)$$

其中 $e_t^i = (1-h)\bar{e} + (h/2)(e_{t-1}^i + e_{t-1}^{ki}) + v_t^i$, $I_t^i + I_t^{ki}$

為其父母的總所得，也就是指第i家庭第t代中延續家庭姓氏

並與一來自第 k_t 家庭的人結婚者,同時假設對所有的 t 而言,$w_t = 1$。

配偶之間所得與稟賦的相似性取決於婚姻市場的資訊。假設配偶的這些特質是由下面的隨機配對方程式決定的:

$$I_t^{ki} = \bar{I}_t(1 - R_I) + R_I I_t^i + \phi_t^i$$

且

$$e_t^{ki} = \bar{e}(1 - R_e) + R_e e_t^i + \psi_t^i. \tag{7.39}$$

假定隨機變數 ϕ_t 及 Ψ_t 與 I_t 及 e_t 無關,但彼此之間極可能是相關的。係數 R_I 與 R_e 代表每種特質配對的可能程度,假設此二係數不隨時間波動是相當穩定的。若婚姻市場的訊息增加,R_I 與 R_e 將上昇,但 ϕ 與 Ψ 的變動會減少。(註16)雖然有相似家庭背景的人容易彼此結合(R_I 與 R_e 將大於零),但同一家庭不同世代的人通常還是與不同家庭的人結婚(亦即,k 由 t 及 i 決定)。

將式(7.39)代入式(7.38)可以導出所得產生方程式

$$I_{t+1}^i = \tilde{\beta} I_t^i + \alpha \tilde{h} e_t^i + z_{t+1}^i, \tag{7.40}$$

其中 $\tilde{\beta} = (\beta/2)(1 + R_I)$,$\tilde{h} = (h/2)(1 + R_e)$, and

$$z_{t+1}^i = \alpha(1 - h)\bar{e} + \frac{\beta}{2}(1 - R_I)\bar{I}_t + \frac{\alpha h}{2}(1 - R_e)\bar{e}$$

$$+ \alpha(v_{t+1}^i + u_{t+1}^i) + \frac{\beta}{2}\phi_t^i + \frac{\alpha h}{2}\psi_t^i. \tag{7.41}$$

稟賦可以自式(7.40)中刪除(與先前的方法雷同),以導出一連繫三連續世代的所得方程式:

$$I_{t+1}^i = (\tilde{\beta} + \tilde{h})I_t^i - \tilde{\beta}\tilde{h}I_{t-1}^i + \alpha z_{t+1}^{*i}, \tag{7.42}$$

式中 Z^*_{t+1} 取決於 Z_{t+1}，h，以及部份隨機變數的遞延值。

式(7.3)和(7.15)的 β 與 h 如由 $\tilde{\beta}$ 與 $\tilde{h}$ 取代，則式(7.40)和(7.42) 與此二式是一樣的（參照數學附錄，註 G），而 ϕ 與 ψ 則是隨機項的一部份。由於 $R_t = R_e = 1$ 時，式（7.40）和(7.42) 與這些先前的方程式是相等的，而先前的分析等於在所得與稟賦的完美配對假設下進行的。不過，此二特質的完美配對可能是不存在的，部份是因為婚姻市場上的每一個參與者都已有一「組」已知的所得與稟賦（參考 Wessels，1976；Goldberger，1979 ；及註 G），但最主要的原因是這些特質的訊息並不健全。家庭背景及其他特質的預期值是可以評估的，但稟賦與市場運氣則否。不完全訊息降低正向配對的可能性，但增強婚姻的隨機決定因素的重要性。

婚姻市場的訊息愈充分，所得及稟賦愈能提高正向配對的可能性，也因而提高 $\tilde{\beta}$ 與 $\tilde{h}$。由於 β 與 h 上昇將使所得的均衡變異數增大，因此資訊改善及更為正向的配對也將擴大所得的變異數，（註17）雖然配對的隨機決定因素（ϕ 與 ψ）的變動減少會緩和此作用。

先前的分析指出，當 β 與 h 足夠大時—即，若 $(\beta+h)$ 大於1時——子孫的所得在數代之後仍可保持或高或低於平均所得水準，只因為某一代的祖先曾經富過或窮過。式（7.42）表示 $(\tilde{\beta}+\tilde{h})$ 在配對不完美時，是跨代流動的決定因素。當 β 與 h 都小於1，即使沒有極相稱的所得與稟賦配對，跨代流動必然是相當大。例如，若配對與所得及稟賦的關係是隨機

的，則當有一祖先曾經富裕或貧窮過，只要 β 與 h 小於1，後世子孫的所得將持續且迅速地回到平常水準。這是因為

$$\bar{\beta} + \bar{h} < 1, \text{ 若 } R_l = R_e = 0 \text{ 且 } \beta, h < 1. \qquad (7.43)$$

除了一再碰到好運或壞運外，家庭的富裕或貧窮不會維持數代之久，除非配偶雙方在很多方面都有極為類似的特質。

個人的所得取決於其配偶特質的假設，等於假設平均所得與配對的合適程度是無關的。（註18）第三章、第四章及第十章的婚姻市場分析指出，配對合適程度之所以重要，嚴格地說是因為婚後的家計產出是由配對二人的特質所決定的。改善婚姻市場的資訊，將提高 R_l 及 R_e，而二者的上升將使婚姻的平均產出增加，因為配對更為相稱。所以，R_l 及 R_e 的上升可能適度地降低所得的均衡變異係數，雖然所得的標準差會提高（平均所得上升的百分比會更大）。其他配偶配對與所得不均等關係的討論，若得到正向配對程度增加必定擴大不均等的結論，都略而不談配對與婚姻產出的關係。例如，參照 Blinder（1973，1976）或 Atkinson（1975，頁 150-151）。

如果每世代的每單位資本所得的成長率（w）等於 γ，則經調整過的投資傾向與可繼承性將變成：

$$\bar{\beta} = \frac{\beta(1 + R_l)}{2(1 + \gamma)} \quad \text{且} \quad \bar{h} = \frac{h(1 + R_e)}{2}. \qquad (7.44)$$

若 $R_l \cong 0.6$（約等於配偶間的教育相關係數），$R_e = +0.5$，而 $\gamma \cong +0.4$（約等於25年間 w 以每年1.2%的複利成長），

則 $\tilde{\beta}=0.57\beta$ ，而 $\tilde{h}=0.75h$ 。因此，高度成長及不完美配對將
實質地降低投資傾向與可繼承性，所得的絕對變動性及跨代
不流動的程度（由圖7.1的 g_m 函數測量）也將因而明顯地降
低。不過，所得的相對變動性會隨成長增強，而不完美配對
也可能增加，因為配對會強烈地影響婚姻產出。

摘要與結論

　　本章不均等與跨代流動分析的中心假設是，每一個家庭
追求一跨越兩個世代的效用函數的極大——此一假設貫穿整
本書。效用取決於父母的消費與子女的素質，而子女的素質
由子女成年後的所得來衡量。數學附錄的註H顯示，此衡量
方式與素質由子女成年後的效用來衡量是相類似的。

　　子女若自父母處獲得人力與非人力資本，他們的所得將
提高。他們的所得也會因家庭名望及家族連繫的稟賦，家庭
環境提供的知識、技能、及目標；以及遺傳上決定的人種及
其他特質而提高。子女的財富與父母的關連不只是投資，同
時也關係著這些稟賦。

　　子女的所得也取決於子女的稟賦「彩券」運氣與市場運
氣的隨機項。運氣分配是很多不討論效用極大化的所得分配
模型的基礎。在本分析中運氣與效用極大化是互動，因為對
子女的最適投資是根據他們自身的市場運氣及稟賦運氣而定
的。

　　父母在本身所得、子女獲得的稟賦、及子女的可預期稟

賦與市場運氣限制下，求取效用的極大。而對子女的最適投資乃決定於對子女投資的傾向，這是本分析的一個相當重要參數。此投資傾向與家庭對子女的支出比例、子女的投資報酬率、以及配對的合適程度是正相關的；但與所得成長呈負相關性。

　　子女的均衡所得則取決於他們的市場及稟賦運氣、父母的所得與稟賦、以及兩個基本參數—稟賦的可繼承性與對子女投資的傾向。若這些參數值都小於1，家庭間的所得分配近似一穩定分配。當市場與稟賦運氣的分配愈不平均、可繼承性愈高、以及對子女投資的傾向愈低時，均衡的所得變異係數將變大。但對子女投資的傾向會隨所得成長率的逐年下降或報酬率的上昇而提高。

　　家庭間報酬率、平均稟賦、或其他參數的差異將加深所得的不均等，而所得與運氣的互動作用將使所得分配向外延伸。例如，即使在運氣與所有參數的分佈都是均勻的情況下，投資傾向愈高的家庭所得愈高，即為一加深不均等並使所得分配向右偏的互動關係。

　　累進式政府的重分配政策通常被認為可以縮小可支配所得的不均等，但本分析的一出人意外的結論是，累進的稅負及給付可能使可支配所得的長期均衡分配的不均等更加惡化，基本原因是，稅後報酬率的下降將妨礙父母對子女的投資。

　　當可繼承性與投資傾向變大，父母及其他家庭成員的所

得與稟賦對子女及其後代子孫所得的影響將更顯著。雖然，在此二參數小於1時，某一世代的所得提高對其很遠的後代子孫的所得影響很小，但其子女、孫子女、及其他較近的後代子孫的所得都會顯著地增加。的確，若此二參數的和大於1，在所得轉趨下降之前，所得將持續上昇好幾個世代，而且所得上昇的最大值將超過原始的增加值。同時，由於可繼承性與投資傾向的互動關係，這些作用也不是直線地下降：例如，可繼承性上昇將可增強投資傾向的變動對所得的影響。

當家庭間的投資傾向與其他參數的差異愈大時，家庭背景對子女的相對經濟狀況的影響也愈大。例如，投資傾向低於平均水準的家庭，其各世代的所得很可能都低於平均所得，因為他們對後代做較少的投資。

本章的分析肯定地指出，所得分配理論不一定非要綜合柏拉圖分配、隨意的機率論、以及假設無條件繼承的討論，只要利用個体經濟學的極大化行為與均衡這樣的核心原則就可剖析。如此導出的理論可以很容易地將運氣、家庭背景、配偶配對、及文化上、生物上與財產上的繼承對所得分配的影響納入架構內。此外，同一世代與跨世代的不均等分析也不須要個別利用經濟學與社會學的方法；二者可同時利用一綜合不同家庭‧不同世代的所得決定理論來進行分析。

數學附錄

A. 從式 (7.6)

$$\sigma_I^2 = \alpha^2 \sigma_u^2 \sum_{k=0}^{\infty} \beta^{2k} + \alpha^2 \sigma_v^2 \sum_{k=0}^{\infty} \left(\frac{\beta^{k+1} - h^{k+1}}{\beta - h} \right)^2$$

$$= \frac{\alpha^2 \sigma_u^2}{1 - \beta^2} + \alpha^2 \sigma_v^2 \sum_{k=0}^{\infty} \frac{\beta^{2(k+1)} + h^{2(k+1)} - 2h^{k+1}\beta^{k+1}}{(\beta - h)^2} \quad 若 \beta, h < 1.$$

第二項的加總可寫為

$$\left(\frac{\beta^2}{1-\beta^2} + \frac{h^2}{1-h^2} - \frac{2h\beta}{1-h\beta} \right) \frac{1}{(\beta-h)^2}$$

或

$$\frac{\beta^2(1 - h^2)(1 - h\beta) + h^2(1 - \beta^2)(1 - h\beta) - 2h\beta(1 - h^2)(1 - \beta^2)}{(\beta - h)^2(1 - h^2)(1 - \beta^2)(1 - h\beta)},$$

此等於

$$\frac{(\beta - h)^2(1 + h\beta)}{(\beta - h)^2(1 - h^2)(1 - \beta^2)(1 - h\beta)}.$$

均衡變異數求導有一更便捷且簡明的方式即對式(7.6)兩邊取變異數：

$$\sigma_{I_{t+1}}^2 = \beta^2 \sigma_{I_t}^2 + \alpha^2 h^2 \sigma_{e_t}^2 + 2\alpha\beta h \, \mathrm{Cov}_{I_t e_t} + \alpha^2 \sigma_v^2 + \alpha^2 \sigma_u^2. \tag{A.1}$$

由於 $e_t^i = a + h e_{t-1}^i + v_t$

$$\mathrm{Cov}_{I_t e_t} = \beta h \, \mathrm{Cov}_{I_{t-1} e_{t-1}} + \alpha \sigma_e^2.$$

若變異數與共變異數在穩定均衡狀態下，

$$\text{Cov}_{I_t e_t} = \text{Cov}_{I_{t-1} e_{t-1}}, \qquad \sigma^2_{I_{t+1}} = \sigma^2_{I_t} = \sigma^2_I \text{ 且 } \sigma^2_{e_{t+1}} = \sigma^2_{e_t} = \frac{\sigma^2_v}{1 - h^2}.$$

則式（A.1）可寫成

$$(1 - \beta^2)\sigma^2_I = \frac{\alpha^2\sigma^2_v}{1 - h^2} + \frac{2\alpha^2\beta h\sigma^2_v}{(1 - \beta h)(1 - h^2)} + \alpha^2\sigma^2_u.$$

因此

$$\sigma^2_I = \frac{\alpha^2}{1 - \beta^2}\,\sigma^2_u + \frac{\alpha^2(1 + \beta h)}{(1 - h^2)(1 - \beta h)(1 - \beta^2)}\,\sigma^2_v.$$

B. 由於 $I^i_{t+1} = \beta I^i_t + \alpha h e^i_t + \alpha u^i_{t+1} + \alpha v^i_{t+1} + a$ 常數，所以根據複相關係數的定義：

$$R^2(I_{t+1}; I_t, e_t) = \frac{\beta^2\sigma^2_{I_t} + \alpha^2 h^2\sigma^2_{e_t} + 2\alpha h\beta\,\text{Cov}_{I_t e_t}}{\sigma^2_{I_{t+1}}}$$

$$= \beta^2 + \frac{\alpha^2\sigma^2_{e_t}}{\sigma^2_I}\left(h^2 + \frac{2h\beta}{1 - h\beta}\right) > \beta^2$$

因為在均衡狀態下，

若 $\sigma^2_u/\sigma^2_u \cong 0$，從式（7.7）可知 $\sigma^2_I = (1 + h\beta)\,\alpha^2\sigma^2_e/(1 - h\beta)(1 - \beta^2)$，因為 $\sigma^2_v = (1 - h^2)\,\sigma^2_e$。如此一來，

$$R^2 \cong \beta^2 + \frac{(1 - \beta^2)h(2\beta + h - \beta h^2)}{1 + h\beta}.$$

（注意 $\partial R^2/\partial h > 0$）

C.

$$\dot{g}_m = \frac{\partial g_m}{\partial m} = \frac{\beta^m \log \beta - h^m \log h}{\beta - h}.$$

若 $\beta > h$, $\dot{g}_m \lesseqqgtr 0$ 當 $(\beta/h)^m \gtreqqless \log h/\log \beta$, 因為 $\beta < 1$.

等式的右邊為一常數項,而等式左邊會隨 m 增加而無限地增加,故 g_m 必定在一有限的 m 值時達到頂點,然後一路下滑。所以,在 $g_1=1$ 和 $g_2=\beta+h$ 時,若 $\beta+h<1$,則對所有的 m 而言,g_m 是下降的,但若 $\beta+h>1$,則 g_m 會在 $m>1$ 的某一值時達到最高點。最大的 m 值可從下面二式求得

$$\dot{g}_m = 0 = \beta^m \log \beta - h^m \log h,$$

或 $$\hat{m} = \frac{\log \left(\dfrac{\log h}{\log \beta}\right)}{\log \beta - \log h}.$$

若 $\beta = kh$,$1 < k < 1/h$ 則

$$\frac{\partial \hat{m}}{\partial h} = \frac{1}{h} \frac{1}{\log h \log kh} > 0,$$

或同時增加 β 及 h,但二者維持一固定的比例,則 $\hat{m}$ 將增加。

D.由於

$$\sigma_{u_*}^2 = \alpha^2[\sigma_u^2(1 + h^2) + \sigma_v^2]$$

且 $$\mathrm{Cov}_{u_t^* u_{t+1}^*} = \alpha^2(-h\sigma_u^2),$$

則

$$\sigma_v^2/\sigma_u^2 = (-h\sigma_u^2/\mathrm{Cov}_{u_t^* u_{t+1}^*}) - (1 + h)^2.$$

所以,σ_v^2/σ_u^2 可以由 h、$\sigma_{u_*}^2$、及 $\mathrm{Cov}_{u_t^* u_{t+1}^*}$ 決定。

E. I_{t+1} 對 I_t 迴歸可刪除式（7.15）的 I_{t-1} 與 u_t 兩項。最小平方法
估計得出的迴歸係數為

$$b_{I_{t+1}I_t} = \beta + h - \beta h b_{I_{t-1}I_t} - \alpha h b_{u_t I_t},$$

b_{yx} 表示 y 對 x 的簡單迴歸係數。由於 $b_{I_{t-1}I_t}$ 與 $b_{u_t I_t}$ 都為
正值，而且 $b_{I_{t+1}I_t} = b_{I_{t-1}I_t} = R_{I_{t+1}I_t} \leq 1$ 其中 $R_{I_{t+1}I_t}$ 為 I_{t+1} 與
I_t 的相關係數，因此

$$b_{I_{t+1}I_t} = \frac{\beta + h - \alpha h b_{u_t I_t}}{1 + \beta h} \leq \min(1, \beta + h),$$

兩者的差距可能不小。

I_{t+1} 對 I_t 迴歸也可刪除式（7.3）的父母的稟賦項（e_t），則

$$b_{I_{t+1}I_t} = \beta + \alpha h b_{e_t I_t} > \beta.$$

所以，

$$\beta < b_{I_{t+1}I_t} < \min(\beta + h, 1).$$

F. 由於第 i 家庭的均衡所得為 $I^i = \alpha \bar{e}/(1-\beta^i)$，當 β^i 為對稱
性分配時，這些家庭的所得分配會偏向右邊，因為一呈正
對稱分配的變數的反函數，如 $1-\beta^i$，將偏向右邊。

　　茲證明如下。假設 $1-\beta^i = x_i$，$y_i = 1/x_i$，x_p 與 y_p 各為 x 與
y 分配的第 p 百分位數，則 x 分配的偏態（非參數的）估計
為

$$s_x = \frac{x_p - x_{50}}{x_{50} - x_{100-p}} = 1$$

因為 x 為對稱性分配。而對所有的 p 值，$y_p = 1/(x_{100-p})$，

因為反函數的序列順序正好相反，則

$$s_y = \frac{y_p - y_{50}}{y_{50} - y_{100-p}} = \frac{\dfrac{1}{x_{100-p}} - \dfrac{1}{x_{50}}}{\dfrac{1}{x_{50}} - \dfrac{1}{x_p}} = \frac{x_p}{x_{100-p}} > 1$$

式中 $p > 50$。

　　若暫時性高或低的投資傾向被部份地繼承，則即使所有家庭都有相同的均衡投資傾向，所得分配仍將是偏態的。也就是說，若

$$\beta_{t+1}^i = (1 - c)\bar{\beta} + c\beta_t^i + \delta_{t+1}^i, \qquad 0 < c \le 1,$$

則式（7.17）變成

$$I_{t+1}^i = \alpha \bar{e} + (1 - c)\bar{\beta} I_t^i + c\beta_{t-1}^i I_t^i + \delta_t^i I_t^i.$$

$\beta_{t-1}^i I_t^i$ 的分配將為右偏態的，因為 β_{t-1}^i 與 I_t^i 是正相關。

G. 一般化式（7.39）以便在決定 I_t^{ki} 時能加入 e_t^i 的作用，而決定 e_t^{ki} 時能加入 I_t^i 的作用：

$$I_t^{ki} = c_I + R_{II}I_t^i + R_{Ie}e_t^i + \phi_t^i$$

且

$$e_t^{ki} = c_e + R_{eI}I_t^i + R_{ee}e_t^i + \psi_t^i.$$

如此一般化後，經調整的可繼承性 $(\tilde{h})$ 將取決於報酬率 (r) 及 e^i 對 I^{ki} (R_{Ie}) 的效果；同理，經調整的投資傾向將取決於 h、r、以及 I^i 對 e^{ki} (R_{eI}) 的效果：

$$\tilde{\beta} = \frac{\beta}{2}\left(1 + R_{II} + \frac{h}{1 + r} R_{eI}\right)$$

且

$$\tilde{h} = \frac{h}{2}\left(1 + R_{ee} + \frac{1 + r}{h} R_{Ie}\right).$$

除此外，式（7.40）與式（7.42）基本上無太大的變化。

H.此附錄將變更父母的效用函數由子女所得決定的假定，取而代之的是，父母的效用函數將取決於子女的效用或福祉（參照第八章）。值得慶幸的是，有關不均等及跨代流動的結論依舊存在。

　　若第 t 代父母的效用函數取決於其自身消費與他們子女的福祉，而子女的福祉是由子女的效用函數的一對一單調轉換函數表示，則

$$U_t = V[Z_t, \psi(U_{t+1})], \tag{A.2}$$

式中 $(d\psi/dU_{t+1}) > 0$。由於子女的效用函數又由其自身消費及他們子女的效用函數的轉換函數決定—第 t 代父母的孫子女，又假設不同世代的效用函數是一樣的，則式（A.2）可以寫成

$$U_t = V(Z_t, \psi\{V[Z_{t+1}, \psi(U_{t+2})]\}) = V^*[Z_t, Z_{t+1}, \phi(U_{t+2})]. \tag{A.3}$$

孫子女的效用函數也是由自身消費及他們子女的效用函數決定的，如此往後推演至所有世代。若將這些延伸的後代子孫的效用函數代入第 t 代的效用函數，則後者將變為一自己及所有後代子孫消費的函數：

$$U_t = U(Z_t, Z_{t+1}, Z_{t+2}, \ldots). \tag{A.4}$$

　　每一世代都將所得用於自己消費或投資子女（不需要對更遠後代投資）。若由第 $t+1$ 代的預算式取代第 t 代的

投資，y_t，則第t代的預算式變為

$$Z_t + \frac{1}{1+r}\, Z_{t+1} + \frac{1}{(1+r)^2}\, y_{t+1} = I_t + \frac{1}{1+r}\, e_{t+1} + \frac{1}{1+r}\, u_{t+1}, \quad \text{(A.5)}$$

y_{t+1}為第$t+1$代對第$t+2$代投資。以第$t+2$代的預算式替換y_{t+1}，如此往下推至所y_{t+1}，則第 t 代的預算式可以寫成如下的基本式：

$$Z_t + \frac{1}{1+r}\, Z_{t+1} + \frac{1}{(1+r)^2}\, Z_{t+2} + \ldots$$
$$= I_t + \frac{1}{(1+r)}\, (e_{t+1} + u_{t+1}) + \frac{1}{(1+r)^2}\, (e_{t+2} + u_{t+2}) + \ldots \quad \text{(A.6)}$$

等式右邊代表第t代的「家庭財富」，或t時自己的所得與所有延伸的稟賦及市場運氣的現在值的總和。等式左邊表示家庭財富分配於自己消費與所有後代的消費。

另一方面，只有在直到無限未來的所有後代子孫的市場及稟賦運氣都為已知時，方可知道 t 時的家庭財富。這種預期已超出預測能力的範圍。比較合理的分析方法則是從反方向著手，假設後代子孫的運氣是完全無法預知的。若家庭都不考慮風險性，則由各個世代預期消費所決定的效用函數，可在預期的家庭財富限制下，求其極大化。在均衡狀態下，此表示第 t 代的家庭財富預期值是由 $t+1$代的家庭財富、投資傾向（β）、及已知的市場與稟賦運氣所決定的。

更重要的是連續三世代的所得的均衡關係：

$$I_{t+1} = k + (\beta + h)I_t - \beta hI_{t-1} + (u_{t+1} - hu_t) + (v_{t+1} - hv_t)$$
$$+ \frac{h(\beta - h)}{1 + r - h} v_t. \tag{A.7}$$

I_t 及 I_{t-1} 的係數——$(\beta + h)$ 及 $(-\beta + h)$ 與式 (7.15) 中的係數相同。雖然落後一期的秉賦運氣係數在式 (A.7) 中為真,且未出現在式 (7.15) 中,但是當期及下一期之市場運氣及當期秉賦運氣之係數則與式 (7.15) 中的係數相似。由於式 (A.7) 及式 (7.15) 中 I_t 及 I_{t+1} 的係數相同,那些和子女福利及子女所得有關的效用函數與那些子女所得的家庭背景具有相同的涵義。此外,他們對於均衡所得分配的決定也有類似的涵義。

附註:

〔註1〕 參考Mincer (1958) 與Becker (1967,1975);同時參考Roy (1950),Mandelbrot (1962),以及Rosen (1978) 的「能力」模型。

〔註2〕 Conlisk (1974) 在一篇有趣的社會流動文章中設定一組方程組,其縮減式與式 (7.3) 相類似;參照他的式(16),頁84。不過,他的方程組並非導自效用極大化行為,而且未考慮極大化行為的係數 I_t^i,e_t^i,V_{t+1}^i 及 U_{t+1}^i 與式 (7.3) 之間的關係,譬如,α 的變動對 β 的影響。再則,他的方程式的係數也與投資報酬率,子女在父母偏好上的重要性,或其他市場及家計單位的特性無關,因此

他的方程式無法用來解釋這些特性對所得分配的影響（除非加入行為的假設）。

〔註3〕 參考 Chiswick (1974) 或 Beckeer (1975)。有一分析曾經考慮報酬率變動對均衡投資分配的影響，但未發現不均等性與報酬率間的有任何相關性（Becker，1967，1975）。

〔註4〕 所得的均衡變異數為：

$$\sigma_I^2 = \sigma_y^2 = \sigma_e^2 + \sigma_u^2 = \sigma_y^2 + \frac{\sigma_v^2}{1-h^2} + \sigma_u^2$$

σ_y^2 為對子女投資總值的變異數，此變異數為已知的。而均衡的平均所得為：

$$I = \bar{y} + \bar{e} = \frac{\bar{e}}{1-d}$$

$\bar{y}$ 為對子女投資的平均值，也是已知的，d 則如式（7.9）的定義。如此一來，

$$CV_I^2 = (1-d)^2 CV_u^2 + (1-d)^2 CV_r^2 + d^2 CV_y^2$$
$$= (1-d)^2 CV_u^2 + \frac{(1-d)^2}{1-h^2} CV_r^2 + d^2 CV_y^2.$$

式中 $CV_y = \sigma_y/\bar{y}$。

〔註5〕 由於 $I_{t+1}^i = \beta I_t^i + \alpha e_{t+1}^i + \alpha u_{t+1}^i$，

$$R(I_{t+1}, I_t) = \frac{\beta \sigma_{I_t}}{\sigma_{I_{t+1}}} = \beta$$

因為當 $h=0$ 時，e_{t+1} 與 I_t 是不相關的，而且在均衡狀態下 $\sigma_{1t} = \sigma_{1t+1}$。

〔註6〕 可以參考第六章有關孫子女人數與祖父母所得的負相關性分析。

〔註7〕 如果 $\beta + h = a_1$，且 $\beta h = a_2$，則

$$(\beta - h)^2 = a_1^2 - 4a_2$$

且 $$\beta - h = \pm\sqrt{a_1^2 - 4a_2}.$$

由於通常 $\beta > h$，所以

$$\beta = \frac{a_1 + \sqrt{a_1^2 - 4a_2}}{2}, \qquad h = \frac{a_1 - \sqrt{a_1^2 - 4a_2}}{2}. \qquad (*)$$

〔註8〕所以，如果可以得到四代的所得資料，這些參數是可以檢定的（此方程組的檢定可參照Goldberger，1979的討論）。

〔註9〕對某些參數值而言，子女繼承部份的假設，比完整繼承的假設更為合理。例如，第 $t+1$ 代的所得花費於子女的比例與對子女投資的傾向，可能與第 t 代的參數有線性關係：

$$\alpha_{t+1}^i = (1 - b^i)\bar{\alpha}^i + b^i\alpha_t^i + \epsilon_{t+1}^i, \qquad 0 \leq b^i \leq 1$$

且

$$\beta_{t+1}^i = (1 - c^i)\bar{\beta}^i + c^i\beta_t^i + \delta_{t+1}^i, \qquad 0 \leq c^i \leq 1,$$

ϵ^i 與 δ^i 是誤差項，而 $\bar{\alpha}^i$ 與 $\bar{\beta}^i$ 是第 i 家庭此二參數的均衡值。此例明顯地指出，均衡所得與 b^i 及 c^i 是無關的，但與 $\bar{\alpha}^i$, $(1 - \bar{\beta}^i)^{-1}$ 及 $\bar{e}^i$ 呈比例關係，正如式（7.16）所示。

〔註10〕對子女投資的傾向，$\beta = \alpha(1+r)$，也間接地受 r 影響，因為 r 增加，視效用函數中父母消費與子女所得的替代彈性小於或大於1，會使 α 降低或上昇。不過，β 的變動方向必然與 r 是一致的，因為子女的所得不是父母的「劣等」財。

〔註11〕式（7.21）表示如果父母已預知 Ω_{t+1}^i，Ω_{t+1}^i 將與稅前所得（I_{t+1}^i）無關，因為若 Ω_{t+1}^i 增加他們的投資也會增加。這可說明為何可以假設 Ω_t^i 與 u_t^i 及 v_t^i 無關，但不一定和應稅所得（I_t^i）無關。

〔註12〕參考Barro（1974）及其系列（1976,1978）的討論，以及Feldstein（1976）；也請參考第十一章。

〔註13〕第六章中曾討論過部份的政府政策。Peltzman（1973）及 McPherson（1974）發現補貼高等教育對高等教育的入學只產生極小的作用。

〔註14〕如果父母的消費與子女可支配所得的替代彈性小於1，稅後報酬率的下降能提高家庭可支配所得中子女消費的比例。但是，可使稅後的投資傾向，$\beta_a = \alpha (1 + r_a)$ ，降低，因為α的增加無法完全彌補r_a的下降（參考註10）。如果αsl的增加大於β_a的減少，s的增加將使式（7.24）的分母下降。

〔註15〕若$r > (1+r)^2(1-s)\alpha(1-\alpha)$，則$\partial f_1/\partial s > 0$。如果$s \geq 0.1$，在$r > 0.225$ $(1+r)^2$，或在$r > 0.52$情形下，上述不等式可以成立—因為$\alpha(1-\alpha)$ $\leq 1/4$。

至於f_2，若$r - l_2 > r\beta_a(1 - \alpha sl_2) - l_2\beta_{a2}^2$，則$\partial f_2/\partial s > 0$。當$r > l_2$且$1 - \alpha sl_2 \leq \beta_{a2}$時，上述不等式必然成立，而在二不等條件方向相反時也可能成立。

〔註16〕由於所有人都會結婚，$\sigma_{fk}^2 = \sigma_{fi}^2$及$\sigma_{ck}^2 = \sigma_{ci}^2$。因此

$$\sigma_{\phi_t}^2 = (1 - R_I^2)\sigma_{I_t}^2 \text{ 及 } \sigma_{\psi_t}^2 = (1 - R_e^2)\sigma_{e_t}^2.$$

且R_I和R_e增加將各自降低σ_ϕ^2與σ_ψ^2

〔註17〕其他人也導出同樣的配偶配對增加將擴大不均等的結論（例如，Blinder，1973，1976，及Atkinson，1975）。的確，Plato之所以贊成性情與家庭背景的負向配對，是因為他相信正向配對會增加不均等：我們將告訴他誰出身自好家庭—我兒，你應一如聰明人贊同此婚姻……永遠尊重弱者，並與他們建立親戚關係；—這將有益於城市與結合在其下的家庭……自認為剛愎自用的人……應該希望能與守規矩的父母成為親屬；而性情相反的人則應尋找相反的親屬關係……每個人天生傾向於尋找與自己最類似的人，而如此一來整個城市的財富與分配都將不均等；絕大多數地區也因之出現我們最不希望發生的結果……富人不應與富有家庭聯姻，而有權的人也不應與有勢的人結婚……我們應嘗試著……誘導人在

結婚時認定子女的分配均等性遠比過多財富的平等性來得重要（

Plato，1953，頁340-341）。

〔註18〕 式(7.40)表示平均所得R_i與R_e及無關，因為對該式取期待值

$$E(I_{t+1}) = \bar{\beta}E(I_t) + \alpha\bar{h}\bar{e} + \frac{\beta}{2}(1 - R_I)E(I_t) + \frac{\alpha h}{2}(1 - R_e)\bar{e} + \alpha\bar{e}(1 - h)$$

$$= \beta E(I_t) + \alpha\bar{e}.$$

在穩定均衡狀態下則為

$$E(I) = \frac{\alpha\bar{e}}{1 - \beta},$$

此式與式(7.8)一樣，而且R_i與R_e及無關。

附篇　人力資本與家庭興衰

Suppelement: Human Capital and the Rise and Fall of Families

此附篇為Tomes與本人的合稿，曾刊與 *Journal of Labor Economics* 4(1986
)：S1-S39。經該刊同意並略加修改後轉載於此。

人力資本與家庭興衰

自從柏拉圖發現高所得與財富的分配大致呈一特殊的偏態型態後，此分配即稱之為柏拉圖分配，而後經濟學家就繼續探討有關個人與家庭的薪資報酬、所得、與財富分配的不均等性問題。可是，這些學者都很少注意到家庭內不同世代之間的不均等性問題，這種不均等性乃源自父母、子女、及後代子孫的所得或財富的關係。熊彼德 (Schumpeter) 是唯一曾系統性地分析這種跨代流動性的理論與實證的重量級經濟學家 (參考Schumpeter，1951) 。

　　另一方面，很多社會學家及其他社會科學家曾對子女與父母的職業、教育程度、及其他特質做過實證研究。Blau與Duncan (1967) ，在他們極具影響力的《美國的職業結構》一書中，曾探討過家庭背景與子女成就的相關性。遠在1889年 John Dewey 也曾寫到「大致上，若父母是傑出的或不同於一般的，其子女之不同於一般人的程度將僅為其父母的三分之一……貧窮人家的小孩不太可能變富，但富裕人家的小孩變窮的可能性還有三分之二」 (Dewey，1989，頁333～334；Duncan將此段文章介紹給我們) 。

　　雖然，家庭之間與世代之間的不均等性探討是各自發展的，但理論上這兩種不均等性是密切地關連著。特別是，父母與子女的所得相對關係，若是逐漸地遠離平均水準，表示所得的不均等將隨時間擴大，但若逐漸地趨近平均水準則表

示不均等程度將逐漸縮少或漸趨穩定。這些論點可以藉一簡
單的說明父母與子女關係的Markov模型表示：

$$I_{t+1} = a + bI_t + \varepsilon_{t+1},\qquad\qquad (7S.1)$$

I_t為父母的所得，I_{t+1}為子女的所得，a 與 b 為常數值，而假
定影響子女所得的隨機性因素（ε_{t+1}）與父母的所得是無關的
。

若b大於或等於1，所得的不均等將不斷地擴大，但若b
的絕對值小於1，所得的不均等將趨近一固定的水準。顯然
地，b的大小可衡量富裕家庭的子女是否比他們的父母窮，
貧窮家庭的子女是否比他們的父母富裕。這個例子說明，即
使在僵硬且有特權階級的社會，許多知識分子及無特權家庭
，在不同世代的身份地位是會改變的，除非不均等性持續地
擴大($b \geq 1$)。

子女成就與父母成就的趨近或偏離平均水準的相對程度
，可以代表一個社會的機會均等程度。本附編將分析此不均
等機會的決定因素，有時也稱之為跨代流動性，或如標題，
家庭的興衰。本文將交互地使用這些名詞。

許多社會學者的跨代流動性實證分析，都欠缺分析的架
構或模型以解說其得到的結論。本文將設法彌補文獻上這項
缺失，並發展一系統化模型，將包括所有參與者的效用極大
化行為、不同市場的均衡、以及參與者之間不均等的隨機性
因素。

一個適合說明家庭的起起落落如此多方面的理論，必須

足以具体化父母對子女的關懷，而父母的這種關懷表現於以下的形式：對子女的利他行為、對子女的人力資本投資、婚姻市場的配偶配對、對子女的需求、對待資優或殘障子女的態度、以及對下一代或更後代子孫的預期性。雖然這些與其他行為都將一致地納入此一基於極大化行為的分析架構內，但本文不一定在每方面都能給予滿意的分析。可是，本文的分析將指出一個更完整理論的發展方向。

很多人力資本分析都是源自我在Woytinsky講座（Becker，1967）上發表的解釋不同家庭的不一樣投資行為的模型。那個講義主要是討論薪資所得與財富的不均等性及偏態性，從未涉及父母與子女的薪資所得及資產的關係。本文的分析仍將是我們系列文章的延續，該系列主要在分析婚姻、生育、父母的利他性、以及父母與子女的長期均衡性關係（特別參考Becker，1974b與本書；Becker與Tomes，1976，1979；Tomes，1981）。

本附編的內容最接近 Becker 及 Tomes（1979）的文章，但仍有一些重大的差別。我們認為本文的分析已有更長足的進展。我們不僅將人力資本及薪資所得從財富中劃分出來，並將限制借貸的跨代移轉性。文中也將假設父母的效用函數與子女的效用有關，而非與子女的恒久所得有關。此外，本文也將考慮內生的生育力對父母及子女之間的財富與消費關係的影響。這些改善有時將導致本文的結論絕然不同於前面的文章。Becker 與 Tomes（1984）的一篇專門評論本書部份

篇幅的文章，本文的早期版本，以及 Goldberger (1985) 有
時就未能發現這些分析的方向。

　　跨代的不均等性與家庭間的不均等性既然是高度相關的
（如式7S.1所示），任何適當的不均等性分析必須也能說明
婚姻形態、生育力、未來世代的預期性、以及人力資本投資
等的問題。不值得驚奇的，很多文獻曾試著結合相當現實的
家庭行為模型與所得及財富分配模型。（註1）這些文獻與
本文有很多類似之處，但是只有本文透過人力資本投資和資
產的累積、消費的演變、及對子女需求的互動關係，結合家
庭的興衰與人力資本投資的分析。

薪資所得與人力資本

完全的資本市場

　　有些小孩生長在能力相當高、強調幼年時期學習能力、
以及其他有利的文化與生物屬性的家庭中，他們將具有比較
優勢。父母的生物及文化的特質可由兩個途徑移轉給子女，
一可藉由 DNA 的遺傳，另一可藉由家庭的承襲。目前對文
化屬性移轉的認知遠低於生物上的遺傳，而遺傳因子及文化
屬性對家庭稟賦特質的相對貢獻則更不為人知。本文不需要
區別文化與生物遺傳的稟賦，而且也不打算詳論文化移轉的
機制。本文將跟隨我們先前的文章的假設（Becker與Tomes
，1979；以及Bevan，1979），假定此二者的移轉為一隨機直
線性或Markov方程式的一階近似值：

$$E_t^i = \alpha_t + hE_{t-1}^i + v_t^i, \qquad (7S.2)$$

E_t^i為第i家第t代的稟賦（或稟賦向量），h為這些稟賦的「可繼承性」（程度向量），而v_t^i為未系統化因素或移轉過程中的運氣。假定父母不能投資於子女的稟賦。

稟賦可繼承性的高低或符號的事前限制是不需要的，因為可繼承性可以從父母與子女（或許也包括祖父母）的正確的薪資所得資料估計出。不過，在生物屬性的遺傳已知下，稟賦只能部份繼承的假設，即 h 小於1但大於零，似乎是文化稟賦上頗為合理的一般化假設。此假設表示稟賦將退回平均水準：稟賦高的父母，其子女的稟賦也將高於平均水準，但已比其父母更接近於平均水準；反之，稟賦較差的父母，其子女的稟賦也將低於平均水準，但卻比其父母更接近於平均水準。

α_t可以代表在一個社會中，一群體的所有成員都可共同享有的社會稟賦。若社會稟賦不隨時間變動，且$h<1$，則平均稟賦終將等於$1/(1-h)$乘以社會稟賦（也就是，$lim\bar{E}_t = \alpha/[1-h]$）。可是，$\alpha$ 可能不為固定值，因為，例如，政府會進行社會稟賦的投資。

事實上，結合薪資與才能的所得分配的正式模型，都假定才能的高低將自動體現於薪資所得的高低，有的模型則假設薪資所得反映對不同才能的需求（例如，Roy，1950；Mandelbrot，1962；Tinbergen，1970；Bevan 與 Stiglitz，1979）。這種假定有助於了解薪資所得分配的一些整體特色，譬

如它的偏態性,但在分析父母對子女薪資所得的影響層面上
,卻很難獲得令人滿意的結果。因為,父母不僅遺傳部份稟
賦給子女,他們同時也藉著對子女技能、健康、學習、欲望
、「證書」及其他特質的支出,影響子女成年後的薪資所得
。父母對子女的支出除與子女才能的高低有關外,父母的所
得、偏好、子女人數、教育的公共支出、子女的其他人力資
本、以及其他變數也將影響這些支出。由於薪資所得實質上
是多數人的唯一所得,父母對子女經濟福祉的影響,因之主
要在影響他們未來的薪資所得。

分析這些影響的一個簡便方法,可假設人生有兩段時期
,幼年時期與成年時期,而成年時期的薪資所得是和人力資
本(H),(也許有部份是體現證書的功能),與市場運氣(l
)有關:

$$Y_t = \gamma(T_t, f_t)H_t + \ell_t. \tag{7S.3}$$

每單位人力資本的薪資所得(γ)取決於要素市場的均衡。r
與技術知識(T)是正相關的,但與人力資本及非人力資本之
比(f)是負相關的。由於此處的分析著重在家庭間的差異,
而所有家庭都有同樣的γ值,因此r的實際值通常不是很重
要。所以,可以假定H是在$\gamma=1$的條件下求出的。

雖然人力資本有很多形態,包括技能與才能、個性、儀
表、聲望、以及合適的證書等,我們為進一步地簡化分析,
將假定在每個家庭中,這些人力資本都是同質的,而且「內
容」也是一樣的。此外,過去的研究發現幼年時期的投資對

後期的發展有決定性的影響（例如，Bloom，1976），因此也假定人力資本的累積總值，包括在職訓練，與幼年時期的累積值將有一比例關係。如此一來，成年後的人力資本與薪資所得的預期值將取決於遺傳自父母的稟賦，及父母 (x) 與公共 (s) 對小孩發展的支出：

$$H_t = \Psi(x_{t-1}, s_{t-1}, E_t), \quad \text{其中} \quad \Psi_j > 0, \quad j = x, s, E. \tag{7S.4}$$

才能、早期學習、以及其他家庭的文化與生物遺傳的「基本設施」，在人力資本的生產上，通常可提高家庭及公共支出的邊際效果；亦即，

$$\frac{\partial^2 H_t}{\partial j_{t-1} \partial E_t} = \Psi_{jE} > 0, \quad j = x, s. \tag{7S.5}$$

父母支出的邊際報酬率 (r_m) 可以由下式定義之

$$\frac{\partial Y_t}{\partial x_{t-1}} = \frac{\partial H_t}{\partial x_{t-1}} = \Psi_x = 1 + r_m(x_{t-1}, s_{t-1}, E_t), \tag{7S.6}$$

由式（7S.5）的不等式可知，$\partial r_m / \partial E > 0$。

對產出的生產而言，每個人的人力資本可能有高度的替代性，但每個人都有自己的人力資本「市場」。而每個人的報酬率則與對其之投資額及其人力資本的總存量有關。對一個人投資愈多，他的邊際酬率終將下降，因為在獲得人力資本的同時，他放棄的薪資所得也愈來愈高，終將促使投資成本上昇。此外，此人可利用的剩餘工作時間也將愈來愈短，投資收益的下降將更為顯著（Becker，1975，有更詳盡的討論）。

至於非人力資本或資產，二者通常可在非常有效率的市場上進行交易，因此，可以假定資產報酬率對每個人擁有的資產量的敏感度遠低於人力資本報酬率。才能、其他稟賦、以及財富對資產報酬率的影響還不甚為人了解，即使一些理論曾主張他們是正相關的（參考 Ehrlich 與 Ben-Zion，1976，及 Yitzhaki 的實證分析，1984）。不過我們的分析只須要一合理的假設，說明資產報酬率對每個人的稟賦及其累積量的敏感度遠低於人力資本報酬率（Becker，1967，1975 曾做類似的假設）。此假設的一個簡單特例為，假定每個人的資產報酬率都是一樣的。

在父母對子女進行大量投資之前，父母應已知道子女的絕大部份稟賦運氣（v_t）。因此，假設父母完全預知這些投資的報酬率（只要社會環境，α_t，及公共支出，S_{t-1}，是已知的），父母必須決定如何將他們給予子女的總「贈與」配置於子女的人力資本與資產的投資。而且假定一開始父母即能按資產利率借得資金，以融通對子女的支出，同時此項負債在子女成年後可移轉成為子女的債務。

假定父母在消費不減或休閒不變狀況下，父母將追求子女福祉的極大。如此，父母為了極大化子女的淨所得（薪資所得－負債），必要時可以舉債，但其條件是，對子女的人力資本支出必須能使邊際報酬率等於利率：

$$r_m = r_t, \quad \text{或} \quad \hat{x}_{t-1} = g(E_t, s_{t-1}, r_t), \tag{7S.7}$$

$$\text{及} \ g_E > 0 \ \text{(by Eq. 7S.6)}, \quad g_r < 0, \quad \text{以及} \quad g_s < 0 \tag{7S.8}$$

假定公共支出與個人支出可互相替代。父母可將對子女的投資（區隔定理（separation theorem）的一個例子），本身及對子女的利他性分別開來，因為借貸得來的融通資金將成為子女的債務。

　　圖7S.1中水平的「資金供給曲線」rr，與負斜率的需求曲線（HH 或 $H'H'$）的交叉點決定了最適投資量。圖中明白地指出，稟賦較佳的子女將累積更多的人力資本；譬如，擁有稟賦 E 的子女將累積 ON 單位的支出，而擁有稟賦 $E' > E$ 的子女，將累積 $ON' > ON$。根據式（7S.3）的轉換式，人力資本將體現為成年後的預期薪資所得，所以，擁有較多稟賦的子女將可獲得較高的預期薪資所得。稟賦與支出間的正相關性，將提高稟賦對薪資所得的總影響，也將擴大薪資所得的不均等性與偏態性（相對於稟賦的不均等性與偏態性）。

　　利率的上昇將使人力資本的投資減少，從而使薪資所得下降。茲比較圖7S.1之 ON 與 $\overline{ON}$。公共支出增加的效果無法在圖上清楚地顯示出。但若公共支出與個人支出有1元對1元的完全替代性，則人力資本的生產將取決於二者的加總，$x+s$，及 E；而公共支出的增加將導致同一數量的個人（父母）支出的減少，人力資本的累積將維持不變。即使如此，公共支出若能大幅度地成長，仍可提高人力資本的累積，因為個人支出不可能為負值。

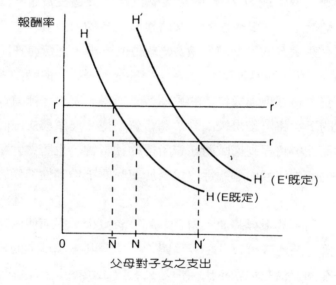

圖7S. 1 父母對子女支出之報酬率.

必須注意的是，子女的人力資本與薪資所得是和他們父母的資產與薪資所得無關的，因為貧窮的父母能夠借到對子女的最適投資所需的資金。不過，子女的所得是和父母有關的，因為贈與、遺產與債務是和父母的財富及薪資所得息息相關的。事實上，富裕的父母傾向於自己融通全部人力資本累積所需的資金，並附加一筆鉅額的資產贈與。

雖然，子女的薪資所得及人力資本是和父母的薪資所得及財富無直接的關係，但稟賦的可繼承性將為二者建立間接的關係。可繼承性愈高，父母與子女的人力資本及薪資所得的相關性也愈高。為求出父母與子女薪資所得的關係，將式 (7S.7) 求出的最適 x 水準代入 (7S.3) 的薪資所得方程式，即可導出

$$Y_t = \Psi[g(E_t, s_{t-1}, r_t), s_{t-1}, E_t] + \ell_t = \phi(E_t, s_{t-1}, r_t) + \ell_t,$$
(7S.9)

式中 $\qquad \phi_E = \Psi_g g_E + \Psi_E = \left(\dfrac{\partial Y}{\partial x}\right)\left(\dfrac{\partial x}{\partial E}\right) + \dfrac{\partial Y}{\partial E} > 0.$

由於此式為 E 與 y，l，g 及 r 的關係式，E_t 能由式 (7S.2) 的 E_{t-1} 取代，如此一來，可以求出 y_t 與 y_{t-1}、l_t、v_t、l_{t-1} 以及其他變數的關係式：

$$Y_t = F(Y_{t-1}, \ell_{t-1}, v_t, h, s_{t-1}, s_{t-2}, r_t, r_{t-1}, \alpha_t) + \ell_t.$$ (7S.10)

無疑地，稟賦的可繼承性 (h) 愈高，父母與子女的薪資所得間的相關性也愈高。父母與子女的薪資所得關係也和稟賦對薪資所得的總效果 (ϕ_E) 有關。若此效果與稟賦水準無關

$(\phi_{EE}=0)$，則 $Y_t = c_t + \alpha_t \phi_E + hY_{t-1} + \ell_t^*$,　　　　(7S.11)

其中

$$\ell_t^* = \ell_t - h\ell_{t-1} + \phi_E v_t$$

且　　　　$c_t = c(s_{t-1}, s_{t-2}, h, r_t, r_{t-1}).$

若每個家庭收到的政府支出 (s_{t-1}, s_{t-2}) 是不一樣的，則各個家庭的截距項 c_t 也各不相同。隨機項 l_t^* 則與父母的市場運氣是負相關的。

若成年人與小孩的運氣 (l^*) 維持不變，子女的薪資所得將以 $1-h$ 的速率趨近平均水準。可是，該係數值將是低估的，由於未考慮父母終身薪資所得的「隨機性」因素，此隨機因素乃由子女的實際終身薪資所得對父母的實際終身薪資所得求取最小平方法迴歸分析得出的（ Y_t 對 Y_{t-1} 迴歸）。若每個家庭的 c_t 都是相同的，則迴歸係數的預期值將等於：

$$b_{t,t-1} = h\left(1 - \frac{\sigma_\ell^2}{\sigma_y^2}\right),\qquad\qquad (7S.12)$$

σ_ℓ^2 與 σ_y^2 為 l_t 與 Y_t 的變異數。若終身薪資所得的隨機性因素的不均等性為終身薪資所得的總不均等性的一很小比例，則此係數值將接近於可繼承性的係數值，比例愈小將愈近似。

此外，由於種族、宗教、或其他特性而遭受市場歧視的家庭，其薪資所得將低於不具這些特性的家庭。擁有易遭人歧視特質的個人的薪資所得也將低於不受歧視的人，即使他們父母的薪資所得是一樣的也是如此。只要歧視導致稟賦體現的薪資所得下降，在可繼承性已知狀況下，遭歧視者的薪

資所得將低於他人,因為與父母及子女的薪資所得有關的截距項的值將降低 (即式7S.11的$c_t + \alpha_t \phi_E$) 。

不完全的資本市場

　　從資本市場取得子女投資資金的融通行為不同於父母的資源與慷慨所做的薪資所得的移轉行為。然而,經濟學家長久以來始終認為人力資本只是債權人的救濟擔保品。因為子女可能藉怠工或選擇較輕鬆而薪資所得較低的工作,以「遲延」償還父母為他們所簽訂的市場債務。這種有關工作熱忱及就業機會的個人天性上的「道德風險」 (moral hazard) 將對人力資本體現的薪資所得有重大的影響。而且,大部份的社會不願意向子女討回他們父母所簽訂的債務,也許是因為只有少數不關心子女福祉的父母會設法提高自己的消費而留下鉅額的債務給子女。

　　為了凸顯這種為子女簽訂債務的困難性所產生的效果,假定父母為取得對子女投資的融通資金必須出售資產、降低自己消費、減少子女消費或提高子女的勞動力參與。舉例而言,若父母無資產可出售 (註2) (例如,圖7S.1的*ON*點) ,則為取得資金融通人力資本的有效投資,他們必須部份地降低自己的消費,因為他們無法為子女簽訂債務。父母消費的減少將提高他們的消費的邊際效用相對於對子女投資的資源的邊際效用,因此將阻止部份對子女的支出。其結果,對子女的投資與父母的消費都將因可移轉給子女的債務限制而

減少。而富裕的父母將享有較高的消費水準，同時也有較大的對子女投資。

　　所以，父母如果沒有資產，他們對子女的支出不僅和子女的稟賦及公共支出有關，如式（7S.7），同時也和父母的薪資所得（Y_{t-1}）有關，他們對子女的慷慨（w），或許也和子女及後代子孫之運氣的不確定性（ϵ_{t-1}）有關，正如同下式：

$$\hat{x}_{t-1} = g^*(E_t, s_{t-1}, Y_{t-1}, \epsilon_{t-1}, w), \quad \text{with} \quad g_Y^* > 0. \qquad (7S.13)$$

若公共支出會影響個人支出的報酬率，則公共支出與個人支出將不具完全替代性，譬如學費的補貼。可是，若二者有完全替代性，g^*將僅與 s_{t-1} 及 Y_{t-1} 之加總有關：公共支出的增加因之將相當於等量的父母薪資所得的增加。可是子女的稟賦對投資影響將變得不確定（$g_E^* \gtrless 0$），不過，子女稟賦的提高將增加他們擁有的資源，而且他們的人力資本投資的生產力也將上昇。但若預期子女將變得更富裕，父母對子女的支出將遭受阻力，因為追加的支出的邊際效用將降低。

　　圖7S.2之支出的需求曲線類似於圖7S.1之需求曲線，子女稟賦較佳的家庭，其需求曲線的位置將在上方。因之，每個家庭的資金成本將不再是固定的或是相同的。同時，增加對子女的支出即表示父母消費的減少，如此將提高父母的主觀貼現率（資金的影子價格）。父母的薪資所得愈高或子女的稟賦愈差，這些貼現率將愈低。由於每個家庭對子女的支出決定於供給曲線與需求曲線的交叉點，父母的薪資所得增

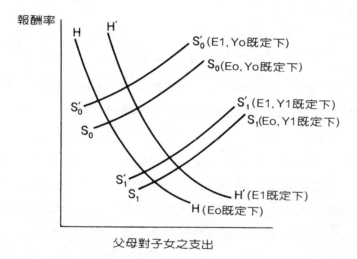

報酬率

H   H′

S′₀(E1,Yo既定下)

S₀(Eo,Yo既定下)

S′₀

S₀

S′₁(E1,Y1既定下)

S₁(Eo,Y1既定下)

S′₁

S₁

H′(E1既定下)

H(Eo既定下)

父母對子女之支出

圖7S.2 當資本限制下父母對子女之支出.

加將使供給曲線向右移動，對子女的支出也因之上昇（比較
圖7S.2之 S_1 與 S_1'）。交叉點的分配將決定投資報酬率的分配
，而如 Becker（1967，1975）所示，也將決定薪資所得分配
的不均等性與偏態性。

　　將式（7S.13）代入薪資所得式（7S.3）及（7S.4），
導出：

$$Y_t = \Psi[g^*(E_t, Y_{t-1}, k_{t-1}), s_{t-1}, E_t] + \ell_t$$
$$= \phi^*(E_t, Y_{t-1}, k_{t-1}) + \ell_t, \tag{7S.14}$$

k_{t-1} 包括 w、s_{t-1}、及 ϵ_{t-1}。上式說明，子女的薪資所得將直
接地受父母薪資所得的影響，但也間接地受稟賦移轉的影響
。有些作者（Bowles，1972；Meade，1976；Atkinson，1983）
主張直接效果，因為他們認為「親近」（contact）父母能增
加子女的機會；但另一些贊成直接效果的人則認為父母可直
接自子女的人力資本中獲得效用。幸好，父母的薪資所得對
資金取得的影響，理論上是可以劃分為「親近」效果及「效
用」效果。

　　父母的薪資所得對子女薪資所得的間接效果則是透過稟
賦的移轉產生的，若 E_t 由 E_{t-1} 取代且利用式（7S.14）求 E_{t-1}
，則可求得此間接效果：

$$Y_t = F(Y_{t-1}, Y_{t-2}, \ell_{t-1}, v_t, h, \alpha_t, k_{t-1}, k_{t-2}) + \ell_t. \tag{7S.15}$$

父母薪資所得的直接與間接效果之和為：

$$\frac{\partial Y_t}{\partial Y_{t-1}} = \phi^*_{Y_{t-1}} + \frac{h\phi^*_{E_t}}{\phi^*_{E_{t-1}}} > 0. \tag{7S.16}$$

假設父母的薪資所得維持不變，則祖父母薪資所得的間接效果將為：

$$\frac{\partial Y_t}{\partial Y_{t-2}} = -h\phi^*_{Y_{t-2}}\left(\frac{\phi^*_{E_t}}{\phi^*_{E_{t-1}}}\right) < 0. \tag{7S.17}$$

由於對子女投資存在著資金融通的限制，祖父母與孫子女的薪資所得才有間接的關係。亦即，父母的薪資所得並不能完全解釋父母的資源及稟賦對子女的影響。式（7S.17）說明當父母的薪資所得及孫子女的運氣固定不變時，祖父母的薪資所得增加將使孫子女的薪資所得下降。對子女投資的資金融通限制將導致祖父母對孫子女的薪資所得的負效果，但也提高父母的薪資所得對子女薪資所得的正效果。（註3）

若 Y_t 與 E_t 及 Y_{t+1} 的關係近似線性，則

$$Y_t \cong c'_t + (\beta^* + h)Y_{t-1} - \beta^* h Y_{t-2} + \ell^*_t, \text{其中} \beta^* = \phi^*_t. \tag{7S.18}$$

父母薪資所得的係數將等於可繼承性與子女的人力資本投資的邊際投資傾向（β^*）之和。如式（7S.12），以最小平方法估計上式的 Y_{t+1} 係數值將因未計入終身所得的隨機性因素而呈低估。普通最小平方法估計的 Y_t 與 Y_{t+1} 的關係將趨近於（註5）

$$\beta^* < b^*_{t,t-1} = \frac{b^*_{t,t-1\cdot t-2}}{1 + h\beta^*} \leq \min(1, \beta^* + h, b^*_{t,t-1\cdot t-2}), \tag{7S.19}$$

其中 $b^*_{t,t-1,t-2}$ 為 Y_t 與 Y_{t-1} 的複迴歸係數。所以，父母與子女的終身薪資所得的複迴歸及簡單迴歸係數都可導出不完全的資本市場影響對子女投資傾向的上限。最小平方法估計產生

的誤差,若以工具變數取代父母的終身薪資所得,譬如叔伯的終身薪資所得或祖父母的終身薪資所得,有時是可以克服的 (參考Goldberger,1979;Behrman與Taubman,1985)。

式 (7S.14) 顯示父母與子女的薪資所得的直接關係似乎是下凹曲線,而不是線性的,因為當父母的薪資所得增加時,對子女投資的自我資金融通的障礙將降低。當對子女的人力資本投資高至使邊際報酬率對資產的市場利率之比下降時,父母薪資所得的進一步增加,饋贈給子女的資產也將提高,但不影響對子女的人力資本投資額 (若資產的利率與父母的薪資所得無關)。假定「親近」父母及父母得自子女的人力資本的直接效用在富裕家庭中更為重要,則資金融通限制對父母與子女的薪資所得之關係造成的影響,將和現有的解釋有不同的含意。

Becker 與 Tomes (1979) 的分析顯示,即使父母及祖父母所得的係數值在如式 (7S.18) 的方程式中為已知時,由於 β^* 與 h 都是對稱性分配,若無其他訊息的幫助,譬如二係數何者為大的資料,β^* 與 h 仍然是無法認定的。不受資金融通限制的富裕家庭,他們的薪資所得的關係可由式 (7S.11) 之簡單方程式來表達,該式沒有 β^* 係數。根據該式,若富裕家庭的父母薪資所得的係數為已知時,將可求出 h 值。然後,利用求得的 h 資料,可以判定式 (7S.18) 之 β^* 與 h。

由於 β^* 代表融通資金受限的父母,也就是無法取得子女財富極大化投資所需資金的父母對子女人力資本投資的邊

際投資傾向，因此 β^* 將不在富裕家庭，亦即不在資金融通
不受限制的家庭的薪資所得其方程式（式7S.11）中出現。
換句話說，對富裕家庭而言其等於零。可是，即使在低所得
家庭，β^* 與 h 的相對值仍然欠缺一般性的推估，因為 β^* 和子
女的公共移轉性支付、所得等其他變數都有關係。

在我們早先的研究中（例如 Becker 與 Tomes，1979），
假設父母遺留債務給子女，且人力資本財富未與其他財富分
離，則 β 係數代表對子女的邊際財富贈與傾向。我們先前的
研究及本文先前章節中指出此傾向與父母對子女的慷慨有關
，但對所得水準的變動可能不太敏感。此傾向在絕大多數的
家庭中都可能相當大。這種推測促使我們在先前的研究中假
定 $\beta > h$，如此的假定可以幫助，從如式（7S.18）的係數，
判定 β 與 h 值。

Goldberger（1985，頁 19-20）曾切確地指出，我們未曾
提供一種獨立的方法評估此假定。但本文在認定 h 係數值上
已有長足的進展，譬如留下遺產給子女的（富裕）家庭，從
父母與子女的薪資所得方程式中求得的係數資料，將有助於
認定 h 值。若 h, β^* 為已知的，融通資金受限的貧窮家庭的薪
資所得方程式中，父母與祖父母的薪資所得係數將可協助認
定（或更一般化的 β^* 與父母薪資所得的關係）。即使 β——
父母對子女的邊際財富贈與傾向——也可以從富裕家庭的父
母與子女的消費關係中所獲得的資料來認定。

在子女的投資金額固定之下，富裕家庭比貧窮及中所得

家庭更能以自有資金融通投資。富裕家庭的稟賦也高於一般
家庭，因此富裕家庭也將比貧窮家庭更有能力融通追求財富
極大化所需的人力資本投資。實證的結果發現，富裕家庭彼
此之間在融通子女人力資本的最適投資行為顯然地比貧窮家
庭之間更為接近。這種現象隱含著在子女投資方面，財富效
果大於稟賦效果。若稟賦很快地回歸平均水準，表示財富效
果較大，因為富家子女的稟賦將遠低於他們的父母，而貧窮
人家子女的稟賦將遠高於他們的父母。我們的分析顯示，與
薪資所得有關的稟賦確實很快地回到平均水準。

　　若資產報酬對薪資所得及稟賦變動的反應不大，而富裕
家庭有更多的資源用於融通子女財富極大化的投資，則表示
富裕家庭的子女投資的均衡邊際報酬率將低於資金取得限制
較多的貧窮及中所得家庭，即使富裕家庭有比較高的稟賦及
平均報酬率。均衡邊際報酬率將隨父母的薪資所得增加而降
低，但也許不是一路下滑，不過，人力資本的邊際報酬率最
終將等於資產的報酬率，爾後邊際報酬率將保持在一相當穩
定的水準，不再隨父母的薪資所得增加而變動。另一方面，
窮人家子女的條件比較差，因為他們不僅繼承了較少的稟賦
，他們父母受到的融通資金限制也限定了他們承襲的稟賦的
市場價值。

　　由於富裕家庭的邊際報酬率較低，若從這些家庭移出少
量的人力資本投資資金，並重分配給貧窮家庭的子女，則家
庭間的平均邊際報酬率將上昇。這種重分配將提高效率，即

使富裕家庭有比較高的稟賦與子女投資的平均生產力（參考
Becker，1967，1975）。常見的「公平性」，可由不公平性
衡量，與效率的矛盾將不再存在；因為投資資金的重分配給
條件比較差的子女即表示資本市場效率的改善。

　　另一方面，即使公共與個人支出有完全替代性，若提供
鉅額的公共支出給受資金融通限制的家庭進行子女的人力資
本投資，這些家庭的小孩的投資總額將可提高。此乃因公共
支出將增加一個家庭的資源，如果稅負是由其他家庭負擔。
資金融通困難的家庭，其增加的家庭資源將按一由邊際投資
傾向(β^*)決定的比例分配於父母與子女的投資。若公共與個
人支出有完全替代性，1-β^*比例的分配給小孩的政府支出將
被其父母的補償性行為沖銷。也就是說，為了維持家庭成員
的公平性，既使是資金融通困難的父母也會將部份時間及支
出從受益於政府支出的子女身上，重分配給其兄弟姐妹及他
們自己。父母的這種補償性行為顯然地將嚴重地淡化公共保
健政策、貧窮孕婦的食品補助、示範性政策、以及社會保障
政策的功能（參考本書第六章及第十一章的討論）。

　　我們已指出留有饋贈的家庭，其子女的總投資金額將不
受投資於小孩的公共支出的影響，因為該公共支出與父母的
支出有完全替代性。父母將降低他們的支出以完全抵消公共
支出的利益。可是，公共支出與個人支出可能無法完全替代
，例如，若公共支出使家庭支出的報酬率提高，但由於「替
代效果」將中和「重分配效果」，增加的公共支出反而可能

加速家庭支出的提高。

Goldberger曾評論我們的分析（1985，頁9-10；及Simon，1986，重覆Goldberger的評論），他認為我們在討論各種公共政策時，過份強調重分配或所得效果，而忽略了替代效果。自從我們發表第一篇合作稿以來，我們一再地提示政府的政策可能改變父母對子女投資的報酬率而產生替代效果（參考Becker與Tomes，1976，頁S156）。我們業已強調很多政策的重分配效果——包括示範政策、福利、孕婦補助、以及社會保險政策——因為重分配效果相當地明顯，相反地，替代效果則是模糊難辨的，連符號也無法確定。例如，何謂社會保障政策的替代效果？或、是否有証據說明示範性政策可提高而非降低父母支出的邊際報酬率？（參考第六章）雖然學費補貼似乎提高父母的學費支出的報酬率，但若補貼是按地方配給的，則學費補貼實際上可能會降低邊際報酬率（參考Peltzman，1973)。

政府補貼政策所引起的家庭內支出的重分配能說明為何很多政策對參與者的影響似乎不甚明顯（參考第六章與第十一章的討論）。當然，政策功效不彰不代表替代效果很小或者加強了重分配效果，不過確實表示這些計劃沒有很強地抵消替代效果之作用。

如果確信子女能夠照顧年老的父母，資金取得困難的父母可能降低他們的終身儲蓄，以融通對子女的支出。在很多社會中，貧窮及中所得家庭的父母年老時都依靠子女的扶養

，而不是藉出售黃金、手飾、毯子、土地、房子、或其他他們在年輕時期所累積的資產。我們的分析說明這些父母之選擇依靠子女而非資產，乃因對子女投資的報酬率高於其他資產投資的報酬率。

事實上，貧窮與中所得家庭的父母及子女之間通常在社會道德的一定約束下，已形成一種父母投資於子女以託付老年的默契。若子女的投資有高的回收，此收益包括子女對父母過於長壽的任何投保，則這種默契將使父母與子女都變得更富裕。

資產與消費

我們的分析顯示，將留給子女的遺產及資產的贈與，在對子女投資的邊際報酬率降至資產的利率水準之前，將不會快速地成長。爾後，父母若要繼續貢獻給其子女，將不再強調人力資本，而是以資產形式為主，因為資產的報酬對其累積量的變化敏感度較低。這些結論說明絕大部份的贈與是由為數不多的富裕家庭留給其子女的，而且父母的財富增加，子女的資產與人力資本的相對比例也將上昇。實證結果也清楚地指出，富裕家庭的非人力資本所體現的資產及所得遠比貧窮家庭來得重要。

實證結果也顯示儲蓄占所得的比例將維持在一相當固定的水準，或將隨所得，包括「恒久」所得的增加而上昇（參考Mayer的文獻回顧，1972）。然而，這些研究的儲蓄定義

都有瑕疵，因為人力資本投資及跨代稟賦的增加或減少所產生的「資本利得或損失」都未計入儲蓄內。這種計算法將影響低所得——或中所得——家庭，因為他們的主要投資為子女的人力資本投資。此外，由於稟賦會趨近於平均水準，當所得水準偏低時，父母將移轉更多的稟賦給子女，但所得在較高水準時，父母移轉給子女的稟賦將下降。所以，實證的結果將低估低所得及中所得家庭的相對儲蓄水準，因為這些家庭的跨代資本利得與人力資本投資都相當大。我們認為，正確的儲蓄定義應能顯示恒久所得增加時，儲蓄的比例將下降。畢竟，子女投資的均衡邊際報酬率將隨所得增加而下降是可預期的。

　　絕大部份的遺產由為數不多的富裕家庭留給其子女的結論並未如 Kaldor (1956) 及 Pasinetti (1962) ，或如 Atkinson (1983) 的假定，預先認定家庭之間存在著利他的「階級性」差異，或儲蓄傾向相關的其他階級性差異。在我們的分析中，所有家庭都有同樣的儲蓄及保留饋贈的本能，因為假定他們對子女的利他性都是一樣的。可是，儲蓄的「階級性」差異還是明顯地存在著；因為貧窮家庭的儲蓄主要為融通子女的人力資本投資，而此並未被包括在儲蓄贈與的計算之內。

　　每個人資產的多寡取決於其父母的贈與及其本身的終身積累。假定父母之選擇贈與是為了求其本身預期效用的極大，而這種極大化行為是在子女的預期薪資所得及子女的終身

資產積累的限制條件下進行的。為進一步展開贈與的分析，我們必須明示父母的效用極大化行為。我們將繼續假定每個成人都未結婚但有一個小孩。

　　假定父母的效用函數具可分割性，是父母本身消費與子女的各種特質的加總。只要子女的這些特質與其擁有的資源有正相關，我們的分析幾乎不須要特別估計這些特質。不過，為簡化父母與子女的消費關係，可以假設父母的效用與子女效用(Uc)是相關的，如

$$U_t = u(Z_t) + \delta U_{t+1},\qquad\qquad(7S.20)$$

Z為父母的消費，δ代表父母的利他性，為一常數。

　　若式（7S.20）導出的偏好函數，對所有世代而言都是一樣的，且假設孩童時期不需要消費，則父母的效用將間接地等於所有後代子孫的消費帶給他們的效用的貼現總值：

$$U_t = \sum_{i=0}^{\infty} \delta^i u(Z_{t+1}).\qquad\qquad(7S.21)$$

父母的效用將僅與子女的效用有直接的關係，但它與所有的後代子孫有間接的關係，因為子女也關心他們的後代。

　　假定父母如式（7S.21）所示，成功地求得「動態」效用的極大。這個假定否定了子女的要求超過父母效用極大時的移轉。更一般化的假定是，父母追求本身消費與子女效用的加權平均的極大，權數則取決於二者的議價能力（參考 Nerlove 有關此假定的標準用法，1986）；這種假設不會影響任何重要的結論。

在所有世代的報酬率及所得為已知的情形下,效用極大化的一階條件將一如已往。例如,消費的替代彈性為一固定值,

$$u'(Z) = Z^{-\sigma}, \qquad \sigma > 0, \tag{7S.22}$$

且 $$\ln Z_{t+1} = \frac{1}{\sigma} \ln(1 + r_{t+1})\delta + \ln Z_t, \tag{7S.23}$$

r_{t+1} 為 t 期的子女投資的邊際報酬率。若效用函數為指數型態,則

$$u'(Z) = e^{-pZ}, \qquad p > 0, \tag{7S.24}$$

且 $$Z_{t+1} = \frac{1}{p} \ln(1 + r_{t+1})\delta + Z_t. \tag{7S.25}$$

若父母對子女的支出能取得由子女償還的債務融通,則所有家庭的資金邊際成本將等於資產的利率。如此,式(7S.22)或式(7S.25)表示,有相等的利他性(δ)與替代程度(σ或p)的家庭,各個世代之間消費的相對或絕對變化將是一樣的。每個家庭都將在世代之間維持其相對或絕對的消費地位,如此消費將不會回歸平均水準。換句話說,父母世代的消費所產生的任何相對或絕對程度的不均等性都將完全移轉至子女的世代。

雖然如此,只要子女未能繼承父母的全部稟賦,則不論父母利他性的高低,子女的薪資所得仍將回歸平均水準。但當薪資所得趨向平均水準時,消費並不主動地回歸平均水準,因為父母能預知子女的薪資所得將高於或低於他們。他們

可以調整債務及資產，以沖消預期薪資所得的變動對財富的影響。

　　所以，薪資所得雖然將回歸平均水準，但若父母可以自資本市場充分地取得融通子女人力資本投資所需的資金，則由消費表示的福祉將全然不會退回平均水準。當父母的薪資所得增加時，饋贈給子女的資產將增加，而移轉給子女的債務將下降。薪資所得與消費在世代之間的變動是如此的不同，可是在家庭流動性的文獻中卻少有這方面的討論。

　　然而，式（7S.23）與（7S.25）的主要結論依然是令人憂慮的，亦即，消費與所有資源的初始差距將全部移轉於未來的世代。毫無疑問地，當代擁有的資源基本上與他們的遠代祖先擁有的資源是無關的。這種過去對現有消費與總資源的遞減式影響可歸因於幾個因素的作用，包括將負債移轉給子女的困難性、對未來的不確定性、父母財富與子女人數的關係、以及不理想的配對關係。我們將依次討論這些變數的效果。

　　只有在子女能承擔父母借貸的債務情形下，消費方可完全與薪資所得分離。若父母無法為子女取得融通資金，無資產的父母將沒有能力使其子女的稟賦及薪資所得向上趨近平均水準。此時，父母將面臨一複雜的極大化問題，因為資金取得的限制只能約束幾世的後代。這種效用的極大化將取決於每個家庭每一世代所面臨的外部決定的貼現率及邊際報酬率，二者同時也引導及反應該世代的決策。只要資金取得的

限制阻礙父母向子女借貸，此二影子價格將大於資產的利率。而能夠增加或減少贈與資產給子女的（富裕）父母，他們的貼現率將等於資產利率。

我們認為資金取得困難的父母，其均衡的邊際報酬率將隨薪資所得增加而下降。式（7S.23）與（7S.25）因之將顯示父母的薪資所得增加時，消費的相對或絕對成長在不同世代之間也將降低。不過，邊際報酬率等於資產利率的富裕家庭，消費在各個世代之間的相對或絕對成長將為一固定值。因此，貧窮家庭的子女的消費向上回歸平均水準的幅度，將大於富裕家庭的下降幅度。此結果表示父母與子女的消費關係是上凹函數。另一方面，貧窮家庭的薪資所得向上回歸平均水準的幅度將小於富裕家庭的向下幅度。

富裕家庭給子女的資產贈與是子女薪資所得退回平均水準的緩衝裝置。最富裕的家庭之所以能比其他富裕家庭維持更長時間的消費水平，只是因為這些最富裕的家庭可大量地增加他們對子女的饋贈，以減緩子女薪資所得的快速向下退回平均水準。結果是，贈與可使薪資所得遠離平均水準。

以上的消費分析是假設未來是完全確定性的，雖然絕大部份未來世代的運氣的不確定性是無法完全預知的或無法改變的。若每一世代都已知子女的人力資本投資收益與饋贈的資產收益，但無法完全預知子女的薪資所得，而且往後世代的薪資所得更是充滿不確定性，則預期效用極大化的一階條件為：

$$\varepsilon_t u'(Z_{t+1}) = \left(\frac{\delta^{-1}}{1 + r_{t+1}}\right) u'(Z_t), \qquad (7S.26)$$

ε_t表示在 t 代與 $t+1$ 代之間，第 t 代在獲得任何後代子孫的薪資所得及其他財富的新資訊之前所做的預期。

指數型效用函數的一階條件則變為：

$$Z_{t+1} = c + \frac{1}{p}\ln(1 + r_{t+1})\delta + Z_t + n_{t+1}, \qquad (7S.27)$$

c 為一常數項，n_{t+1} 表示 Z_{t+1} 在 $\hat{Z}_{t+1}$ 附近變動的分配，與 Z_t 無關。若資本市場容許所有家庭取得子女財富極大化投資所需的融通資金，則所有家庭的 $r_{t+1} = r_a$，r_a 為資產利率。式（7S.27）則顯示消費的成長是隨機的（Kotlikoff 等，在人生長短不確定的假設下，也導出類似的結果，1986）。更一般化地說，式（7S.27）說明若效用函數為指數型態，消費項將因不確定性的存在而附帶產生一隨機項，但消費回歸平均水準的幅度基本上將不受影響。

式（7S.27）左邊項的二階近似值清楚地顯示，在一般化效用函數型態下，不確定性對回歸平均水準幅度的影響將與效用函數的二階或更高階微分的符號及大小有關。（註6）即使所有消費的資料都是不確定的，不確定性仍然能促使消費回歸平均水準。不確定性也能使消費偏離平均水準、或相對於低消費水平，在高消費水平時加大回到平均水準的幅度，這種效用函數與導出相反結論的效用函數，在實證上似乎是相關的。結果是，對不確定性影響父母與子女之間的消

費回歸平均水準的幅度，我們難以做出任何比較確定的結論
。

生育力與婚配

　　婚配的回歸平均水準和財富與生育力的正相關性，有助
於解釋富裕家庭之間消費及總資源的差距為何無法持續至無
限的未來世代。本文將只敘述一種分析方法以做為參考。婚
配與生育力對消費與贈與的影響，可參考 Becker 與 Tomes（
1984），Becker 與 Barro（1988），及本書第十一章的附編中
的討論。

　　首先，放棄只有一個小孩的假定，則可一般化式（7S.
20）的效用函數為：

$$U_p = u(Z_p) + a(n)nU_c, \qquad\qquad (7S.28)$$

式中 $a < 0$，而 U_c 表示 n 個相同小孩，每一個的效用，而 $a(n)$
表示每個小孩所享有的利他程度。最適子女人數的一階條件
為子女的邊際效用等於邊際成本。對父母而言，子女的邊際
成本即是花費於子女的淨支出，包括任何的遺產及其他贈與
。邊際成本端視父母的狀況及父母的決策而定。

　　前面一節指出，富裕家庭的消費及總資源可能不會退回
平均水準，因為這些家庭可提供大量的贈與及遺產給其子女
，從而可以沖銷子女薪資所得向下降的效果。還好，子女人
數的變化可以抵制這種非現實的結果。富裕家庭傾向於將他
們相對多的資源的一部份花費在每個新增的小孩身上。這種

可能性將使每個小孩分到的贈與少於子女人數不增加時所能獲得的（參考Becker與Barro的證明，1985）。生育力對財富增加的絕對反應將導致每個小孩的消費與財富向下滑，而且也許會相當地快速。

沒有資產的貧窮及中所得家庭受制於無法留下債務給子女，必須在每個子女的薪資所得、子女人數、以及父母的消費之間做抉擇。因此，每個子女的人力資本投資，以及薪資所得都將與子女人數呈負相關性，很多的研究都已發現這種現象（例如 Blake，1981）。在這些家庭中，若生育力與父母的薪資所得是負相關的，則薪資所得回歸平均水準的幅度將小於二者之間毫無關連時的幅度。

至於對子女之間的差異的對待方式，其分析將一如已往，不會有太大的變化（參考Becker與Tomes，1976；Tomes，1981；及第六章）。本分析的結論是，富裕家庭將給予稟賦較佳的子女更多的人力資本投資，而以更多的餽贈及資產補償其他子女。貧窮家庭則因僅投資於人力資本，將面臨效率與公平的抉擇；對稟賦較佳的子女提供較多的投資可以改善效率，但對稟賦較差的子女卻是不公平的。

除了兄弟姐妹之間薪資所得的實際差異有助於了解薪資所得的跨代流動程度之外（例如Brittain，1977，頁36～37），兄弟姐妹與跨代流動程度之間並不須要有任何的關連。理由是，兄弟姐妹的薪資所得差異是由單一世代的特質決定的，例如，兄弟姐妹在父母效用函數中的替代關係，然而，薪

資所得的跨代流動性是由不同世代的差異決定的，例如稟賦
的回歸平均水準（參考Tomes的進一步討論，1984）。

　　婚配的回歸平均水準——又稱之為不理想的正向配對—
—也將使薪資所得、消費、及資產的回歸平均水準幅度加大
。雖然如此，婚配的作用可能不是很明顯的，因為父母通常
可以預知子女的婚配方式。例如，富有的父母將利用贈與及
資產，部份抵銷他們的子女與貧窮子女婚配後對其福祉的可
能影響，這就如同他們利用贈與及資產沖銷稟賦的向下退的
效果一樣。不過，一個完整的父母行為與對子女婚配的預期
行為的互動關係分析，將因與親家之間就給予子女贈與的磋
商而更趨複雜（部份問題可見第七章及 Becker 與 Tomes，
1984，的討論）。許多模型都未曾考慮父母對子女婚配的預
期（參考 Stiglitz，1969；Pryor，1973；Blinder，1976；Atkin-
son，1983），這類模型是難以令人滿意的。

　　生育力及婚配與我們的跨代流動性分析尚未完全地整合
——我們將加入「完全地」的字眼於 Goldberger 以下的論述
，「生育力與婚配可說尚未與他的跨代模型整合」（1985，
頁13）。然而，本節的討論、Becker與Barro（1988）及第十
一章附編的生育力的討論、以及 Becker 與 Tomes（1984）的
婚姻的討論都指出，效用極大化分析可將生育力、婚配、及
跨代流動性整合在一共通的分析架構內，且可獲得有意義的
結論。

實證研究(註7)

　　現有的文獻中，僅有極少數的文章曾實証檢討不同世代
的薪資所得或財富關係，這是因為這方面的資料不容易取得
，而且社會科學家對此課題的興趣也不濃厚。表7S.1及表
7S.2列出幾篇實證研究估計出的薪資所得、所得、及財富的
回歸平均水準幅度及其判定係數（不一定全有），樣本數，
以及註釋說明每一條回歸分析的其他變數（如果有的話）。

　　表7S.1分析兒子與父親的薪資所得或所得的關係，表上
列出三篇美國（利用不同的資料），以及英國、瑞士、及挪
威各一篇的研究結果。（註8）雖然父親與兒子的平均年齡
差距頗大，除了日內瓦的研究之外，Atkinson（1981）和Be-
hrmam與Taubman（1983）兩篇研究都證實這種年齡上的差
距並不會影響所估計的回歸平均水準之幅度。

　　大部份這些研究的點估計結果顯示，若父親的薪資所得
（或所得）增加10%，兒子薪資所得的增加將少於2%。英
國約克市的點估計值最高，顯示兒子的每小時工資可提高達
4.4%。所有估計結果的信賴區間都相當大，除了Malmo地
區，這是因為父親的薪資所得只「解釋」兒子薪資所得變動
的一小部份。此外，估計誤差與父親薪資所得（或所得）的
隨機性因素也可能導致這些迴歸係數在估計時產生嚴重的偏
差。而且，前面的分析也已指出，終身薪資所得的隨機性變
動與漏估祖父母的薪資所得都將低估這些迴歸係數。若父母

地區及 兒子的年	父親的年	變數 獨立	變數 非獨立	變數 其他	係數	t	R_2	N	ε	作者
威斯康辛 1965-1967 [a] 1974	1957-1960	E Log E Log E	IP IP Log IP	無	.15 .0006 .28c	8.5 10.6 15.7	03 05 09	2,069 無 2,493	.13 .09 .28	Hauser et al.(1975) Hauser (in press)b Tsai (1983)b
美國 1981-1982	1981-1982	Log E_3	Log E_3	無	.18	3.7	.02	722	.18	Behrman and Taubman (1983)
美國 1969(年輕的白人) 1966(年老的白人) 1969(年輕的黑人) 1969(年老的黑人)	當兒子為 14 歲時	Log H	Log $I3$	無	.16 .22 .17 .02	3.2 7.3 1.9 0.4	— — — —	1,607 2,131 634 947	.16 .22 .17 .02	Freeman (1981)
英國.約克 1975-1978 1975-1978	1950	Log H Log W	Log W	無	.44 .36	3.4 3.3	.06 .03	198 307	.44 .36	Atkinson (1981)
瑞典 1963	1938	Log I	ICD	無	.08 .12 .69	1.8 2.4 10.9	.19	545	.17f .13 .79	de Wolff and van Slijpe (1973)
瑞士.日內瓦 1980	1950	IHH	IHH	無	.31	4.1	.02	801	.13	Girod (1984)
挪威 1960	1960	Log I	Log I	無	.14	1.2	.01	115	.14	Soltow (1965)

表 7S.1　兒子的所得或收入對父親的所得或收入之線性、半對數及對數一線型迴歸.

附註：ε＝兒子的所得或收入或收入相對於父親所得或收入的彈性：E＝收入：H＝每小時收入；

I＝所得：E3＝所得：ICD＝所得級距之虛擬變數：IHH＝家庭所得：IP＝父母的所得：W＝每週收入.

a. 第一個五年的勞動力.

b. 在 Robert M.Hauser (個人通訊, 十月 2.1984).

c. 依相對變化調整.

d. 依工作經驗調整；排除兒子的工作經驗少於或等於四年者.此迴歸式中每一位父親的權數相同.

e. 工作經驗,14 歲時之三個居住場所的虛擬變數,與單單所得的虛擬變數,三個居住地區的虛擬變數.

f. 此彈性為所得級距配對之值.

薪資所得的影響（參考式7S.18）及終身薪資所得的隨機性因素都不大時，遺漏祖父母薪資所得的變數造成的估計上誤差將比較小。

為減少估計誤差與隨機性因素的偏差，Hauser（1975）利用父母所得的四年平均及兒子薪資所得的三年平均資料分析，而其1990的文章則利用父母所得的四年平均及兒子薪資所得的五年（參與勞動力的最初五年）平均分析。Tsai（1983）'不僅取父母所得的數年平均，而且將他們的所得資料向後推估至1957年。按 Hauser 的建議，我們利用 Bielby 與 Hauser（1977）的分析方法調整父親薪資所得的估計誤差。Behrman 與 Taubman（1983）的研究刪除兒子的工作經驗少於四年的樣本，因為他們認為這些薪資所得不足以代表兒子的終身薪資所得。Wolff 與 Slijpe（1973）及 Freeman（1981）則以父親的職業的平均所得做為父親的終身薪資所得的估計值，以降低隨機性因素的影響。

除了這些估計誤差與隨機性因素外，點估計的薪資所得與所得的回歸係數在所有的研究中都相當地小（除了瑞典的高所得階層外）。此外，Peters（1985）的研究利用 National longitudinal survey 資料（Freeman 也用此份資料，1981），將兒子薪資所得四年簡單平均值對父親薪資所得的五年簡單平均值做迴歸，也得到一很小的係數值（小於0.2）。

薪資所得的生命循環變動也部分證實了終身薪資所得將快速地趨近於平均水準。依定義，每個人的稟賦在一生中都

是固定不變的,因此,生命循環過程中的薪資所得的相關性
將比跨代之間薪資所得的相關性更為緊密,因為稟賦的遺傳
是不完整的(稟賦在跨代之間不具「固定效果」)。換另一
種說法,相對於同一群體的其他成員,一個人與他父親在他
同年齡時的相似性,將不如他與不同年齡層的自己的相似性
。不同年齡層的男性之間,薪資所得的「恒久性」因素的相
關係數,根據一項美國的七年資料的估計結果,約為0.7(
參考Lillard與Willis,1978表1)。父親傳給兒子的稟賦的可
繼承性顯然少於、或許遠少於不同年齡之間薪資所得的恒久
性因素的相關性。

表7S.1的實證顯示,兒子的稟賦可繼承性(h)與子女的
人力資本投資傾向(β^*),因為資金取得困難,都將不顯著。
例如,若父親對兒子的終身薪資所得的迴歸係數≦0.4,而
且終身薪資所得的隨機性變異數小於整個終身薪資所得變異
數的三分之一時,如果$h=\beta^*$,則h與β^*都將小於0.28;若β^*
$=0$,則$h\leq0.6$,而若$\beta^*\geq0.4$,則$h\leq0$(參考註4)。

如果資金融通的限制不再存在,則待遇與職業最佳的家
庭是否仍是原來的那些家庭?(關於這種憂慮,可參考經常
被引用的Herrnstein的文章,1971)答案是不:即使是在「
能力掛帥」的環境下,獲得最佳職業的家庭也將經常地變換
,因為有助於薪資所得提高的稟賦通常不是可繼承的——h
小於0.6,或者可能更低。從另一個角度來看,若父親與兒
子的終身薪資所得之間的相關性小於0.4,則祖先的所有好

處或壞處在經過三個世代之後可能全部消失：此即所謂的「富不過三代」。在這樣「開放」的社會中，父母只能些微地影響孫子女與更後代子孫的薪資所得。所以，他們不太願意藉家庭聲望的提高與其他手段來影響後世的薪資所得。

特別是，終身的「貧窮文化」將在世代之間消失，因為決定薪資所得的特質在世代之間是易變的。例如，父母的薪資所得若只有平均值的一半，其子女的薪資所得將高於80%的他們那一代的平均值，而子女的預期薪資所得將僅略低於平均值。

然而，家庭背景還是重要的。例如，即使回歸平均水準的幅度高達80%，兩倍於平均薪資所得的父母，其子女的薪資所得仍將比只有平均值50%的父母的子女高30%。30%的貼水高於10-15%的工會會員津貼（Lewis，1986）或二年教育所增加的16%的附加報酬（Mincer，1974）。顯然地，出身成功家庭的子女確實擁有比較高的經濟利益。

家庭的貧窮若部份源於種族、階級、或其他「永久性」的歧視屬性，則這些家庭的發展將更為緩慢。明顯地，美國黑人的發展遠慢於移民部份，即因公家及私人的歧視黑人。雖然已有許多文獻研究黑人與白人相對地位的變化（例如Smith 的一篇卓越的研究，1984），但只有數篇曾討論黑人家庭的兒子與父親之間薪資所得的關係。表7S.1的實證說明年長的黑人比年長的白人更能迅速地退回平均水準，雖然這個結果不一定是正確的，因為黑人的估計誤差比較大且導致

誤差的因素也更複雜（參考Bielby等，1977）。但是過去20年間，年輕黑人的機會顯然已有改善。表7S.1中，年輕黑人的回歸平均水準更加緩慢，說明歧視將提高薪資所得回歸平均水準的幅度（參考本文先前的理論分析）。

Goldberger認為（1985，頁29～30）我們先前分析所舉例子中β值遠高於本節的實證結果所得的β^*值。可是，β與β^*是不一樣的：在此重述一次，β為無資金融通困難的家庭給子女的財富贈與傾向。所以，低β^*與高β值並不互相矛盾。低β^*值與低h值，表示贈與財富給子女的家庭將有低的財富與消費的跨代流動性（我們未區分子女整體和每個子女的財富與消費）。

我們認為本文的個別分析薪資所得、財富、與消費、以及注意跨代資金融通限制和生育力的行為，已清楚地闡明我們的跨代流動性觀點。而低β^*是可與高β共存的，我們沒有理由認為實證結果的低β^*值「將引發扯頭髮及咬牙切齒的情形」（Goldberger，1985，頁29～30）。此外，除了生育力與婚姻外，我們依然期待高β值。

表7S.2的實證結果取自三篇文章，討論美國與英國的父母及子女的財富關係。Harbury與Hitchens（1979）與Menchik（1979）的分析利用富有階級的遺囑資料，而Wahl（1985）利用1860年與1870年普查所調查的財富資料。根據近幾年美國的監護遺產資料，父親與兒子的資產之間的彈性估計值約為0.7，低於十九世紀當代人的資產及英國的監護遺

產資料求得的彈性值。

Wahl 利用父母與祖父母財富的工具變數估計,得出一個值小且為負的祖父母財富係數,但是,若利用他們實際的財富估計,則得到正的祖父母係數值。而式(7S.18)的理論分析顯示,若父母的財富效果很大時,祖父母的係數值將為一很小的負值,她的實證結果與我們的理論相吻合。 Behrman 與 Taubman(1985)分析三個世代的教育程度資料,他們發現,祖父母的教育程度係數值很小但是正的(不過統計上不顯著)。他們的結論可能和我們的理論有些出入,雖然式(7S.18)確實顯示若父母的教育程度係數很小時,祖父母的教育程度係數將非常地小──他們的估計值小於0.25。

即使財富的實證結果顯示回歸平均水準的幅度已有縮小,但表7S.1與表7S.2所利用的資料限制太多,總的來說,財富或薪資所得的回歸平均水準幅度是否縮小依然無法斷言。若父母贈與子女資產以提高子女的總財富與消費,並減緩子女薪資所得的回歸,但是,較富裕的父母若擁有比貧窮人家更多的子女時,財富將很快地回到平均水準。 Wahl(1985)確實發現十九世紀時,父母的生育力與財富之間有很高的正相關性。

在二十世紀的美國及很多國家,取得融通子女投資資金的困難度已大幅降低,因為生育力下降、所得上昇、以及快速成長的政府對教育與社會生活保障的補貼。 Goldin 與 Par-

表 7S.2　兒子的財富對父親及對祖父的財富之迴歸.

地區及兒子的年	父親的年	附註	父親財富之係數	祖父財富之係數	R_2	N	作者
美國							
1976年以前	1930-1946	a,b	.69 (7.5)	—	.29	173	Menchik (1979)
1860	1860	b	.76	—	.25	199	Menchik (1979)
1860	1860	c,d	.21 (1.6)	.05 (2.0)	.46	45	Wahl (1985)
1860	1860	d,e	.26 (2.1)	-.008 (-1.6)	.14	106	Wahl (1985)
1870	1870	c,d	.30 (5.5)	.05 (2.4)	.27	46	Wahl (1985)
1870	1870	d,e	.46 (2.1)	-.03 (-1.6)	.10	125	Wahl (1985)
大不列顛							
1934,1956-1957	1920,1924-1926	b	.48 (3.7)	—	—	—	Harbury and Hitchens (1979)
1956-1957,1965	1916,1928	b	.48 (5.3)	—	—	—	Harbury and Hitchens (1979)
1973	1936	b	.59 (8.4)	—	—	—	Harbury and Hitchens (1979)

附註:括弧內為t統計量.

sons（1984）的實證結果證實，在十九世紀後半，美國的貧窮家庭確實受到很嚴厲的資金融通限制。這些家庭為了要增加年輕子女對家庭薪資所得的貢獻，在他們年紀尚小時，就讓他們退學。在美國，資金融通放鬆的另一結果是教育程度的不公平性已見縮小，而且家庭背景對子女教育程度的影響也漸趨減輕。

也有證據顯示，在低度開發國家，家庭背景更能解釋子女的成就。例如，在玻利維亞及巴拿馬兩國，父親的教育程度對兒子教育程度的影響高於英國。此外，父親的教育程度的影響力，在巴拿馬與在美國都有顯著地下降趨勢（參考Kellcy等，1981，頁27～66；Heckman與Hotz，1985）。

我們已發展出一個薪資所得、資產、及消費由父母傳承給子女及後世子孫的模型。這個模型的討論是由關懷子女福祉的父母的效用極大化行為展開的。跨代流動性、或家庭的興衰決定於效用極大化行為與不同世代的投資及消費機會的互動關係，同時也取決於效用極大化行為與不同類型的運氣之互動關係。

本分析假設文化與生物性稟賦將自動地由父母傳承給子女，父母與子女的稟賦關係則由「可繼承」的程度決定。而薪資所得的跨代流動性又取決於稟賦的可繼承性。事實上，若父母都能借得融通資金，以提供其子女進行最適投資，則薪資所得的跨代流動性基本上將等於稟賦的可繼承性。

貧窮家庭通常不容易取得足夠資金融通對子女投資，因

為現有的資本市場尚不能接受以人力資本做為擔保品的資金融通。這種資本市場的限制將導致貧窮家庭減少對子女的投資。如此一來，薪資所得的跨代流動性將不僅由稟賦的可繼承性決定，貧窮家庭對子女投資的自我資金融通意願也將影響跨代流動程度。

家庭的子女人數是影響薪資所得的跨代流動程度的另一因素。當對子女投資的融通資金都必須由家庭自己承擔時，一個家庭每增加一個小孩將使每個小孩的投資額都下降。因此，家庭規模與父母所得的負相關性也將降低薪資所得的跨代流動程度。

另一方面，資產就如同一緩衝裝置，可以減緩子女的稟賦以及薪資所得的回歸平均水準。特別是，成功的家庭可藉贈與資產給子女而沖銷薪資所得的預期下降。

父母若能隨時進入資本市場取得融通資金，則能將資產轉為負債，以抵制其子女的薪資所得與消費的任何回歸平均水準的作用。這種資金取得的便利性將有效地區分父母的消費、子女繼承的稟賦以及薪資所得的回歸平均水準。不打算留下資產的貧窮與中所得家庭，其消費水準將向上回到平均水準，因為低薪資所得家庭的子女，其人力資本投資報酬率偏高。而確定留有資產給子女的富裕家庭，其消費及總資源將向下回歸平均水準，因為生育力與父母的財富呈正相關。正因為如此，大家庭將使每個小孩所能得到的贈與下降。此外，不理想的配對關係也將使消費與財富回歸於平均水準。

我們已檢視了大約一打有關父母與子女的薪資所得、所得、及資產的實證研究。若不討論被歧視的家庭，在美國及其他富裕國家，薪資所得的回歸平均水準似乎相當地快，而資產的回歸幅度也頗大。因之，祖先在薪資所得上所擁有的利益或不利，在三代之間幾將全部消失。貧窮不像是一種可以持續數代的「文化」。

薪資所得的快速趨向平均水準顯示，稟賦的可繼承性與子女投資的資金融通困難性都不高。而且，隨著生育力的下降或所得與教育補貼的增加，這些限制將逐漸喪失其重要性。

在本分析與先前的研究中，我們都主張，家庭行為的理論是了解不均等性及家庭的興衰所不可或缺的。這種論調並不意謂著實證是無關緊要的，事實上，我們認為，實證分析和理論分析有絕對的互補性。我們的極大化理論並未全面地否定實證分析與未基於極大化行為發展的統計分析模型的價值，若我們的文章被如此地解讀，我們在此表示抱歉。

雖然如此，我們依然主張這裡發展的家庭行為模型有助於了解公共政策的效果，以及其他有關不均等性與家庭興衰。以下我們將部份配合 Goldberger（1985） 的反對意見做結論，Goldberger 指責我們的理論加入太多與極大化行為無關的論述。他認為（特別參考頁 30-33） 我們所導出的結論與家庭的不同世代的薪資所得或所得的簡單回歸模型所得到的結果，並無太大的差異。也許簡捷地摘要本文的一些結論可

以部份地剖析他的論點的正確性。

1. 富裕家庭的薪資所得將比貧窮家庭更快地回到平均水準。
   即使子女的稟賦與父母的薪資所得有正相關,若人力資本
   投資在富裕家庭與貧窮家庭之間進行小幅地重分配,則投
   資的效率將全面地提昇。這是因為貧窮家庭的投資面臨資
   金融通的限制頗大。

2. 如果生育力與父母的財富是無關的,貧窮家庭薪資所得的
   回歸平均水準幅度將不似消費那樣地快。事實上,在富裕
   家庭內,如果父母饋贈資產或遺產給其子女,消費可能不
   會向下降。

3. 我們的分析也顯示,生育力與父母的財富是正相關的。這
   種關係將降低每個子女所能分配到的財富,而且將使富裕
   家庭的每個子女的消費,相對於父母的消費,退回平均水
   準。

不論分析方法為何,我們懷疑其他的家庭分析能導出同
樣的結論。雖然這些結論還未經實證的檢驗;但 Goldberger
(1985) 也主要在質疑我們分析導出的嶄新理論,而非實證
性。我們的理論若加入公共政策的效果可得出另外的結論。

Becker 與 Tomes (1979,頁1175~78) 指出,累進所得稅
制將提高稅後所得的長期性相對不均等性。標準差將明顯地
下降,平均所得也將因父母對其子女減少贈與而終趨下降。
Goldberger 的計算結果 (1985,頁24-25) 剛好可以幫助我們

證明，累進程度加大可能實質地導致稅後不均等的擴大。他的計算顯示，在相對不均等性擴大之前，可能已經過了好幾個世代。然而，他高估了不均等擴大之前的遞延期間，而低估了終將持續擴大的可能性，因為他未曾考慮到，稅率的高度累進可能影響稅制上隨機性因素的不均等性（Becker 與 Tomes，1979，頁1177～78）（註10）。

此處我們雖然不考慮不均等性，可是我們認為，這個模型也能說明累進程度加大後，稅後不均等性將擴大。在我們的分析中，所得稅之所以能改變行為，在於它能影響如（7S.11）、（7S.18）及（7S.27）等方程式的係數。然而，若方程式不是導自不同世代的行為，則將不容易解釋所得稅對這些方程式係數的影響，這也是一開始即估計這些方程式或其他方程式的實證或回歸模型所面臨的困難，因為這些模型通常無法充分指出，這些係數是怎麼產生的。

這個結論也可應用在其他政策以及家庭面臨的環境變化方面。事實上，這些討論並不限定在不均等性及跨代流動性上，也可應用在社會行為方面，以增進對社會行為的了解。

茲以一不同的公共政策來說明，舉公債與社會安全制度如何影響一個家庭不同世代的消費為例。Barro（1974）利用一父母的利他性模型探討社會安全與公債是否顯著地影響消費行為，該模型頗似我們的不考慮生育力的利他模型。他的結論是：留有贈與給子女的父母，若他們享有社會安全或公債的好處，他們將不會提高本身的消費。相反地，他們將增

加贈與給子女,以彌補這些政策對子女消費的不利效果。可是,無法取得融通資金而留下債務給子女的利他父母,將因之提高本身的消費,而降低他們子女的消費(參考 Drazen,1978)。

為避免不必要的誤會,我們必須說明,我們不認為所有的公共政策都將因家庭內產生補償性措施而變得無效。如此的假設並不適用於例子中的貧窮家庭,或者家庭的生育力可變的狀況(參考 Becker 與 Barro,1988;以及本書第十一章附編)。此外,我們也指出,累進所得稅將降低對子女投資的意願。我們不認為公共政策是無效的,而是我們的家庭行為分析有助於了解各種公共政策對家庭興衰的影響。

在評估這個及其他結論之前,系統化的實證分析是必要的。而在結束本章之前,我們將重覆我們的看法,即,這種實證結果將證實,在效用極大化架構下的家庭行為分析,將可為現代社會的家庭興衰提供許多精闢的見解。

附註:

〔註1〕這方面文獻中,較重要的貢獻者有:Stiglitz(1969)、Blinder(1974)、Conlisk(1974)、Behrman 及 Taubman(1976)、Meade(1976)、Bevan(1979)、Laitner(1979)、Menchik(1979)、Shorrocks(1979)、Loury(1981)、及 Atkinson(1983)。

〔註2〕即使父母終身致力於累積資產,仍可能在需要投資子女之時缺乏

資產。

〔註3〕 Golaberger (1985，頁16-17) 指責我們過分驚訝於負的祖父母財富
（或所得）係數，他認為我們的模型中已暗示了此種結果（
Becker與Tomes，在1979發表的文章的第1171頁中論到負的係數「
似乎令人驚訝」；在本書第一版，頁 148，我寫著「令人驚訝的
是」）。然而，我們從未宣稱祖父母財富的增加將使孫子女的財
富降低；Goldberger 在這方面的討論是誤導人的。我們的討論是
，在一假設的孫子女、父母、及祖父母的財富關係中，如何解釋
負的祖父母財富係數，例如 Wahl (1985) 的研究結果，列於表
7S.2。

〔註4〕 Becker與Tomes (1979，式25) 曾導出類似的方程式。不過，在該
方程式中，係數代表對子女的所有資金贈與的傾向，包括債務，
而不是代表不能舉債的父母的對子女人力資本投資的傾向。

若稟賦與薪資所得產生方程式取對數後為線性方程式，式（
7S.18) 的近似值將與子女、父母、及祖父母的薪資所得的對數值
呈線性關係。$\beta^* + h$ 因之代表父親的薪資所得每增加一個百分點
，子女薪資所得增加的百分比；同理可推 $-\beta^* h$。

〔註5〕 式 (7S.18) 顯示

$$b_{t,t-1} \cong \beta^* + h - h[b^*_{(\beta^* y_{t-2} + l_{t-1}) \cdot y_{t-1}}]$$

$$\cong \beta^* + h - \frac{h\sigma_l^2}{\sigma_y^2} - h\beta^* b^*_{t-1,t}.$$

若整個經濟處在長期均衡狀態下（參考 Becker 與 Tomes，1979）
，則 $b^*_{t,t-1} = b^*_{t-1,t}, \sigma_{y_t-1}^2 = \sigma_{y_t}^2$,
而式 (7S.19) 則為等式關係。$b^*_{t,t-1}$ 與式 (7S.19) 等號右邊的關係
可以參考Becker與Tomes (1979，附錄E) 的推導。

〔註6〕 若 r_{t+1} 為一常數，式 (7S.26) 之 U'_{t+1} 的二階近似值為

$$\frac{d\hat{Z}_{t+1}}{dZ_t} = v\frac{u''_t}{u'_t}\varphi\left[\frac{u'_{t+1} + \dfrac{v(u_{t+1})^3}{2}}{u''_{t+1} + \dfrac{v(u_{t+1})^4}{2}}\right],$$

其中 $(U_{t+1})^j, j=3,4$，為第 $t+1$ 代消費效用的第 j 階微分，而 v 為在 Z_{t+1} 周遭的 n_{t+1} 的已知變異數。等式左邊的值在 $(U)^3$ 相對大於 $(U)^3$ 時，很可能小於1（回歸平均水準）。

〔註7〕 感謝Hauser的建議，由於他的提醒使我們注意到數篇利用威斯康辛州高中畢業生的資料分析跨代流動性的研究報告，也感謝他協助我們做各式各樣的調整，以矯正這些研究的結果與估計上的錯誤。

〔註8〕 這些研究各有其限制。Hauser(1975)的家庭樣本只取自一個州（威斯康辛州），而且兒子的教育程度必須是高中以上；Behrman 與Taubman(1983)只取父親是雙胞胎的樣本；Atkinson(1981)的樣本只包括父親的薪資所得是屬於約克市的中產階級；Wolff 與 Slijpe(1973)的樣本是父親必須來自Malmo市；Girod(1984)只對日內瓦的學生做調查；而Soltow(1965)的研究只是從挪威的一個城市中抽取很小的樣本。

〔註9〕 這些估計值也可能是偏差的（可高可低），因為缺少工作小時及工作上非金錢所得的相關資料（參考Becker與Tomes，1984，註13）。

〔註10〕 雖然Goldberger承認我們只主張不均等性的長期擴大的可能性，他批評第七章的敘述「也許這種初始與均衡效果之間的矛盾可以說明在過去50年間，重分配的大幅成長為何對稅後不均等性的改

善成效不彰」。Becker與Tomes（1979，頁1178）也有類似的討論。Goldberger 忽略我們敘述中的「也許」字眼，而說到我們「推測」。他問道「在過去50年間，可支配所得的平均值與變異數都下降的說法是否正確呢？如果不是，他的模型（即，Becker-Tomes模型）又說明了什麼呢？」（1985，頁26～27）。這些都是很奇怪的問題。我們還不至於笨到去爭論，在過去50年間只有稅制影響所得的成長，我們也不打算分析其他力量如何影響所得的不均等性。由於我們的模型能證明一累進稅制在長期間不一定使不均等性降低，而且所得的不均等在過去50年間，也顯然地未顯著地降低，因此，我們懷疑累進稅制在這段期間內是否真的降低了不均等性。不錯，這種懷疑可能導致大家重新評估累進稅可降低不均等性的普遍看法。但是，在這段期間內，其他方面的改變可能掩蓋了所得稅對不均等性的負面影響，關於這點我們不能付諸假定，必須經過證實方可確定。

家庭中的利他行為

Altruism in the Family

亞當‧史密斯（Adam Smith）在一篇文章裏有一段名言，指出人們在市場交易中是自私自利的：「我們並不是自屠夫、釀酒師、或是麵包師傅的恩典裏，取得我們的食糧，我們所獲得的，乃是源自他們的自利心。我們所應感謝的，不是他們的人道精神，而是他們對自己的愛心，我們從不必跟他們說我們的需要，除非所談的對他們有利」（1937，頁14）。在更早的一本著作裏，他語帶譏諷地說，「我們還不打算指控任何人曾違背他自己的自私心」（1853，頁 446）。自私心在市場交易中的假設，幾乎存在以後所有討論經濟體系的文章裏。反對意見都被人家用「人性」的說辭，或是斷言在市場部門你死我活的拼鬥裏，利他性一定會輸給自私性這樣的說法，而輕易地打發了。

然而在家庭裏，利他性通常被認為是十分重要的。亞當史密斯又說道：「每個人對自己苦樂的感受，都比對別人苦樂的感受更為深刻……除他自己外，家裏的其他成員，那些跟他同在一個屋頂之下的他的父母、他的子女、他的兄弟姊妹，自然地是他最關注的對象。他的行為自然而且通常會對他們的幸福與苦難造成極大的影響」（1853，頁 321 ；參見Coase(1976)對亞當史密斯精闢入裏的討論）。

利他性的效果

首先，假設某一人，h，對他家庭裏的另一成員，比方說，他的配偶，w，有效地採取利他的作法。「利他的」表

示，h 的效用函數正向地決定於 w 的福利（參見第七章數學附錄，註 H），而「有效的」則表示，h 的行為因他的利他性而有所改變。依正式的說法，利他性可以定義如下：

$$U_h = U[Z_{1h}, \ldots, Z_{mh}, \psi(U_w)]$$

而且 $\qquad\qquad \partial U_h / \partial U_w > 0,$ (8.1)

其中，U_n 及 U_w 分別為這個利他者與他的受益人的效用函數，ψ 是 U_w 的一個正向函數，而 Z_{jn} 為 h 所消費的第 j 種財貨。如果就某些財貨 $j=1\cdots\cdots m$ 而言，Z_{jn} 的均衡水準會因 U_w 不進入 h 的效用函數而有所不同時，h 的利他行為就是有效的。

　　如果 h 採取有效的利他作法，將其所得中的若干用於 w 而不自己消費，又 h 與 w 消費了 Z_h 與 Z_w（單一或綜合性）財貨，則預算限制式是：

$$Z_h + y = I_h,$$ (8.2)

其中，Z 的價格設定為 1，y 是花在 w 身上的總額，而 I_h 為 h 在婚姻市場裏設算出來的本身所得。配偶的總消費等於其自身（註1）所得 l 與 h 的奉獻的加總：

$$Z_w = I_w + y,$$ (8.3)

其中，l_w 為當 w 嫁給一個自私自利的人，而非跟 h 一模一樣的人時，婚姻市場設算給 w 的所得。將式（8.2）中的 y 代之以式（8.3）中得出的 $Z_w - I_w$，可以導出 h 的家庭所得 S_h，

$$Z_h + Z_w = I_h + I_w = S_h.$$ (8.4)

　　由於一個利他者求取本身效用的極大（在其家庭所得的限制條件下），就效用而言，我們或許可以說他是自私自利

的，而非利他的。（註2）或許如此，但要注意，h 也透過他對 w 的移轉支付，而提高 w 的效用。我將利他性定義為一個與行為有關——選擇消費還是生產——而無關乎什麼東西「真正」引導人們從事各種活動的哲學性討論。

像 h 這樣一個有效的利他者，其資源的配置決定於下式的均衡條件：

$$\frac{\partial U/\partial Z_h}{\partial U/\partial Z_w} = 1. \tag{8.5}$$

這個式子（是在家庭所得的限制下，求式（8.1）的極大值而獲得的）可以求解而導出 h 對 Z_h 與 Z_w 二者的需求函數：

$$Z_h = Z_h(S_h) \quad \text{且} \quad Z_w = Z_w(S_h), \tag{8.6}$$

其中 $\partial Z_i / \partial S_h > 0$，就 $i = h, w$ 而言，表示如果 h 的家庭所得增加而且 $y > 0$ 時，他想同時增加 Z_h 與 Z_w。

將 h 的行為以圖8.1表示，其中 Z_h 在橫軸，而 Z_w 在縱軸，而 U_0，U_1，與 U_2 為 h 的無異曲線。如果他的預算線是 S_hS_h，則均衡點在 e 點，無異曲線的斜率，$(\partial U/\partial Z_h)/(\partial U/\partial Z_w)$，在 e 點等於此線的斜率，-1。當家庭所得上升到 $\bar{S}_h$，預算線會平行地往外移。Z_h 與 Z_w 的新均衡值將由 $\bar{e}$ 點決定，此時的 Z_h 與 Z_w 都會大於 e 點的 Z_h 與 Z_w。

如果在「稟賦」點 E_0，h 的無異曲線的斜率（就絕對值而言）小於預算線的斜率，h 的利他行為就是有效的。有效的利他行為，會使均衡從稟賦的位置（即 $Z_h = I_h$, $Z_w = I_w$ 的位

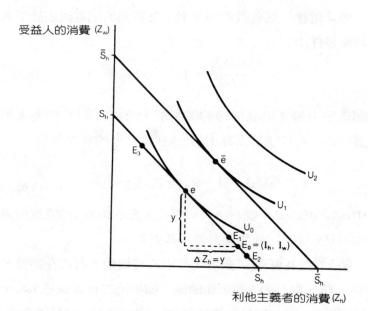

圖8.1 利他主義者對其受惠者之貢獻.

置）沿著家庭所得線，移到像 e 這樣的位置。如此利他者的奉獻決定於 y（$=Z_w-I_w$），而其消費則為 Z_n（$=I_n-y$）顯然地，h 不但將自己的所得配置於自己消費與對 w 的奉獻，還決定了其受益人的總消費。

如果 w 是自私自利的人，而她的效用僅取決於 Z_w 的消費，則均衡點從稟賦 E 向 e 點的移動，會同時提高 w 與 h 的效用。但若沿著預算線更進一步的移動到 e 以外的點時，w 的效用會提高，不過 h 的效用會降低，這就是為什麼 h 會停留在 e 點的緣故。根據家庭所得限制（註3）導出的效用可能線，如圖（8.2）中的 S_hS_h 曲線，其正斜率部份 (S_he) 導自 h 的利他行為，在此部份朝 e 點方向的任何移動，對 h 與 w 都是柏拉圖最適的改善。

圖8.1中預算線的位置，以及相關的 Z_n 與 Z_w 的均衡消費水準，都完全由家庭所得——h 與 w 所得之和——所決定的。因此，h 與 w 所得的重分配，會改變稟賦點的位置，但預算線不會變動。如果稟賦點保持在均衡點的右邊，就像圖8.1中 E_1 與 E_2 在 e 點的右邊，則 Z_n 與 Z_w 的消費不會受到影響，因為 e 仍然在均衡的位置。h 奉獻給 w 的數量上的變化，會完全被 w 所得的減少（如 E_2 點）或增加（如 E_1）所抵消。因此，所得重分配不論對 w 有利還是不利，只要 h 還是採取有效的利他作法，那麼就不會對 w 或是 h 的消費有任何影響；他會縮少或增加奉獻，以完全抵消這些重分配的效果。

如果對 w 的重分配大得足以把稟賦點推到最初均衡點的

左邊時，h 就不會再採取有效的利他作法了，因為 w 會變得「太」富了。不過，h 會降低他對 w 的奉獻，以部份地抵消對 w 的重分配。他會想多抵消一點，但是他沒有能力從自私的 w 身上擠出奉獻來。

如果 h 或是 w 遭遇意外，其個人所得會因而大幅地減少，家庭所得也會同額的降低。不過，這個遭意外的人的消費減少會小於另一方，因為家庭所得的降低，會導致利他者減少自己及其受惠者的消費，而把所得下降的後果分攤出去。例如，倘若 I_w 下降了，h 會增加對其配偶的奉獻，以部份地彌補配偶所得的損失，但也減少了自己的消費；相反的，如果 I_h 下降了，他就會減少奉獻，她的消費也就降低。

依此方式，利他作法有助於家庭成員保障意外或是其他不確定性所造成的後果：在利他者的家庭裏，每一個成員都獲得部份的保障，因為其他的成員承擔了一些利他者奉獻改變後的損失。結果是，他們比自私家庭中的成員，更樂意去採取那些對其自身所得影響較大的行動，因為利他者的家庭有較多的保障。不過，在利他者的家庭裏，家庭所得的變動可能會低得多；它的成員會顧及整個家庭的利益（見下面的討論），而且會努力減少不同成員之間所得的差異性。

一個利他者會受益於改善家庭所得的行為，但因降低所得的行為而受損。由於家庭所得乃是他自己及其受惠者所得之和，他會迴避那些會提高自身所得，但使她的所得降低更多的行為；他會採取降低自身所得但提高她的所得更多的行

為。我們可利用圖形來解說這種行為，圖8.3中的E_0代表h與w的最初稟賦，S_hS_h為他的預算線，e_0是最初的均衡點。如果一個行動會使他的所得下降，但少於她的所得的增加（新的稟賦點E_1），此時新預算線$S_h^1S_h^1$在S_hS_h之上，他的效用在e_1點比在e_0點時高。另一方面，如果一個行為使他的所得的增加少於她的所得的降低（新的稟賦點E_2），新預算線$S_h^2S_h^2$低於S_hS_h，他的效用e_2會低於e_0。

因此，一個利他者會遲疑於遷往一個新環境，若在那兒他的收入會提高，但他妻子的收入會減少更多；當她收入的降低少於他收入的增加時，他就會搬遷。「被栓住」的羈留者與「被栓住」的遷移者——如第一個例子裏的他與第二個例子裏的她——已經隨著已婚婦女的勞動參與率之上升，而日趨重要。這不僅表示大家庭的遷徙，不如單身家庭的頻繁，也表示失業跟遷徙有正向的關係（關於這一方面的論證，參見Mincer，1978）。

一個自私的受惠者，會不會犧牲她的施惠者來提高自己的效用，或者說，他的利他行為會不會影響她對他的作為？如果他的奉獻並非她所能左右，一個自私的受惠者就會追求她自身所得的極大，以極大化消費與效用。她會採取可以提高自身所得的行為，而迴避使之減少者，不論這些行為對他的所得可能產生影響。不過，他的奉獻是取決於她的所得的變動。例如，倘若提高她的所得會導致他的所得降低更多時，家庭所得會下降，因此他可能會減少對她奉獻，其幅度將

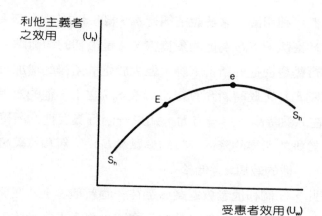

圖8.2 當利他主義者及受惠者所得既定下，利他
主義者之貢獻改變時，兩者之效用邊界．

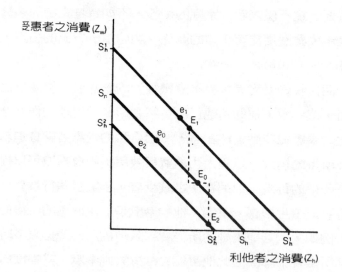

圖8.3 利他者及受惠者在消費機會改變的效果．

大於她增加的所得（如他原來的奉獻高於她增加的所得）；
她的最適消費水準也會跟著下降（見式8.6）。不過，她跟
他的效用都會低於過去，她可能因此而自覺自己的自私自利
，同時不採取會損及他的行為。

由於 w 會謀求：

$$S_w = Z_w = I_w + y, \tag{8.7}$$

的極大，她會迴避那些提高 I_w 而使 y 下降更多的行為，但會
採取降低 I_w 卻使 y 提高更多的行為。尤其是，她會樂意降低
I_w，如果 I_h 可以增加更多，因為那樣的話，家庭所得與 h 對
Z_w 的需求都會提高，h 就會使其奉獻 y 的增加超過 I_w 的下降。
由式（8.4），我們知道

$$S_w = Z_w = S_h - Z_h. \tag{8.8}$$

儘管 S_w 與 S_h 並不相等（它們的差距是 Z_h），但如對 h 而言，
Z_w 是一種高等財時，它們會同時地增加或減少。如此一來
，w 就會極大化家庭所得以求其效用之極大。但如果 Z_w 對 h
而言乃是一種次等財時，S_h 的減少會提高 Z_w，I_w 以及 S_h 的降
低反會使 w 更滿足，因為 h 會超額地補償她。由於不慎的投
資為數甚多，w 可能會試圖把 I_w 降到零乃至於更低的水準，
來提高自己的效用。因此，受惠者若要持有所得，似乎一定
要她的加惠者視她的效用為高等財時，才有可能。

當然，利他的加惠者與自私的受惠者的利害關係並不一
致。自私的受惠者希望她的加惠者能奉獻出多於他想拿出來
的。例如，在圖8.2裏，加惠者並不想超出 e 點之外，而進入

效用可能線的負斜率部份。不過,他們之間的這種利害衝突,並不表示他們所採取的行為之間必然有什麼衝突,二者不應混為一談。

由於一個自私的受惠者想極大化家庭所得,她會在自利心這隻看不見的手的引導下,表現得好像她對她的加惠者也抱著利他的態度。換一種方式來講,充分發揮「愛」這種稀有資源,(註4)因為一個利他者的十足關愛,會使一個原本自私的受惠者,表現得好像她關心她的加惠者,有如關心自己一樣。雖然我在別處稱此為壞小孩或不肖子定理(見貝克,1974b 與 1976a,及下一章的討論),這似乎適用於說明利他者與受惠者之間的各種互動關係。這個簡單卻了不起的定理,對效率、分工、及家庭行為的其他層面,都有重大的意義。

例如,利他者及其自私的受惠者,都會將影響彼此的一切「外部性」加以內部化。他們不但內部化其行為對另一方所得的可能影響,也會將對消費的直接影響加入內部化。例如,一個利他者(或他的自私的受惠者)唯有當用手抓飯吃對他的價值,超過別人感到噁心的價值時,他才會這麼做,或者,唯有其價值超過別人犧牲睡眠的價值時,他才會在床上看書到深夜(見數學附錄,註A)。這些例子顯示,個人的態度及其他關懷家庭成員福祉的行為模式,透過有效的利他作法,如何在家庭裏自然地形成。

這個分析的一個可能出人意表的結論是,當一個利他者

或者他的受惠者決定用手抓飯吃，或者躺在床上看書的時候，兩個人的滿足程度都會增加。因為利他者的效用會提高，他就會增加對她的奉獻，增加之數足以彌補她起初因他的行為而蒙受的損失，或者減少他的奉獻，減少之數超過他因她的行為而受的損害。在這種方式之下，受害的人會從利他者奉獻的變動獲得補償，而提高他或者她的滿足程度。如果一開始是受惠者蒙受損失，奉獻的變動就是正的，但如果起初是利他者受損，則變動為負的。

一個自私的受惠者會犧牲家庭所得來增加自身的所得，倘若增加之數超過其加惠者的奉獻。他會因之受害，因為他會被逼到一個停止提供奉獻的「死角」去，但她的效用會提高，因為她增加的所得會超過他奉獻的減少。例如，將所得在 h 與 w 之間重分配，使稟賦點從圖8.4中的 E_0 移到 E_1，如此，儘管 h 已不再對自私的 w 提供奉獻，但她的消費會提高 aE_1 那麼多。當一個利他者處在死角的時候，就像 h 在 E_1 點，他並不謀求家庭所得的極大，但他不會忽視他的行為對（潛在）受惠者的影響。（註5）

因此，唯有當奉獻為正的時候，利他者及其自私自利的受惠者，才會謀求他們共同所得之極大。不過，如果受惠者也是利他的，而且其效用函數也取決於其加惠者的福祉，則他們更有可能共同謀求所得的極大。這時候，如果她的所得遠多於他的所得，也就是說，如果稟賦所在點比家庭預算線與她的無異曲線的切點（圖8.4中的 e_1 點）更有利於她的話，

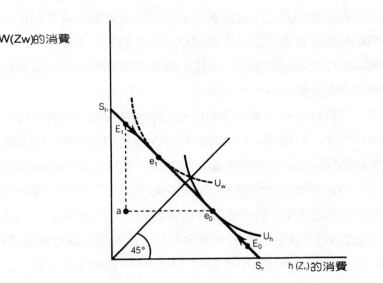

W(Zw)的消費

圖8.4 依偏好及消費決定之兩人互惠.

她就會對他有所奉獻。反之，如果稟賦點比預算線與他的無異曲線的切點（圖8.4中的e_0點）更有利於他時，他就會提供奉獻給她。但是，當稟賦點落在這兩個切點之間的時候，誰都不想提供奉獻。

當其中的任一方對另一方有所奉獻的時候：即當稟賦落在這兩個切點的右邊或是左邊，雙方都會求家庭所得的極大。如果這兩點落在相同的點——例如，圖8.4中的e_0與e_1重疊——雙方都會謀求家庭所得的極大，不論稟賦的分配如何或是他們的行為對所得的影響如何。當他們有相同的效用函數，或者更一般化的說，如果他們的無異曲線的斜率，在相同的Z_h與Z_w的數值上，恒等於１，這兩點就會落在一起。不過，如果這兩個人都是比較自私而不是利他的，也就是說，當他們的消費相等的時候，自身消費的邊際效用會高於對方消費的邊際效用，這兩點的斜率就不會在同樣的數值上等於１。（註6）

多人施惠與多人嫉妒

一個利他者可能有好幾個受惠者，包括子女、配偶、父母、與兄弟姊妹。若一個利他者同時奉獻給好幾個自私的子女或其他自私的受惠者，他的效用函數與預算式為

$$U_h = U(Z_h, Z_1, \ldots , Z_p)$$

(8.9)

及

$$Z_h + \sum_{i=1}^{p} y_i = I_h,$$

其中，y_i為對第i個受惠者的奉獻，Z_i為第i個受惠者的消費與效用水準，$i=1\cdots\cdots p$。由於

$$I_i + y_i = Z_i, \quad \text{for } i = 1, \ldots, p, \tag{8.10}$$

替換之後

$$Z_h + \sum_{i=1}^{p} Z_i = I_h + \sum_{i=1}^{p} I_i = S_h, \tag{8.11}$$

S_h為利他者的家庭所得。一階條件為

$$\frac{\partial U}{\partial Z_i} = \frac{\partial U}{\partial Z_j}, \text{其中} i, j = h, 1, \ldots, p. \tag{8.12}$$

表示在均衡時，一個利他者可從自身所得或是任何受惠者所得的微量增加上（假定$y_i>0$），得到相同的效用。

所有單一受惠者的推論結果，可繼續應用在多數受惠者的情況下。特別是，當利他者在謀求自身所得（或消費）與其受惠者所得（或消費）的加總之極大時，他會全部內化他的行為對不同受惠者的外部效果。同時，每一個受惠者，不論多麼自私，都會由於利他者的反應，而內部化自己的行為對利他者所得及消費的影響。

假設不能採取報復行為，那麼一個自私的受惠者會不會不顧他的行為對其他受惠者的影響？例如，自私的湯姆會不會將自己的所得提高一千塊，如果他的行為同時會讓他妹妹珍的所得降低一千五百塊，假定珍或利他的父親都不知道湯姆乃是讓妹妹倒霉的禍首？不肖子定理對這種問題的答案是否定的。

不肖子定理　每一個受惠者，不論多麼自私，都追求其加惠者家庭所得之極大，因此會內部化其行為對其他受惠者的一切影響。

為了說明這個定理，我們要指出，如果湯姆採取了傷害到珍的行為，會使家庭所得減少五百塊。由於湯姆與珍的消費，在利他的父親眼裏，應該都是績優財（見前面的討論），當家庭所得減少時，他就會降低他們的消費。他可以減少對湯姆一千塊以上的奉獻，（假定原先是高於一千塊的）來減少湯姆的消費，而且他增加給珍的奉獻可在一千五百塊以下，以減低珍的消費。湯姆會因他父親的反應而蒙受不利的影響，他因此不會採取這樣的行為。事實上，如果珍的所得可以因湯姆的行動而大幅提升時，湯姆可能寧可採取降低自身所得的行為，因為他父親會增加對他的奉獻，其數額將超過他所得的減少。

儘管不肖子定理假定利他者知道其受惠人的效用函數及消費水準，但是他並不需要知道使效用及消費發生變動的原因。特別是，父親可以不知道湯姆正是陷害珍的禍首，但又能勸阻湯姆去採取傷害珍的行動。

出人意料地，不肖子定理也可以應用在嫉妒行為上面。

系（Corollary）　每一個受惠者，不管他如何地嫉妒

**其他受惠者或其加惠者，都會謀求其加惠者家庭所
得的極大，因而幫助那些他嫉妒的人！**

例如，湯姆不會採取不利於他所嫉妒的姊妹，但卻似乎
對自己有利的行為，如果家庭所得會因之降低；而如果家庭
所得會因而提高，他就會採取幫助她卻似乎不利於自己的行
為。或者，一個享齊人之福的先生，他的大太太就不會採取
行動去加害她所嫉妒的姨太太，如果家庭所得會因而降低；
反之，如果家庭所得會因之提高，她反而會幫助姨太太。

要證明這個系，心懷嫉妒的湯姆（或嫉妒的太太）的效
用函數可定義如下：

$$\psi = \psi(Z_t, Z_j). \qquad (8.13)$$

其中，$\partial\psi / \partial Z_j = \psi_j < 0$ 代表他對珍的嫉妒。利他的父親的效
用函數，取決於自身的消費、湯姆的效用，以及自私的珍的
效用，而且為正向的關係：

$$U_h = U[Z_h, \psi(Z_t, Z_j), Z_j]. \qquad (8.14)$$

儘管珍的消費增加，會由於 $\partial U / \partial Z_j = U_j > 0$，直接提高他們
父親的效用，但也因 $\partial U / \partial \psi > 0$ 及 $\psi_j < 0$，而間接地降低他
們父親的效用。不過，如果父親一開始即對珍有正值的奉獻
，那麼正的直接效果一定會超過負的間接效果；（註7）也
就是說，

$$\frac{dU_h}{dZ_j} = \frac{\partial U}{\partial Z_j} + \frac{\partial U}{\partial \psi} \, \psi_j > 0 \ \ 若 \ y_j > 0.$$

如果湯姆與珍的效用 （ψ 及 Z_j），對他們的父親而言，是績優「財貨」，則傷害珍而使家庭所得降低的行為，會降低湯姆的效用，但如果他幫助珍而使家庭所得提高，他就會獲益，其原因在於他父親對湯姆的奉獻會隨之改變。嫉妒的湯姆會在珍得到好處的時候，也得到好處，如果他的消費因之增加很多 （見數學附錄，註B）。

若將湯姆的效用函數推向更重的嫉妒心時，他父親對珍的奉獻將會減少；事實上，當湯姆的嫉妒心極重的時候，他們的父親對珍的奉獻可能會降為零。果真如此，在他父親心目中，珍的所得變動所佔的分量，會低於湯姆所得變動的分量。在這種情形下，湯姆的行為即使損害珍也使家庭所得降低，他仍可得到好處，因為他的父親對他的奉獻可能不會減少太多。當然，如果父親不贊同子女之間的嫉妒行為，他的效用函數可能只取決於湯姆的消費，而不是湯姆的效用函數 （見下一節對績優財的討論）。

不過，一個家庭裏的嫉妒行為，如果沒有受到家中其他成員利他行為的節制，就會產生極大的殺傷力。例如，如果一個父親嫉妒他自私的子女時，子女們會設法「降低」而不是提高他的效用。相對於利他行為會讓自私的子女及其他受惠者從事利他行為，嫉妒卻使子女及其他的受害者互相採取嫉妒行為。

如果有一個人，e，對他家裏 m 個自私的成員心懷嫉妒
，他們的消費就可以視為生產某種財貨的負投入，而這種財
貨會減少他的嫉妒：

$E = f(Z_1, \ldots, Z_m),$ 且 $\partial E/\partial Z_k < 0$ 當 $k = 1, \ldots, m.$

e的效用函數為

$U_e = U(Z_e, E) = V(Z_e, Z_1, \ldots, Z_m).$ 當 $\partial U/\partial E > 0$

$$且 \quad \partial V/\partial Z_k < 0. \quad (8.15)$$

一個嫉妒的人情願減少自己的消費，如果被嫉妒者的消
費可以減少得更多。假設花在一個被嫉妒者身上的一塊錢，
可以讓他的消費減少一單位，則嫉妒者的預算限制，及被嫉
妒者的消費為：

$$Z_e + \sum_{k=1}^{m} y_k = I_e \quad (8.16)$$

且

$$I_k - y_k = Z_k.$$

其中，y_k是花在第 k 個被嫉妒者身上的錢。

代入式(8.16)中，我們得到

$$Z_e - \sum Z_k = I_e - \sum I_k = R_e, \quad (8.11')$$

其中，R_e是 e 的「嫉妒所得」，即他與被嫉妒者間的所得差
距。他將R_e部份用於自己的消費（Z_e），部份用於減少嫉妒（
提高E）。由於U_e與R_e有一對一的關係（當E的價格維持不
變時），我們可得到下面這個定理：

嫉妒定理 I   一個有效的嫉妒者會追求嫉妒所得的

極大，並且採取一切行動，來擴大自己與被嫉妒者
間所得的差距。特別是，他願意降低自己的所得，
如果能使被嫉妒者的所得降得更多；他願意增加自
己的所得，如果被嫉妒者的所得增加得比較少。

這一個很有震撼力的定理，可以很方便地由圖8.5來說明。圖8.5中的 F_0 表示最初的秉賦水準，R_e^0 為嫉妒者 (e) 的嫉妒所得，同時假設連結 F_0 與 R_e^0 的預算線的斜率等於 $+1$，且嫉妒者效用的極大在 F_0 點。當 I_e 與 I_k 的差距擴大時，嫉妒者的嫉妒所得增加，且將預算線向右推移；例如，當 I_k 的降幅大於 I_e 時，新的秉賦點移到 F_1，而預算線 $F_1 R_e^1$ 會在 $F_0 R_e^0$ 的右方，因為 R_e^1 大於 R_e^0。顯然地，e 會採取行動增加 R_e，並將預算線推向右方。

被嫉妒者 k，在 f_1 點的秉賦顯然比在 f_0 點時差，因為當 e 的所得提高時，他對嫉妒的消費也會增加。如此一來，k 會採取行動以降低 R_e 並傷害 e，從而促使 e 大幅降低對嫉妒的支出並提高 k 的效用。更一般化地，所有被嫉妒者都希望降低嫉妒者的嫉妒所得並傷害他，因為如此他才會使他們獲得改善。由此可知，相對於利他行為在利他者與受惠者之間形成和諧的關係，嫉妒行為在嫉妒者與被嫉妒者之間樹立敵對的關係。然而，正如同利他行為的受惠者之間維持著和諧關係，嫉妒行為亦使被嫉妒者之間保持著和諧關係，因為即使自私的被嫉妒者也希望其他被嫉妒者的所得能提高（可以傷害

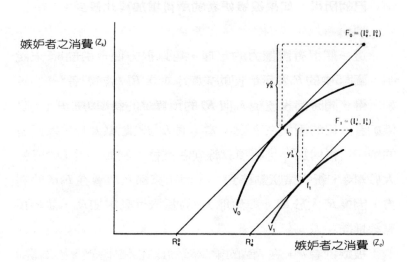

圖8.5 在嫉妒者偏好、消費決定下,嫉妒者在嫉妒上的支出.

嫉妒者）。一如利他行為的不肖子定理，被嫉妒者的行為也可歸納成以下定理。

> **嫉妒定理 II　所有被嫉妒者都希望極小化嫉妒者的所得與效用。因此，他們只採取可以降低嫉妒者與被嫉妒者所得差距的行為。特別是，每一個被嫉妒者都願意降低自己的所得，如果能使嫉妒者的所得降得更多些，或使其他被嫉妒者的所得增加更多。**

不肖子定理與嫉妒的定理顯示有其父必有其子——有其妻必有其夫。也就是說，自私的或嫉妒的子女或妻子，會對他們的兄弟、父母或丈夫採取利他行為，如果這些人對他們是利他的，但如果他們的父母或丈夫對他們心懷嫉妒時，他們也會回以嫉妒作法。不過，不肖子定理並不表示當家庭中有利他的成員時，所有家庭成員之間會保持絕對的和諧關係。自私的子女會要求他們的父母增加奉獻，自私的妻子會要求丈夫奉獻更多，但嫉妒的子女或妻子則希望減少奉獻給他們兄弟姊妹或姨太太。子女們會藉哭鬧、撒嬌以及其他手法延續他們的惡習或減少被處罰，但通常也會因此提高花費在他們身上的金錢、時間及精力。（參照Trivers，1974）

這種家庭所得「分配」的衝突不代表所得「生產」的衝突，二者不可混為一談。事實上，不肖子定理顯示有利他成員的家庭存在著和諧的所得生產關係：即使自私且嫉妒的子

女或配偶，在生產所得的全部決策上都會採納利他作法（註8）（除非利他者已被逼到角落上）。如此一來，家庭中同時擁有利他的與嫉妒的成員時，彼此的關係既非完美的和諧也非充滿衝突，而是和諧的所得生產與相互衝突的所得分配關係。當然，如果利他的成員占多數時，分配上的衝突會降低，而生產上的和諧性會增強。

另一方面，一個利他的父母的效用可以增加，如果他的配偶也是利他的而且也奉獻資源給他們的子女。由於子女的福祉會影響他們父母的福祉，父母任一方對子女的奉獻因之取決於配偶的奉獻。事實上，每一方都希望搭他方奉獻的便車，參照Samuelson (1955) 和 Tideman 與 Tullock (1976) 有關共用財的討論。

不肖子定理也能解釋為何父母會延緩部份奉獻，直到他生命的後期：因為他希望提供一長期誘因給他的小孩去考量整個家庭的利益。事實上，他可能保留部分奉獻直到死後，並寫在遺囑中。（註9）通常他不會保留所有奉獻直到最後，部份原因是他必須與他的子女建立良好的互動關係。

上述分析可以說明，利他的父母為何選擇留下遺產給子女，即使贈與稅低於遺產稅，（註10）而且贈與對子女也更有好處。它同時也暗示，富裕家庭比貧窮家庭更能誘使年長的子女從事利他行為，因為富者同時提供非人力資本與人力資本給他的子女，而非人力資本業已貯存在年長的子女身上視同遺產或贈與。

我們先前的分析說明富裕的父母在秉賦較少的子女身上花費較多的非人力資本,而事實又顯示父母通常平均分配遺產給子女,二者間的差異可藉不肖子定理來協調（參照Menchik, 1980；Tomes,1980a 的例子）。再者,區分遺產與贈與是絕對必要的,因為富裕的父母原則上會以贈與的形式補償秉賦較少的子女。（註11）如果贈與能完全補償這些子女,均分遺產有助於自年長的子女誘出等量的利他性,但是如果以遺產形式提供補償,自秉賦較多的子女身上只能誘出少量的利他性。

另一方面,貧窮的父母也可能留下遺產,如果年金制度不健全,而且父母在子女尚未長大成人時即死去（Tomes,1979）。由於貧窮的父母沒能提供完全的補償給他們秉賦較差的子女（參照第 6 章）,這種「偶發性的」遺產對這些子女而言是相當多的。例如,對秉賦較少的子女而言,一筆小額的遺產會變得相對地多(Tomes,1980a)。

不肖子定理也能說明為何奉獻通常是非匿名的。即使利他者也希望受惠者知道誰是他們的施惠者,以便他們在採取行動時能同時考慮他的利益。因此,一個施惠者堅持公開名字並不代表他的贈與實際上是在「購買」社會特權或提供賠償,而僅僅是一種認知,那就是公開的贈與顯然地也能誘發自私的受惠者採取利他行動。

報復的恐嚇可以讓絕對自私的家庭成員慮及他們的行為對其他成員的影響。然而,報復性恐嚇的效力會隨成員的年

齡提高與剩餘「選擇性」的減少而降低；而且只靠報復心仍
無法刺激成員採取完全的利他行為，即使成員的年紀輕（參
考Radner, 1979, 1980,及Telser, 1980的討論）。再則，區分意
外及自然的行為與有意的傷害行為通常是不容易的，因為有
意的傷害行為可以被偽裝並極力抗辯為無心的。自私的家庭
不一定只能利用報復性恐嚇的手段，他們可以藉磋商並簽訂
相互採取利他行為的合約或其他協議，但這些安排也可同樣
地掩藏在欺騙、虛偽、懷疑，以及監督與執行協議的成本之
下。

　　另一方面，利他家庭可以不經協商而迴避這些問題，因
為自私與嫉妒的成員都會被引導去採取利他行為（參照
Kurz，1977）。監督與執行協議的支出是不必要的，而且完
全不需藉口無心來掩飾傷害的行為；利他者是不採取報復行
為的，（註12）且會主動地關懷家庭所得的變動，而不論其
起因為何。事實上，即使一小小的利他行為也能誘導出絕對
的互助合作行為，如果每一個參與者都能做有限但多樣的選
擇。利他的家庭在一定的程度內也可迴避「最後的抉擇」，
因為自私的成員也會因遺產及其他遞延的奉獻吸引而去採取
利他行為，直到利他者死亡或更後期。（註13）

　　和善的 Samaritan 人的情況可用來說明在合作與效率行
為中很小的利他性的作用（參照 Landes 與 Posner，1978）。
當一個自私的人碰見有人將溺斃、被侮辱、或處於其他悲慘
狀況時，在缺乏金錢或精神補償的誘因下，他會拒絕提供幫

助。然而，一個利他者會提供幫助，即使他自己可能因此陷入險境，又或即使他因利他性較薄弱而沒能在不幸事件發生之前提供協助。雖然在不幸事件發生之前提供幫助所產生的邊際效用可能很小，但對利他者而言，提供協助所增加的效用可以超過辛勞與危險性所產生的負效用，因為受害者的福祉在事件發生時是急速大幅度降低，利他者的總效用會提高。這個例子不僅指出當自私性不存在時，利他性如何地誘導具效率的行為，同時說明當利他性薄弱時，利他性如何可以顯著地影響行為。

　　第二章討論家計單位的高度專業化與分工，特別是婦女負責在家生小孩而男士出外參與市場部門的分工形態，會助長家庭成員逃避改善自身財富的責任與其他的努力，並為其他家庭成員增添麻煩。但是一個利他者及其受惠者會追求家庭所得的極大，而且他們不會逃避責任或犧牲別人來增進自己的財富，所以利他性助長分工與效率地配置資源。

　　相對於亞當·史密斯與其他經濟學家的論點，Emile Durkheim(1933) 斷言，高度專業化分工的最大長處不在生產的提高，而是在分工上結合所有參與者的利益與情感（有機的結合）。（註14）但是，我認為在自私的人群之間進行分工會助長欺騙與怠惰，而非此有機的結合。不同於 Durkheim的是，我仍主張情感的結合是效率性分工的原因而非結果（同時參考Durkheim在Hirshleifer，1977a的討論）。唯一可能連繫分工與情感結合的環結，是利他家庭與其他組織的

興隆及存續，此主題容後再討論。

家庭的效用函數

利他行為與嫉妒行為的分析能簡易地推廣應用於多種財貨的消費，如果利他者或嫉妒的人關懷他的受惠者或受害者的效用，則其效用函數為

$$U_h = U[Z_{1h}, \ldots, Z_{mh}, \psi_1(Z_{11}, \ldots, Z_{m1}), \ldots, \psi_p(Z_{1p}, \ldots, Z_{mp})], \quad (8.17)$$

其中 Z_{ij} 是第 j 個家庭成員消費第 i 種財貨的數量，$j = h, 1\cdots\cdots p$，而 ψ_k 表示當 k 個自私的受惠者的效用增加時，ψ_k 也會上升。利他的 h 奉獻「金錢」給他的受惠者是因為他們會利用這些金錢極大化他們的效用，他的效用也可隨之極大化。所以利他者的預算式為：

$$\sum_{i=1}^{m} \pi_i Z_{ih} + \sum_{k=1}^{p} y_k = I_h, \quad (8.18)$$

其中 T_{Lin} 為第 i 種財貨的價格，而 y_k 為利他者奉獻給第 k 個受惠者的金錢。將 k 預算式中 y_k 的代入，則利他者的家庭所得為：

$$\sum_{i=1}^{m} \pi_i Z_{ih} + \sum_{k=1}^{p} \sum_{i=1}^{m} \pi_i Z_{ik} = I_h + \sum_{k=1}^{p} I_k = S_h. \quad (8.11'')$$

等式最左邊表示家庭所得被利他者與他的受惠者花費在不同財貨的消費。

即使利他者沒有能力左右其受惠者的決策，所有受惠者

都願意謀求家庭所得與利他者效用的極大，因為他們的效用
會隨利他者效用的增加或減少而提高或降低。換句話說，一
個利他的家庭的所有成員都願意謀求家庭效用的極大，不管
家庭所得是如何地配置（只要利他者的效用尚未被逼到角落
上）。

　　如此導出的家庭效用函數可與 Paul Samuelson (1956) 著
名的社會無異曲線的討論相對照。在未經仔細推敲下，
Samuelson 將具有一致性的「家庭社會無異函數」直接應用
到家庭內不同成員的個別效用函數。此外，他認為家庭成員
有「自己消費的偏好，這種偏好具有不受其他成員消費影響
的特性。但是，由於血濃於水，不同成員的偏好會因『一致
性』或『社會福利函數』而相互影響。所謂的『一致性』或
『社會福利函數』可以用來計算各個成員的實際應得或人倫
上應得的消費水準」（頁10）。我無法理解此論點的是，各
個成員「應得」的消費應已反應在各個成員的偏好上，就如
我的理論，二者間不須要藉「一致性」來牽連。

　　Samuelson 又提出（頁 21）「在一個家庭中，假設能讓
所得做最適的重分配，以便達成家庭中每個成員的每一塊錢
支出都能得到相同的倫理價值，那麼可以導出一組說明整個
家庭不同消費水準的無異曲線分佈圖。這個家庭**好像**在謀求
此一集体的偏好函數的極大」。然而，在我的理論裏，利他
行為與自願的奉獻會使資源做「最適的重分配」，而「集体
的偏好函數」就如同利他行為的領導者的偏好函數，不論他

有否支配權。（註15）然而，他的「無異曲線分佈圖」不僅僅是取決於家庭對每一種財貨的總消費，因為家庭消費又與家庭的所得水準有正向關係，而且與財貨的相對價格有負向關係，雖然與家庭所得的分配是不相關（除非是在「角落」上）。

如果 h 的效用函數取決於另一個成員 (j) 的效用，而 j 的效用函數又同時取決於 h 的效用時，奉獻會引發一種循環性的回饋效果。例如，h 奉獻給 j 時會直接提高 j 的效用，但也間接地提高了 h 的效用，因為 h 是利他主義者，如此又間接地提高 j 的效用，因為 j 有回饋性利他行為，如此一再地循環下去。這種無限的循環性可以數學式表示為：

$$U_h = U(Z_{1h}, \ldots, Z_{mh}, \psi_h\{Z_{1j}, \ldots, Z_{mj}, \psi_j[Z_{1h}, \ldots, Z_{mh}, \psi_h(\ )]\}). \tag{8.19}$$

適度地限制回饋性的利他行為，家庭效用函數依然是存在的。基本的限制條件是自己所得的消費邊際效用應該超過他人消費所給與的邊際效用。（參照數學附錄，註Ｃ）

即使是利他的父母也不是完全地接納子女的效用函數，因為子女們太缺乏經驗而且不知道什麼「對他們有益」。（註16）父母可能希望子女花更多時間讀書，而不是玩耍，或者父母可能希望子女能更聽話些。所以，子女的消費與其他行為會被限制直到他們累積了足夠的經驗與知識。當然，子女（現代的子女，尤其是青春期的）相信他們已知道很多事，而且他們的父母已經和一些重大的變化脫節，代溝在動態

社會中更為嚴重。不過，利他的父母與年長子女間的矛盾通常較為緩和，因此父母也更願意滿足這些子女的需求而給他們足夠的金錢。

父母有時會對子女產生期待，這並不是因為父母是利他且自認為知道更多，而是他們在與其子女競賽，他們從子女的成就獲得榮譽，或者為了其他「自私的」理由。故，父母的效用函數可定義為：

$$U_h = U[Z_{1h}, \ldots, Z_{mh}, Q_1(Z_{11}, \ldots, Z_{m1}), \ldots, Q_p(Z_{1p}, \ldots, Z_{mp})],$$
$$(8.20)$$

其中 Q_k 為父母自第 k 個子女的消費獲得的滿足，Q_k 與 k 的效用函數不是一對一的關係。如果與 k 的效用函數間的相關性較低時，父母從不限用途的奉獻所獲得的滿足也較少；事實上，父母從不限用途的奉獻上所獲得的滿足可能因 Q_k 與 U_k 的負向關係而降低。因為如此，父母可能僅給子女某些財貨，或限制他們將奉獻使用在特定用途上。（註17）

Q_k 與 U_k 的互斥關係意味著一般化的家庭效用函數不適用於此一類家庭；因為家庭內的不同成員會謀求不同效用函數的極大。所以，這種家庭產生的矛盾會多於利他家庭內的矛盾。事實上，如果 Q_k 與 U_k 是負相關時，這種家庭內的矛盾將類似於嫉妒家庭中的矛盾。

家庭內的利他行為與市場上的自私行為

在第一章的一開始，我曾論及自私行為普遍存在於市場

交易中,而利他行為則好發生在家庭內,但我未曾說明為何同一個人在家庭內是利他的,而在商店或工廠內卻是自私自利的。其理由並非是自私的父母及子女或利他的買方及賣方鮮為人知——被疏於照顧的子女與父母,以及烏托邦式投資於生產與消費即為明證。我相信利他行為在市場交易上較稀少而普遍存在家庭內,是由於市場上的利他行為會比家庭內的利他行為缺乏「效率性」。

姑且不論亞當史密斯與其他學者的強調市場上自私行為多麼具歷史性與價值性,這些論調仍無法從基本的思考模式中導出。最近的討論認為有意的(目標導向的)行為比偶發的及其他無意的行為更容易在市場競爭中生存(參照Hirschleifer,1977 一文中的歷史回顧, 1977a),但是,這些討論未談到利他的有意行為和自私的有意行為,是否可以同樣地或更容易在市場上存活。亞當史密斯 (1853) 曾嘗試著解釋一般人為何對自家人比對陌生人更願意採取利他行為,但他未曾考慮到,當利他的與自私的行為在市場上互相競爭時會產生什麼樣的結果。

一種單純的論調是,在市場交易上,利他行為是無法與自私行為相競爭的,因為利他者會將自己的商品與勞務的價格訂得比市場價格低,他們賺取較少的貨幣利潤及其他貨幣所得。這種論調之所以單純,是直接以利他者獲得的精神所得替代貨幣所得——在他們銷售自己產品與服務的同時,他們也在消費——而且,他們可以和追求貨幣所得極大者共存

，如果他們的消費不太多。（註18）

在市場交易上，利他行為不普遍不是因為利他者以精神所得替代貨幣所得，而是利他行為以不具效率的方式生產精神所得。想想下面的例子，有一家廠商基於某種理由，將它的產品以低於成本的利他價格賣給一些顧客。這些顧客自廠商的利他行為中約獲得 $\triangle P\ (x_0 + \frac{1}{2}\triangle x)$ 的貨幣價值，$\triangle P$ 為價格補貼，x_0 為在沒補貼情形下顧客的消費，$\triangle x$ 是補貼所衍生的超額消費，而 $\frac{1}{2}\triangle P\triangle x$ 是補貼所增加的消費者剩餘。另一方面，這一家廠商降低的利潤 $\triangle P\ (x_0 + \triangle x)$，大於這些顧客獲得的貨幣價值。

但是，如果該廠商以同樣價格賣給所有顧客，而給老顧客現金禮券，該廠商與這些受惠的顧客可以同額的利潤下降獲得較高的效用，或者以降低較少的利潤換取同樣的效用。在這種情形下，如果禮券的價值等於 $\triangle P\ (x_0 + \triangle x)$，該廠商的生產成本和以前是一樣的，但對這些顧客而言，效用提高部份的貨幣價值，以及利他廠商因之增加的效用的價值將超過 $\triangle P\ (x_0 + \frac{1}{2}\triangle x)$，因為禮券不限於購買該產品，可以隨意消費。由此可推論，現金禮券比給受惠的員工增加薪資，或是從受惠的雇主處獲取較低的薪資更具效率。

結論是，有相同偏好及市場商機的廠商，基於利他性提供現金轉讓的廠商，相對於提供其他補貼給其顧客、員工、

或供應商的廠商會獲得更高的效用。因此，提供現金轉讓的廠商會比藉市場交易傳遞利他性的廠商更具效率性。雖然，在市場交易中，有效率的參與者可能具強烈的利他性，但他們表現得好像他們是自私自利的，而且謀求貨幣所得的極大。19世紀末及20世紀初，美國一些顯然是自私的企業代表們提供鉅額的慈善奉獻，是說明藉著可自由交易的現金轉讓傳遞利他性的最貼切實例。

這個論點也適用於雇用子女或其他親戚的家庭式廠商。不肖子定理指出，利他行為之受惠者比其他雇員更可能慮及廠商的利益，同時會避免採取怠工、偷竊、及其他各種傷害廠商的行為。（此外，即使廠商不是利他的，他們也可能雇用自己的親戚，因為他們了解這些親戚的技能、特性、以及消費習慣。他們可以運用這些了解指派合適的職務給這些親戚，同時也可偵查這些親戚有否因盜自公司而生活得「太富裕」。）藉著工作時間的規定或紅利的現金轉讓，廠商可以付給受惠的員工多於他們應得的報酬，而不必無效率地更動員工的工作時間。由此我們可以了解，為何小廠商可以在農事、服務、及其他部門獲得成功，（參照第二章）即使利他行為在市場交易中是無效率的。

受惠者所收到的平均奉獻將隨著受惠人數的增加而降低。由於自私的受惠者在奉獻很小的時候，較少顧及他們施惠者的利益，因此擁有許多受惠者的大組織，其利他的領導人通常會被受惠者的傷害行為逼到不再提供奉獻的角落去：「

我是所有人的朋友，但沒有人是我的朋友」。這種情形在大廠商中比在大家庭中更為普遍，因為廠商重視專業化投資的規模經濟與分工（參照第二章）。相對於廠商，利他行為更普遍地存在家庭中，部份原因是利他行為在小組織內更具效率性。

利他行為普遍存在家庭中，不僅是家庭的規模小及交流多，而且婚姻市場有助長「指派」利他者給受惠者的傾向。一個自私的受惠者會在婚姻市場上比較她成為施惠者配偶時的家庭所得，與市場上其他參與者可能提供的家庭所得。作為受惠者，她的家庭所得式(8.7)為：

$$S_w = Z_w = I_w + y$$

其中 Z_w 是她的消費，y 是他對她的奉獻，而 I_w 是她自己的所得，或者是一個自私的參與者的所得。而一個有受惠者的利他者的家庭所得式(8.4)為：

$$S_h = Z_h = I_h + I_w$$

其中 I_h 是自私者的所得，或著是h的所得。由於妻子的消費被重複計算（同時進入他們的效用函數），他們兩人結合會比與既非受惠者也非施惠者結合更加富裕。（註19）由此我們能很容易地解釋，為何擁有關懷——或「愛心」——的婚姻似是美滿配對方式之一（參考第11章有關擴張性家庭的討論）。

利他的父母不見得比自私的父母擁有更多子女，但他們投資更多於改善子女的人力資本或素質，因為利他的父母自

子女的投資報酬中獲得並提高效用（參見 Ishikawa，1975）
。結果是，利他家庭的子女較自私家庭的子女更容易獲得「
成功」，而這也使利他家庭的影響力相對大於其量上應有的
。此外，成功的父母易於培育成功的子女的事實，也逐漸增
強此類家庭的影響力，而對子女的利他行為似乎也能世代延
續下去。

我們的分析也可說明，父母給子女的為何通常會超過子
女給予父母的。（註20）即使連父母與子女有相等的利他性
，父母的奉獻仍會多於子女，因為投資於子女更具效率性。
為了證明這個說法，暫且拋開只討論資源轉移的假設，回到
前面的更一般性與頗為合理的假設，也就是，奉獻的生產力
取決於很多因素，包括收受者的特性。給予子女的比起給予
父母的更具生產力的原因是，子女還有更長的人生旅程（註
21），而且子女累積的人力資本也不如其年長的父母。因此
，父母給予子女的會多於子女給予他們的，即使子女也是利
他的。

圖8.6假定父母與子女有相同的偏好，而他們的無異曲
線 U_0 及 U_1 對稱於45度線，切於45度線的斜率為−1。假設秉
賦點（E）落在45度線上，那麼雙方都不會提供奉獻給對方，
因為給予的每一塊錢只增加收受人一單位的消費。然而，如
果他們的轉換曲線AB與45度線相交點的斜率超過1，表示給
予子女的比奉獻給父母的更具效率。在這種情形下，當父母
提供y_c／（$1+r$）給子女，而子女收到y_c時，父母與子女雙方

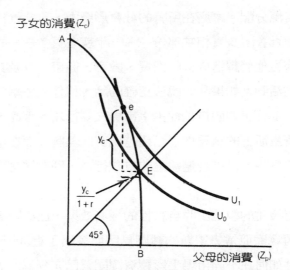

圖8.6 當父母與子女有相同偏好時，父母對子女之貢獻.

的效用都是極大的，r是給子女的奉獻的報酬率。

結論

　　即使將利他行為局限在家庭內，利他行為依然支配很大部份的資源分配。家庭在所有的社會形態中，包括近代的市場導向型社會，負責相當部份——一半或者更多——的經濟活動，因為他們創造成員的消費、教育、健康、以及其他人力資本的活動。如果我的說法正確的話，利他性主宰家庭行為的程度或許正如同自私性主宰市場交易行為。因此，利他性在經濟生活上的重要性應已超越現有的理解，而在市場交易經濟行為中，已被普遍驗證的自私行為，則有被誇大的嫌疑。

　　利用複雜的模型說明自私性的經濟效果，已經隨著經濟學界一再琢磨亞當史密斯的精闢見解而發展了近200年。現今自私性如何在不同市場上影響資源配置已充分為人了解，但不幸的是，利他性並未發展出一套同樣複雜的分析。我希望這一章的利他行為分析能為未來理論的發展奠定基礎。（註22)

數學附錄

A.雖然這已經明白地宣示極大化實質家庭所得，但證明還是有意義的。如果某一特別行為直接使 h 與 w 的消費變動

dZ^0_h與dZ^0_w，那麼利他者的效用變動為

$$dU^0 = \frac{\partial U}{\partial Z_h} dZ^0_h + \frac{\partial U}{\partial Z_w} dZ^0_w.$$

在均衡狀態下，

$$\partial U/\partial Z_j = \lambda_h, \quad 當 \ j = h \ 或 \ w,$$

其中λ_h是h的所得的邊際效用。替代之後得

$$dU^0 = \lambda_h dZ^0_h + \lambda_h dZ^0_w = \lambda_h(dZ^0_h + dZ^0_w) = \lambda_h dV^0,$$

dV^0為h及w的消費變動對h效用的影響。h及他的自私受惠者w都只能採取提高h效用的行為——也就是提高家庭所得——因為只有這些行動能提高他們的效用。由於$\lambda_h > 0$，

$$dU^0 \gtreqless 0 \quad 如 \ dV^0 \gtreqless 0,$$

如此得證，只要h的效用函數取決於w的效用的情形下，這種分析可簡易地推廣至h與w的消費多種財貨。

B.如果 $\psi_j < 0$且 Z_j上昇，湯姆的所得依然會增加。但是，如果$d\psi = \psi_t dZ_t + \psi_j dZ_j > 0$，或$dZ_t + (\psi_j/\psi_t)dZ_j > 0$湯姆的行為能提高珍及家庭所得，但似乎使他自己的所得降低，如果

$$dI_t + (\psi_j/\psi_t)dI_j < 0, \qquad 若 \ dI_t + dI_j > 0.$$

然而，因為湯姆及珍的父親會提高奉獻給湯姆且可能減少給珍，相對於dZ_j，dZ_t必須增加更多以滿足第一條不等式。湯姆、珍及他們的父親在第二組不等式成立狀態下，都

將變得更富裕。同樣地，似乎使湯姆所得提高的行為，在第二組不等式的限制下，反而實際地使他的所得惡化。他們的父親減少給湯姆且可能增加給珍時，相對於 dZ_j， dZ_t 會下降，以反轉第一不等式的符號。

C.假定效用函數為柯布道格拉斯(Cobb-Douglas)函數

$$U_h = [g_h(Z_{1h}, \ldots, Z_{mh})]^{a_h}U_j^{b_h}$$

且

$$U_j = [g_j(Z_{ij}, \ldots, Z_{mj})]^{a_j}U_h^{b_j},$$

其中 a_n，a_j, b_h 及 b_j 比零大，且受 Z_t 與 U_j 轉換的影響

且

$$U_h = g_h^{\frac{a_h}{1-b_hb_j}}g_j^{\frac{a_jb_h}{1-b_hb_j}} = g_h^{\alpha_h}g_j^{\beta_h}$$

$$U_j = g_h^{\frac{a_hb_j}{1-b_hb_j}}g_j^{\frac{a_j}{1-b_hb_j}} = g_h^{\beta_j}g_j^{\alpha_j},$$

由於，其中一人效用的變動對另一人邊際效用的影響是有限的，這些效用函數唯有在下面條件成立時才會存在

$$b_hb_j = \left(\frac{\partial U_h}{\partial U_j}\bigg|_{g_h=g_h^0}\right) U_h^{-1}U_j \left(\frac{\partial U_j}{\partial U_h}\bigg|_{g_j=g_j^0}\right) U_j^{-1}U_h < 1,$$

或

$$\frac{\partial U_h}{\partial U_j}\bigg|_{g_h^0} \frac{\partial U_j}{\partial U_h}\bigg|_{g_j^0} < 1.$$

當柯布道格拉斯函數被更一般化的效用函數取代時，最後一條不等式依然是一必要而且充分的條件。

如果自己消費所產生的效用比他人消費的效用更不重要，在意義上表示 a_h 可能小於 b_h 且 a_j 可能小於 b_h。但是，由於 $\alpha_h\alpha_j > \beta_h\beta_j$，若 $b_hb_j < 1$，表示自己消費的重要性必大於

他人的消費：

$$\alpha_h \alpha_j = \left(\frac{\partial U_h}{\partial g_h} U_h^{-1} g_h\right)\left(\frac{\partial U_j}{\partial g_j} U_j^{-1} g_j\right) > \beta_h \beta_j,$$

其中

$$\beta_h \beta_j = \left(\frac{\partial U_h}{\partial g_j} U_h^{-1} g_j\right)\left(\frac{\partial U_j}{\partial g_h} U_j^{-1} g_h\right),$$

或

$$\frac{\partial U_h}{\partial g_h} \frac{\partial U_j}{\partial g_j} > \frac{\partial U_h}{\partial g_j} \frac{\partial U_j}{\partial g_h}.$$

附註：

〔註1〕 為方便區分利他者與受惠者，我將以男性名詞代表利他者，而以女性名詞代表受惠者。

〔註2〕 考慮以下敘述：「只有你，慷慨的造物者，我嫉羨…，我嫉羨你可以做你想做的事，這就是為何我會自我耽溺的原因，我不會給你任何粗鄙的感謝，我甚至覺得你應該感謝我，因為我給了你享受這奢華的慷慨的機會。我來到這世界只是為了表示可以增加你的快樂存量的目的。我也可能生為一個對你施恩的人，因為有時我給予了你幫助我的機會，當我為一些小事所困擾時」（Dickens,1867, 頁41）

〔註3〕 感謝Sherwin Rosen提供此圖；也參照Collard（1978，頁106）。

〔註4〕 根據羅伯遜（D.H.Robertson）的說法，我們（指經濟學家）能夠…像「愛」這種稀少性資源，很節約地貢獻出來，即可以很完整但必須很節省的利用——因為我們知道，如同其他人也知道一般，愛是這世界上最珍貴的東西。

〔註5〕 自私的受惠者極大化 $S_w = I_w + y$，因此，當 $y = 0$ 時，她會只追求 I_w 的極大。然而，利他者極大化

$S_h = I_h + m_h I_w$

其中 $m_h I_w$ 是利他者認定的 w 的貨幣所得，而且是他的無異曲線在均衡點時的斜率。當他的奉獻為正的時候 $(y>0)$，$m_h = 1$ 同時他會極大化 $I_h + I_w = S_h$，或家庭所得。然而，當他的奉獻為零時，$0 < m_h < 1$ 而他仍關心她所得的變動，但其重要性不若他自身所得的同額變動。

〔註6〕 h 的效用函數可分為自我的、中立的或是偏他的。同理可應用於 w 的效用函數。如果 h 和 w 的效用函數都為偏他的，雙方的要求都將無法滿足，因為雙方都希望另一方的消費能大於已有的。形式上，這種「過度」利他性的矛盾與在雙方效用函數都是自我的情況下「過度」自私性的矛盾是一致的。

由圖示，假設 h 偏好圖8.4中的 e_1 均衡點，而 w 偏好 e_0 的位置。當秉賦在 E_0 時，h 和 w 都希望 h 能提供奉獻給 w。但是，一旦 w 的滿足程度到達 e_0 點，她會拒絕 h 的繼續奉獻，除非 h 要她做全部或者全無的選擇，以勸誘 w 接受他更多的奉獻，換言之，要她放棄全部或者接受足以使她的滿足度超過 e_0 點的奉獻。同理，當秉賦在 e_1 點的左方時，w 希望均衡能移到 e_0 點，但是 h 不願意接受使均衡點移到 e_1 點右方的奉獻。如果秉賦落在 e_0 與 e_1 之間時，雙方都希望奉獻給對方，但雙方都會拒絕接受任何奉獻。（參照數學附錄，註C）

〔註7〕 在均衡狀態下，湯姆及珍兩人的父親從兩人消費的微量增加，會得到相同的效用：

$$\frac{dU/dZ_j}{\partial U/\partial Z_t} = 1 = \frac{\partial U/\partial Z_j + (\partial U/\partial \psi)\psi_j}{(\partial U/\partial \psi)\psi_t} = \frac{\partial U/\partial Z_j}{\partial U/\partial Z_t} + \frac{\psi_j}{\psi_t} = 1.$$

湯姆與珍兩人的直接及間接消費邊際替代率的加總等於一，而由於 $\psi_j < 0$ 且 $\psi_t > 0$，表示均衡時的直接邊際替代率在嫉妒心存在情形下，會大於嫉妒心不存在時。

〔註8〕「我知道，因為每一位夫人都告訴我，她們都嫉妒家長的家庭關係，當他鍾愛某一夫人的小孩超過另一個，或買禮物給其中一人而未給其他二人時，她們都覺得被拋棄。不過，這三個婦人彼此又相互依賴，同時也了解沒有其他二人的幫助，他們的工作將會變得更困難。基本的嫉妒心與小心眼雖然存在，但她們不得不妥協於每日生活的需求」（Fernea,1965，頁170）

〔註9〕李爾王已了解此點：

李爾王：為何你叫我笨蛋，小孩？

笨蛋：因為你已放棄所有你與生俱來的其他稱號。

——莎士比亞，李爾王的悲劇

感謝Hirshleifer(1977b)提供此參考文獻，並以之強調遺言。

〔註10〕贈與稅的邊際稅率似已證實低於遺產稅，但最近的研究（亞當斯，1978）發現贈與的實質邊際稅率可能類似於遺產稅的實質邊際稅率。

〔註11〕由於贈與的實例很少，無法檢定此一含意(參照Menchik； 1980)。

〔註12〕從連載漫畫噹迪(Dondi)（《芝加哥論壇報》，12月17日，1979）的以下對話中可獲得此種認知；

我在此必需感謝Stephen Stigler的提醒。

噹迪(Dondi)的過繼叔父：你的祖母愛我，所以給我買了這種新款的溜冰鞋。

噹迪(Dondi)：才不是呢，查理。她是在賄賂你，請你不要欺侮我。

過繼的叔父：那還不是一樣。

〔註13〕自私及利他的家庭可利用遺產延緩做最後的抉擇。

〔註14〕「我們因之重新評估分工的功能。在這種情形下，分工所能產生的經濟性相對於精神效應是不值得一提的，它的真正功能是在二或更多人之間形成一種合作的觀念

〔註15〕Samuelson（頁9）似乎認為領導者必須擁有支配權時，集體的偏好函數才會等於領導的函數。

〔註16〕更好的說法或許是，父母會接納年輕子女的基本效用函數，但不信任他們絕對會追求父母效用的極大，因為子女不甚了解家計的生產函數。

〔註17〕在一 Wizard of Id 的漫畫中，一個醉漢對另一醉漢說：「可否請你花一塊錢買一瓶酒？」，另一醉漢回說：「我怎麼知道你不會用該錢去買食物?」。

〔註18〕種族歧視者歧視黑人，但其他人並不，正如同追求貨幣所得極大者，因為種族歧視者以貨幣所得換取精神成本的降低。所以，他們無法在低貨幣所得與較高的精神所得之間取得平衡。（參照 Becker，1971）

〔註19〕一個施惠者與他的受惠者結合，二者同時會比與自私的配偶結合時更加富裕，因為利他的婚姻比自私的婚姻更具有效率及生產力。

〔註20〕這種事實自紀元初即已存在。例如，門徒保羅寫道，「子女不應該對父母有所隱瞞，但父母可以對子女保留。」（聖經新約哥林多書 II 12：14；感謝Nigel Tomes的提示）

〔註21〕生物學家爭論到即使非人類生物的父母給予子女的也較下一代對父母的奉獻更具生產力，因為下一代的生殖潛能更長（Barash，1977，頁299）。

〔註22〕利他心的經濟性也見於以下各文的討論，Boulding，1973；Phelps

，1975；Hirshleifer，1977b；Kurz，1977；Collard，1978 ，以及其他
少數文章。

非人類物種的家庭

Families in Nonhuman Species

經濟分析是一強有力的工具，不光是用在瞭解人類的行為，也可用以瞭解其他物種的行為。很明顯的，所有物種必須「決定」是否要在單一配偶制或多配偶制下擇偶，是否製造許多子孫而少給照顧，抑或少製造子孫而多給照顧，是否以性別及其他方式來進行勞力的嚴格分工，以及對子孫和其他人是否表現自私自利或以利他為主？

本章將以前面數章所發展出來對人類家庭的分析方法應用到其他物種上。特別是以第三到第五章的方法來瞭解不同生物，包括鳥類、哺乳類及雙棲類，所選擇的擇偶系統和子孫的數量與質量。（註1）我們可以將這些方法同樣運用到不同物種的分工、利他主義（參考 Becker, 1976a）及其他家庭生活的各個層面上。

子孫的數量和質量

任一物種的成員都得與其同類競逐食物、配偶和其他有限的資源。強壯、聰明和具吸引力的在生產和養育子孫上就會比較成功，因為牠們能夠調配資源，包括配偶。這些能成功製造子孫的特徵，如果能遺傳的話就會成為綿延後代中更普遍的現象。這種自然天擇的過程是現代生物學的基礎。

這些能相對地製造許多子孫及後代的遺傳性特徵是經過篩選的，而不論這些特徵在其他層面是否不利。因此，自然天擇隱含基本的競爭行為是在血緣的製造上，而這些特徵只有在那些能全心全力使子孫和後代存活極大化的個體才有可

能被篩選出來。因為遺傳的特徵是由基因傳遞的,自然天擇
隱含成功的個體們能在其後代使他們的基因極大化 (Daw-
kins, 1976) ——生物學者稱此為極大化基因的「合適性」
。

我們可以想像合適性是由生產函數所決定的

$$G = G(n,q), \qquad\qquad (9.1)$$

其中, n 表複製品或被製造出來的後代之數目,而 q 是每一
位後代繁衍的價值。合適性的極大化受限於能量和時間的有
限供應,以及 n 和 q 各別的生產函數:

$$e = e_n + e_q,$$

$$n = n(e_n,\gamma), \quad \text{with } \frac{\partial n}{\partial e_n} > 0, \qquad\qquad (9.2)$$

及 $\quad q = q(e_q,n,\delta), \quad \text{with } \frac{\partial q}{\partial e_q} > 0 \text{ and } \frac{\partial q}{\partial n} < 0,$

其中 e_n 和 e_q 依序為投入在 n 和 q 的資源, e 代表資源的總供給
,而 r 和 δ 代表影響 n 和 q 的其他要素。成功的個體們生產較
多和較高質量的後代,因為他們不是擁有較多的能量和其他
因素(較多的 e),就是他們較具效率(γ 和 δ 值較大)。

如果 n 和 q 的生產函數可由簡單的函數來概括:

$$n = \frac{e_n}{p_n(\gamma)}$$

$$\qquad\qquad (9.3)$$

及 $\qquad\qquad q = \frac{e_q}{p_q(\delta) + p(\delta)n},$

預算方程式可寫成：

$$p_n n + p_q q + pnq = e. \tag{9.4}$$

$P_n n$ 是生產後代的成本，這和後代的「質量」沒有關聯。就各物種而言，這項固定成本實際上對雌性是很重要的一環，因為她們投注大量的資源在卵子的生產上。雄性要使雌性的卵子受孕通常不需太費勁，但他們也許投入可觀的資源在競逐接近雌性的機會上。$P_q q$ 這項是增添後代質量方面的固定成本，這與後代的數量互不相關。這裏指的是雌性有時爭取較為滿意的巢穴來孵育，以便使其後代有較好的存活機會，或指的是雄性有能力保護更多的後代就像保護較少的後代一般地容易。pnq 這項是變動成本，這取決於後代的數量和質量。

合適性在式（9.4）的預算限制下，如果資源在 n 和 q 的分配上能保證

$$\frac{\partial G}{\partial n} = G_n = \lambda(p_n + pq) = \lambda\pi_n$$

及 $$\frac{\partial G}{\partial q} = G_q = \lambda(p_q + pn) = \lambda\pi_q, \tag{9.5}$$

就可達極大化，其中 π_n 和 π_q 依序是為了生產新增一個單位數量和質量的影子價格。即使 P_n，P_q 和 p 為常數，π_n 和 π_q 都不會是常數，因為 π_n 對 q 呈正向依賴，而 π_q 對 n 呈正向依賴。這種數量和質量之間的互動關係曾在第五章做了系統性的探討，可顯示於圖9.1，G_0 和 G_1 是合適性生產函數的凸向原點無

異曲線。n 和 q 之間的互動隱含式（9.4）的資源限制前沿也是凸向原點如 AB 所示。如果這個資源限制前沿的凸性比無異曲線稍不凸向原點——如果 n 和 q 之間的互動不是那麼的「強烈」——n 和 q 的最適組合將落在內部，如圖上的 f 點。可是，如果資源前沿比無異曲線更凸向原點，最適的組合將落在角點上，屆時 n（或 q）很大而 q（或 n）極小。

n 和 q 之間的互動有著重要的暗示，即 P_n，P_q 或 p 的稍微變動都將對 n 和 q 的最適組合產生莫大的影響，即使這些變數在合適性的生產函數裏不具緊密的代替性。例如，P_n 的增加會提高 π_n 相對於 π_q 的值，這導致以 q 來取代 n（對 n 和 q 的需求是與他們的相對價格呈負相關）。以 q 取代 n 進一步提高 π_n 相對於 π_q 的值，因為 n 和 q 之間的互動，這更導致以 q 取代 n 的活動。這個過程會一再重演直至達到新的均衡點為止。在圖上 P_n 的一個「補償性」增加，將資源前沿由 AB 轉為 $A'B'$，而 n 和 q 的最適組合最後從 f 點變到 f' 點。

n 和 q 之間的互動可以解釋一項事實，那就是在繁衍的「策略」上是存在著物種的差異性，而不需在成本函數上假設物種的差異。舉例來說，即使雌性先天上比雄性在生產後代上有較大的固定成本，她們仍會比雄性需要少一點後代並付出較多的努力來成功地飼育後代。稍後，我們將會發現，雄性和雌性的繁衍策略在大多數的生物世界裏確有不同。（註2）

同一性別的成員也會依循不同的策略。例如，那些能吸

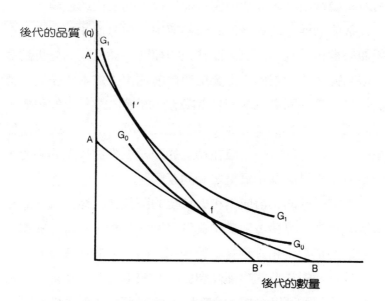

圖9. 1 後代在質與量間的交互作用.

引雌性的雄性會求生育許多後代而較不願飼育他們，不具吸
引力的雄性則試圖成功地飼育他們較少的後代或近親。

　　某些物種在幼童漫長的依賴期中，願意投注較多心力在
照顧幼童和「教導」上，而其他物種則不然。我的分析認為
，這些物種間的差異，主要是源自前述再生成本的差異，特
別是在數量的固定成本 (P_n) 和質量的變動成本 (p) 的差異。
那些固定成本稍高或變動成本稍低之物種（註3）比其他物
種擁有少得多的後代，但在幼童的照顧上投注較大的心力，
同樣地這也是數量和質量之間的互動。

　　上述提到的繁衍成本和對幼童的照顧在物種上適度的和
系統的差異，可藉著數量和質量之間的互動，被轉化成那些
表現在幼童數量和質量有著顯著和正向偏態的物種差異。此
外，數量相對較多的物種傾向於擁有較低質量的幼童。生物
學家有時將物種區分成 r 策略和 K 策略兩類：前者擁有許多
的後代卻在每位身上投注少許心力；而 K 策略類則擁有少許
後代卻投注許多心力在照顧幼童和教導上（Wilson，1975,
頁 99～100）。我認為這項分類能有效的區分許多物種，因
為數量和質量之間的互動，或許能將那些物種在繁衍成本和
照顧幼童上稍微的差異，擴展為物種之間在數量和質量這兩
個呈負相關變數上的主要差異。

　　對後代經驗及技巧的投資生產力愈高，後代在特定領域
愈具專業化（見第二章）及後代的生命愈長（見第一章）。
K 策略之所以比 r 策略多投資在其後代身上，部份是因為 K

策略活得較長及人口密度較高、又擁有較高的專業化（參考
Wilson, 1975, 頁 101 的摘要表）。（註4）他們的後代之所以
有較長的依賴期，是由於對其青年期的投資較多，延長了依
賴期。

擇偶系統

　　上面幾章假設男人和婦女在組織健全的「市場」上擇偶
，並安排他們的婚姻。某些物種，包括螢火蟲、蝗蟲、獵鳥
、羚羊和山羊，則實實在在地組成競技場，在那裏，雄性和
雌性爾虞我詐爭取有利地位、偵察異性並擇偶交配、有時還
飼養幼童（Wilson, 1975；Wiley, 1973）。雖然大多數物種並
不組成競技場，則擇偶市場的概念看來可適用於非人類物種
，許多物種在這個市場裏發展出尋偶和擇偶的複雜技巧。

　　因此，假設所有物種的雄性和雌性都在有效率的擇偶市
場上尋找牠們的配偶。如果一個市場中具備同樣特質的參與
者，都能預期得到同樣適合的收入，如果較高品質的參與者
預期的收入至少與較低品質的參與者相當，還有，如果在現
成機會已知的情況下，參與者能使其預期收入極大化時，此
市場就是有效率了。（註5）

　　雄性之間的不同乃是由於其遺傳、突變和其他能影響到
力量、外觀及不同的有用特質之不均等。較具吸引力的雄性
也許可以與數位雌性配對，而不具吸引力之雄性可能被迫維
持單身。即使一夫一妻制的雄性較具專情的情況下，只要採

一夫多妻制的雄性能提供雌性足夠的保護和食物或給她們的後代更好的基因，則雌性寧願與一夫多妻型的雄性配對。即是說，雌性也許寧取成功的雄性之部分注意力，也不要「失敗者」的全神關注。

採一夫多妻制的雄性與其每一位配偶生產後代，並且將資源均等分給每一位同質的配偶。如果不同配偶在生產和照顧後代上都互相獨立，還有如果所有雌性都是同質的話，式（9.1）至（9.5）隱含第 i 位雄性的每一位配偶所生產的後代之合適性將是：

$$G_{1k_i} = \alpha_i G(n_{1k_i}, q_{1k_i}) = \alpha_i G\left(\frac{e_m}{k_i}, e_f\right), \tag{9.6}$$

其中 e_m 和 e_f 依序為雄性和雌性的總資源，K_i 是其配偶的數目，e_m / k_i 和 e_f 則為每一位配偶花在後代的數量和質量上的資源，而 α_i 則代表第 i 位雄性的效率。

因為每一位雌性在她所生產的後代身上有百分之五十的基因利益，而其他人所生產的後代身上則完全沒有（假設其他人與她無血緣關係），雌性寧願雄性「提供」她最多的後代數——式（9.6）裏的最大 G_{1k} 值。如果雌性知道與所有配偶交配的結果，並且可自由「選擇」，（註6）她們競逐能提供最大產出的雄性，會使她們與不同的雄性所生產的產出相等。

所以，擁有同質雌性且組織完善具效率的擇偶市場之基本條件是

$$\frac{1}{2} G_{1k_i} = \frac{1}{2} \alpha_i G\left(\frac{e_m}{k_i}, e_f\right) = C_f, \quad 當所有的 \; i, \qquad (9.7)$$

其中，C_f是每一位雌性的均衡合適所得。（註7）為了簡化分析，我假設 k 可持續變化，因為它所衡量的是，花在擇偶的日數或時數而不是配偶數。

k 的增加會減少每位配偶的產出，不管合適性的生產是呈何種規模經濟，因為對每一位雌性來說可選擇的雄性資源趨少之故（也就是說，當k增加時，e_m / k下降）。較具效率的雄性之配偶數會增加，直到其與每一位配偶的產出之負效果剛好抵銷他們因具有效率所產生的正效果為止。擁有數位雌性的較具效率的雄性持有較多的所得，因為所有的雌性得到同樣的所得。的確如此，第 i 位雄性的均衡所得與他的配偶數呈簡單的比例關係：

當雌性數目沒有顯著地超過雄性數目，效率較差的雄性將被迫維持單身，因為有效率的雄性吸引數位配偶。效率較差的雄性維持單身，主要因為雌性「要求」的價格C_f超過這些雄性所能支付的價格。（註8）

很明顯的，配偶的分佈狀況完全是由雄性效率的分佈決定；可是，配偶的分佈也端視雄性和雌性對合適性生產的貢獻，以及該合適性生產函數的規模報酬而定，雖然不是很明顯。這可藉著對式（9.7）分別就 α 和 k 進行全微分，並維持C_f，e_f及e_m固定不變予以證明：

$$G + \alpha \frac{\partial G}{\partial(e_m/k)}\left(\frac{-e_m}{k^2}\right)\frac{dk}{d\alpha} = 0,$$

(9.9)

或 $\quad \epsilon(k,\alpha) = \frac{dk}{d\alpha}\frac{\alpha}{k} = \frac{1}{\epsilon(G,e_m)} = \frac{1}{\dfrac{\partial G}{\partial e_m}\dfrac{e_m}{G}}.$

因為彈性 $\epsilon(G,\ e_m)$ 衡量雄性對合適性生產的邊際貢獻，當雄性的邊際貢獻較小時，效率的變化對配偶的均衡數有較大的影響。如果 G 對 e_m 和 e_f 呈 t 階同質，$t > 0$，則 $\epsilon(k,\ \alpha)$ 和雄性與雌性貢獻的關係僅為：

$$\epsilon(k,\alpha) = \frac{1}{\epsilon(G,e_m)} = \frac{1+r}{t} = b,$$

(9.10)

其中，r 是雌性對後代之生產及照顧相對於雄性的總貢獻之比，而 G 在 $t \lessgtr 1$ 時呈規模報酬遞減、不變或遞增（見數學附錄，A 部份）。

這個微分方程式在 b 為一常數時（即是說，當 G 是柯布道格拉斯函數），可對 k 求解，因為，那時

$$k = \bar{\alpha}^{-\frac{1+r}{t}}\alpha^{\frac{1+r}{t}} = \left(\frac{\alpha}{\bar{\alpha}}\right)^b,$$

(9.11)

其中，當 $\alpha = \bar{\alpha}$ 時 $\quad k = 1$。

配偶分佈的不均等可就 k 的對數式求標準差來衡量

$$\sigma_{\log k} = \sigma_{\log C_m} = \frac{1+r}{t}\sigma_{\log \alpha}.$$

(9.12)

配偶和雄性所得的不均等是與雄性效率的不均等呈比例關係

；其比例程度是與雌性在合適性的生產之相對貢獻呈正相關，而與規模報酬呈負相關。如果規模報酬呈遞減或不變（$t \leqq 1$），配偶和雄性所得的不均等會超過效率的不均等，若雌性是合適性的重要貢獻者，則差距會較大。舉例而言，如果 $t=1$ 和 $r=3$，配偶和所得在效率加倍情況下，會激增16倍！更甚者，配偶和雄性收入的分佈狀況會比效率的分佈更向右偏：如果雌性對合適性貢獻較多，即使效率呈對稱式分佈也隱含配偶和所得呈高度偏態分佈。

　　生物學文獻承認，雄性效率的分佈和雌性對生產及照顧後代的相對貢獻，是一夫多妻制發生的重要決定因素（參見例如Orians, 1969；Trivers, 1972；及Altmann等，1977）。可是，這些變數尚未被組合來形成他們的互動，也尚未考慮規模報酬的問題。所以，本文並不就雄性效率的變動，或雌性相對貢獻的變動，對一夫多妻制產生的**數量**效果做預測。

　　因為雌性通常比雄性在後代的生產和照顧上有較大的貢獻；我們毋需假設雄性效率有較大的差異，就可解釋為何物種都是採一夫多妻制。確實如此，式 (9.12) 隱含雌性在雄性之間的分布，當雄性不花時間照顧幼童時，是非常的不均等。雄性松雞在競技場上交配後並不負責照顧幼童，一項研究指出，百分之五到十的雄性，承擔了百分之七十五的交配任務（Wiley, 1973，頁107～109）。同理，加利福尼亞的小島上很少數的海象承擔了百分之八十的交配任務（Le Boeuf, 1974，表1）。

當雄性在照顧小孩上有顯著的貢獻，而雄性之間的差異不是那麼大、及規模報酬不呈強烈的遞減時，一夫一妻制就會普及。實際上眾所熟悉的鳥類都是一夫一妻制（Lack, 1968，頁150），還有雄性鳥類通常在孵蛋及飼養與保護後代方面的漫長依賴期間，負起照顧幼鳥的重責。當鳥類在探行一夫多妻制時，其規矩是只有很少一部份有一個以上的配偶；例如，在一份對雄性靛青鳥的研究裏，只有百分之十為多偶（Carey 和 Nolan, 1975）。一般說來，只要雄性傾向於在質量上多做貢獻，一夫一妻制或些許的一夫多妻制，這種重視後代質量的 K 策略物種，比強調後代數量的 r 策略物種來得普遍（Wilson, 1975，頁243）。

某些雄性被雌性視為具優勢地位，因為這些雄性擁有可被後代繼承的優質基因，在保護和飼養後代上較具技巧，或擁有更多的能量和其他資源。如果雄性之間的生產函數和資源的有效存量有著差異，則同質雌性的所得將是

$$\frac{1}{2} G_{1k_i} = \frac{1}{2} n(\alpha_i) G\left[\frac{m(\alpha_i)e_m}{k_i}, e_f\right] = C_f.\text{對所有的 } i,$$

$$\text{當} \quad \frac{dm}{d\alpha} > 0 \text{ 且 } \frac{dn}{d\alpha} > 0, \tag{9.13}$$

其中，m 代表雄性的有效資源的差異，而 n 代表雄性效率的差異。現就 α 作全微分，我們可導出：

$$\epsilon(k,\alpha) = \epsilon(m,\alpha) + \frac{1}{\epsilon(G,c_m)} \epsilon(n,\alpha) > 1$$

$$若 \quad \epsilon(m,\alpha) + \epsilon(n,\alpha) \geq 1 \quad 且 \quad t \leq 1, \tag{9.14}$$

其中 $\varepsilon(m,\alpha) = (dm/d\alpha)(\alpha/m)$ 和 $\varepsilon(n,\alpha) = (dn/d\alpha)(\alpha/n)$。配偶的均衡值是和資源的水準呈比例關係，因為擁有同等效率的雄性會均勻的將資源花在每位配偶身上。資源在一夫多妻制的人類社會中，曾經是配偶數的主要決定因素（見第三章），在非人類社會中也很可能是重要因素。

雄性平均的合適所得相對於雌性的合適所得之比是

$$\frac{\bar{C}_m}{C_f} = \bar{k} = \frac{1}{s}, \tag{9.15}$$

其中，s 為擇偶市場中雄性與雌性之比，而沒有配偶的所有個體，都被假設為零的所得群。雄性的相對所得與參與者的性別比率呈負相關。如果生產和飼養雄性和雌性的後代都所費不貲的話，當成年雄性比成年雌性稀少時，雄性後代就會比較有價值；當成年雌性比較稀少時，雄性後代就比較不值錢。於是，性別比率維持在恒 1 左右；當該比率低於 1 時，擁有較多雄性的父母就較為吃香；當該比例大於 1 時，擁有較多雌性的父母就顯得有利。（註9）

年輕的雄性在競逐稀少的雌性時，是比不過較為強壯、「較為富有」、以及較具經驗的年老之雄性。因此，我們立即明白，為何在一夫多妻制的社會裏，雄性的第一次交配年齡都比較大（見 Wiley, 1973，頁137～139；Wilson, 1975，頁

329；Barash, 1977，頁141）。一夫多妻制對雌性第一次交配年齡的影響就不是那麼清楚，因為式(9.13)所提供的雌性所得與一夫多妻制的相關性並不大，如果一夫多妻制主要取決於雄性和雌性對合適性的貢獻時更是如此。可是，雄性和雌性在初次交配年齡上的差異，在一夫多妻制盛行時應該比較大（Wiley, 1974，頁209～210的輔證；Wilson, 1975，頁329）。

　　為父母者試圖發展雄性後代的力量和技巧，且雄性也願意為了吸引雌性而承擔實質的成本和風險，以取得有利的競爭力。所以，效率是由製造出來的技巧(h)以及運氣或繼承(u)來決定的。

$$\alpha = u + h. \qquad (9.16)$$

h的生產函數是：

$$h = \psi(e_m^*, u), \quad 且 \quad \partial\psi/\partial e_m^* > 0 \quad 及 \quad \partial\psi/\partial u > 0, \qquad (9.17)$$

還有，設定$\partial^2\psi \big/ \partial e_m^{*2} < 0$和$\partial^2\psi \big/ \partial u \partial e_m^* > 0$，其中$e_m^*$表花在$h$上的資源。

總資源

$$e_m + e_m^* = e_m^0 \qquad (9.18)$$

將分配給合適性的間接生產（透過效率的生產）和直接生產上。一個能達到合適性所得（C_m）最大化的分配均衡條件（註10）是在$m(\alpha) \equiv 1$時：

$$\frac{\partial\psi}{\partial e_m^*} = \frac{\alpha}{e_m^0 - e_m^*} \frac{t}{1+r}. \qquad (9.19)$$

雌性對合適性生產（r）的相對貢獻的增加，將導致在效率做較大的支出，直至 $\partial \psi / \partial e_m^*$ 被降到某一程度為止。因為雌性貢獻的增加也鼓勵一夫多妻制，標準雄性在一夫多妻制盛行時會投資更多並且更具效率。

自從達爾文討論配偶的競爭和第二雄性特徵的選擇後，雄性合適性極大化的隱意已廣為人知。（註11）較不為人知的則是，雌性貢獻的增加會透過雄性能力強弱之間的不均等而提高雄性效率的不均等。（註12）因為一夫多妻制在雄性效率增加時會盛行，而雌性增加的貢獻將直接和間接地擴大一夫多妻制的發生；即是說，r 的增加會透過提高式(9.12)中的 $\sigma_{\log \alpha}$ 係數來提高 $\sigma_{\log k}$，且同時也提高了 $\sigma_{\log \alpha}$ 本身的值。

同樣的分析可應用到當雌性相異而雄性為同質的狀況。那時雄性可能寧願與一個優質的一妻多夫型之雌性配對，而不要「次級」的一夫一妻型雌性。一個有效率的擇偶市場，會在雌性間分配同質的雄性，以求雄性與不同雌性的合適性生產都相等：

$$C_m = \frac{1}{2} \beta_i G \left(e_m, \frac{e_f}{\ell_i} \right), \qquad (9.7')$$

其中，C_m 是雄性所得的均衡值，而 l_i 是在 β_i 效率下「指派」給雌性的配偶數。由此導出的式(9.11)隱含著，如果 G 是柯布道格拉斯：

$$\ell_i = \left(\frac{\beta_i}{\bar{\beta}} \right)^{\frac{1+(1/r)}{t}} \qquad (9.11')$$

其中 $l_i = 1$，當 $\beta_i = \beta$，且

$$\sigma_{\log \ell} = \frac{1 + (1/r)}{t} \sigma_{\log \beta}. \qquad (9.12')$$

因為雌性通常是生產和照顧幼童的主要貢獻者， $1/r$ 的值一般是小、且比 r 來得小。因此，式(9.12)及(9.12')的比較顯示， $\sigma_{\log \ell}$ 通常會比 $\sigma_{\log k}$ 小，即使雄性之間的不均等和雌性之間的不均等是一樣（各是 $\sigma_{\log \alpha}$ 和 $\sigma_{\log \beta}$）。更有甚者，我們的分析隱含雄性的不均等可能比雌性的不均等來得大，因為前者在 r 較大時會較大；同樣的論點應用在式 (9.19) 隱含雌性的不均等在 $1/r$ 較大時會較大。於是，由 $\sigma_{\log k}$ 衡量的一夫多妻制可能性應該比由 $\sigma_{\log \ell}$ 衡量的一妻多夫制可能性（註13）要大得多，這是因為 r 通常遠大於 $1/r$ ，且 $\sigma_{\log \alpha}$ 也大過 $\sigma_{\log \beta}$ 。

說實在的，在整個生物界，一夫多妻制遠比一妻多夫制來得普遍。（註14）此外，雄性之間的不均等似乎也超過雌性之間的不均等；特別是，年輕雄性的死亡率一般都比年輕雌性死亡率高。舉例來說，Le Boeuf指出，年輕雄性的海象有高的死亡率（1974，頁169）。我們的分析更進一步地暗示，對雄性投資比對雌性投資大（因為 r 比 $1/r$ 大），也有事實佐證：雄性通常較晚熟、較高大（或擁有較大體型）且較為壯碩（見Wiley, 1974，頁209～211；Alexander 等，1979）。

因為 $1/r$ 與 r 呈負相關，一夫多妻制和一妻多夫制不應有

太多的重疊。一妻多夫制在一夫多妻制盛行時（ r 較大）應該比較少見，而一夫多妻制在一妻多夫制盛行時（ $1/r$ 較大 ）也較少見。許多奉行一夫多妻制的物種，實際上從未同時實行一妻多夫制；而奉行一妻多夫制的物種也沒有實行過一夫多妻制（見Jenni的例子，1974）。 r 和 $1/r$ 之間的反向關係亦隱含，在一夫多妻制盛行時，對雌性投資會比對雄性投資來得大。亞歷山大及其助手 (1979) 指出，在一夫多妻制較為盛行時（以平均眷屬數衡量），雄性平均體型比雌性平均體型來得大。

　　第 i 位雄性和第 i 位雌性會一起生產的合適性（如果他們沒有其他配偶）等於

$$n(\alpha_i, \beta_j)\ G[m(\alpha_i)e_m, f(\beta_j)e_f], \qquad (9.20)$$

其中 $\partial_n / \partial_\alpha > 0$ 及 $\partial_n / \partial_\beta > 0$ 。最有可能的情況是（見第四章對人類的討論）：雄性效率的增加通常會提高與較具效率雌性配對的合適性，反之亦然；即是說

$$\partial^2 n / \partial\alpha\partial\beta > 0. \qquad (9.21)$$

第四章顯示，式(9.21)隱含正向多元擇偶的發生，那就是，有能力的雄性和雌性，由有效率的擇偶市場互相指派給對方。正向分派符合人類的天性，也可在其他物種中觀察到類似狀況（Fisher, 1958，第六章；Trivers, 1972,頁170）。

　　雄性和雌性可能寧願與一位優質的配偶進行隱性多配偶制，也不願與幾位較弱的配偶從事顯性的多配偶制。一位雌性似乎喜歡隱性的一妻多夫制，即使她的優質配偶是顯性的

一夫多妻實行者，因為雌性是合適性生產的主要貢獻者。她對合適性的貢獻愈大，她優質配偶的一夫多妻性愈小，而且如果她是顯性一妻多夫實行者，她優質配偶的特性遠高於她其餘的配偶時，她對隱性一妻多夫制的偏好就愈高（見數學附錄，B部份）。

所以，顯性一妻多夫制之罕見，也是因為優質的雌性偏愛隱性一妻多夫制。如果優質雄性的幾位配偶都有可能是優質的，則雌性與一夫多妻制實行者的雄性配對，將會有較大的合適性，因為兩者都有優質的傾向。紅翼山鳥及黃首山鳥的實例和這個暗示相一致（Orian, 1972），但其他的實例則不然；舉例而言，一夫一妻制的雌性土撥鼠看來比那些與一夫多妻型的雄性配對合適得多（Down Hower 和 Armitage, 1971）。這意味某些物種的一夫多妻型雄性與劣質雌性相配對。

結語

不同物種裏的個體們，在競逐配偶和其他資源時，會將他們的效用極大化。非人類，甚至大部份人類，不見得有意識地極大化，並且在短期間內都不可能極大化——但非人類能在長期間裏存活，唯有靠他們將其複製基因的生產極大化。經濟分析給非人類物種的長期行為提供了強有力的透視力，因為個別成員，在調和處於競爭狀態個體間之偏好的市場裏，能將其穩定的偏好（對後代的渴望）極大化，這正是經

濟手段裏清楚界定的主要特性（見 Becker, 1976b，頁 5，及
本書的導論）。

除非我對高度爭論性的主題有所誤解，我可立即指出，
對人類和其他物種在行為上的共通性所作的分析，並不隱含
我同意人類行為主要是由生理因素決定的。很顯然的，現代
社會裏的人類並不僅是極大化幼童生產；他們在能給予幼童
活得更長和受好教育及有光明前景下才會要增添小孩。人類
及其他物種行為之間的共通性，在解釋人類行為上不需要就
生物及文化力量的重要性間作一判決，雖然，理論上文化力
量是居主位，但生物力量也不是可以忽略的。人類行為可以
由生物和文化兩種力量的不同組合來決定，並且效用仍然可
以在調和各人慾望的市場裏，求得穩定偏好的極大化。

人類和其他物種在行為上的共通性，曾導引生物學者們
作出人類行為存有一實質的生物成份之結論。那些抗拒這種
隱喻的人們，常常拒絕承認任何行為上的共通性，因為他們
相信文化的主導性。可是，經濟方法隱含行為具有共通性，
因為所有物種的成員必須藉市場與非市場行為，將稀少的資
源分配到不同的用途上。所以，行為上的共通性只是委婉的
暗示，人類行為中生物力量的重要性。

可確定的說，人類行為的理論，在偏好可清楚得知、且
所有人都具同樣偏好時，將會非常地管用和強而有力（Stig-
ler 和 Becker, 1977）。因為自然天擇決定了其他物種的簡單
和同質的偏好，經濟分析法即使是為人類行為而發展出來，

但對瞭解其他物種的長期行為具有更強的分析力。確實,現代生物學逐漸依賴類似經濟學家所用的顯性極大化模型。(註15)此外,經濟分析法的確給人類和非人類行為提供了一個統一的處理方式,同時也認知到文化力量是人類行為的主要決定因素,而生物力量是非人類行為的決定性因子。

數學附錄

A. 如果 G 為 e_m 和 e_r 的第 i 階同質函數

$$iG = \frac{\partial G}{\partial e_m} e_m + \frac{\partial G}{\partial e_f} e_f,$$

或

$$t = \epsilon(G, e_m) + \epsilon(G, e_f).$$

如果雄性對合適性的相對貢獻被界定為

$$r \equiv \frac{(\partial G/\partial e_f)e_f}{(\partial G/\partial e_m)e_m} = \frac{\epsilon(G, e_f)}{\epsilon(G, e_m)},$$

則

$$t = (1 + r)\,\epsilon(G, e_m).$$

B. 一位擁有一夫多妻型雄性的雌性收入是:

$$C_{f_{k,j}} = \frac{1}{2}\, n(\alpha_i, \beta_j) G\left[\frac{m(\alpha_i)e_m}{k_i}, f(\beta_j)e_f\right],$$

其中 k_i 是他同質配偶的數目。如果她屬一妻多夫型擁有 l_j 個配偶,且效率為 $\alpha_j < \alpha_i$,她的收入將是

$$C_{f_{j}e_{j}} = \frac{1}{2} \, n(\alpha_j, \beta_j) G \left[m(\alpha_j) e_m, \frac{f(\beta_j) e_f}{\ell_j} \right] \ell_j.$$

她與一夫多妻型雄性配對會比前好，如果

$$C_{f_{k_i j}} > C_{f_{j e_j}},$$

或

$$\frac{n(\alpha_i, \beta_j)}{n(\alpha_j, \beta_j)} > \frac{G \left[m(\alpha_j) e_m, \dfrac{f(\beta_j) e_f}{\ell_j} \right] \ell_j}{G \left[\dfrac{m(\alpha_i) e_m}{k_i}, f(\beta_j) e_f \right]}.$$

若 $n(\alpha, \beta) = \alpha \beta$，$G = e_m^{\frac{1}{1+r}} \, e_f^{1 - \frac{1}{1+r}}$ 及 $m(\alpha) = f(\beta) = 1$，

這個不均等式變成

$$\frac{\alpha_i}{\alpha_j} > (\ell_j k_i)^{\frac{1}{1+r}}.$$

r 和 α_i / α_j 值愈大，而 l_j 和 k_i 值愈小，她愈喜歡一夫多妻型的雄性。例如，若 $r=3$，她寧為一夫多妻型的雄性（$k_i = 5$）的第五位配偶，而不願當三位雄性（$l_j = 3$）的唯一配偶，因為他們的效率只及前者的一半（$\alpha_i / \alpha_j = 2$）；如果 $r=1$，她將願為三位劣質配偶的第二位妻子。

附註：

〔註1〕我在Fisher (1958) ，Lack (1968) ，Wilson (1971; 1975) ，Trivers (1972, 1974) ，Wiley (1973, 1974) ，Dawkins (1976) ，和Berash (1977) 的討論裏得益匪淺。

〔註2〕 以前的討論忽略了質量和數量之間的互動,並且認為雄性和雌性
在再生策略的巨幅差異是來自他們再生成本的巨幅差異。Trivers
(1972) 的開創性討論,由 Wilson (1975,頁 324～326) 和 Barash(
1977,頁156～158) 接著也做同樣的強調。

〔註3〕 如果數量的總固定成本 $(P_n n)$ 超過質量的總固定成本 $(P_q q)$,
這對大多數物種而言是常態,變動成本 p 的減少會提高 Π_n 與 Π_g 之
比。

〔註4〕 當昆蟲的殖民地夠大和昆蟲的壽命夠長時,在昆蟲各階級的投資
也就愈大。根據 Wilson (1971,頁182、440) :「簡化後的一般情
形是,當成熟的殖民範圍擴大,則階級細分程度增加」,還有「
最精緻的社會行為發生在擁有廣大,而且永久殖民地的物種上」
。投資在母后比在其他階級多,因而母后當然活得比較長 (同書
頁428,見Oster 和 Wilson,1978,頁163的分析) 。

〔註5〕 這個假設在 Altmann 等 (1977) 有仔細的介紹,這和一個有效率
市場的假設相似,但有一個關鍵性的例外:他們假設擇偶是連續
發生的,並且擇偶的參與者在任一時刻都忽視後來者的影響。所
以,預期的合適性不單依賴個人特質也依賴來者的時間。這是一
個不具吸引力的假設,部份是因為推估的數目嚴重受限,除非來
者的分布能夠被標明,而主要是因為那些能將後繼者的影響都考
慮進去就占便宜。如果這種預期平均說來都是正確的話 (「無偏
誤」) ,Altmann模型就接近本章的模型。

〔註6〕 這個假設將迫婚或「強暴」除外;討論擇偶的武力使用見 Barash
(1977,頁67～68) 。

〔註7〕 新婚價格、嫁粧和其他資本性移轉等於在有效率婚姻市場裏同質
參與者的邊際產品,即使婚姻產出在配偶之間的分布已被嚴定 (

見第四章）。因為非人類只關心後代的生產，因後代嚴格的承襲雙親各50％的基因，有效率的擇偶市場不能等同邊際產出，但可等同產出的合適性，就像式（9.7）。可是，可以很容易地證明，當擇偶市場的均衡條件在 G 是柯布道格拉斯函數時，將等同於婚姻市場。

〔註8〕 讓每位配偶的最大產出，$\hat{G}=G$（$e_m / k, e_r$）在 $k \leq k_o$時可以達到。如果 k_o是擁有效率 α_o的雄性之配偶的均衡數，所有擁有效率 $\alpha_r <$ α_o的雄性都將維持單身，因為他們只能提供潛在配偶 $\hat{C}_r = \frac{1}{2} \alpha_r G$，而這少於市場價格 $C_r = \frac{1}{2}\alpha_o \hat{G}$。

〔註9〕 這個論點首先由 Fisher(1958，頁158～160)提倡。第三章中為人類而設的方程式較為複雜，因為人類不僅是追求合適性的極大值。

〔註10〕 見第三章數學附錄D部份裏相關方程式的證明。

〔註11〕 見 Darwin（1872）。Lack 研究鳥類，寫道：「最精緻的雄性羽毛和外觀發生在雜交和一夫多妻制的物種裏，是一點都不奇怪，因為在這物種裏，一個成功的雄性將需要數個配偶，因此一定要有某些特別強烈的特性才能吸引雌性」（1968，頁159）。

〔註12〕 見第三章註26的證明。

〔註13〕 很明顯的，我的假設在一個一妻多夫制的家庭裏，和一位配偶的生產獨立於與其他配偶的生產無關是不切實際的，因為誰是那雄性父親是不確定的。這個不確定性可因生產規模報酬遞減而限制一妻多夫的發生（見 Barash, 1977, 頁165；或Alexcnder 等，1979，頁413）

〔註14〕 見Jenni（1974）或Barash（1977，頁90）。在證明鳥類中少見一妻多夫制後，Jenni說：「不管同步一妻多夫制的適應值為何，一

妻多夫的演進端賴雄性獨占孵化和雙親行為的前期或同步之演進而定。」（頁140～141）。

〔註15〕見Chernor (1976) 所舉的糧草模型；Oster和Wilson (1978) 有關昆蟲的處理，和 Rechlin 等 (1980) 對鴿子、老鼠和其他動物的行為所做的實證模型。

不完全訊息、結婚和離婚

Imperfect Information, Marriage, and Divorce

前面的章節，對婚姻的考慮有勞力的分工、在小孩身上的投資、和其他的家庭決定，卻忽略了不完全訊息及不確定性。不完全訊息常可置於不顧而無損於瞭解婚姻市場的尋覓、子女對年老父母的貢獻、好的聲譽及其他行為，但卻是離婚的根基。舉例來說，婚姻市場的參與者甚少知曉其本身的興趣和能耐，更別說潛在配偶們的可靠性、性趣的配合度和其他特性。雖然他們藉著約會及用其他的方法來增強他們的訊息，他們常因嚴重的錯誤評估而結婚，在婚後隨著訊息的增強而修正他們的評估。

本書的最後兩章將探討不完全訊息和不確定性的不同後果。本章將集中討論婚前增進訊息的方法；以及婚後當掌握訊息後導致的離婚。婚後的前面幾年所得到的訊息，在美國和其他地方常成為婚姻提早終結的元凶。

婚姻市場中的不完全訊息

婚姻市場的參與者都被假設對他們與潛在配偶間所能期待的效用所知有限，主要是因為有關這些配偶們的特性之訊息有限之故。如果他們婚後仍可像單身時那麼「便宜」的尋覓其他配偶，而且婚姻不需太大成本就能中止，他們就會與首次遇到的合理對象結婚，即使知道他們的婚姻不是最佳的組合。他們於是在仍有婚姻情況下繼續尋找。可是，因為婚姻到底對接近單身對象有所限制，而中止婚姻可能所費不貲（主要是由於小孩及其他為了特定的婚姻所作的「投資」）

，參與者通常不會立即和第一位遇到的合理對象結婚，而是企圖多了解他們、並且尋找更好的對象。

日增的尋覓和更佳的訊息，會藉著婚姻選擇質量的增進而提高在婚姻中所獲得的效用。然而，時間、努力及其他高成本的資源必須花在尋覓上，且尋覓愈久，從婚姻得到的實惠也愈被拖延。一位理性的個人會游移在「廣度空間」上尋覓新增對象，並且和在「深度空間」上對認真的對象進行蒐集新訊息，直到每一種空間所支付的邊際成本和邊際收益相等為止。特別是，理性的人們即使很確定多做尋覓必將會找到更好的對象時仍會先結婚，因為新增的尋覓所花的成本將超過從更佳對象所得到的預期收益。

婚姻市場的尋覓方式很多，包括各種花在整飾儀容和個人舉止的費用、宴會、約會、教堂交際、男女合校、酒吧和為單身設計的公寓建築物、以所得及其他特性來區隔的住宅區，還有交換詳細描述個人成就和家庭背景的履歷表。（註1）有時候，婚姻掮客也派上用場，就像東歐猶太人之間所常用的，（註2）但不拘形式的尋覓方法遠比商業手腕來得普遍。部份的理由可能是參與者若以愛情和情緒為主要訴求時，會堅拒向商業求助，但——遠比這點重要的——朋友、親戚、學校、社團及其他非正式的尋覓管道都更為有效，雖然其質量上之差異頗大、且適當的篩選是極其關鍵的。非正式管道在勞力市場上也是重要的，尤其是對熟練的工人而言（Rees, 1966），可是愛情甚少進入勞力交易（見第八章）

。

由於要瞭解某人最好的方法是生活在一起，因此假如一對未婚的戀人花上很長的時間在一起，也許包括試婚在內，密集探索是更為有效的。（註3）在避孕較為原始且不可靠時，試婚及其他婚前接觸大大提高懷孕的風險。本世紀試婚和其他婚前接觸行為（註4）的大幅增加，部份是對避孕技巧重大改良的理性反應，而不宜視作現代的年青人比過去的年青人重視性經驗的明證。

經過密集探索而得到的訊息，是用來推測對象的特性。那些難以評估的特性有一部份可用已評估過的特性——諸如宗教、教育、家庭背景、種族或舉止——之訊息來做預估，因為這些特性和較不為人所悉的特性，常具系統性的一致變化。舉例來說，某一對象的誠實或可親度是與其家庭的家風有關；其才智是與其教育有關。

某些經過評估的特性，可作為未知特性的替代品，於是就發揮了遠比它對婚姻產出直接貢獻來得大的影響。有些變數像舉止及家庭背景，就成為觀察戀愛對象的教養、基因體質、人格及其他甚難直接評估的特性之最有價值的指引。

相反的，某些甚難評估的特性傳統上很少受到重視，即使它們是婚姻的關鍵因素。尤其是，傳統的配婚明顯地蔑視愛情，但不隱含愛情被認為是不重要。因為永恆的愛情很難與一時的迷情分辨清楚，於是對婚前愛情的任何直接評估自然不賦予多大的信心。對愛情的間接評估就取而代之了；例

如,教育和背景就顯得重要,部份是因為愛情在擁有類似教育和背景的人們間,較易發展出來且維持下去。

在第二十世紀裏,對性趣的配合度和其他個人特性的明顯關注有與日俱增之勢;約會機會、男女合校、試婚及其他與戀愛對象接觸的增長,已提高直接評估的可信度。因此,對這些個人特性的關注,取代像背景這些代替品,並不必然暗示個人特性在婚姻幸福上的重要性比以前來得大(但也要參考第十一章)。

第四章發展出來的理論隱含、有效率且擁有充分訊息的市場中所撮合的婚姻,能正向地指認出大多數的特性。教育、智商、種類、宗教、收入、家庭背景、身高和許多其他特性,實際上都被正向地檢定出來。可是,通常研究人員只熟悉已評估過的特性;而那些參與者很難評估的特性,就像愛情或成長的能力,也是很少被研究人員拿來評估。所以,因為那些很難評估的特性應該比已知的特性更難被指認出來,被研究人員發現的正向配對程度,會超過所有特性所作的正向配對程度。

不完全訊息和離婚

如果婚姻市場的參與者對所有適婚對象都擁有完整的訊息,離婚就是對轉換配偶需求、或希望特性在生命週期出現變化的一種可充分預知之反應。於是大部份的離婚就應該發生在婚後許多年,因為特性的變化呈漸進式。然而,事實恰

巧相反：約有百分之四十的離婚（及婚姻無效）發生在婚後的前五年，且分居通常比離婚早一年或更早（美國衛生、教育和福利部，1979）。

可是，如果參與者掌握的是高度不完全訊息，大多數的離婚理該在婚姻的早期發生，因為有關特性的訊息在婚後會急劇增加。幾年的婚姻生活通常是瞭解愛情和其他特性訊息的最有效來源，遠比在婚前所用的代替品好得多。我認為婚姻提早觸礁，主要是因為婚姻市場的不完全訊息及在婚姻過程中累積了更好的訊息。這個觀點是有事實支持的：在所得和健康上預想不到的變化，確實提高離婚的機率（BLM，註5，1977）。

丈夫「難相處」和價值的衝突，是婦女在她們婚姻之初期就離婚的主因，可以這麼說，因為這些特性在婚後數年內就能予以準確地評估。個性衝突、性趣的不配合及類似的特性，對離婚較晚者來說理應比早離婚者更不重要；婚後數年有關這些特性的訊息不會有多少增添。但在另一方面，某些訊息，包括那些關於其他婦女和收入潛力之訊息，其取得可要慢得多，並且應該是晚離婚的重要因素。確實，第三者婦女的出現或／及財務上的衝突，最常被婚齡超過十年後才離婚的婦女所引述（Goode, 1956，頁128～129）。

不滿及離婚的主要成因不必然是婚姻幸福的主要決定因素。教育、年齡、體力狀況以及其他容易評估的特點，不是不滿的主要來源，因為婚後對這些特性的瞭解所增不多。正

如婚姻市場強調的，那些易於評估的特性，並不代表這些特性對婚姻幸福比其他特性更有貢獻一樣，反過來強調「離婚市場」中難以評估的特性，並不意味這些特性就該負更大的責任。（註6）

在婚後前幾年，累積起來的訊息愈是快速，離婚似乎將更早發生。離婚率在婚後頭幾年達到最高，而在四或五年後急劇下降，雖然有些解釋說那些易於離婚的人傾向於快點從已婚行列中退出（見Heckman, 1981，論異質性的影響）。

離婚似乎較少發生在婚姻晚期，有一新增的理由是，如果婚姻保持不變，資本會累積且更具價值（「婚姻特定」資本）。小孩是主要的例子，尤其是有年幼的小孩，雖然對其配偶的特異體質的瞭解也是很重要（Heimer and Stinchcombe, 1979）。在有了小孩，尤其是小孩尚小時，離婚就不易發生——這不只存在於美國和其他富裕國家（Goode, 1963，頁85、364；BLM, 1977），也存在於原始的社會（Saunders 和Thomson, 1979）。

有意離婚者反過來也不積極於婚姻特定資本的累積，因為，依定義，這類資本在離婚後價值就少了。可以這麼說，試婚或私定終身比合法婚姻少生小孩，至少部份原因是前兩項婚姻較不易持久（見Kogut, 1972，有關巴西的私定終身及合法婚姻所提供的證據）。那些與他們種族或宗教以外之人通婚的人們，遠比與具同樣特質結婚的人們容易離婚。因此，我們可以馬上瞭解，為何不同種族或宗教之間的婚姻，常

擁有較少的小孩，即使是以婚姻穩固的一群來做比較，也比其他婚姻來得少（見BLM就美國所提供的證據，1977），以及為何印度人不同階級之間的婚姻，比同一階級之間的婚姻來得少要小孩（Das, 1978）。

對離婚的預期可部份地說是自明的，因為一個高度可能離婚的預期減少對特定資本的投資，且因此提高實際上的機率。（註7）例如，私定終身及試婚比合法婚姻來得不穩定，而不同宗教或種族間的婚姻，也比同宗教或同種族之間的婚姻來得不穩定，部份原因是通婚將擁有較少的小孩。同時，一如前面所指出的，通婚之所以有較少的小孩是由於這些婚姻被認為是不夠穩定。

特定的投資和不完全訊息可以解釋，為何同性聯盟遠比異性婚姻來得不穩定（Saghir和Robins, 1973，頁56～58，226～227）。同性聯盟不會有小孩，而通常他們比異性婚姻擁有較不廣泛的分工及較少婚姻特定的資本。尤有進者，對同性戀的指責會提高尋找圈內人的成本，因此減少了有關的訊息。再者，同性聯盟，像試婚那樣，可以解約而不需合法的輔導程序、贍養費或小孩的生活補助。

婦女一般比男人早婚，部份是因為男人的成熟期和獨立期將因投放在他們身上的人力資本較大所延誤。由於對男人和婦女的投資，將因對小孩的需求趨減而日趨平等（見第三章），目前男人和婦女的初婚年齡都在相似的年紀。舉例來說，在美國，男人和婦女初婚年齡的中位數之差，從1900年

的四年降到1970年的兩年半左右（美國人口普查局， 1971c
）。

　　還有，離婚的婦女再婚的速度也遠比離過婚的男人來得
慢，即使離婚時年齡尚輕。她們幾乎都得到小孩的監護權，
一個影響再婚的負因素。同理，那些擁有非婚生小孩的婦女
，初婚期遠比沒有小孩的婦女來得晚 （Berkov和Sklar, 1976
）。

　　年幼小孩提高尋找另一位配偶的成本、並明顯地減少離
婚婦女的淨資源 （Weitzman和Dixon, 1979）。也許是這個
理由，這些小孩提高再婚失敗的可能性，即使再婚後別的小
孩出生會降低這個可能性 (BLM, 1977)。這裡，值得提醒的
是，第一次婚姻前非婚生小孩及其他懷孕的紀錄，也會提高
婚姻失敗的機率 （Christensen和Meissner, 1953 ； Berkov和
Sklar, 1976)。

　　離婚過的婦女如果沒有小孩的監護權，一如沒有小孩的
單身婦女，比單身男人早婚，也許會比離過婚的男人早再婚
。事實的確如此，大約百分之四十五的離婚婦女會在離婚後
的頭兩年再婚，如果她們沒有監護權的話，這是她們實際再
婚比率 (22) 的兩倍，而且明顯高過男人的比率 (31) 。這
項推估假設沒有監護權的婦女結婚的速度將和沒有小孩的婦
女一樣快。這是從一條迴歸方程式所做的推斷，將婦女是否
在特定期間內再婚與幾個變數，包括小孩數做迴歸 (BLM,
1977)。

離婚的利得

丈夫和妻子雙方同意離婚，若且唯若，他們都期望離婚後會更好。雖然離婚要求雙方同意看起來比只要任一方提出即可來得難，但基於這項同意而離婚的頻率及案例理應和依照其他規定所做的離婚大同小異，但若這對夫妻有意離異時，互相協商是很容易的。這項論斷是 Coase 理論（1960）的特例，且是第四章論據的自然衍生：人們之所以互相結婚，若且唯若，他們都期望這會比他們其他更好的選擇來得好。

一對持風險中性的夫妻在雙方同意下離婚，若且唯若，

$$Z^m < Z_d^m, \qquad Z^f < Z_d^f, \qquad (10.1)$$

其中，Z^m 和 Z_d^m 各為丈夫從維持婚姻和進行離婚所能期待的商品財富，（註9）而 Z^f 和 Z_d^f 則各為妻子相對應的期望值。如果協商是便宜且容易進行的，這個充分和必要條件可以更簡單的改成：

$$Z_{mf} \equiv Z^m + Z^f < Z_d^m + Z_d^f \equiv Z_d^{mf}. \qquad (10.2)$$

顯而易見的，如果式(10.2)的不等式不能成立，則式(10.1)的不等式也不能成立。式（10.2）也隱含式（10.1）可顯示丈夫的財富將因離婚而減少（$Z_d^m < Z^m$），即使他們合起來的財富可能增加（$Z_d^{mf} > Z_m$）。做妻子的可以補償丈夫因離異而直接承受的損失（$Z^m - Z_d^m$），以「賄賂」丈夫同意離婚。她也會比以前好，只要這項協議少於他們的總合利得（$Z_d^{mf} - Z_d^m$）。

比較曖昧的是，式（10.2）仍然是充分和必要的離婚條件而非式（10.1），當任一方有離婚意願，或像在傳統穆斯林社會裏只允許丈夫有離婚意願。如果作丈夫的因離婚得利（$Z_d^m > Z^m$）而他們的總合利得減少時，她也可以提供他們結婚產出的更大份額來賄賂他不要離婚。（註10）相反的，要是他因離婚有損失，但他們的總合利得會增加時，她也可以提供他更好的協議來賄賂他離婚。

離婚史中充滿了利用協議誘導抗拒的另一半同意離婚之例子。在中世紀阿拉伯世界裏的猶太人，只有丈夫可以訴求離婚，可是「在我們所掌握的較為細緻的訊息中可得出一個印象，如果不是絕大部份，也是許多例子所顯示的女性一方是離婚程序的發動者，大多時候是以放棄本該歸她的（嫁粧和其他結婚禮物）來確保成功」（Gortein, 1978，頁265）·。還有，日本在1948和1959年間，百分之九十的離婚是雙方同意的（Rheinstein, 1972，表5），雖然配偶任一方都可單獨提出離婚訴願。

也許有人會認為，法律規章改變結果：離婚程序所造成的憤怒和其他情緒，使得協商耗時且所費不貲，或者說一方同意離婚只有他（或她）真的活得很苦（Friedmen, 1969；Goitein, 1978，頁265～266；Saunders和Thomson, 1979）。為了取得法律規章對此影響的數字證據，試想想，當加州在1970年成為允許夫妻任一方得提出離婚訴願（無過失離婚）時的劇烈變化；（註11）在此之前，訴求離婚要求雙方同意

或在輔導程序中證明「有錯」。

在1960年代，加州和全美其餘各地的離婚，年平均增加率分別是百分之三點六和百分之四。我們可以很粗略的估計，如果加州不採取無過失離婚時，其離婚增加率將會是怎樣的一個數字，可假設在1969至1976年間，任意兩年間的離婚增加率，相當於全美其他各地的增加率乘以他們在1960年代的平均增加率之比$(0.9＝0.036/0.040)$。圖10.1中這項「預測」增加率很顯然的在1970和1971低於加州的實際增加率，在1972年略低，在1973和1974年約略等於實際增加率，且在1975和1976年時稍高於實際的增加率。採行無過失離婚似乎並沒有給加州的離婚率帶來多少長遠影響，雖然離婚在前面幾年確實增加了一陣子。 （註13）

即使離婚程序從互相同意及從有過失到無過失的轉變並未給離婚率帶來明顯的長遠影響，但因離婚而產生的利得分佈，即式（10.2）中的 $Z_d^{mf} - Z_{mf}$，卻已有很大的改變。特別是對那些比婦女更有離婚意願的男人而言，部份是因為他們沒被賦予小孩監護權，以及部份是因為他們在已婚情況下有許多機會結識其他婦女，而無過失離婚減少了他們為了取得他們妻子的同意而提供大方的協議之誘因。1970年後，加州的贍養給付及小孩補助費，相對於父親的收入已有明顯的下降 （Dixon和Weitzman, 1980，表2）。

式（10.2）的不等式是一個用來分析不同變數對離婚傾向之影響的簡單以及易於執行的規範。人們只需判斷一對已

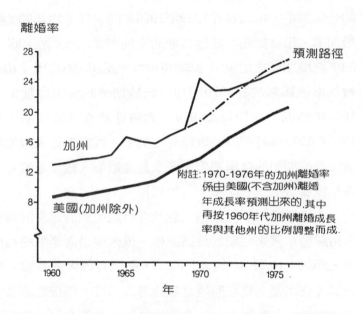

圖 10.1 1960年到1976年,美國加州及加州除外之美國每1000
名已婚婦女離婚率.
資料來源:美國統計調查局,1963,1973,1977年及更早期
出版品;美國保健,教育及福利部,1979年及更
早期出版品;美國保健,教育及福利部之公共保健
服務 Alexander Plateris所題供之資訊.

婚夫妻的共同財富，是否因離婚而有所增加，而不需擔心這份增加部分如何分配或誰有法律權利訴請離婚。為說明起見，一個負所得稅制或給撫養小孩的母親補助，將會提高合格家庭的分居和離婚率，因為在這種情況下，分居或離婚人士的收入，要比已婚人士的收入為高。事實上，這些方案提供了貧窮婦女一個鼓勵離婚的離婚協議。（註14）

維持婚姻的預期財富將增加，若某一方比早先預期賺得多，或任何一方的特性比預期來得好。但是，而且有點弔詭的是，婚姻常在他們的預期實現之前瀕臨拆散。夫妻的總合財富因離婚而有所增加，甚至比住在一起時的財富還多，因為他們已不再是佳偶了：那位擁有特性比預期好的人士應該和比他的配偶「更好」的人匹配，而她應該和比他「差」的人士配對。式（10.2）的這項暗示，也得到實證的支持：婚姻在實際的收入、健康和富裕超過預期時很有可能解體，就如同這些都不符合預期時那樣（BLM，1977，第II.1節）。

如果一位丈夫在別處可找到好工作，而他的在職妻子卻不然——自從更多的為人妻者進入勞力市場後，此已成為一項議題——他們的總合財富在他搬走及她留下的狀況下可能達到最大。可是，他們的分居增加離婚的可能性，因為維持婚姻的好處已因分居而減少。人口移動看來有提高離婚的傾向（見Mincer的分析和證據，1978）。

擁有較高收入或其他所得的男人，比其他男人更能從婚姻中得利，因為他們可吸引較多的妻子或高素質的妻子（見

第三章及第四章）。這解釋了他們為何在年齡尚小時結婚以及當鰥居或離異時會很快再婚（Keeley, 1974, 1977；BLM, 1977）。因為增加婚姻的利得也會使得維持婚姻比離婚來得有利，高收入男人應有較低的離婚傾向。這個結論與大眾觀點相左，但卻被實證所支持，這不光是在美國，其他國家也是如此（Goode, 1963，頁86）。

高收入婦女的婚姻利得就比不上其他婦女，因為高收入減少了對小孩的需求，以及婚姻中性別分工的好處（第二、四、五章）。所以，高收入婦女理應易於離婚，也有幾個證據支持這個結論（見 BLM, 1977）。的確，過去30年，婦女收入的增長已是同時期離婚率增長的主要原因（也是主要結果）。

近數十年，黑人家庭的不安定已成為大眾感興趣且議論紛紛的課題——例如，爭議性強的莫尼漢（Moynihan）報告（美國勞工部，1965）。黑人家庭的極度不安定，不完全可由人口的北移，或最近福利的成長來解釋；黑人家庭從本世紀初即遠比白人家庭來得不安定，甚至可能更早些，這在南方及在北方皆然（Sanderson, 1980）。

黑人家庭應比白人家庭來得不安定，除了因為黑人較窮及黑人婦女比黑人男人賺得較多、而且這比例較白人婦女相對於白人男人來說差距更大（Smith, 1977, 1979）。黑白家庭在所得、收入和失業的差異，可以解釋近幾年來黑白婚姻不安定的差異（Ross 和 Sawhill, 1975，第四章）。在審視過

去數百年黑人的收入情況，我們可預期，黑人家庭長期以來是比白人家庭要來得不安定，不論他們在其他層面上是否相似。（註15）雖然，奴隸制未曾破壞黑人的家庭（Gutman, 1976），黑人家庭在美國的較不安定至少部份是源自奴隸制：相較於白人，黑人的收入被減少，或許黑人婦女的市場生產力相對於黑人男人則被提高(Goldin, 1977)。

為何某些人明知與其宗教、種族、年齡或教育階層以外之人結婚有較高的離婚機率，卻仍會通婚？這些個別人士不見得對這些風險完全無知。他們擁有較少的兒童，以及以其他方式來表達他們有高離婚率的預期。通婚的人士不能單純地說，對他們自己的種族或自身的教育水準有少一點的「偏見」或少一點宗教情懷，因為如果是這樣，為何他們的離婚率如此之高？通婚也未顯示，能提供好處來補償離婚的高風險：收入以及受孕率都比較低。考慮下面方程式所提供的1967年之收入（資料來自經濟機會普查）

$$E_m = 0.414 + 0.060S_m + 0.034e_m^2 - 0.0006e_m^2$$
$$(9.9) \quad (14.5) \quad (-15.1)$$
$$+ 0.067r + 0.028S_f + 0.0002S_mS_f, \quad\quad (10.3)$$
$$(0.9) \quad (4.7) \quad (0.5)$$

其中，E_m代表1967年已婚男人收入的對數，S_m表示他的就學年數，e_m代表勞動力的年資，S_f代表妻子的就學年數，r是虛擬變數，當配偶為同一種族時等於1，至於t統計值即括號內數值。正的r和S_mS_f的係數值（未達統計上的顯著水

準）暗示，男人的收入在種族或教育的通婚裏不是更高而可能是較低。（註16）

最有可能的解釋是，這些人之所以通婚，即使他們預見有較高的離婚率，是因為他們不預期再尋覓和等待下去會有更好的結果。也許他們在尋覓過程中運氣不好並且懷孕，或歲數已大並害怕報酬遞減的市場。那些婚前懷孕的婦女和那些年過三十尚未結婚的人士，比較可能與他們宗教以外的人結婚（Burchinal 和 Chancellor, 1962；Christensen 和 Barber, 1967）。

某些人士通婚不是因為他們運氣不好，而是因為他們在發掘合適對象時，不具效率或擁有其他特質會降低他們在婚姻中的利得。這些人士似乎在第一次婚姻，或在第二次及往後的婚姻中通婚，而人們如果在第一次婚姻中純粹因運氣不好，即可能期望在再婚市場上有點運氣。表10.1的證據顯示，運氣壞不是通婚的主要成因。Terman 的「天才們」如果他們第一次婚姻是與不同宗教之人結合，則有百分之四十以上再婚的對象是異教，而如果他們前次婚姻是和圈內人結合，則少於百分之二十會與外來者再婚。表10.2指出，再婚不會自動地提高通婚的可能性：鰥寡的猶太人不太會和非猶太人結合，而離過婚的猶太人，相對於第一次結婚的猶太人而言較有可能。

運氣不好之人在進入通婚後，從維持婚姻中所得到的期望值較小，因為他們期待在再婚市場會有一般人的運氣，因

表 10.1　依結婚及先前行為排序之下 Terman"天才們"與外地人結婚之比例.

目前婚姻狀態	第一次結婚	第二次結婚		第三次結婚	
		與第一次結婚的對象同一地區	與第一次結婚的對象不同地區	與第一次結婚的對象同一地區	與第一次結婚的對象不同地區
女性:					
與相同地區的人結婚	0.88	0.81	0.44	0.40	0.50
與不同地區的人結婚	0.12	0.19	0.56	0.60	0.50
觀察個數	486	26	9	5	4
男性:					
與相同地區的人結婚	0.86	0.82	0.67	1.00	0.67
與不同地區的人結婚	0.14	0.18	0.33	0.0	0.33
觀察個數	689	38	18	4	3

資料來源:BLM(1977，頁 168)資料來自 1950 年 Terman 樣本內的高智商之婚姻史.

此有較高的離婚傾向。他們在婚後所實現的和使離婚成為具吸引力的選擇所期望的利得相差較小時,會維持婚姻。同樣的論調隱含,對通婚的人士而言離婚傾向較高,因為他們具備降低他們的婚姻預期利得的特質。在通婚中不具效率的尋覓者,由於他們在再婚市場裏也是不具效率的,故從維持婚姻中的預期利得可能不會較少。可是,他們也是有較高的離婚傾向,因為他們是在配偶消息不充分的情況下進入婚姻的(見BLM, 1977,和Wilde, 1980,有進一步的討論)。

離婚和烙印

一對夫妻在婚後所取得的非預期訊息,使他們因維持婚姻所擁有的財富少於因離婚而擁有的財富時才會提請離婚。他們也許是沒有預期的相配,或某一方(或雙方)都不像預期的值得信賴,或更喜歡爭吵。那些因為他們不值得信賴或喜愛爭吵而離婚的人士,在再婚市場上也不是具有吸引力的對象;很不幸地,沒有足夠的訊息來判定,為何他們從維持婚姻所得到的預期財富會下降。

不過,平均而言,離過婚的人士比維持婚姻的人士更喜愛爭吵,在其他方面也不是那麼討喜,因為令人不悅的氣質是離婚的一個原因。(註17)如果在某些特定案例裏離婚的原因不是那麼容易認定的話,所有離過婚的人士也許可以被烙上比一般人士較不適合作為婚姻的對象(註18)(或雇員、或借債者、或鄰居)。此外,那些有兩次離婚紀錄的人士

表 10.2　1960-1963 年間,印度猶太人通婚比例.

婚姻型態	配偶的前次婚姻狀態		
	一人或兩人為鰥寡	皆為單身	一人或兩人為離婚
地區內	0.81	0.60	0.32
地區外	0.19	0.40	0.68
觀察人數	32	485	254

資料來源:羅森塔(Rosenthel 1970,頁436).

表 10.3　特定婚齡的離婚概率,虛擬迴歸係數表示前曾已婚或喪偶
(美國白男與白女,年齡 15 至 65).

解釋變數 a	婚姻期(年)			
	婦女		男人	
	0-5	5-10	0-5	5-10
虛擬=1，如屬第二或第三次婚姻 b	0.138 (15.94)	0.012 (1.36)	0.036 (4.13)	0.013 (1.68)
虛擬=1 如在首次婚姻喪偶	0.002 (0.13)	-0.018 (1.19)	-0.009 (0.47)	-0.009 (0.51)
R^2(整個迴歸式)	0.037	0.010	0.011	0.001
F(整個迴歸)	56.82	12.23	12.08	0.80
樣本數	11,960	9,627	8,688	6,948

資料來源:BLM(1977,頁178).

比只有一次的人更有此烙印，那些有三次離婚紀錄的人士又比只有二次的人更有此烙印；一個人如果單純因為運氣不佳擇錯配偶，其離婚的機率會隨著離婚次數而下降。

如果離婚背負一個烙印，離婚過的人士只能在比他們前次婚姻的條件差之情況下再婚。因為結婚的條件惡化會減低結婚的誘因，離婚的烙印隱含，結婚的機率隨著前次離婚的次數而下降。再者，表10.1及表10.2也顯示，離過婚的人士從再婚中得到預期的利得，將比他們前次婚姻所期望的要少：離過婚（不是喪偶者）的人，即使他們曾與他們宗教中人結合，較會與宗教外之人再婚。

在十九世紀和二十世紀初期，維持婚姻的預期利得通常較大。受孕率高且甚少已婚婦女參與市場（見第十一章有充分的討論）。於是，離婚的人必定是非常難以相處或脾氣上非常不適合結婚。本世紀裏，維持婚姻的預期利得下降，已鼓勵了那些稍為難纏或脾氣稍為暴燥的人士以離婚收場。所以，離婚的烙印隨著時間的推移和離婚數的增加會有所減弱，即使「寬容度」沒有增加或「離經叛道」行為也未見更獲容忍。現在離過婚的人，相較於以前，在氣習上已被視作正常了。

離過婚的人其再婚利得會比一般初婚者的利得要少，因為離過婚的人較具愛爭吵的性格。更有甚者，離過婚的人利得少，因為他們較具其他會降低他們從婚姻中獲利的特質，或者因為他們是不具效率的尋覓者。於是乎，再婚應比首婚

更容易拆散，尤其是那些前面離過婚超過一次的人士更是。
表10.3指出，即使當目前的婚姻存續期和其他幾個變數都維
持不變，第二次婚姻的離婚率，在婚後的頭五年遠高於所有
第一次婚姻的離婚率，而婚後的第二個五年，其離婚率則稍
高於後者。那些離婚兩次（或更多）的人，其第三次（或更
高次）婚姻的離婚率看來是相當地高（Monahan, 1958，表5
）。

附註：

〔註1〕 在日本，履歷表仍在朋友和其他中介機構間交換著，即使是受西
方教育的日本人也一樣。

〔註2〕 要想知道這些掮客的虛構趣聞，見Aleichem（1969，第5冊）。

〔註3〕 同理，試用對工人和廠商而言，是一個比較有效的方法來彼此瞭
解，更比浪費工人時間在學校或其他「篩選」活動好。

〔註4〕 不同的國家長久以來發展出穿衣服共寢（或夜裏區隔）及其他婚
前接觸的形式以控制懷孕的風險（見Shorter的例子，1975，頁44
～50）。

〔註5〕 本節的分析和證據部份來自貝克等（1977），往後則以 BLM 代
之。

〔註6〕 同理，不令人滿意的工作環境，是不能讓人事前評估的，提供了
一個重要的理由為何人們在一份工作的前幾年就辭職（Borjas,
1979）；也見Nelson（1970）討論消費者選擇對「尋覓」和「體驗
」商品的區分。

〔註7〕 讓

$$p = f(s,\alpha) \quad \text{其中} \quad \partial p/\partial s = f_s < 0, \ \partial p/\partial \alpha = f_\alpha > 0,$$

和 $s = h(p,\beta)$ 其中 $\partial s/\partial p = h_p < 0, \ \partial s/\partial \beta = h_\beta > 0,$

其中p是離婚的機率，s是對特定資本的投資，而α和β各為提高p和s的外生變數。例如，α可視作一虛擬變數在私定終身時為1，在合法婚姻時為0。於是

$$\frac{dp}{d\alpha} = f_\alpha + f_s \frac{ds}{d\alpha} = f_\alpha + f_s h_p f_\alpha = f_\alpha(1 + f_s h_p) > f_\alpha.$$

α的提高（也許是從合法婚姻到私定終身）對離婚機率的總影響超過α單獨的影響，而對特定資本的投資（s）就會減少。

〔註8〕 在另一研究裏，31%的男人和只有22%的婦女在他們離婚後兩年內再婚（BLM, 1977）。

〔註9〕 效用和商品收入之間的關係在第四章已討論過。

〔註10〕 雙方都想維持婚姻，如果

$$Z^{*m} = Z^m + \Delta > Z_d^m \quad \text{且} \quad Z^{*f} = Z^f - \Delta > Z_d^f,$$

其中Δ是給他的賄賂。任何賄賂超過$Z_d^m - Z^m$和低於$Z^f - Z_d^f$都滿足兩個不等式。

〔註11〕 無過失離婚至少可追溯到羅馬時期。Lecky 在其《歐洲道德史》 *The History of European Morals* (1880) 裏寫道：

另有一個婚姻的變型所帶來的更為重要的後果。婚姻僅被視作一種民事契約，是因簽約双方的快樂而締結的，其存續端賴双方的同意。各方都可能以意願解約，而解約後双方都有權利再婚。毋**庸置疑的，在此一制度下，婚姻的義務是極端的不受重視**（頁306，黑體字為後加）。

可是，Lecky 在舉出幾個離了婚又再婚的羅馬人例子後，他這樣

寫著：毫無疑問的，這些是極端的例子；但毋庸置疑的是，婚姻生活的穩定性乃受到嚴重的破壞。**可是這些法律上的變革對婚姻生活的影響很容易被誇大**。在一個純以公共意見做決定的國度裏，離婚的適用範圍對兩造而言都非常寬廣以致沒有任何嚴重效果。離婚權，一般是丈夫最常擁有的，在羅馬共和時期，絕無或絕少實施（頁307，黑體字後加）。

〔註12〕在1970至1974年間，只有十個其他州通過無過失離婚。（Foster和Freed, 1974）。

〔註13〕因為1970年的法律降低了最低定居要求及訴願離婚和最後判決離婚間的最低等待期，某些在1970和1971年獲准離婚的案例即使到1972和1973年在舊法下也被獲准。的確，Schoen和他的助理(1975)宣稱，1970和1971年裏離婚率的跳昇幾乎可以完全被這個時間的改變所解釋，還有，在某種有限的程度內，加州居民可能在內華達州獲准離婚。可是，如果時間是主要的解釋因素，在1972至1974年的預測率應比實際率高出許多；事實上又不盡然。

〔註14〕在負所得稅制下的離婚率在Hannenet等（1977）和Keeley（1980）有分析；至於給撫養小孩的母親予補助，對以女性為戶長的家庭數之影響在Honig（1974）裏有討論。

〔註15〕Sanderson（1980）運用十九世紀有關黑人男人和婦女收入的某些證據，作此論述。

〔註16〕當然，這個方程式不能決定是否通婚降低收入，或是低收入的男人喜歡通婚，或兩者都有。

〔註17〕這裏的討論受Jovanovic（1978）的啟發。

〔註18〕勞動市場的烙印在Flinn和Heckmen（1980）裏有分析。

家庭的演進

The Evolution of the Family

離婚率、生育率、已婚婦女的勞動參與率及社團的其他層面，還有家庭的行為，在最近數十年都已發生劇烈的變化。這些變化的幅度和速度，以及他們所受到的注意，不應讓人認為家庭在此之前曾停滯不動。在原始和農業社會裏的家庭，是一個完全不同的組織，在過去幾個世紀裏，西方的家庭已經歷過一個可觀的轉換過程。

在這最後一章，我們利用前面幾章發展出來的分析方法，來思考家庭的長期演進和近期家庭轉型的方法。這些討論帶有推理的性質並且粗枝大葉，因為我不是歷史和人類學素材的專家。可是，我相信以經濟分析法來描繪家庭，會為家庭的長期演進和當代的發展，勾勒出主要的影響因素。

傳統社會

所有傳統的社會在處理不確定性和有限訊息上，都有難以數計的問題。魔法、巫術及迷信助長了物質世界的無知（Thomas, 1971）。大多數的幼童在十歲之前夭折（見第五章），許多人在他們的婚姻前十年就喪偶。惡劣氣候和蟲害就能毀掉一場收成，還有肉食者或疾病將牲畜毀於一旦。即使正常的交易都充滿了對商品的質量及買賣雙方的誠信之不確定性。一位著名的人類學家曾宣稱，在所有的農民市場體系：「訊息不良、稀少、分布不均、傳遞無效率，並且訊息被視若珍寶」，還有，「沒有訊息的人到處追尋，有訊息的人保護到家就是這場遊戲的戲目」（Geertz, 1978，頁29）。

以原始和農業社會為表徵的傳統社會，通常體驗不到用於耕作、狩獵、捕撈或其他活動技巧會有累積性的變化。雖然疫疾和反常氣候可能延續經年，經驗和社會生活卻傾向於靜止和停滯。

這些社會用不同方法來適應不確定性和無知。因為他們缺少正規的保險方案，當有了一次的好收成、捕獲、或獵殺，都被鼓勵（甚至被要求）並將其好運與其他人分享。（註1）開發大平原成零散的條塊耕地，是用一種粗曠和昂貴的方法來減少莊稼收成的起伏不定，而這在農業社會是最足以預防多變的天氣和蟲害的普遍方法。（McCloskey, 1976）。

家庭——或更精確的說，親屬群——在大多數的傳統社會裏具重要地位，因為它保護成員對抗不確定性。在許多原始社會裏，禮尚往來是很普遍的，但主要是在有血緣關係之間流動，而處於困境的人可向他們的親戚求助（Herskovits, 1965；Posner, 1980）。一個親屬群是一個很合理的有效的「保險公司」，在那裏，即使被擴充了的一群，也是小得足以讓成員們監督其他的成員——以防止他們偷懶或粗心，而在另一方面，也可以享受到由他們親戚所提供的保護。更有甚者，成員的性格都廣為人知，且他們的行為很容易被察覺，因為他們生活在一起或處得很近。

再者，利他主義在家庭比在其他社團來得普遍，且即使是自私的成員，也會被利他的成員之自然反應所感染，而將他們的行為配合著利他方向進行。否則，自私成員會受其自

私行為所害，因為由利他的成員所提供給他們的時間和其他資源將會減少。第八章已展示了不肖子定理如何誘使自私的成員，表現得好像利他者一樣。

親屬在對抗不確定性的重要性，也協調了兩個觀點，其一就是，因為分割繼承使得耕地分散，另一就是，為了免於收入的起伏不定而讓耕地分散。家庭成員由於分割繼承使得耕地分散，遂降低家庭收入的起伏不定，因此降低了每位成員收入的變動，這也是家庭保險之故。

年長者在傳統社會中受到尊敬，因為他們擁有累積的知識，這在靜態環境裏對年輕者特別有價值（Brenner, 1979）。知識是透過家庭傳遞給年輕一代，主要是經由子女、姪甥和其他年輕親戚繼承文化。長輩們的特殊技能和知識，關係到他們的工作、土地及類似事物，一般都只傳授給具有相同家庭背景的年輕一輩（見第六章及 Rosenzweig 和 Wolpin, 1979）。

由於成員間彼此監督，以保障親屬沒有怠工和其他「道德危機」(moral hazards)，傳統社會鼓勵家庭去監督成員，以預防對其他家庭有不法行為，包括欠債不還。獎勵措施常包括對某些成員有反社會行為時懲罰其整個家庭（Stone, 1977，頁126；Posner, 1980）。

年青的成員傾向沿襲他們父母和其他親戚所從事的行業，且耕作同一塊地，因為他們從其親戚長輩中學到專門的知識。的確，家庭可被視為小型專科學校，為特別的職業、土

地或廠房訓練學徒，並且在資格不是那麼確定時，對其學徒
進行資格檢定。傳統社會裏家庭「學校」的重要性，解釋了
為何農莊經過幾個世代仍在同一家庭手中，以及為何有些家
庭專長於培養軍人、牧師、商人、農民、佣人及其他工人。

　　通常，家庭只有對某些特別的行業或其他活動培養學徒
的權利，並且對沒出師或不誠實的學徒負責。日本偉大的
Ukiyoe藝術家 Andō Hiroshige，在十九世紀時從他父親承襲
了東京市消防看守員之工作，並將這個權利傳給他的堂弟，
然後給他的兒子和孫子 (Narazaki, 1968)。在此，有一個主
要的意涵，那就是，種姓階級和封建制度並不僅是將財富重
新分配給上層家庭，還有，在沒有更好的方法來決定如何將
人們分配到職位時，這個制度依賴家庭對某些特別的職位負
起訓練和檢定其成員之責。

　　由於家庭須為他們成員的表現負責，因而如有必要便會
強迫成員參與活動，以對整個家庭的名聲和機會有所貢獻。
十七世紀的英格蘭與其他國家相比，是一個個人主義的社會
（Macfarlane, 1979，第七章），但上層社會的父執輩，很
明顯地仍為他們的兒子選擇職業 (Stone, 1977，頁179)。

　　婚姻是傳統社會裏最重要的大事，因此，家庭都想避免
與名聲不好或理財不善的家庭聯姻，因為他們會常常求助或
破壞家庭原有的聲譽。所以，家庭操縱了其成員所挑選的配
偶。在一個十四世紀的法國村莊裏，「許多婚姻是由家庭或
相關的朋友安排的，很少考慮到當事人的感覺」，或「人是

與一個家庭結婚而不是一位單獨的婚姻伴侶」 （Le Roy Ladurie, 1978，頁188～189） 。

兩個家庭藉著成員之間的多重婚姻而凝結成聯盟，就像原始社會的「親上加親」 （Fox, 1969） 。在描述十九世紀印度公務員種姓階級時，Leonard 說：「多重婚姻只發生在少數的家庭。有時候兩個家庭裏同一代中就有多至五樁婚姻」 （1978，頁88） 。堂表和其他近親結婚，在某些社會是很普遍，部份是因為在（擴大的）家族內聯姻會減少門不當戶不對的風險。 （註2）

在這種環境下，為愛情結婚是不被認可的，除非這類婚姻對家庭的利益也有所貢獻。在十六世紀的英格蘭，「浪漫的愛情和肉慾，是被強烈譴責為對婚姻是毫無理性也不持久的東西」 （Stone, 1977，頁86） 。Le Roy Ladurie 曾研究過十四世紀的法國村莊：「激情的愛是有可能」，但只有「在極明顯嚴謹的框架下預先安排，並主導當事人選擇」 （1978，頁 186～187） 。妾婦可以愛且小節可以不拘，但家庭在成員的婚姻裏有太大的籌碼，由不得愛情來阻礙家庭的目標。

在這種社會裏的怨偶，只要他們的家庭繼續從此聯姻中獲利，不會鼓勵他們離婚。取而代之的是，做丈夫的，有時妻子也有份，就被允許藉姘頭和婚外情來尋求慰藉。由於宗教界或社會界領袖無法探考其親屬是否同意離婚，他們可能禁止或極力反對離婚，就像十九世紀中葉前，西歐大部份地區和農業社會的情形一樣。 （註3）

　　親屬在傳統社會的重要性顯示，在強調血緣和家世，甚至在原始社會的語言裏，透過對不同類型之親屬的許多稱謂來表現（Fox, 1969）。在原始和農業社會裏，家庭的一支擁有農田；個人、甚至家庭的核心成員，也只能在該支家庭所擁有的農田上，以他們的有生之年行使「使用收益」權（Herskovits, 1965，16章；Nash, 1966，頁34；Macfalane, 1979，頁18）。

　　在美國，每個人可以合法選擇任何家庭的名字（姓氏），包括前面的封號，馮（Von）或眾所熟悉的姓如洛克裴勒或卡內基，因為姓氏不帶來好處。可是，傳統社會保護姓氏（一旦他們擁有），其認真度就像大多數國家保護商標那樣強烈，因為在這種社會，一個姓氏可以是一個價值不菲的資產或「商標」。在傳統社會裏，祖先輩的事蹟和成就，通常都受到尊崇、甚至膜拜，家庭不能容忍對他們的批評。

　　叔伯、嬸姨、姨表、姑表、堂表、和其他親屬，常常聚會以交換禮物、籌劃家庭策略、教育年輕成員，並且檢視和監督彼此的表現和行為。成員們的隱私在這種頻繁的接觸和監督下，所剩無多。未婚人士都有人作陪，以防止意外的懷孕及其他的糾纏，已婚婦女在伊斯蘭社會裏與世隔絕，以避免婚外情（見Maududi, 1975），而與其他家庭接觸，也受到管制以防做出損害家庭的名聲或增加其責任的行為。成員的隱私已被侵犯，因為每位成員的行為會影響到另一成員的幸福（有關隱私和「不法行為」關係的更廣泛討論見 Becker,

1980) 。

雖然在大多數的社會裏，窮苦和不成功的家庭成員也沒多少的實質隱私，因為他們吃、住、睡都在一個窄小的空間裏，但他們比成功家庭的成員有較大的經濟和社會選擇上的自主權。一位窮人可以選擇他的配偶和活動，因為他的家庭不會受到他的行為拖累。的確，一位企圖心強的窮人，可能會搬離他的家庭，為的就是預防他們的低下狀況會阻礙他的前進。

現代社會

在現代的社會裏，市場調節了貿易和生產，還有動態的經濟環境快速地改變技術、收入和機會。年長成員所累積的知識，對年輕的成員已不像傳統社會那樣有用，因為年青一代面對一個不同的經濟場景。小型家庭學校為其成員提供傳統活動的見習，也沒有那些大學校擁有來自許多家庭的學生傳授適應新環境的一般知識來得有效率。在傳統社會裏，由家庭所進行的「檢定」，今日已由學校和考試來進行。更有甚者，契約和重覆交易的可能性降低了事先認定的需求；個人如違約可由司法體系懲罰，而個人如無權代理或屬禁治產就不會有重覆的交易。

家庭透過貸款和饋贈給陷於困境的成員，這種保險方式在現代社會已不太需要。個人可在不如意時向資本市場借貸，或在好景時先儲蓄來「自我保險」。尤有進者，基於成千

上萬家庭的經驗而形成的市場保險，所提供的保護以對抗火災、死亡、年老、體弱多病及其他壞事，比任何個別家庭所能提供的更為有效。

於是，親屬在現代社會已不如在傳統社會裏那麼重要，因為市場保險取代了親屬保險，市場學校代替了家庭學校，考試和契約替代了家庭檢定。親屬不僅不再關心、監督和管制成員，其實他們也無能為力，因為成員星散以尋找他們的最佳機遇。由於親屬在現代社會較不具重要性，年長成員和先輩們也就少受到尊敬和注意，他們已免不了得面對其他人的批評，更有可能在大庭廣眾之間或在精神治療師的診所裏私下地被批評。Samuel Johnson曾就十八世紀後半葉對這個課題做了些觀察：

在非商業化國度裏，一個家庭的許多分支，必須靠血統來維持；因此，為了讓該家庭的戶長照顧到他們，他們就得表現出與他的名譽有連繫，於是，基於自愛的動機，該戶長會竭盡所能以推廣他們的利益。因此第一個大圈子，或一幫就形成了；當商業繁盛，這種連繫就限於家庭。隨著商業化的程度，這種連繫也消失，一旦血統不是必要時，交際的機會也就少了。（註4）

家庭的重要性降低隱含著，中產階級和上層階級的家庭成員得到傳統社會裏只有窮人家庭才有的行動自由和隱私。小孩開始有權拒絕其父母所選定的配偶，然後在雙親的否決權下選擇配偶，最後有權不考慮雙親的反對來選擇配偶。在

現代社會裏約會，即使是十幾歲的年輕小夥子也不例外，和在婚姻市場尋覓擁有可愛性格的配偶是很普通的，因為所要追求的是個人的匹配，而不是門當戶對。尤其是，個人積極追尋（且常常失敗）他們能愛的配偶。

很不幸的，愛情和其他個人的性格不像家庭名聲和地位那麼容易在婚前就能確認，而後者是傳統社會重要的考慮因素。許多已婚人士發現，他們已不再相愛或對他們的婚姻生活狀況感到失望。有些人就離婚並在婚姻市場上再試一次。於是，現代社會擁有許多看起來很矛盾的組合：因愛而結婚和高離婚率。

現代社會裏的雙親，比傳統社會的父母擁有較少的小孩但多投資在每位小孩身上（見第五章的討論）。再者，在傳統社會裏，大部份的時間和其他資源之投資是由祖父母、嬸姨及其他親屬來進行的，因為他們可從小孩的福祉和行為上得利。循理，現代雙親對小孩的夭折都深受打擊，而且一般都更為關心每位小孩的福祉，因為他們投入了大量的時間、金錢和能量。再有，不肖子定理暗示，即使是自私的小孩也可因對他雙親採取利他行為而得利，因為小孩的雙親在他身上投資最多，使得其福利是和雙親的福利緊密關連。

許多歷史學家已注意到在現代社會裏，家庭的核心成員是比傳統社會裏要來得深情和親密，而堂表和遠親在傳統社會比較親密（見 Shorter 的例子， 1975 ，頁 55 和 234 ； Stone, 1977 ，頁 85、124） 。我在此認為現代配偶比較親密，因為愛

情在擇偶時更顯重要──還有現時雙親和小孩也比較親密，因為小孩的質量而不是數量受到重視。堂表和其他親屬在傳統社會比較親密，是因為親屬群保護和訓練成員，並為他們負起更廣泛的責任。

如果現代社會是依照本章所強調的特性從傳統社會演進過來，則現代社會的個人主義和核心家庭主義，也是由傳統社會的擴充性家庭和親屬群演化而來。許多人感嘆個人主義和哀悼傳統家庭的消失，但我的分析暗示，個人主義取代家庭主義，因為許多傳統社會裏家庭的功能已由現代社會裏的市場和其他社團有效地接管。舉例來說，家庭保險和家庭訓練及檢定，在現代社會的動態環境裏，已沒有市場保險和市場訓練來得有效率。對傳統家庭虛擬之親密關係的懷念，忽視了其在隱私和自由選擇上的限制、不幸事件的不完全保護以及超越家庭背景的有限機會。

二十世紀的後半葉

圖11.1至11.9顯示了，從1950年起美國在生育率、離婚、已婚婦女的勞動參與、年青成年人的入學、老人獨居、及少數有關家庭組織和結構的其他系列指標之趨勢。毫無疑問的，第二次世界大戰之後，家庭產生了劇烈的變動；例如，從1950至1977年，合法出生率下降了約三分之二，離婚率增長了一倍多，帶小孩的已婚婦女勞動參與率漲了二倍多，還有，由婦女撫養小孩而當戶長的家庭百分比也幾乎漲了二倍

。的確，美國的家庭自從發現這塊新大陸以來，在任一同等
的時間間隔裏，從未有如此快速的變動。

我相信這些變動的主要原因是，婦女的賺錢能力隨著美
國經濟發展而成長，年逾十四的受僱婦女之實質周薪，從
1950至1964年成長了30％，在1964至1978年提高了10％（見
圖11.4）。婦女賺錢能力的提升，透過提高花在非市場活動
時間所損失的價值，提高了已婚婦女的勞動參與率。它也提
高了小孩的相對成本，因此減少對小孩的需求，因為小孩需
要母親的時間比父親多（見第五章的深入討論）。統計研究
（Butz 和 Ward, 1976；Ward 和 Butz, 1980）提示，婦女在賺
錢能力和勞動參與的成長，是自1957年以來生育率顯著下降
的主因。

婚姻產生的利得因婦女的收入及勞動參與的增加和生育
率的下降而減少，因為性別勞力分工的好處已在減弱中（見
第二至第四章的討論）。而離婚在婚姻的利得減少時就更具
吸引力了。Michael（1978）對1950年以來生育率、離婚和勞
動參與之間的互動所進行的研究發現，有偶的已婚婦女勞動
參與率之變化與離婚率的連續變化呈正相關。婚姻利得的下
降和離婚的增加，已提高未婚伴侶的同居數和由婦女當戶長
的家庭之百分比（見圖11.6和圖11.7），而且也要對不合法
的出生率相較於合法出生率之大幅度增長，負起部份責任（
見圖11.1）。

婦女更高的勞動參與（由於她們工資的增加，生育率的

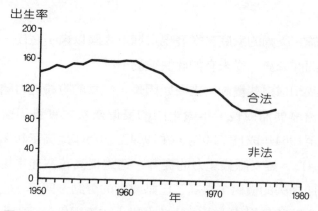

圖11.1 1950-1977年14-44歲每1000名已婚婦女合法出生率
及15-44歲每1000名未婚婦女非法出生率.
資料來源:美國統計調查局,1979年及早期出版品;保健.教育
及福利部, 1978年.

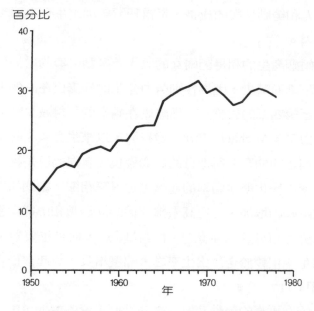

圖11.2 1950-1978年美國18-24歲仍在就學人口比例.
資料來源:美國統計調查局,1979年及其早期出版品.

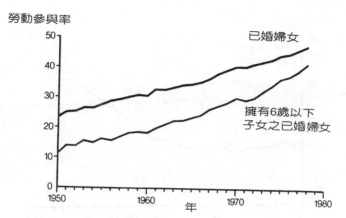

圖11.3 1950-1978年美國已婚婦女及擁有6歲以下子女的已婚
婦女之勞動參與率.
資料來源:美國統計調查局,1975年、1979年及其早期出版品.

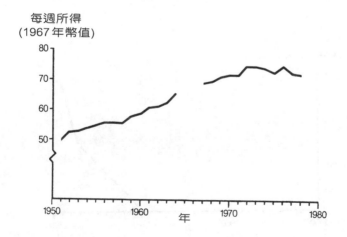

圖11.4 1951-1978年美國婦女按1967年幣值計算之平均實質
週所得.
資料來源:美國統計調查局,1967、1980年及更早以前的出版品.

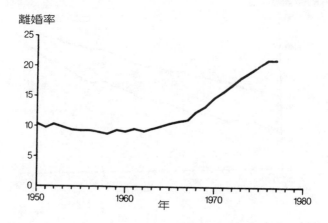

圖 11. 5 1950-1977年美國每1000名婦女離婚率.
資料來源:美國統計調查局,1979年及更早期報告;美國健保,教
育及福利部, 1979年.

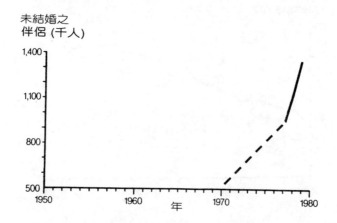

圖 11. 6 1970-1979年美國未結婚而同居之伴侶人數.
資料來源:美國統計調查局, 1979、1980年.

百分比

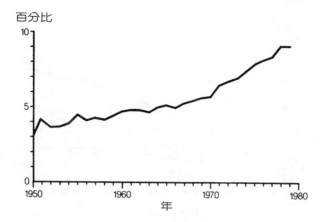

圖 11. 7 1950-1979 年美國女性戶長及擁有 18 歲以下子女
         的家庭百分比.
資料來源:美國統計調查局,1980年及更早期出版品.

社會福利支出

(1967年幣值;10億)

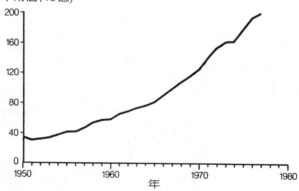

圖 11. 8 1950-1977 年美國實質社會福利支出.
資料來源:美國調查局, 1975 、1979年及更早期出版品.

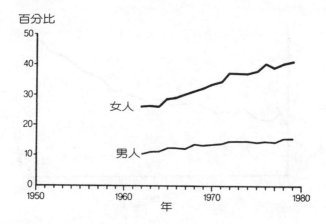

圖 11. 9 1962-1979 年美國 65 歲以上獨居男人及女人百分比.
資料來源:美國統計調查局,1980年及更早期出版品.

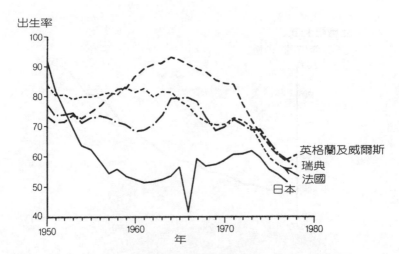

圖 11. 10 1950-1978 年英格蘭及威爾斯、法國、日本、瑞典在

15-44 歲間每 1000 名婦女之生育率.

資料來源:法國,國家統計及經濟研究院1978a;大不列顛註冊總局,1975;
大不列顛統計局,1980;日本統計局,1980;瑞典國家中央統計
局, 1980.

下降，以及／或離婚傾向的增加）本身就會提高婦女的賺錢能力，也因此強化了經濟發展的影響。婦女當她們花更大部份的時間在市場的活動時，將投資更多在市場技巧和經驗上，一如我們在第二章所看到的（同時見Polachek, 1975）。

離婚率、生育水準和勞動參與率從另一角度產生互動。舉例來說，很有可能離婚時生育率就會下降，因為在婚姻解體後，小孩比較難養且可能少帶來歡樂。第十章提出了證據：那些預期有高離婚可能性的夫妻，在婚姻期間會少要小孩。當離婚愈來愈成為可能的時候，單身和已婚婦女的勞動參與就會受影響，因為當解除婚約後，市場經驗就有用了，而且婦女必須成為撫養她小孩的主要財務來源。

從1950年起，美國經濟開始發展，但婦女的賺錢能力並未隨之加速成長，然而，已婚婦女的離婚率和勞動參與率從那開始快速提昇，特別是在過去的20年間（Chiswich 和 O'neill，1977；Michael，1978），還有在1956至1976年間，生育率的下降比以前任何一個二十年都來得大（美國衛生、教育和福利部，1979）。女性賺錢能力的增加對已婚婦女的勞動參與、生育率和離婚的根本衝擊，為這些數列加速變動起到了部份的作用。當生育率高而婦女的離婚和勞動參與又不普遍時——就像十九世紀和二十世紀初那樣——生育率單純的下降，譬如說，這是由於婦女賺錢能力的提高，對已婚婦女的勞動參與不會有很大的影響，這些婦女仍然將她們黃金歲月的大部份時間，花在懷孕和養育小孩身上。她們也不會

多投資在市場導向的人力資本上，部份是因為，她們只能花很少的時間將這類資本投放在勞動市場上，部份也是因為，她們的投資在她們照顧小孩的歲月裏已折舊殆盡。（Mincer 和 Ofek, 1980）。對離婚率的影響也很小，因為從婚姻中產生的利得和廣度的性別勞力分工仍然很高。

不過，最後，當女性賺錢能力繼續成長、而生育率持續下跌，花在照顧小孩的時間已減少到足以讓已婚婦女，在她們生第一個孩子之前和最後一個小孩入學之後，將寶貴的時間投放在勞動市場。能在年紀較大時有更多機會進入勞動市場的期望，鼓勵女孩和年輕婦女多投資在市場導向的人力資本上，這進一步增強賺錢能力和勞動參與並再減少生育率。於是，勞動參與的增長和生育率的下降最終以加速度進行，即使女性賺錢能力已不再成長。此外，這兩個因素加速了離婚率的增加，因為婚姻的利得也已加速地下降。還有，離婚率本身還會鼓勵更多的離婚；離過婚的人愈來愈少烙印，並能隨時找到另一位離婚人士結婚（見第十章及貝克等，1977）。

典型家庭的本質，在最近數十年由於其他事件也發生了急劇變化，或許在1950年代以引用「藥丸」為前導的避孕革命，大幅度地減少了非意願出生小孩的數目，也因此提高婦女的離婚和勞動參與。雖然避孕革命對小孩的出生時機和數目有較好的控制，但我在第五章論證說，避孕革命只解釋了自從1950年中期以來生育率下降的部份原因。

　　婦女運動的一個層面是鼓勵婦女減少她們的懷孕、提高她們的勞動參與，還有（如有必要）與丈夫離婚以確保她們的獨立和做她們家庭的戶長。婦女運動毫無疑問地提供情緒上的支持和不同的說辭及證據，來幫助某些婦女採取這些步驟。可是，我相信這項婦女運動主要是針對其他的力量，這些力量曾劇烈地改變了婦女的地位，所做出的反應；而不是對改變婦女地位的獨立力量做出的反應。

　　'在過去數十年，福利國家的興起是一股強有力的改變家庭的力量。花在社會保險、失業補助、醫療照顧和醫療補助、對撫養小孩母親的補助、食物代券及其他移轉支付計劃的支出，從1950至1963年實質地成長了123%，從1963到1976年增長了167%（見圖11.8）。對撫養小孩母親的補助和其他「福利」類型的支出在早期成長快速，而醫療照顧和社會保險在晚期大量擴充。

　　對撫養小孩母親的支出在雙親收入增加時趨減，但當新添小孩或父親不贊助他的小孩時趨增。因此，這是一個提高適婚婦女生育率，包括單身婦女，並且還鼓勵離婚和懲罰婚姻的計劃（受助者的財務福利因小孩數目而增，因結婚而減）。事實上，福利是窮苦婦女的贍養費，這取代了丈夫的收入。福利的擴大配合著婚姻利得的普遍下降，解釋了儘管藥丸和其他有效避孕方法的引進，不合法與合法出生率之比例仍高度地成長。

　　在沒有失業補助和醫療照顧及醫療補助的日子裏，失業

和患病的人們通常向雙親、小孩、和其他家庭成員求助，甚至當丈夫失業時靠妻子增加勞動參與（Mincer, 1966；Smith, 1979）。於是，公共計劃的成長，就像十九世紀私人人壽保險市場的成長一樣（Zelizer, 1978），因進一步腐蝕了家庭保護成員對抗不幸的傳統角色而減弱了家庭成員的連繫。

幾項重要的公共計劃主要將資源做跨世代的移轉支付。例如，社會保障從工人移轉給退休者，而「免費」學校從成年移轉到小孩。世代間的移轉支付也許不會改變擁有子女之一般家庭的綜合收入（見第七章的討論），但這些移轉仍對家庭行為和生活規劃有重要的影響。

例如，對成年人口（主要是雙親）徵稅來挹注公共義務教育。因為雙親會減少他們自己對子女在教育和其他人力資本上的支出，以便支應做為公共義務教育之用的稅負，公共義務可能對小孩的總投資只有小小的淨影響（見第六章）。可是，公共義務和這些雙親的反應，減弱了雙親和子女之間的連繫，且得為近幾十年來日增的代溝負部份責任。如果雙親因為政府多支出就少花在子女的身上，自私的子女就更少誘因去考慮他們的行為對利他的雙親福利之影響——雙親福利的減少影響子女不大。自私的小孩因此在雙親威脅著減少或撤銷財務和其他的支持來控制子女的行為時，就更少誘因去服從了。

社會保障以對受薪階級課稅來因應的支付，實為降低子女花費的份額來支持退休雙親，因為子女一定將被徵的資源

反扣回來（Barro, 1978）。雙親甚少注意或去考慮那些對他
們沒多少資助的子女們之利益。最近數十年，老年人與他們
子女分居的比例急劇增加，他們不是另屋居住，就是在養老
院（見圖11.9），此為年老雙親和子女關係轉弱的一個明證
。Michael和其同僚(1980)所提供的證據顯示，社會保障支出
是已婚子女及喪偶之雙親共住一屋情形下降的一個重要原因
。

　　第二次世界大戰後，其他西方國家也經歷了婦女的賺錢
能力的增強和福利國家的大幅擴充。如果我對美國在這段時
間的變化所作的詮釋是有理的話，則這些其他國家的家庭也
應發生劇烈的變化。圖11.10至圖11.12表示從1964年起，在
法國、英格蘭和威爾斯及瑞典的生育率下降了約30％，這些
國家的離婚率高出一倍以上；這些國家已婚婦女的勞動參與
率也增加了20％以上。日本尤其有趣：婦女運動尚未形成風
潮，而避孕丸也被禁，可是生育率從1950年起也下降了40％
，離婚率從1960年起提高將近20％，受薪婦女的比例從1955
年起提高了50％。

　　雖然這些圖表所標示的五國之主要變化都有點類似，但
顯著的差別也很清楚。例如，與美國相比，在英格蘭和威爾
斯、瑞典及法國的生育率就晚幾年開始下降，而在日本是早
幾年。至於離婚率的上昇在日本就遠低於其他國家。這些和
其他的差異，迄今尚未有滿意的解釋。不過，這些資料及其
他已開發國家的資料所傳達的主要訊息，並不分歧而是挺一

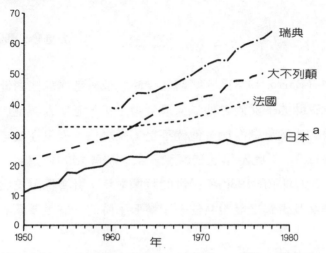

圖 11. 11 1950-1970年間，法國、大不列顛、日本和瑞典已婚婦女勞動參與率.
　　　　a. 日本指的是所有受薪婦女的百分比.

資料來源：法國，國家統計及經濟研究院1956、 1964、 1978；大不列顛註冊
　　　總局， 1975、 1978日本統計局， 1980；瑞典國家中央統計局， 1980.

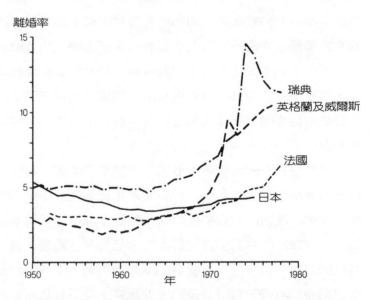

圖 11.12 1950-1978年英格蘭及威爾斯、法國、日本、及瑞典每1000
　　　名已婚婦女離婚率.

　　資料來源：參考圖 11.10.

致的：在過去幾十年，基本上所有的經濟先進國家，其家庭都以同樣的革命型態來改變。

從1970年代初開始，福利國家和經濟活動在先進國家的增長已減緩下來。前此快速變化帶來的動能，解釋了整個1970年代為何生育率繼續顯著的下降，還有已婚婦女的離婚和勞動參與繼續大幅提高。可是，如果經濟發展持續下滑，而福利國家的擴充繼續趨緩，（註5）本章的分析預測生育率不會再急劇下降，離婚、已婚婦女的勞動參與，不合法的出生及女性為戶長的家庭增長將會慢下來——還有許多家庭組織及外圍的其他各方面的變化也會和緩下來。的確，發展步調足夠的趨緩，最終會提高生育率、並且也會扭轉家庭行為各層面的走向。我之所以謹慎說「最終」，因為對生育率、勞動參與和離婚的反應時間所知不多。

這些對未來的初步預測，用來結束以討論家庭長期發展為主的推理性章節，也許是適當的。本章嘗試證明，經濟分析方法對剖析在過去半個世紀以來家庭的劇烈變化，以及從傳統演進到現代社會綿延歷經數百年比較慢，但卻比較大的變化，都提供有力的架構。雖然經濟分析不能涵蓋人類行為所有的面相，但它確實看來能集中注意在那些主要影響家庭以往變化的層面上。

附註：

〔註1〕 Richard Posner (1980) 檢視原始社會禮物流傳的涵意。雖然我的
重點在傳統社會裏不確定性的重要性，原與此無關，但其推理曾
得助於與 Posner 的討論及他論文裏的分析。Yoram Ben-Porath（
1980）有一分析在某些方面是雷同的。

〔註2〕 敘利亞有一句描寫堂表之間婚姻的格言：「你所熟悉的壞運氣，
強過於你要去適應的好運氣」 (Patai, 1971，頁170) 。

〔註3〕 例如，早在1850年代，英格蘭離婚要國會動議通過，一年少於兩
宗的離婚案獲得通過（Rowntree 和 Carrier, 1958 ）。可是，許多
原始社會卻有高離婚率；見Pryer (1977，頁335、339) 和Posner（
1980）的討論。

〔註4〕 Boswell (1959，頁98) 。我是參考Stone (1977，頁259) 的文獻。

〔註5〕 這是一個不確實的假定，因為這些指標緩慢下來的原因尚不清楚
；見Edward Denison (1979) 對於美國經濟成長減弱的相關討論。

附篇　家庭與國家

Supplement: The Family and the State

這篇補充是與凱文墨菲合寫，原刊登在《法律與經濟學期刊》（*Journal of Law and Economics*），第31期(1988)：1-18。此處乃經過允許稍做修正後重刊。

　　兒童在身心成熟期的許多歲月裏無法照顧自己，因為他們的心智發展不足以和照顧者做出可以信賴的契約式安排，法律和社會準則遂規範了兒童的生產及撫養。法律懲罰虐童、販童和未經授權的流產。法律提供義務(強迫)教育、對有撫育兒童之家庭實施福利支出、對牽涉到幼童的離婚適用嚴謹的法條，還有設下最低結婚年齡。

　　通商和契約當所有參與者的福祉在沒有違背條件而提高時，是有效率的。另一個有效率的研判界限是，那些從背約所得到的貨幣利益，並沒有超過那些受害者的貨幣損失。很不幸地，兒童的不成熟性有時排除了兒童與雙親或其他有責任照顧兒童之人士所能做出的有效率安排。

　　這種在家庭中建立有效率關係的困難度提供我們詮釋國家之要積極介入家庭的出發點。我們相信，國家一大串令人咋舌的介入，會模擬出如果兒童有能力安排照顧自己時所達成的協議。換句話說，我們的信念是，許多的家庭法規改善了家庭的效率。可以確定的是，這些法規提高了兒童的福祉，同時也提高雙親的福祉，或至少提高雙親與兒童的綜合福祉。

　　有效率的前景隱含國家關懷兒童的正義，如果「正義」是等同於兒童的幸福——因為兒童的幸福是我們分析的主要因素。可是，有效率的前景並不隱含，國家是否介入只考慮對兒童的影響，對雙親的影響也需顧及。國家在雙方都得利，或當兒童之得利超過雙親之損失時才會介入。

根據 Richard Posner 和其他人之意見，不成文法在交易成本居高不下時可改善效率。 Posner(1986)說過：「在安排措施以自願性市場交易來分配資源的成本是呈制約性的高不可攀──換言之，市場交易乃不可行的情況下，不成文法可使行為表現得與市場主導相倣」(頁230)。

我們不能證明國家介入家庭是受效率所指引。但我們將顯示，國家在提供就學、養老金之規定和離婚之程序這方面的干預，整體而言是與有效率的前景相契合的。

有關法規和公共選擇的現代理論，質疑政府許多活動是否能鼓勵效率和正義。我們在這篇附篇稍後描繪一種利益群的行為分析，可導出政府之干預會增進有效率的家庭安排。

為了詮釋公共政策，我們發展出在不同情況下的家庭行為分析，這個分析相當程度引用早期的研究成果。我在超過二十年前於武丁斯基 (Woytinsky) 所做的演講指出，唯有那些給成年後代饋贈或遺產的雙親會對兒童做最適的投資 (Becker，1967)。 Becker 和 Tomes(1986，還有本書第七章的附篇)將這個分析做進一步的發展。 Thompson 和 Ruhter(沒發表日期)很明顯地沒注意到前述的文獻也得出同樣的結論。

我們對政府干預家庭決策之好處的分析，是就1967年我在武丁斯基演講和本書中有關就學和其他人力資本進行補貼的分析做了一般化的處理。 Thompson 和 Ruhter 在前引的文章裏，對政府干預家庭所作的類似詮釋有一極好的分析。可以參考的還有 Nerlove 等人 (1987) 有關生育力的討論。

對兒童的利他主義

我們假設大部份的雙親對他們的子女都是利他性的，意義是這樣的：雙親的效用是以子女的數目、每位子女的效用、和雙親本身的消費為依歸。這種利他主義的假設是以雙親常為子女做出許多犧牲的事例來支持的。雙親透過照顧小孩、提供教育、保育、饋贈和遺產的支出等方式耗費金錢、時間和辛勞在子女身上。所有的雙親多多少少負擔年輕子女的開銷，但只有部份的雙親給成年的子女為數可觀的贈與、或留下遺產。

柏拉圖的《理想國》（*Republic*）反對將菁英的小孩由他們雙親撫養。取而代之的，這本書鼓吹：「一旦小孩被生下來後，他們就由指定專司此責的官員負責照顧……，同時做好萬全的防範措施以使母親不知道誰是其親生子女」(Cornford 譯本，1951，頁 160)。柏拉圖的觀點吸引哲學家們的注意，也激發許多以失敗告終的實驗。即使是以色列的集體農場(kibbutz)運動，也將照顧兒童的責任還給他們的雙親。

雙親的利他主義解釋了為何所有的社會基本上都表現出比柏拉圖所想像的更為一致的觀念，而賦予雙親或其他近親照顧兒童的主要責任。利他的雙親是良好的照顧者，因為他們考慮到他們的舉動對其子女的福利所帶來的影響。他們有時犧牲他們自身的消費和舒適，以增加其子女的消費和舒適。

當然，有些雙親虐待子女，一如被揍子女神情沮喪的例子所顯示的。但即使是現代的西方國家，也展現了對雙親做為照顧者的強烈信任，至少比起其他可行的選擇而言。儘管對雙親向毫無防衛能力子女施暴有著無比的憤怒，政府很少從雙親手中帶走小孩。在美國或英國和威爾斯，每一萬名不滿十八歲的小孩中少於兩名是在政府照顧之下(Dingewall 和 Eckelaar，1984；美國人文協會，1984)。

有時雙親很少為他們的子女購買保險這一事實，被引用來反駁雙親利他主義的重要性。可是，這項事例並不能從一個子女之死對雙親的效用有何影響這個角度來看，因為最適的保險是用來拉平世間上不同狀況下收入的邊際效用。即使一個子女之死給雙親的效用帶來很大的減損，如果這個死亡很難提高、並且甚或是減少雙親的金錢邊際效用，雙親也不太會以子女之死來投保。支持雙親利他主義的重要性，來自雙親為降低子女可能遭到的意外、病痛、或其他傷害所付出的時間和心力。這種「自我防禦」活動考慮的不是子女的不幸對雙親收入的邊際效用之影響，而是較著重在這些不幸對雙親效用的水準之影響。

我們的分析承認，家庭成員經常的相處每每提高利他主義的程度。即是說，利他主義可能擁有某些能上癮品味的特質。在享受其好的一面時能自動加強。(註1)我們相信利他主義令人上癮的面貌，能很好的解釋雙親給予常探視他們的子女較大額的遺產，而不是雙親用遺產來「購買」子女的探

視。(註2)

不肖子定理認為,在某特定條件下,利他的雙親和他們或許自私的子女,兩者發展出能使家庭的綜合資源,總體來說呈現極大化之有效率的關係(見第八章)。如果這個定理能適用到大多數的狀況,國家干預家庭不可能提升效率。

可是,不肖子定理在雙親不給子女饋贈或遺產時不能成立。(註3)雙親也許因為他們的利他主義較弱而不給,但即使有較強利他主義的雙親,當他們預期他們的子女比起他們好得多時,也可能不給饋贈或遺產。小孩在經濟快速成長、而他們的能力和其他素質的秉賦比其雙親高時,是會比雙親來得好。

遺產在富有家庭是龐大的,在中產階級則泛泛,在貧苦家庭就微不足道。其中一個理由是,小孩的秉賦在貧苦家庭是比其雙親來得高,而在富有家庭則比其雙親來得弱。不管是何種理由,有關遺產的證據隱含某些與小孩有效率的交易型態,在富有家庭比在貧苦家庭來得普遍。可是,一如我們在下一節所示,遺產可能造成其他的無效率性。

對兒童人力資本的投資

因為雙親必須減少他們自身的消費(包括休閒)以增加他們花在照顧子女和子女的教育、訓練及健康上的時間和資源,即使利他性的雙親也得考慮他們自身的消費和子女的人力資本間之抵換關係。但那些計劃留下遺產的利他性雙親,利

用這些遺產來支助他們對子女的投資就能避開這類抵換關係。事實上，他們甚至可以強迫自私的子女回饋他們花在子女人力資本上的支出。這類雙親很願意對子女進行有效率的投資，因為子女的效用因而提高卻不造成雙親任何的損失。

為了讓這個道理更明白，我們假設在整個人生周期所累積的資產報酬是百分之四以提供年老時消費之用，或作為贈與和遺產。如果投資在子女身上的邊際報酬率超過百分之四，那些準備給子女贈與和遺產的雙親，可以減少累積資產多投資在子女身上，而不會降低他們自身的消費。舉例來說，如果人力資本的邊際報酬率是百分之七，每增加一千美元投資在小孩身上，將提高其成年後的收益約為每年七十美元。如果雙親以減少一千美元的儲蓄，並且每年減少四十美元的贈與來支助這項投資，他們的消費在任何年紀都不受這項新增投資之影響，而他們子女的收入每年會增加三十美元。

於是，很明顯的，那些準備留下遺產的利他性雙親將不斷投資到人力資本的邊際報酬率等於資產的報酬率為止。他們藉有效率的投資而比前好，因為他們可以在遺產和投資上進行交換。

有些利他性雙親不會留下遺產，因為他們從他們成年子女的消費所得到的邊際效用少於從他們在晚年時自身消費所得到的，他們寧願減少他們子女的消費來增加他們自身的消費，但如果他們無法將債務留給子女的話他們就不可能做到。雖然在某些社會裏子女得負擔雙親的債務，但現時這種情

形不太普遍。自私和利他性較弱的雙親會給他們的子女背負更大的債務。在年邁雙親與子女住在一起,並依靠子女照顧的緊密連繫社會裏,社會壓力會抵制這類行為,但在年邁雙親不與他們子女同住的流動現代社會裏,這類社會壓力就不見得有效。

那些不能給子女留下債務的雙親,可以少投資在子女的人力資本並多儲蓄,以防老的方式來提高他們自身的消費替代子女的消費。因此,在沒有遺產的家庭裏,對小孩投資的均衡邊際報酬率必定大於為防老而儲存的資產之報酬率;否則,雙親會將某些資源從子女身上重分配到儲蓄上。這些雙親對子女的人力資本有投資不足之虞。

當儲蓄的報酬率少於人力資本的邊際報酬率,小孩和雙親如能有一「合約」要求雙親提高投資到報酬率達到有效率的水準,並由小孩保證會回饋給年邁的雙親時則各蒙其利。很不幸的,年輕的小孩不能成為類似合約的當事人。要是沒有政府的干預、社會準則、或雙親和小孩的「協會」,沒有遺產的家庭對小孩的人力資本就會投資不足。

用更一般化來表達,當個人只在某種狀況下提供給受益者而在其他情況下就不會如此提供時,利他者的支出是無效率的。當他提供支出時,利他者會從他自己和其受益者之消費的等量微小變化中得到同樣的效用。於是,他會願意在這種情況下提供更多以換取受益者承諾,在其他狀況下提供給他少一點的回報。自私的受益者也從這類的協助中得益,因

為他在某些狀況下所得到的比在其他狀況下所放棄的要來得多。很不幸地，受益者的承諾給予不見得可靠，正如小孩承諾給年邁雙親的支助一樣不見得可靠。

政府在提供教育和其他人力資本上的干預，可能會提高對小孩的投資到有效率的水準。因為貧苦的雙親是最不可能進行有效率的投資，此類干預同樣會降低富有家庭和貧困家庭小孩之間機會的不均等。美國始於1880年代的強迫教育法令，在往後三十年的迅速推展正發揮這項效果。各州通常都設下最低限度的就學水準，這在該州來說，除了窮苦家庭外，大都已經超過(Landes 和 Solmon，1972)。這些法令提高了貧苦小孩的就學水準，但並不旨在影響其他小孩的就學水準。

在美國對公立小學的補助也是在十九世紀下半葉才開始萌芽，而對公立高中的補助則在二十世紀迅速擴充。相對於富有家庭，這類補助顯然提高貧苦家庭的就學水準，因為當政府的就學支出與時俱增，則雙親的財富和教育水準，對子女教育的影響就愈弱(Featherman和Hauser，1976)。

利他性強烈的雙親是以提高給予成年子女饋贈或遺產的可能性，來作為對子女有效投資的貢獻。可是利他性強烈可能在某方面會降低效率，如果小孩認識到，當他們有麻煩時必然得到雙親的救援。例如，那些現在沒有得到饋贈的小孩，預期將會從利他性雙親獲得贈與，就會少儲蓄、多借貸，以提高他們目前的消費，並減少他們未來的資源，因為利他

性雙親在子女較苦時，傾向於增加他們的贈與。(註4)同理，小孩在學校可能忙於取樂而荒廢課業，如果他們預期他們的收益下降時會從其雙親那得到更大的支援；或者是那些能從利他性雙親得到饋贈的小孩可能會冒更大的風險，因為他們預期當他們失敗時會獲得更多的贈與，要是他們成功，卻能保有他們的大部份利得(贈與不可能是負數)。

　　雙親不會給子女如此錯誤的誘因，如果他們能夠事先說好未來贈與和遺產的金額。由於有約在先，小孩不能依靠雙親在他們濫賭或有其他困難時給予保釋。如果雙親的利他性在他們認為子女已因濫賭、荒廢學業和其他活動而陷入困境致日益趨減時，事先約定已沒有必要。

　　雙親可能選擇不做事先承諾，即使這完全可以做得到。不肖子定理提供對未來移轉支付保留彈性的好處。彈性可以打消子女採取某些對其有益，但使雙親受創的行動。雙親透過彈性的贈與和遺產，在他們的子女採取這類行動時，減少對子女的移轉支付，讓其處境比以前更糟(參考第八章及Bruce 和 Waldman，1986)。雙親也許會選擇不做事先承諾，因為他們希望在他們的子女不是由於自身的過失而陷入困境時給予援手。

　　當事先承諾屬於不可行或非所願時，雙親可以採取其他行動給其子女在未來有更好的誘因。他們也許對教育和其他訓練進行超額投資，如果小孩的人力資本不會像具交易性的財富那樣消耗殆盡。他們也可能多投資在子女的其他非流動

性的資產上,例如他們子女的房產。

　　公共政策也可能使兒童遠離無效率的活動。許多國家在兒童想要早婚、退學、墮胎、或購買酒精飲料時,要求獲得雙親的同意。其中的一個理由是,假設性地預防兒童由於無法預見此類行動在未來令他們更壞的延後效果而貿然行事。另外一個理由是,兒童或許對未來充滿美好的期望,以為當他們有麻煩時能從雙親處得到協助。國家於是試圖重現雙親所能做的最適程度承諾給兒童的行為帶來的影響。

社會保障和其他年老支助

　　揆諸歷史,小孩曾是年邁雙親的主要支助。年邁者常與子女同住,在有病痛時由子女照顧並提供食物和其他的幫忙。在美國,僅僅四十年前,超過六十五歲的老人中只有百分之二十五是獨居的(Michael 等,1980)。

　　留有遺產的富有家庭較少依賴小孩,因為他們與年邁時許多風險絕緣了。例如,活得比預期長的雙親可以減少遺產以因應多出來日子的消費。動支遺產的權利提供類似養老金式的保護以應付不常見的長壽和其他年邁風險。如果遺產不是小孩資產裏很大的一個份額,年邁雙親可透過減少遺產的權利,做為應付不同遭遇的最佳保護,而如此一來並不會對子女的福祉有多大的影響。事實上,小孩在他們雙親年邁時都會施予援手,雖然不全然是出於自願的。

　　貧窮和許多中產階級的家庭之小孩,都願意協助支援雙

親，只要雙親同意投資有效的金額在子女的人力資本上，甚少社會發生雙親和子女之間存有契約或其他顯性的協議，但許多社會裏存在著社會的「準則」，強迫子女支助年邁的雙親。雖然對這些準則如何出現所知不多，但可以說的是，在現代的社會，隨著不知名的城市和移動人口的出現，這些準則的約束是愈來愈弱了。花在年邁者的公共支出，加上花在兒童教育和其他人力資本的公共支出，可以彌補準則棄守後留下的空缺。

在西方國家，花在年邁者的支出，近數十年來呈快速的成長。在美國，各級政府花在每名年滿六十五歲或以上的老人超過八千美元，大部份是以醫療和年金型態支付。對年邁者支出的急遽增長，是否主要肇因於成長中的老年人口之政治力量？媒體對世代間為爭搶金額有限的國庫已多有討論（參見例如 Longman，1985）。有些經濟學者支持平衡預算的修正案，以隔離這代人對其子女和其他後世子孫課以重稅（參考 Buchanan 和 Wagner，1977）。Samuel Preston 在其對美國人口協會的就職演說中，曾有一度廣為引用且扣人心弦的談話，提到對年邁者持續增長的公共補助，已部份犧牲掉本該花在兒童身上的公共支出（Preston，1984）。

我們倒希望換另一種方式來銓釋對年邁者的支出是世代間「市民契約」的一環。對成年公民的課稅有助於對兒童的有效投資。後來，這些成年公民在年邁時獲得養老金和醫療給付的回報。這種契約企圖為窮苦和中產階級的家庭，達成

富有家庭不需政府協助就可做到的目的，那就是，對小孩進
行有效的投資和支助年邁的雙親。聯邦政府、州政府和地方
政府對花在教育、啟智計劃、福利和類似的支出都很龐大：
近幾年，支付每名二十二歲以下兒童的金額已超過二千五百
美元。即使美國從1950至1980年代，花在年邁者的平均實質
支出是以超過百分之七的速度增長，而表11S.1所示，與大
眾對年邁者支出的成長是以犧牲兒童的支出為代價之印象相
左。在1950至1983年期間，平均花在每名年幼者身上的公共
支出，相對於平均花在每名年邁者的公共支出，並沒有多大
變化。

　　一如表11S.1所示，在美國，直到1940年，對年邁者的
公共支出才成為重點，遠在對教育的公共支出成為舉足輕重
之後。如果對教育和對年邁者的公共支出固屬市民公約的組
成部份，則第一代雙親被課稅，以支援花在兒童身上的投資
，就成為第一批接受公共年邁支助的一群。如果被課以教育
稅者當時是一名年青的已婚成年人，在教育公共支出成長期
和社會保障的引進之間，就有大約三十至四十年光景的落差
。在美國實際上的時間落差也許要更長一些，因為在1920年
代初期，移民不是那麼的受限制。在那個時間之前所引進的
社會保障體系，可能鼓勵年邁者可觀的移民。

　　花在平均每名年邁者的支出相較起來要大得多的狀況
(8,300美元相對於2,500美元)，似乎很難把年青者和年邁者
融進市民公約裏面。但這些數據有誤導性：年青者，只要過

得去，都比年邁者強。為闡明這一點，假設年青的成年人支付2,500美元來支援對每名兒童人力資本的公共投資，當成年人到達六十五歲時，在他們的餘年可每年領取8,300美元。這類對兒童和對年邁者的支出很可能持續到未來世代最後一人為止，然則那一個世代在這些支出中得到更多的好處？

因為美國目前的人口淨生殖率接近於一，我們假設代表性的雙親在二十五歲之齡擁有一個小孩，此後就不再有小孩。我們同時也忽略雙親為了支付對兒童的公共支出，而將花在自己子女的支出予以削減，還有，小孩為了支付社會保障體系，而將花在奉養雙親的支出予以削減之沖銷行為(我們的分析可直接適用到如果雙親的支出削減等同於小孩的奉養削減)。在美國，一名二十五歲的公民有0.79的機率屆齡六十五歲，而一名六十五歲的公民可以預期活到八十二歲。因此，第一代的每名成年成員從二十五歲至四十六歲間，每年得支付2,500美元，並預期從六十五至八十二歲之間領取6,557美元(0.79×8,300)。所有接下來的世代在未滿二十二歲前，每位每年都獲得政府對他們人力資本的投資2,500美元。最後的世代不須投資在兒童的身上，但在四十一至五十七歲間得每年支付6,557美元給上一代的年邁者。所有在這世代之間的每名成員，從二十五至四十六歲，每年支付2,500美元支援下一代的兒童，從四十一至五十七歲，每年支付6,557美元支助上一代的年邁者，從六十五至八十二歲，預期每年領取6,557美元。

由於就學和其他型態的培訓之估計報酬率超過百分之五
(Psacharopoulos，1973)，又因為對兒童的公共支出大部份都
花在就學和其他的培訓上，我們保守地假設，這些支出會有
平均百分之五的報酬率，表現在從二十三至六十五歲間所收
益的等量增加上。於是2,500美元投資了二十二年，會增加
每年的收益為5,939美元；從四十一至五十七歲，當他們被
課稅以支援上一代的年邁者時，只減少618美元的收益
(6,557-5,939)；從五十八至六十五歲，他們再度淨增收益5,
939美元。這筆淨收益的現值在所有非負數的利率下都呈正
值。所以，最後一代很明顯的從此項以支助兒童換取年邁支
援的交換中得利。

不像最後一代，那些介於第一代和最後一代的世代，必
須支助下一代的兒童，而在年老時接受支援。讀者可自行算
出他們複雜的淨收益，但底線則是這股收益流的現值在非負
數利率下必呈正值。所以，介於第一代和最後一代之間的世
代，同樣毫無含糊地從目前對年青者和年邁者的混合公共支
出中得利。

最初一代的成年人得利最少。每名成員從二十五至四十
六歲得支付2,500美元在兒童照顧上，從六十六至八十二歲
領取6,557美元的年老給付。這一系列的損失和利得之內部
報酬率是百分之二弱。這一報酬率是比1948至1980年美國短
期政府債券，經過預期通貨膨脹調整後的平均利率(1.8%)稍
高 (Barro,1987) ，但明顯地比美國在第二次世界大戰期間實

物商業資本的平均報酬率4%來得低 (Prescott，1986) 。這一代的成員之所以得利稍差，是因為他們的人力資本沒有被公共支出所強化；可是，他們即使是在內部報酬比市場現成利率低的情況下，也仍可能比以前好。因為他們的效用在其下一代的福祉比較高的情形下比以前高(假設存在著對兒童的利他主義)。

不管對最初那一代的結論如何，我們的結果尖銳地與認為美國政府對年邁者的支出遠大於對年青者的支出這個觀點相左。確實，任一世代從當前對兒童公共投資的水準中得利，很容易利用由於這項投資所創造的較高收益，扣除用來提供當前對年邁者支助的水準後，仍有可觀的利潤。所以，小孩會樂意與他們的雙親簽訂市民公約，其中規定子女以現有的水準支援其年邁雙親作為回報，以爭取雙親承諾在現有水準下為兒童所支付的公共支出。

我們理論性的分析隱含，年青者與年邁者之間的有效率契約，提高來自窮苦和中產階級家庭兒童的人力資本，並且回報給這些家庭的年老成員以增加健康和所得。我們早先已指出，對教育的公共支出有利於窮人和中產階級。對醫療照顧的公共支出之快速成長，顯著降低家庭收入對醫療照顧的影響(Fuchs，1975) 。尤有甚者，貧窮和中產階層的老年人，比他們在社會保障變得舉足輕重之前更願意和他們的子女分開居住(Michael等，1980) 。

離婚

實質上，所有的社會嚴禁在指定年齡前進行婚嫁；許多國家曾禁止不同種族、宗教，和社會階層的男女進行通婚；而信奉基督的國度曾不允許多配偶制。限制離婚的規定是同樣的普遍。美國和其他西方國家，基本上在十九世紀中葉之前是不允許離婚的。英格蘭在1800至1850年之間，每年發生離婚的案件少於兩件(！)(Rowntree和Carrier，1958)。漸漸地，西方國家的離婚法律鬆綁，允許當一方承認通姦、一方遺棄配偶、或有其他嚴重「過失」時，可訴請離婚。雙方同意離婚也開始成為可能，尤其是在沒有小孩的情況下。大約二十年前，美國和其他國家開始允許配偶不需舉證對方過失或不需對方同意，就可離婚。

雖然有些離婚嚴重煎熬受牽連的小孩，有關離婚對小孩的一般影響則所知不多。在其他事件中，現有的證據不能分辨離婚與擁有無法和睦相處雙親的影響(參考Emery，1982)。所有利他性雙親會考慮到小孩的利益，並且在他們的子女可能受到不利影響時，比較不會離婚。即使我們忽略離婚雙親在決定每人要花多少時間和金錢在他們的子女身上之間的矛盾，(註5)利他性雙親在他們的子女受害時仍會離婚。沒有留下遺產的雙親，即使在子女受害的成本金額超過雙親的得利金額還是會離婚。理由是如果小孩無法承諾一旦雙親不訴諸離婚，將給予雙親年老的支助或其他未來的移轉支付，則

小孩無由「賄賂」他們的雙親不要離婚。

這個故事在有遺產的家庭就大不相同。如果離婚不改變對小孩利他主義的程度，還有，如果離婚只影響未來的收益和其他具交易性資源的價值，那麼，小孩在他們雙親決定離婚後，可能會變得比以前好。理由是，雙親提高他們給子女的贈與和遺產，以補償離婚給子女所帶來的損失。這是第八章討論到不肖子定理時的一個含義。

可是，小孩即使在雙親留有遺產情況下也可能受離婚之害，如果離婚減少了小孩對不具交易性財貨的消費。例如，小孩在離婚後因為不常看到他們的父親而悶悶不樂。雙親不能直接補償小孩因其離婚給子女幸福或其他消費所帶來的影響。確實，如果對不具交易性財貨的影響降低了具交易性資源對小孩的邊際效用，離婚的利他性雙親可能減少子女具交易性的贈與，因此使小孩比以前更糟。

我們前面曾宣稱，利他主義的程度不是固定不變，而是常隨著與受益者相處的強度和頻率而變。特別是，一個離婚的父親在與子女相處時間減少後，久而久之可能變得對他的子女沒甚麼利他性了。這或許可用來解釋，為何許多離婚的父親會拖欠子女的撫養支付，(註6)而這增強了我們的結論：離婚可能會使小孩比以前更糟，即使他們雙親在離婚前是非常利他性，還有，即使他們在離婚後繼續提供遺產。

離婚可能對擁有許多小孩而又在勞力市場上賺得不多的妻子造成很大的傷害，特別是，當她的前夫無法履行他對子

女在財務上和其他的義務時。這個結果即使在離婚需徵得雙方同意時也會發生，因為在許多社會裏，做丈夫的可以威脅妻子在不利於她們的條件下同意離婚。

於是，將國家對離婚的規範視做模擬丈夫和妻子與雙親和子女之間不太容易做到的契約條件，一點都不為過。例如，此類契約大幅減少擁有許多小孩家庭的離婚案件，因為離婚給小孩(和母親)所帶來的總合損失，會隨著小孩數目而上升。許多國家確曾禁止大家庭離婚。更有甚者，即使離婚不是那麼容易獲准，沒有小孩的婚姻常常可以解除——可以「無效」。離婚法律在十九世紀出生率開始下滑後鬆弛起來。在最近數十年，低出生率和婦女的高勞動參與率，刺激法律進一步鬆綁走向無過失離婚。

有些雙親選擇和他們子女分開的途徑不是經由離婚，而是透過出售他們的子女。全球對此舉的禁令強烈顯示，出售小孩降低社會的效用。年輕未婚婦女和需錢孔亟的貧窮雙親，是最有可能出售他們子女的兩群。某些賣給需要小孩之富有家庭裏的小孩，可能認為他們比留在他們雙親身邊來得好。但即使因此嚴重受苦的小孩還是被賣，因為他們無法補償他們雙親讓他們留下。正如禁止離婚可以提升效率，因為某些雙親和小孩之間的契約是不易執行的，所以禁止出售小孩可能也會提升效率。但是，Landes 和 Posner（1978）及 Posner（1987）的看法也許有點道理，他們認為，一項嚴格受限的出售嬰兒權利比目前受管制的領養系統來得好。要注

意，藉著幫助撫養小孩家庭和其他計劃，對擁有小孩的窮苦家庭予以補貼，乃鼓勵未婚及其他貧窮母親留下他們的小孩，而不願讓其被領養。

最適人口

帶點超脫的想像力，我們可以考慮不止是雙親和實際小孩的關係，還包括雙親和潛在小孩之間的合約。此種思維實習提供一種決定最適家庭規模和最適人口的新方法。討論最適人口的文獻缺少一項引人入勝的指導原則。(註7)

假設一位潛在小孩可以承諾補償其雙親，如果父母最終把他們生下來。這項「合約」將會是柏拉圖式的改善(我們假設第三者不受其出生所苦)。如果這個小孩在補償雙親使他們比前更好後仍願意被生下來。由於這類合約不可能成立，有些小孩即使雙親和小孩彼此都會比以前好卻無法誕生。當由未生小孩補償雙親屬柏拉圖式的改善時，生育率和人口成長都太低。

對小孩數進行第一階效用最大化的條件隱含著雙親對小孩數目稍微增加是無差別的。未生小孩希望補償雙親將對新增小孩從無差別性改變為正向偏好。所有雙親，不管他們的利他主義程度，可能都歡迎補償，因為補償降低新增小孩的淨成本。這個結論對沒有提供贈與和遺產給子女的雙親是正確的，因為這些雙親可從子女的年老支助或其他的補償中得利。

　　令人出乎意料的結果是，補償降低了提供子女贈與和遺產的雙親之效用。事實上，潛在小孩的補償減少了對小孩的淨贈與。但雙親不需要補償來減少贈與，因為他們要做此選擇的話，可在任一狀況下做到。所以，提供小孩饋贈和遺產的家庭，確實擁有柏拉圖效率的小孩數(忽略家庭以外的影響)：未生小孩的補償使雙親比以前更糟，而不是比以前更好。

　　這種看起來有點離譜的未生小孩思維有一個非常實在的含義。我們已闡述過，貧窮家庭比富有家庭較不可能留有遺產。如果由未生小孩所作的補償承諾不可能實現，貧窮家庭的生育率就太低，而富有家庭(提供遺產)的生育率則是最適的。於是，我們的方法隱含──不考慮任何第三者的影響──總合私人生育率是低於柏拉圖效率的生育率。

　　貧窮家庭可能擁有太少小孩的結論會震撼某些讀者，因為貧窮家庭已比富有家庭擁有較大的家庭數。但其他因素，包括福利計劃、對教育的補貼、和有限的生育控制知識，提高貧窮家庭的生育率。

　　Thompson和Ruhter(未註明日期)也總結出，未曾留下遺產的雙親傾向於擁有太少的小孩；但他們的論據與我們的相反，看來是立基在這些家庭對每名小孩的人力資本之低度投資上。這種說法是不正確的，因為對小孩的低度投資可能引導家庭擁有太多而不是太少的小孩。對每名小孩低於最適的支出，透過小孩的數量和質量的互動，「人為地」降低新增

小孩的有效成本。(註8)

世代間的政治競爭

因為公共政策是利益團體競爭出來的結果，那有利於提高效率之國家干預家庭的政治競爭又是如何呢？我們在本節描繪出當雙親利他主義居重要地位時一個可能的答案。

成年人與兒童之間的政治競爭很難說是一場角力戰；兒童不能投票，也沒有手段和成熟度去組織一個有效率的政治聯盟。如果成年人利用他們的政治權利發行債券和其他有價證券，他們可以找到，在他們年邁時以出售這些有價證券給下一世代的年青成年人來支援他們。有些經濟學者支持平衡政府預算並限制債務發行，以控制此類對兒童和往後世代政治弱勢的剝削。當然，這種剝削方式如果每個世代可以拒付前面世代的債務發行就不構成問題。有關債務拒付的議題乃超出本章的範圍，所以我們將簡單假設債務是不可拒付的。

雖然當前世代有能力剝削未來世代，利他主義限制他們如此做的慾望。確實，如果所有雙親都是利他性的，並且留下遺產，當前世代就無慾望去剝削未來世代。說穿了，如果他們想要的話，他們可以留下較小額的遺產就可從未來世代得到資源。雖然那些沒留下遺產的家庭偏好舉債和進行其他對未來世代的政治弱勢之剝削，他們利他主義的程度會強力左右他們利用其政治權利來對付未來世代的程度。

我們已經證明，沒有留下遺產的家庭如何低度投資在他

們小孩的人力資本。他們可以運用他們的政治權利,透過公立學校及補助對兒童的其他方面之投資,來提高教育和其他的培訓,以增加其小孩世代的財富。於是,當前世代如果願意的話,可以發行有價證券至未來世代以榨取其小孩世代財富的增加。

雖然自私雙親企望從小孩那裏榨取他們所能做到的地步,利他性雙親可能寧願把增加的部份財富與小孩共享。這意味著,未來世代也可能從當前世代的政治權利中得利。所以,即使許多雙親的利他主義沒有強到導至有正值的遺產和對人力資本進行有效的投資,但也強到足以保證,在當前世代利用其政治權力發行債務和其他有價證券到未來世代時,未來世代可以得利。

這種過份簡化的政治權力和政治誘因之分析,可以用來解釋,為何美國花在兒童的公共支出比起花在年邁者的公共支出還不算小。下一世代從這一世代對兒童的公共支出中之得利,足以支付對這一世代年邁者的社會保障和其他支助,因此,下一世代仍能從對他們人力資本的公共投資上獲得某些利潤。

我們已試著瞭解政府對家庭安排的廣泛干預。我們總結出許多公共行動比雙親和小孩之間的安排更為有效。很清楚的,雙親和小孩不能時常自己進行有效率的安排,因為小孩無法承諾在未來給予雙親補償。

留有遺產的家庭能夠用減少遺產的方式「強迫」小孩回

報雙親對其進行人力資本的投資,所以,這些家庭不會對其
小孩的人力資本投資不足。相反的,沒留下遺產的家庭(通
常是貧苦家庭)對小孩有投資不足。國家可以補貼學校和其
他培訓設施,以提高貧窮家庭對小孩的投資到有效的水準。

我們不僅考慮對教育和培訓的補貼,也觸及社會保障和
其他年老支助、對生育的補貼、限制離婚要件和出售小孩的
法律、以及要求早婚和兒童其他的選擇需徵得雙親同意的法
律。許多政府在家庭決策方面的干預,竟如此有助於家庭安
排的效率,實在值得大書特書。

附註:

[註 1] 論上癮,參見 Becker 和 Murphy (1988b) 。

[註 2] 這個觀點脫胎自 Berheim 等 (1986)

[註 3] 其他的限制見 Berstorom (1989) 的討論。

[註 4] Bruce 和 Waldman (1986) 及 Lindbeck 和 Weibull (1987) 發展類似
的論點。

[註 5] 這項議題在 Weiss 和 Willis (1985) 有很好的分析。

[註 6] Weiss 和 Willis (1985) 提供其他的理由。

[註 7] 參考 Meade (1967) 和 Friedman (1981) 對此文獻的批評。

[註 8] 參考 Becker 和 Murphy (1986) 及 Nerlove 等 (1986) 的分析。

內文簡介：

經濟分析方法現今廣泛應用於各個領域，甚至被稱為「帝國經濟學」，1992年諾貝爾經濟學獎得主貝克就是開疆拓土的先驅，也因為其所開展的成就，已贏得「貝克經濟學」稱號。這位被譽為「一個真正的天才」、關懷人生的經濟學者，時刻保持一顆開放、自由心靈，嘗試新事物，不斷突破、創新，無怪乎創作極豐富。他最膾炙人口的作品還是在原本屬於社會學的領域，尤其對於家庭的剖析更是他的嘔心瀝血結晶。

作者：

貝克(Gray S. Becker)

芝加哥大學經濟學及社會學教授，曾獲1992年諾貝爾經濟學獎，也是美國國家科學院院士，曾任美國經濟學會主席並為《商業週刊》(*Business Week*)撰寫專欄。

譯者：

王文娟

台大經濟系學士、日本早稻田大學經濟學碩士、澳洲國立大學經濟學博士，現任中華經濟研究院副研究員。

李華夏

台大經濟系學士、美國南伊大經濟學博士，現任中華經濟研究院研究員、清華大學兼任教授。

吳惠林

台大經濟學系學士、碩士、博士,現任中華經濟研究院研究員,長庚醫工學院兼任教授。

鄒繼礎

美國芝加哥大學經濟學博士,現任逢甲大學經濟系副教授,曾任教於紐澤西州立大學經濟系。本書作者貝克教授為其於芝大時之論文指導教授。

校對:
陳綉里

國立台灣工業技術學院企管博士候選人,現任中華經濟研究院助理研究員。

立緒文化全書目 - 1

序號	書名	售價	訂購	序號	書名	售價	訂購
政治與社會				**啟蒙學叢書**			
A0001	民族國家的終結	300		B0015	馬基維里	195	
A0006-1	信任	350		B0019	喬哀思	195	
A0007	大棋盤	250		B0021	康德	195	
A0008	資本主義的未來	350		B0023	文化研究	195	
A0009-1	新太平洋時代	300		B0024	後女性主義	195	
A0010	中國新霸權	230		B0025	尼采	195	
CC0047	狂熱份子	280		B0026	柏拉圖	195	
CC0048	族群	320		**生活哲思**			
CC0049	王丹訪談	250		CA0002	孤獨	350	
D0003-1	改變中的全球秩序	320		CA0012	隱士:透視孤獨	320	
D0027	知識份子	220		CA0005	四種愛	200	
D0013	台灣社會典範的轉移	280		CA0006	情緒療癒	280	
D0015	親愛的總統先生	250		CA0007-1	靈魂筆記	400	
CC0004	家庭論	450		CA0008	孤獨世紀末	250	
CC0019	衝突與和解	160		CA0023	最初與最後的自由	310	
啟蒙學叢書				CA0011	內在英雄	280	
B0001	榮格	195		CA0015-1	長生西藏	230	
B0002	凱因斯	195		CA0017	運動	300	
B0003	女性主義	195		CC0013-1	生活的學問	250	
B0004	弗洛依德	195		CB0003	坎伯生活美學	360	
B0006	法西斯主義	195		CC0001	自求簡樸	250	
B0007	後現代主義	195		CC0003	簡單富足	450	
B0009	馬克思	195		CI0001-1	農莊生活	300	
B0010	卡夫卡	195		CC0024	小即是美	320	
B0011	遺傳學	195		CC0025	少即是多	360	
B0013	畢卡索	195		CC0039	王蒙自述-我的人生哲學	280	
B0014	黑格爾	195					

序號	書名	售價	訂購	序號	書名	售價	訂購
心理				**宗教·神話**			
CA0001	導讀榮格	230		CD0009	生生基督世世佛	230	
CG0001	人及其象徵	360		CD0010	心靈的殿堂	350	
CG0002	榮格心靈地圖	250		CD0011	法輪常轉	360	
CG0003	夢:私我的神話	360		CD0014	宗教與神話論集	420	
CG0004	夢的智慧	320		CD0017	近代日本人的宗教意識	250	
CG0005	榮格與占星學	320		CD0018	耶穌行蹤成謎的歲月	280	
CA0013	自由與命運	320		D0011	全球倫理與宗教對話	250	
CA0014	愛與意志	380		E0008	天啓與救贖	360	
CA0016	創造的勇氣	210		E0011	宗教道德與幸福弔詭	230	
CA0019	哭喊神話	350		CD0029	宗教哲學--佛教的觀點	400	
CA0020	權力與無知	320		CD0023	超越的智慧	250	
CA0021	焦慮的意義	420		CD0024	達賴喇嘛在哈佛	280	
CA0022	邱吉爾的黑狗	380		CD0025	幸福	260	
CA0024	弗洛依德沒做過的十二個夢	300		CD0026	馴服內在之虎	200	
宗教·神話				CD0027	曼陀羅	350	
CB0001	神話	360		CD0005	慈悲	230	
CB0002-2	神話的智慧	390		CD0002	生命之不可思議	230	
CB0004	千面英雄	420		CD0013	藏傳佛教世界	250	
CB0005	英雄的旅程	400		CA0018	意識的歧路	260	
CD0007	神的歷史	460		**哲學**			
CD0016	人的宗教	400		CK0006	真理的意義	290	
CD0019	宗教經驗之種種	420		CJ0003	科學與現代世界	250	
CD0028	人的宗教向度	480		E0009	辯證的行旅	280	
CD0022	下一個基督王國	350		E0002	空性與現代性	320	
CD0001-1	跨越希望的門檻(精)	350		E0010	科學哲學與創造力	260	
CD0008	教宗的智慧	200		CK0001	我思故我笑	160	
CD0004	一條簡單的道路	210		CK0002	愛上哲學	350	

序號	書名	售價	訂購	序號	書名	售價	訂購
哲學				**文學‧美學**			
CK0004	在智慧的暗處	250		CE0001	孤獨的滋味	320	
CK0005	閒暇	250		CE0002	創造的狂狷	350	
CC0020-1	靈知天使夢境	250		CE0003	苦澀的美感	350	
CC0021-1	永恆的哲學	300		CE0004	大師的心靈	480	
CC0022	孤兒‧女神‧負面書寫	400		CJ0001	回眸學衡派	300	
CC0023	烏托邦之後	350		CJ0002	經典常談	120	
CC0026	愛情的正常性混亂	350		E0006	戲曲源流新論	300	
CC0041	心靈轉向	260		E0007	差異與實踐	260	
CC0030	反革命與反叛	260		**文化與人類**			
文學‧美學				CC0010	文化與社會	430	
CC0043	影子大地	260		CC0040	日本人論	450	
CC0035	藍:一段哲學的思緒	300		CC0016	東方主義	450	
CA0003	Rumi 在春天走進果園	300		CC0027	鄉關何處	350	
CC0029	非理性的人	330		CC0028	文化與帝國主義	460	
CC0015	深河	250		CC0044	文化與抵抗	300	
CC0031	沉默	250		CC0032	遮蔽的伊斯蘭	320	
CC0002	大時代	480		CC0045	海盜與皇帝	320	
CC0051	卡夫卡的沈思	200		D0023	一個猶太人的反省	330	
CC0050	中國文學新境界	350		CC0036	威瑪文化	340	
CC0033	在文學徬徨的年代	230		CC0046	歷史學家三堂小說課	250	
CC0017	靠岸航行	180		D0026	荻島靜夫日記	320	
CC0018	島嶼巡航	130		CC054	逃避主義	360	
CC0012	反美學	260		CD0020-1	巫士詩人神話	320	
CC0011	西方正典(上)	320		CC0052	印第安人的誦歌	320	
CC0011-1	西方正典(下)	320		CH0001	田野圖像	350	
CC0053	俄羅斯美術隨筆	430		D0009-1	西方思想抒寫	250	
CC0037	給未來的藝術家	320		D0012	西方人文速描	250	

序號	書名	售價	訂購	序號	書名	售價	訂購
文化與人類				**歷史·傳記**			
CC0008	文化的視野	210		CF0020	林長民、林徽因	350	
CC0009	世道	230		CF0024	百年家族-李鴻章	360	
CC0055	非理性的魅惑	460		CF0025	李鴻章傳	220	
D0025	綠色全球宣言	360		CF0026	錢幣大王--馬定祥傳奇	390	
D0028	保守主義	400		CF0003	無限風光在險峰	300	
E0003-1	生命的實理與心靈的需用	250		CF0013	一陣風雷驚世界	350	
E0004	文化的生活與生活的文化	300		CF0005	記者:黃肇珩	360	
E0005	框架內外	380		CF0008-1	自由主義思想大師：以撒·柏林傳	400	
歷史·傳記				CF0021	弗洛依德(1)	360	
CC0038	天才狂人與死亡之謎	390		CF0022	弗洛依德(2)	390	
CC0034	上癮五百年	320		CF0023	弗洛依德(3)	490	
CC0042	史尼茨勒的世紀	390		**人文行旅**			
CK0003	墮落時代	280		T0001	藏地牛皮書	499	
CF0001	百年家族-張愛玲	350		T0002	百年遊記（I）	290	
CF0002	百年家族-曾國藩	300		T0003	百年遊記（II）	290	
CF0004	百年家族-胡適傳	400		T0004	上海洋樓滄桑	350	
CF0007	百年家族-盛宣懷	320		T0005	我的父親母親（父）	290	
CF0009	百年家族-顧維鈞	330		T0006	我的父親母親（母）	290	
CF0010	百年家族-梅蘭芳	350		T0007	新疆盛宴	420	
CF0011	百年家族-袁世凱	350		T0008	海德堡的歲月	300	
CF0012	百年家族-張學良	350		T0009	沒有記憶的城市	320	
CF0014	百年家族-梁啟超	320		T0010	柏林人文漫步	300	
CF0015	百年家族-李叔同	330		**經典解讀**			
CF0016	梁啟超和他的兒女們	320		D0001	論語--傅佩榮解讀（平）	380	
CF0017	百年家族-徐志摩	350		D0016	老子--傅佩榮解讀（平）	300	
CF0018	百年家族-康有為	320		D0017	孟子--傅佩榮解讀（平）	380	
CF0019	百年家族-錢穆	350		D0014	莊子--傅佩榮解讀（平）	499	

序號	書名	售價	訂購
經典解讀			
D0018	易經--傅佩榮解讀（平）	499	
D0019	易經--傅佩榮解讀（精）	620	
D0020	莊子--傅佩榮解讀（精）	620	
D0022	論語--傅佩榮解讀（精）	500	
D0021	老子--傅佩榮解讀（精）	420	
D0024	孟子--傅佩榮解讀（精）	500	
D0006	莊子(黃明堅解讀)	390	
大學堂			
D0010	品格的力量(完整版)	320	
D0029	品格的力量(普及版)	99	
D0002	哈佛學者	380	
F0001	大學精神	280	
F0002	老北大的故事	295	
F0003	紫色清華	295	
F0004	哈佛經驗	280	
F0005	哥大與現代中國	320	
F0006	百年大學演講精華	320	
F0007	哈佛諾頓講座之大師與門徒	250	
分享系列			
S0001	106歲，有愛不老	250	
S0002	18歲，無解	150	
S0003	小飯桶與小飯囚	250	
S0004	藍約翰	250	
S0005	和平:諾貝爾和平獎得主的故事	260	
S0006	一扇門打開的聲音—我為什麼當老師	300	

訂購人：_____

寄送地址：
□□□

聯絡電話：(請詳填可聯繫方式)
(O) _____
(H) _____
手機 _____

發票方式：

□ 抬頭：_____

□（二聯）　□（三聯）_____
　　　　　　　　　　統一編號

訂購金額：_____元

郵資費：

□免 / □　　元（未滿1500元者另加）

應付總金額：_____元

訂購備註：
　（訂購單請連同劃撥收據一起傳真）

訂購請洽：立緒文化事業有限公司
電話:02-22192173　傳真:02-22194998
地址：231台北縣新店市中央新村六街62號

訂購滿1,500元，免郵資寄送。
未滿1,500元，請另加郵資工本費70元整。

國家圖書館出版品預行編目資料

家庭論／Gary S. Becker 作；王文娟譯. －初版. －臺北縣
新店市：立緒文化，民 86
　　面；公分.
　　譯自；A Treatise on the Family

　ISBN 978-957-8453-07-4（平裝）

　1.家庭-經濟方面

544.15　　　　　　　　　　　　　86001206

家庭論 A Treatise on the Family

出版──立緒文化事業有限公司
作者──Gary S. Becker
譯者──王文娟、李華夏、吳惠林、鄒繼礎
校訂──李華夏、吳惠林

發行人──郝碧蓮
總經理兼總編輯──鍾惠民
企劃──薛尤軍
編輯助理──賴婉君

行政組長──林秀玲
事務組長──劉黃霞
倉庫管理──楊政致
地址──台北縣新店市中央六街 62 號 1 樓
電話──(02)22192173
傳真──(02)22194998
E-Mail Address: service@ncp.com.tw
網址：http://www.ncp.com.tw
劃撥帳號──1839142-0 號　立緒文化事業有限公司帳戶
行政院新聞局局版臺業字第 6426 號

行銷代理──紅螞蟻圖書有限公司
電話──(02)27953656　傳真──(02)27954100
地址──台北市內湖區舊宗路二段 121 巷 28-32 號 4 樓
排版──文盛電腦排版有限公司
印刷──祥新印刷股份有限公司

法律顧問──敦旭法律事務所吳展旭律師
版權所有·翻印必究
分類號碼──544.00.001
ISBN 957-8453-07-8 ．
ISBN 978-957-8453-07-4
出版日期──中華民國 86 年 2 月～87 年 2 月初版　一～二刷(1～2,200)
　　　　　　中華民國 95 年 9 月初版　三刷(2,201～2,700)

A Treatise on the Family
Copyright © 1981, 1991 by The President & Fellows of Harvard College.
Chinese language edition arranged with Harvard University press
through Big Apple Tuttle Mori Agency. Inc.
Chinese language Copyright © 1997 New Century Publishing Co., Ltd.
All Rights Reserved.

定價◎450 元

立緒文化事業有限公司　信用卡申購單

■信用卡資料

信用卡別（請勾選下列任何一種）

□VISA　□MASTER CARD　□JCB　□聯合信用卡

卡號：_____

信用卡有效期限：_____年_____月

身份證字號：_____

訂購總金額：_____

持卡人簽名：_____（與信用卡簽名同）

訂購日期：_____年_____月_____日

所持信用卡銀行_____

授權號碼：_____（請勿填寫）

■訂購人姓名：_____性別：□男□女

出生日期：_____年_____月_____日

學歷：□大學以上□大專□高中職□國中

電話：_____　職業：_____

寄書地址：□□□

_____

■開立三聯式發票：□需要　□不需要（以下免填）

發票抬頭：_____

統一編號：_____

發票地址：_____

■訂購書目：

書名：_____、____本。書名_____、____本。

書名：_____、____本。書名_____、____本。

書名：_____、____本。書名_____、____本。

共_____本，總金額_____元。

◉請詳細填寫後，影印放大傳真或郵寄至本公司，傳真電話：(02)2219-4998

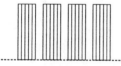 文化事業有限公司　收

台北縣 ②③①

新店市中央六街62號一樓

請沿虛線摺下裝訂，謝謝！

立緒 文化 閱 讀 卡

感謝您購買立緒文化的書籍

為提供讀者更好的服務，現在填妥各項資訊，寄回閱讀卡
（免貼郵票），或者歡迎上網至http://www.ncp.com.tw，加
入立緒文化會員，可享購書優惠折扣和每月新書訊息。

立緒 文化 閱讀卡

姓　名：

地　址：□□□

電　話：(　　)　　　　傳　眞：(　　)

E-mail：

您購買的書名：

購書書店：　　　　市（縣）　　　　書店

■您習慣以何種方式購書？
　□逛書店 □劃撥郵購 □電話訂購 □傳真訂購 □銷售人員推薦
　□團體訂購 □網路訂購 □讀書會 □演講活動 □其他

■您從何處得知本書消息？
　□書店 □報章雜誌 □廣播節目 □電視節目 □銷售人員推薦
　□師友介紹 □廣告信函 □書訊 □網路 □其他

■您的基本資料：
性別：□男 □女　婚姻：□已婚 □未婚　年齡：民國　　　年次
職業：□製造業 □銷售業 □金融業 □資訊業 □學生
　　　□大眾傳播 □自由業 □服務業 □軍警 □公 □教 □家管
　　　□其他

教育程度：□高中以下 □專科 □大學 □研究所及以上
建議事項：